필수 어휘 1800개
DAY **60**

쏙쏙
한국어
어휘왕

TOPIK II 중급

단어 사전 TEXTBOOK

시대에듀

한국어를 공부하는 여러분에게

> **"**
> 나는 배웠다.
> 어떤 일이 일어나도
> 그것이 오늘 아무리 안 좋아 보여도
> 삶은 계속된다는 것을.
> 내일이면 더 나아진다는 것을.
> **"**

이것은 마야 안젤루 시인이 쓴 '나는 배웠다'라는 시의 한 부분입니다.
지금 이 글을 읽고 있는 여러분!
글의 내용을 다 이해하셨습니까? 혹시 모르는 단어는 없습니까?
만약 모르는 단어가 있으면 이 책으로 공부해 보세요!

『쏙쏙 한국어 어휘왕 – TOPIK II 중급 단어 사전』은 여러분이 3~4급 수준의 한국어를 공부할 때 알아야 하는 1800개의 단어를 하루에 30개씩 60일 동안 공부할 수 있도록 정리했습니다.

❶ 단어부터 무작정 외우지 말고, 먼저 예문을 읽고 이해하세요.

❷ 유의어나 반의어를 참고하여 뜻을 익히고, 문장의 구성까지 공부하고 나면 그 단어를 오래 기억할 수 있을 거예요.

무엇보다도 단어는 매일 규칙적으로 공부해야 합니다. 또한 매일 새로운 단어를 암기하는 것도 좋지만, 전날 외운 단어 중 잊은 것은 없는지 가벼운 마음으로 확인하고 반복해서 보는 것이 효과적입니다.

이런 방법으로 공부한다면 알려 드린 시는 물론, 여러분이 좋아하는 모든 글을 쉽게 읽을 수 있을 거예요. 오늘보다 내일, 더 많은 단어가 여러분의 머릿속에 들어와 있을 테니까요.
여러분이 공부하는 동안, 항상 응원하고 있겠습니다. 파이팅!

『쏙쏙 한국어 어휘왕』 집필진 일동

P.S. 단어를 공부한 후에는 시리즈 도서인 단어 사전 문제집(WORKBOOK)의 문제를 풀어 보세요!
쉽고 재미있게 기억할 수 있도록 만든 다양한 유형의 문제를 풀면서 자신의 실력을 확인할 수 있을 거예요.

TOPIK 시험 소개

TOPIK은 Test Of Proficiency in Korean의 약자로 재외동포 및 외국인에게 한국어 학습의 방향을 제시하고 한국어 보급을 확대하고자 하는 시험입니다. 나아가 그들의 한국어 사용 능력을 측정 · 평가한 결과는 국내 대학 유학 및 한국 기업체 취업 등에 활용하는 것을 목적으로 합니다.

문항 구성

수준	TOPIK Ⅰ		TOPIK Ⅱ		
영역(시간)	듣기(40분)	읽기(60분)	듣기(60분)	쓰기(50분)	읽기(70분)
문제 유형과 문항 수	객관식 30문항	객관식 40문항	객관식 50문항	주관식 4문항	객관식 50문항
만점	100점	100점	100점	100점	100점
총점	200점		300점		

등급별 평가 기준

수준	TOPIK Ⅰ		TOPIK Ⅱ			
등급	1급	2급	3급	4급	5급	6급
기준	80점 이상	140점 이상	120점 이상	150점 이상	190점 이상	230점 이상

국제 통용 한국어 표준 교육과정을 기준으로
TOPIK 급수별 어휘를 선별한
쏙쏙 한국어 어휘왕!

어떻게 만들어졌는지 지금부터 한번 살펴볼까요?

단어 암기 효과를 극대화한 구성!

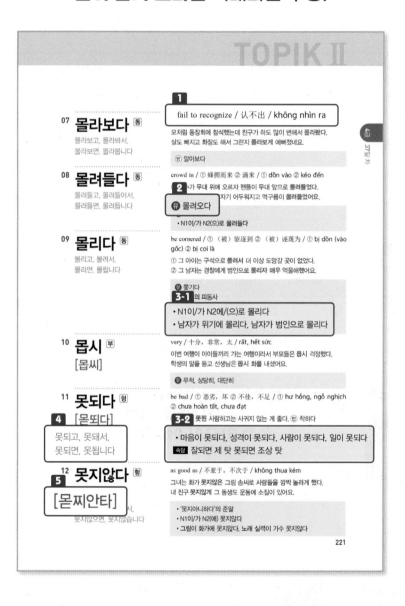

TOPIK Ⅱ

1

fail to recognize / 认不出 / không nhìn ra

모처럼 동창회에 참석했는데 친구가 하도 많이 변해서 몰라봤다.
살도 빠지고 화장도 해서 그런지 몰라보게 예뻐졌네요.

(반) 알아보다

07 몰라보다 동
몰라보고, 몰라봐서,
몰라보면, 몰라봅니다

crowd in / ① 蜂拥而来 ① 涌来 / ① dồn vào ② kéo đến

~가 무대 위에 오르자 팬들이 무대 앞으로 몰려들었다.
자기 어두워지고 먹구름이 몰려들었어요.

2

(유) 몰려오다

• N1이/가 N2(으)로 몰려들다

08 몰려들다 동
몰려들고, 몰려들어서,
몰려들면, 몰려듭니다

be cornered / ① (被) 驱逐到 ② (被) 逼蔑为 / ① bị dồn (vào góc) ② bị coi là

① 그 아이는 구석으로 몰려서 더 이상 도망갈 곳이 없었다.
② 그 남자는 경찰에게 범인으로 몰리자 매우 억울해했어요.

(유) 쫓기다

3-1 의 피동사

• N1이/가 N2에/(으)로 몰리다
• 남자가 위기에 몰리다, 남자가 범인으로 몰리다

09 몰리다 동
몰리고, 몰려서,
몰리면, 몰립니다

very / 十分, 非常, 太 / rất, hết sức

이번 여행이 아이들끼리 가는 여행이라서 부모들은 몹시 걱정했다.
학생의 말을 듣고 선생님은 몹시 화를 내셨어요.

(유) 무척, 상당히, 대단히

10 몹시 부
[몹씨]

be bad / ① 恶劣, 坏 ② 不佳, 不足 / ① hư hỏng, ngỗ nghịch ② chưa hoàn tất, chưa đạt

3-2 못된 사람하고는 사귀지 않는 게 좋다. (반) 착하다

• 마음이 못되다, 성격이 못되다, 사람이 못되다, 일이 못되다
속담 잘되면 제 탓 못되면 조상 탓

11 못되다 형
4 [몯뙤다]

못되고, 못돼서,
못되면, 못됩니다

as good as / 不亚于, 不次于 / không thua kém

그녀는 화가 못지않은 그림 솜씨로 사람들을 깜짝 놀라게 했다.
내 친구 못지않게 내 동생도 운동에 소질이 있어요.

12 못지않다 형
5 [몯찌안타]

• '못지아니하다'의 준말
• N1이/가 N2(에) 못지않다
• 그림이 화가에 못지않다, 노래 실력이 가수 못지않다

~서,
못지않으면, 못지않습니다

4급 37일 차

1 **영어, 중국어, 베트남어 번역으로 뜻 이해하기**

처음 접하는 한국어의 뜻을 나에게 익숙한 언어로 쉽고 빠르게 확인할 수 있어요.

2 **유의어, 반의어를 참고하여 뜻 기억하기**

유의어(뜻이 비슷한 말)와 반의어(뜻이 반대되는 말)를 함께 공부하세요. 학습 효과를 높일 수 있답니다.

3 **예문을 보며 문장 속 쓰임 파악하기**

단어 공부의 핵심은 단어의 문장 속 쓰임을 정확히 이해하는 것입니다. 일상생활에서 자주 사용하는 표현을 중심으로 여러분이 어려워하는 문장 형식과 속담·관용어를 알려 드릴게요.

4 **서술어의 활용형 확인하기**

동사나 형용사가 문장 안에서 쓰일 때는 다양한 모습으로 바뀐답니다. 활용형을 함께 공부해야 공부한 단어를 실제로 써먹을 수 있어요.

5 **MP3 발음 듣고, 따라 하기**

한국어는 표기한 대로 발음하는 것이 원칙이에요. 하지만 모든 것에는 예외가 있죠. 발음이 헷갈리기 쉬운 단어들은 발음을 따로 적어 두었으니 꼭 소리 내어 읽어 보세요. 표지의 QR코드를 찍으면 한국어 원어민의 발음이 담긴 MP3 파일을 다운로드받을 수 있어요!

🚩 **이 책에 사용된 기호**

유 유의어	반 반의어

명 명사 = N	동 동사 = V	형 형용사 = A	수 수사	대 대명사
의 의존 명사	부 부사	관 관형사	감 감탄사	

※ (　　　) 안의 '조사'를 생략한 후 앞뒤 말을 붙이면 한 단어로도 쓸 수 있습니다. **예** 가입(을) 하다 → 가입하다

목차

그대가 만약 온 마음과 힘을 다해 노력한다면

무슨 일이든 해내지 못하겠는가?

- 세종대왕 -

중급
텍스트북

TOPIK II

1. TOPIK 3급과 4급에 자주 나오는 단어를 각각 가나다순으로 정리하였습니다.

2. 체크 박스(☐)에 자신 있게 표시(☑)할 수 있을 때까지 반복해서 공부하세요.

3. 앞말에 따라 달라지는 '조사'의 형태를 참고하여 문장의 형식을 확인하세요.

	앞말에 받침이 있을 때	앞말에 받침이 없을 때
N이/가	꽃잎이 빨갛다	열매가 빨갛다
	소년이 웃는다	소녀가 웃는다
N을/를	달을 보다	해를 보다
	밥을 먹다	딸기를 먹다
N와/과	달과 해	해와 달
	빵과 우유	우유와 빵
N(으)로	집으로 가다	학교로 가다
	앞말이 사람(동물)일 때	**앞말이 사람(동물)이 아닐 때**
N에/에게/께	선생님에게 제출하다	학교에 제출하다
	선생님께 제출하다	

오늘의 단어 한눈에 보기! 다 외운 단어는 ☑ 해 보세요.

☐ 가꾸다 [동]   ☐ 가난하다 [형]   ☐ 가능하다 [형]

☐ 가득하다 [형]   ☐ 가득히 [부]   ☐ 가렵다 [형]

☐ 가리다 [동]   ☐ 가습기 [명]   ☐ 가입 [명]

☐ 가전제품 [명]   ☐ 가정 [명]   ☐ 각 [관]

☐ 각자 [부], [명]   ☐ 간 [명]   ☐ 간판 [명]

☐ 간호 [명]   ☐ 갈다 [동]   ☐ 갈증 [명]

☐ 감각 [명]   ☐ 감다 [동]   ☐ 감독 [명]

☐ 감동 [명]   ☐ 감상 [명]   ☐ 감정 [명]

☐ 개다¹ [동]   ☐ 개인 [명]   ☐ 거꾸로 [부]

☐ 건조하다 [형]   ☐ 검색 [명]   ☐ 검토 [명]

✎ 외우지 못 한 단어는 다음날 한 번 더 학습합니다.

01 가꾸다 동

가꾸고, 가꾸어서,
가꾸면, 가꿉니다

cultivate, grow / 栽培，修饰 / chăm sóc, cắt tỉa

할아버지께서 정원을 아름답게 **가꾸어** 놓으셨다.
잘 **가꾸어** 놓은 꽃들을 보니 기분이 좋아요.

- 꽃을 가꾸다, 나무를 가꾸다, 몸매를 가꾸다

02 가난하다 형

가난하고, 가난해서,
가난하면, 가난합니다

poor / 穷，穷困 / nghèo, nghèo khó

그는 죽을 때까지 **가난한** 사람들을 돌보았다.
제가 어렸을 때 우리 집은 정말 **가난했어요**.

03 가능하다 형

가능하고, 가능해서,
가능하면, 가능합니다

possible / 可能 / khả dĩ, có thể

인터넷만 있으면 언제든지 정보 검색이 **가능하다**.
그 병은 치료가 **가능하니까** 너무 걱정하지 마세요.

반 불가능하다

04 가득하다 형
[가드카다]

가득하고, 가득해서,
가득하면, 가득합니다

full / 满满的，满是 / đầy, đông (người)

출퇴근 시간에는 지하철이 사람들로 **가득하다**.
어머니는 사랑이 **가득한** 눈으로 아이를 보았어요.

유 차다   반 부족하다
- N1에 N2이/가 가득하다, N1이/가 N2(으)로 가득하다
- 버스에 사람이 가득하다, 버스가 사람으로 가득하다

05 가득히 부
[가드키]

being full of / 满满地 / đầy

아버지는 아들의 술잔에 술을 **가득히** 따라 주었다.
지갑에는 돈이 **가득히** 들어 있었어요.

유 가득
- 가득히 들어 있다, 가득히 차 있다, 가득히 담아 놓다

06 가렵다 형
[가렵따]

가렵고, 가려워서,
가려우면, 가렵습니다

itchy / 痒，发痒 / ngứa

나는 몸이 **가려운** 것을 참지 못한다.
어제 모기한테 물린 곳이 **가려워요**.

07 가리다 동

가리고, 가려서,
가리면, 가립니다

block, screen / 遮挡，遮蔽 / che, chặn

그는 손으로 얼굴을 **가렸지만** 나는 그를 알아보았다.
햇빛이 너무 뜨거워서 커튼으로 창문을 **가렸어요.**

• N1(으)로 N2을/를 가리다

---

08 가습기 명

[가습끼]

humidifier / 加湿器 / Máy tạo độ ẩm cho không khí

우리 집은 너무 건조해서 **가습기를** 켜 놓아야 한다.
가습기에 사용하는 물은 매일 바꿔 주는 것이 좋아요.

---

09 가입 명

joining / 加入 / sự gia nhập, sự tham gia

한국에서는 모든 사람이 의료 보험에 **가입을** 해야 한다.
회원 **가입을** 하려면 신청서만 작성하시면 됩니다.

반 탈퇴
• N에 가입(을) 하다, N에 가입(이) 되다
• 보험에 가입하다, 동아리에 가입하다, 동호회에 가입되다

---

10 가전제품 명

household appliances / 家用电器 / sản phẩm điện gia dụng

집에 필요한 **가전제품을** 구입하기 위해 할인 마트에 갔다.
집에서 사용하는 **가전제품이** 너무 오래돼서 바꾸고 싶어요.

---

11 가정 명

home / 家庭，家园 / gia đình, nhà

그 아이는 가난하지만 행복한 **가정에서** 자랐다.
아이들에게는 **가정에서** 하는 교육이 정말 중요해요.

유 집안

---

12 각 관

each / 各 / mỗi, từng

각 대학교에서는 입학시험 일정을 발표했다.
경비원은 아파트 안내문을 **각** 가정에 배달했어요.

• 각 + N

13 각자 부, 명
[각짜]

each / 各自，每个人 / từng người, riêng mỗi người
부 점심 도시락은 **각자** 준비해서 가져와야 한다.
명 **각자**의 일은 스스로 해결해야 해요.

유 각각

14 간 명

saltiness / 咸淡 / độ mặn
나는 음식을 할 때 **간**을 맞추는 것이 제일 어렵다.
국의 **간**이 안 맞으면 소금을 좀 넣어 보세요.

• 간을 보다, 간이 맞다, 간을 맞추다

15 간판 명

sign, signboard / 牌子 / bảng hiệu
사장은 가게 앞에 **간판**을 걸어 놓았다.
어젯밤에 태풍이 불어서 **간판**이 떨어져 버렸어요.

• 간판을 달다, 간판을 걸다

16 간호 명

nursing, care / 看护，护理 / sự điều dưỡng, sự chăm bệnh
아내는 아픈 남편의 옆에서 밤새도록 **간호**를 했다.
저는 아들의 **간호** 덕분에 힘을 낼 수 있었어요.

• 간호사
• 간호(를) 하다, 간호를 받다

17 갈다 동
갈고, 갈아서,
갈면, 갑니다

change, replace / 换，更换，替换 / thay (bóng đèn)
관리인은 고장이 난 전등을 새것으로 **갈았다**.
아주머니, 여기 불판 좀 **갈아** 주세요.

유 바꾸다, 교체하다
• 갈아타다, 갈아입다
• N1을/를 N2(으)로 갈다

18 갈증 명
[갈쯩]

thirst / 干渴，口渴 / sự khát nước
그는 자다가 심한 **갈증**을 느껴서 일어났다.
땀을 많이 흘렸더니 **갈증**이 나요. 물 좀 주세요.

• 갈증이 나다, 갈증을 느끼다

19 감각 명

sense / ① 感觉 ② 感 / ① cảm giác (cơ thể) ② độ nhạy (ngôn ngữ)

① 너무 추워서 손에 감각이 없어졌다.
② 그는 언어 감각이 좋은 편이에요.

> 유 느낌
> • 감각이 있다, 감각이 없다, 감각을 잃다

20 감다 동

[감따]

감고, 감아서,
감으면, 감습니다

wind, coil / 缠，绕 / quấn, cuộn, băng (vết thương)

친구는 머리에 붕대를 감고 누워 있었다.
왜 다리에 붕대를 감았어요?

> 반 풀다
> • N1을/를 N2(으)로 감다, N1에 N2을/를 감다
> • 팔을 붕대로 감다, 팔에 붕대를 감다

21 감독 명

① supervision ② director, coach / ① 监督，监考 ② 教练，导演 / ① giám thị ② huấn luyện viên

① 그는 시험 감독을 맡아서 주말에도 출근을 했다.
② 요즘 인기가 많은 그 야구팀의 감독이 누구예요?

> • 감독(을) 하다, 감독을 맡다

22 감동 명

be moved / 感动 / sự cảm động

그의 고백은 영화의 한 장면처럼 큰 감동을 주었다.
김 감독의 인터뷰를 보고 감동을 받았어요.

> • 감동적
> • 감동(을) 하다, 감동을 주다, 감동을 받다, 감동을 느끼다

23 감상 명

① feelings ② appreciation / ① 感想 ② 欣赏，鉴赏 / ① cảm tưởng ② sự cảm thụ, sự thưởng ngoạn

① 감상문은 영화나 책을 보고 느낀 감상을 적은 글이다.
② 제 취미는 독서와 음악 감상이에요.

> • 감상적, 감상문
> • 감상(을) 하다

24 감정 명

emotion, feeling / 感情 / cảm nhận, cảm xúc, tâm trạng

그 사람은 자기의 감정을 잘 표현하지 않는다.
그에게 제가 느낀 감정을 솔직하게 말했어요.

> • 감정적
> • 감정을 느끼다, 감정을 표현하다

25 개다¹ 동

개고, 개서,
개면, 갭니다

clear up, become clear / 放晴 / trời quang, trời trong xanh

이틀 내내 흐렸던 날씨가 개서 하늘이 파래졌다.
오늘은 비도 안 오고 하늘이 구름도 하나 없이 갰네요.

유 맑아지다
• 날씨가 개다, 하늘이 개다

---

26 개인 명

each person / 个人 / cá nhân

국가를 위해서는 개인의 이익을 포기할 수도 있다.
이건 더 이상 개인의 문제가 아니에요.

유 개개인 반 전체
• 개인적

---

27 거꾸로 부

reversely / 倒着，反着 / ngược lại

그는 아침에 서두르다가 옷을 거꾸로 입고 나왔다.
아이가 부모의 말과 다르게 자꾸 거꾸로 행동을 해요.

유 반대로 반 바로, 똑바로

---

28 건조하다 형

건조하고, 건조해서,
건조하면, 건조합니다

dry / 干燥，干枯 / phơi khô, sấy khô

요즘 날씨가 매우 건조해서 산불을 조심해야 한다.
가습기를 안 켜면 방이 너무 건조해요.

반 습하다
• 피부가 건조하다, 날씨가 건조하다

---

29 검색 명

search / 搜索，检索 / sự tìm kiếm, sự tra cứu

자료실에서는 여러 가지 정보 검색이 가능하다.
요즘에는 휴대폰으로 인터넷 검색을 많이 해요.

• 검색(을) 하다, 검색이 되다, 검색이 가능하다

---

30 검토 명

examination / 检查，研究，研讨 / xem xét

이 문제는 많은 검토가 필요하다.
다시 한번 검토를 한 후에 제출할게요.

• 검토(를) 하다, 검토(가) 되다

❝ 오늘의 단어 한눈에 보기! 다 외운 단어는 ☑해 보세요. ❞

☐ 겁 명	☐ 게시판 명	☐ 겨우 부
☐ 결국 부	☐ 결제 명	☐ 경비 명
☐ 경우 명	☐ 경제 명	☐ 곁 명
☐ 계약 명	☐ 고백 명	☐ 고생 명
☐ 곤란하다 형	☐ 곧이어 부	☐ 곧장 부
☐ 골고루 부	☐ 골목 명	☐ 곱다 형
☐ 곳곳 명	☐ 공간 명	☐ 공공 명
☐ 공과금 명	☐ 공동 명	☐ 공사 명
☐ 공식 명	☐ 공통 명	☐ 과로 명
☐ 과목 명	☐ 과식 명	☐ 과장 명

✏ 외우지 못 한 단어는 다음날 한 번 더 학습합니다.

01 겁 명

fear / 胆怯，害怕 / nỗi sợ

나는 **겁**이 별로 없어서 어두운 골목길도 혼자 잘 다닌다.
너는 무슨 **겁**이 이렇게 많아?

- 겁(이) 나다, 겁(을) 내다, 겁(을) 먹다, 겁이 많다, 겁이 없다

02 게시판 명

① bulletin board ② online forum / ① 公告牌 ② 网络论坛 /
① bảng thông báo ② bảng tin

① 우리는 동아리 광고를 학교 **게시판**에 붙였다.
② 회사에서 모집 공고를 인터넷 **게시판**에 올렸어요.

유 알림판, 안내판

03 겨우 부

① with difficulty ② only / ① 勉强，好不容易 ② 只，仅仅，才 /
① một cách khó khăn ② họa hoằn, hầu như không

① 그는 힘들게 공부해서 시험에 **겨우** 합격했다.
② 밤 새워 만들었지만 **겨우** 몇 개밖에 못 만들었어요.

유 간신히, 어렵게

04 결국 부

finally / 最终，最后，归根到底 / rốt cục, cuối cùng

그는 열심히 노력했지만 **결국** 실패로 끝났다.
두 사람은 매일 싸우다가 **결국** 헤어져 버렸어요.

유 마침내

05 결제 명
[결쩨]

payment / 结算，结账 / sự thanh toán

보험료는 정해진 날짜에 신용카드로 **결제**가 된다.
카드로 **결제**를 하면 수수료를 더 내야 합니다.

- 결제(를) 하다, 결제(가) 되다

06 경비 명

expense / 经费，费用 / kinh phí

나는 배낭여행 **경비**를 마련하기 위해 아르바이트를 했다.
이번 행사에 **경비**가 많이 들었어요.

유 비용
- 경비가 들다, 경비를 마련하다

07 경우 명

case / 情况，场合 / trường hợp

비가 올 **경우**에는 행사를 연기하거나 취소할 예정이다.
이런 **경우**에는 어떻게 해야 하나요?

> 유 상황

08 경제 명

economy / 经济 / kinh tế

서울은 한국의 수도로 정치, **경제**, 교육의 중심지이다.
요즘 **경제**가 안 좋아서 걱정이에요.

> • 경제가 발전하다, 경제가 안정되다

09 곁 명
[곁]

side, beside / 边，侧 / kề bên, bên cạnh

부모님은 항상 아이 **곁**을 떠나지 않으셨다.
항상 너의 **곁**에 있을게.

> 유 옆

10 계약 명

contract / 合同，契约 / hợp đồng

이 집의 전세 **계약** 기간이 얼마 남지 않았다.
계약을 하려면 계약금을 먼저 내야 돼요.

> • 계약서, 계약자, 계약금
> • 계약(을) 하다, 계약을 맺다, 계약을 취소하다

11 고백 명

confession / 告白，坦白 / lời thổ lộ, lời tỏ tình

그 아이는 자기가 거짓말을 했다고 솔직하게 **고백**을 했다.
친구에게 **고백**을 받아서 마음이 너무 불편해요.

> • 고백(을) 하다, 고백을 받다, 고백을 거절하다

12 고생 명

hardship / 辛苦，艰苦 / khó khăn

아이는 겨울에 감기로 **고생**을 많이 했다.
고생 끝에 행복이 온다고 하잖아요.

> • 고생(을) 하다, 고생을 겪다

13 곤란하다 [형]
[골란하다]

곤란하고, 곤란해서,
곤란하면, 곤란합니다

difficult / 困难，为难 / khó xử

누구에게나 대답하기가 **곤란한** 질문이 있다.
여기에서 담배를 피우시면 **곤란합니다**.

- V-기가 곤란하다

14 곧이어 [부]

immediately following / 随后，紧跟着 / ngay sau đó

수업이 끝나는 소리가 들리자 **곧이어** 아이들이 교실에서 뛰어나왔다.
드라마가 끝나고 **곧이어** 뉴스가 시작될 거예요.

15 곧장 [부]
[곧짱]

straight / 直接，立刻 / thẳng tiến, ngay

아이가 던진 공이 **곧장** 나에게 날아왔다.
이 길을 따라서 **곧장** 가시면 됩니다.

유 똑바로, 곧바로

16 골고루 [부]

① evenly ② without missing anything / ① 平均地 ② 各种，全部
/ ① nhiều thứ, đồng đều ② đủ (ăn đủ mọi thứ)

① 회사에서는 일을 여러 사람에게 **골고루** 나누어 주었다.
② 좋아하는 것만 먹지 말고 **골고루** 드세요.

17 골목 [명]

alley / 巷子，胡同 / hẻm, ngõ

예전에는 집 앞 **골목**에서 언제나 아이들이 뛰어놀았다.
저 **골목**에서 오른쪽으로 돌면 우리 집이에요.

유 골목길

18 곱다 [형]
[곱따]

곱고, 고와서,
고우면, 곱습니다

beautiful / 美 / đẹp

어머니는 생신날에 한복을 **곱게** 차려 입으셨다.
영희 씨는 마음도 **곱고** 얼굴도 **곱네요**.

속담 가는 말이 고와야 오는 말이 곱다

19 곳곳 명
[곧꼳]

everywhere / 到处，各地 / mọi nơi

봄이 되자 전국 **곳곳**에서 벚꽃이 피기 시작했다.
주말에 자전거를 타고 시내 **곳곳**을 다녔어요.

유 여기저기, 이곳저곳

20 공간 명

space / 场所，空间 / không gian

집은 몸과 마음이 편안하게 쉴 수 있는 **공간**이다.
이곳은 나만을 위한 **공간**이라서 내 마음대로 꾸며 놓았어요.

21 공공 명

public / 公共 / công cộng

공공의 이익을 위해서는 모두가 양보해야 한다.
공무원은 **공공** 기관에서 일해요.

• 공공시설, 공공요금, 공공사업

22 공과금 명

utility bills / 税金,（水电费等）公共事业费用 / tiền công ích

공과금을 내지 않으면 연체료가 붙는다.
이번 달 **공과금**을 내러 은행에 갔어요.

23 공동 명

joint, common / 共同，联合 / công đồng

주방과 세탁실은 여러 사람이 **공동**으로 사용하는 공간이다.
과일을 친구하고 **공동**으로 구매했더니 값이 훨씬 쌌어요.

• 공동 구매, 공동 주택

24 공사 명

construction / 工程，施工 / công trình

이곳은 도로를 넓히는 **공사**를 진행 중이다.
이 길은 **공사** 중이니까 다른 길로 돌아가세요.

• 공사(를) 하다, 공사를 시작하다, 공사 중이다

25 공식 ^명

official / 正式，官方 / chính thức

정부는 올림픽 개최에 대한 입장을 **공식** 발표했다.

사정이 생겨서 대통령의 **공식** 방문이 취소되었다고 해요.

> (반) 비공식
> • 공식적

26 공통 ^명

common / 相通，共同 / chung

인구 문제는 세계가 **공통**으로 가지고 있는 문제이다.

이것은 전체 학생이 제출해야 하는 **공통** 과제예요.

> • 공통적, 공통점
> • 공통되다

27 과로 ^명

overwork / 过劳 / quá mức

많은 직장인들이 **과로**로 병에 걸리는 경우가 많다.

보고서를 끝내려고 **과로**를 해서 그런지 몸이 너무 피곤해요.

> • 과로(를) 하다

28 과목 ^명

subject / 科目 / môn học

이번 학기에는 다른 전공의 수업을 두 **과목** 들을 예정이다.

학교 다닐 때 제일 좋아했던 **과목**은 수학이었어요.

29 과식 ^명

overeating / 暴食，吃得过多 / sự bội thực

과식이나 과로처럼 너무 지나친 것은 좋지 않다.

어제 집들이 때 **과식**을 해서 오늘은 아무것도 안 먹었어요.

> • 과식(을) 하다

30 과장 ^명

exaggeration / 夸张 / sự khoa trương

그 사람은 조금의 **과장**도 없이 사실대로 말했다.

너는 **과장**이 너무 심해서 내가 직접 봐야 믿을 수 있을 것 같아.

> • 과장(을) 하다, 과장(이) 되다

오늘의 단어 한눈에 보기! 다 외운 단어는 ☑해 보세요.

□ 과정 [명]   □ 관계없다 [형]   □ 관람 [명]

□ 관련 [명]   □ 관리 [명]   □ 관찰 [명]

□ 광경 [명]   □ 굉장히 [부]   □ 구경거리 [명]

□ 구멍 [명]   □ 구수하다 [형]   □ 구역 [명]

□ 구입하다 [동]   □ 구조¹ [명]   □ 구체적 [명]

□ 국립 [명]   □ 굶다 [동]   □ 권하다 [동]

□ 규칙적 [명]   □ 그만하다 [동]   □ 그저 [부]

□ 근무 [명]   □ 금연 [명]   □ 굿다 [동]

□ 긍정적 [명]   □ 기계 [명]   □ 기관 [명]

□ 기구 [명]   □ 기념 [명]   □ 기능 [명]

✎ 외우지 못 한 단어는 다음날 한 번 더 학습합니다.

01 과정 명

process / 过程，进程 / quá trình

모든 일은 결과도 중요하지만 **과정**도 매우 중요하다.
엄마는 아이가 자라는 **과정**을 일기에 꼼꼼하게 적어 놓았어요.

- 과정을 겪다, 과정을 거치다

02 관계없다 형
[관계업따]

관계없고, 관계없어서,
관계없으면, 관계없습니다

irrelevant / 无关，不相干 / không quan trọng, không sao

나는 내 전공과 **관계없는** 일을 하고 있다.
그 사람은 이 일과 전혀 **관계없어요**.

- 유 상관없다　　　　　　　반 관계있다
- N와/과 관계없다, N에 관계없다
- 이 일과 관계없다, 이 일에 관계없다

03 관람 명
[괄람]

viewing, watching / 观看，参观 / ngắm, tham quan

이 영화는 미성년자의 **관람**이 금지되어 있다.
경기 **관람**을 원하시는 분들은 줄을 서 주세요.

- 관람객, 관람석, 관람료
- 관람(을) 하다

04 관련 명
[괄련]

related / 相关，关连 / có liên quan

젊은 사람들은 국가의 미래와 **관련**이 있는 내용에 관심이 많다.
최근 자동차 **관련** 회사들은 경기가 좋지 않습니다.

- 관련성, 관련 기사, 관련 분야
- 관련(을) 하다, 관련(이) 되다, 관련이 있다, 관련이 없다, 관련을 맺다

05 관리 명
[괄리]

management / ① 管理 ② 保养 / ① quản lý (thời gian) ② chăm sóc (sức khỏe)

① 시간 **관리**를 잘 하려면 계획을 세우는 게 좋다.
② 환절기에는 건강 **관리**에 특히 신경을 써야 해요.

- 관리(를) 하다, 관리(가) 되다

06 관찰 명

observation / 观察 / quan sát

바이러스와 같은 것들은 눈으로 **관찰**이 불가능하다.
여기에 그 실험의 **관찰** 결과를 자세히 써 놓았어요.

- 관찰(을) 하다, 관찰(이) 되다

07 광경 명

scene, sight / 景象，情景 / quang cảnh

여행에서 본 동해의 일출 **광경**은 정말 잊을 수 없다.
요즘에는 아이들이 뛰어노는 **광경**을 자주 볼 수 없어요.

유 장면, 모습

08 굉장히 부

very / 非常，特別 / vô cùng, rất, hết sức

우리가 사는 곳은 **굉장히** 빠른 속도로 변하고 있다.
이 일은 생각보다 **굉장히** 힘드네요.

유 매우, 무척

09 구경거리 명
[구경꺼리]

spectacle, attraction / 可看的 / cái đáng xem

축제 때에는 **구경거리**가 많아진다.
저기에 무슨 **구경거리**가 있나 봐요.

유 볼거리

10 구멍 명

hole / 眼，洞，窟窿 / cái lỗ

종이에 **구멍**을 뚫어서 공책을 만들었다.
양말에 **구멍**이 나서 버렸어요.

• 구멍이 나다, 구멍을 내다, 구멍을 뚫다
속담 쥐구멍에도 볕 들 날 있다

11 구수하다 형
구수하고, 구수해서,
구수하면, 구수합니다

savory, rich in flavor / 香喷喷 / thơm ngon (thức ăn)

저녁 시간이 되니 집집마다 **구수한** 냄새가 난다.
이 옥수수 차의 맛은 숭늉처럼 **구수해요**.

• 냄새가 구수하다, 맛이 구수하다

12 구역 명

area, zone / 区域 / khu vực

어린이 보호 **구역**에서는 자동차 속도를 낮춰야 한다.
이곳은 금연 **구역**이니까 담배는 흡연 **구역**에서 피우세요.

17

13 구입하다 동
[구이파다]
구입하고, 구입해서,
구입하면, 구입합니다

purchase / 购买 / mua
이사하면서 냉장고를 6개월 할부로 **구입했다**.
저는 시장에서 물건을 **구입하는** 경우가 많아요.

> 유 사다, 구매하다　　　　　　반 판매하다, 팔다

14 구조¹ 명

structure / 结构 / cấu tạo
한국어의 문장 **구조**는 영어의 문장 **구조**와 차이가 있다.
오늘은 컴퓨터의 **구조**와 기능을 알아볼 거예요.

15 구체적 명

specific, detailed / 具体的 / một cách chi tiết
그는 문제의 해결 방법을 **구체적**으로 제시했다.
학생들이 이해할 수 있게 **구체적**인 예를 들어 주세요.

> 반 추상적

16 국립 명
[궁닙]

national / 国立 / công lập
나라에서 지방 곳곳에 **국립** 도서관을 건설하였다.
우리 학교는 **국립**이라서 등록금이 싼 편이에요.

> 반 사립

17 굶다 동
[굼따]
굶고, 굶어서,
굶으면, 굶습니다

skip a meal / 饿着，饿肚子 / nhịn đói
세상에는 아직도 **굶는** 아이들이 많다.
굶어서 살을 빼는 건 건강에 안 좋아요.

18 권하다 동
권하고, 권해서,
권하면, 권합니다

① recommend ② offer / ① 请，敬 ② 劝请 / ① khuyên bảo
② mời (ăn, ngồi, dùng)
① 친구가 아르바이트를 **권해서** 시작하게 되었다.
② 다른 사람에게 술을 **권할** 때에는 주의해야 돼요.

> • 술을 권하다, 담배를 권하다, 음식을 권하다

19 규칙적 명
[규칙쩍]

regular / 有规则的 / có quy tắc, có kỷ luật

건강을 위해서는 무엇보다 **규칙적**인 식사가 중요하다.
군대에 와서 **규칙적**으로 생활하고 있어요.

반 불규칙적

---

20 그만하다 동

그만하고, 그만해서,
그만하면, 그만합니다

stop / 停止 / dừng lại

나는 이제 마음 아픈 짝사랑은 **그만하고** 싶다.
일 좀 **그만하고** 조금 쉬세요.

반 계속하다

---

21 그저 부

just / 只是，仅仅是 / chỉ có, chỉ, cứ

그는 아무 말도 하지 않고 **그저** 웃기만 했다.
저는 **그저** 시키는 일만 했을 뿐이에요.

유 그냥

---

22 근무 명

work / 工作，上班 / làm việc

그는 **근무** 태도도 좋고 동료와 관계도 좋다.
저는 **근무** 시간이 자유로운 회사에 다니고 싶어요.

• 근무(를) 하다

---

23 금연 명
[그면]

no smoking / ① 禁烟 ② 戒烟 / cấm hút thuốc

① 요즘 보통 건물 안에서는 모두 **금연**이다.
② 건강을 위해서 **금연**을 하기로 결심했어요.

• 금연(을) 하다

---

24 긋다 동
[귿따]

긋고, 그어서,
그으면, 긋습니다

draw (a line) / 画，划 / vạch, gạch

나는 중요한 부분에 밑줄을 **그으면서** 공부했다.
서로 맞는 문장끼리 선을 **그어서** 연결해 주세요.

• 선을 긋다, 밑줄을 긋다, 줄을 긋다

25 긍정적 명

positive / ① 肯定的，认同的 ② 正面的，积极的 / tính tích cực
① 고개를 끄덕이는 걸 보니 **긍정적**으로 받아들인 것 같다.
② 그는 **긍정적**인 사고방식을 가지고 있어요.

> 반 부정적

26 기계 명

machine / 机械，机器 / máy móc
공장의 **기계**가 돌아가면서 큰 소리를 냈다.
친구는 고장이 난 **기계**도 잘 고쳐요.

> • 기계를 돌리다, 기계가 작동하다, 기계가 돌아가다

27 기관 명

institution / 机关，机构，部门，组织 / cơ quan
공공 **기관**에서는 에너지 절약을 위해서 노력하고 있다.
이곳은 부모가 없는 아이들을 돌봐주는 **기관**이에요.

> • 공공 기관, 정부 기관, 금융 기관

28 기구 명

equipment / 机构，用具，工具 / dụng cụ, đồ dùng
이곳은 주말이면 놀이 **기구**를 타러 오는 사람들로 가득하다.
우리 집에는 여러 개의 운동 **기구**가 있어요.

> • 운동 기구, 요리 기구, 실험 기구, 의료 기구

29 기념 명

commemoration / 纪念 / kỷ niệm
선배는 취직 **기념**으로 후배들에게 술을 사 주었다.
올해는 결혼 10주년 **기념**으로 여행을 가려고 해요.

> • 기념일, 기념식, 기념품
> • 기념(을) 하다, 기념(이) 되다

30 기능 명

function / 功能 / chức năng
신형 노트북에는 새로운 **기능**이 추가되었다.
요즘 휴대폰은 **기능**이 정말 많은 것 같아요.

> 유 성능
> • 기능이 있다, 기능이 없다, 기능이 좋다, 기능이 많다

오늘의 단어 한눈에 보기! 다 외운 단어는 ☑해 보세요.

☐ 기대 명	☐ 기대다 동	☐ 기사 명
☐ 기술자 명	☐ 기억력 명	☐ 기업 명
☐ 기준 명	☐ 기초 명	☐ 긴급 명
☐ 까다 동	☐ 깔끔하다 형	☐ 깜빡 부
☐ 깨지다 동	☐ 꺼지다 동	☐ 껍질 명
☐ 꼬리 명	☐ 꼼짝 부	☐ 꽂다 동
☐ 꽉 부	☐ 꽤 부	☐ 꾸준히 부
☐ 끊기다 동	☐ 끌다 동	☐ 끝내 부
☐ 끼다¹ 동	☐ 나르다 동	☐ 나아지다 동
☐ 나타내다 동	☐ 낙엽 명	☐ 난방 명

✎ 외우지 못 한 단어는 다음날 한 번 더 학습합니다.

공부는 꾸준히 하는 것이 중요해요.

01 기대 명

expectation / 期待，期望 / kỳ vọng

기대가 크면 실망도 큰 법이다.
내일 여행을 떠나는데 너무 **기대**가 돼요.

• 기대(를) 하다, 기대(가) 되다

02 기대다 동

기대고, 기대서,
기대면, 기댑니다

lean, rely / 靠，倚，依靠，依赖 / dựa vào, tựa vào

지하철 문에 **기대면** 위험하다.
성인이 되었는데도 부모에게 **기대서** 사는 사람들이 많아요.

• N1에/에게 N2을/를 기대다, N에/에게 기대다
• 벽에 등을 기대다, 도움에 기대다

03 기사 명

article / 报道，纪实 / bài báo

그 사건에 대한 **기사**가 신문에 실렸다.
경제 관련 **기사**를 모아서 보고서를 작성했어요.

• 기사가 나다, 기사가 실리다

04 기술자 명
[기술짜]

technician / 技术人员 / kỹ thuật viên

우리 회사는 경험이 많고 실력 있는 **기술자**가 필요하다.
저는 최고의 기술을 가진 **기술자**가 되고 싶어요.

05 기억력 명
[기엉녁]

memory / 记忆力 / trí nhớ

우리 할머니는 여전히 뛰어난 **기억력**을 가지고 계신다.
나이가 들면서 **기억력**이 점점 나빠지는 것 같아요.

• 기억력이 좋다, 기억력이 나쁘다, 기억력이 떨어지다

06 기업 명

enterprise, company / 企业，公司 / doanh nghiệp

경기가 나빠져도 기술력이 좋은 **기업**들은 살아남았다.
작은 가게로 시작했는데 이제는 세계적인 큰 **기업**이 되었어요.

유 회사, 기업체
• 기업을 경영하다

07 기준 명

standard / 标准，基准 / tiêu chuẩn

각 기업에서는 정해진 **기준**에 따라 직원들에게 월급을 준다.
학생들을 평가할 때에는 먼저 **기준**을 세우는 것이 중요해요.

- 기준을 세우다, 기준을 잡다, 기준에 따르다

08 기초 명

foundation / 基础 / nền tảng, cơ bản

기초를 잘 쌓아야 끝까지 좋은 성적을 얻을 수 있다.
건물을 세울 때 **기초** 공사를 튼튼하게 해야 돼요.

- 유 기본
- 기초를 닦다, 기초를 다지다, 기초가 튼튼하다, 기초가 부족하다

09 긴급 명

urgent / 紧急 / khẩn cấp

태풍이 발생하여 주민들이 **긴급** 대피하였다.
긴급 상황이 발생했을 때에는 이 번호로 바로 연락하세요.

- 긴급 명령, 긴급 상황, 긴급 구조
- 긴급하다

10 까다 동

까고, 까서,
까면, 깝니다

peel / 剥 / gọt (vỏ), bóc, lột

마늘이나 양파는 껍질을 **깔** 때 눈이 맵다.
저는 보통 과일을 먹을 때 껍질을 **까서** 먹어요.

- 유 벗기다
- 껍질을 까다, 마늘을 까다, 콩을 까다

11 깔끔하다 형

깔끔하고, 깔끔해서,
깔끔하면, 깔끔합니다

neat / 洁净，利落 / sạch sẽ, ngăn nắp

그의 집은 **깔끔하게** 정리가 잘 되어 있었다.
면접을 보러 갈 때에는 **깔끔한** 옷을 입고 가는 게 좋아요.

- 유 깨끗하다
- 방이 깔끔하다, 성격이 깔끔하다, 맛이 깔끔하다

12 깜빡 부

① flicker ② with a blink / ① 闪烁 ② 眨巴，一会 / ① chớp, lóe,
nhấp nháy (đèn) ② chợt, một chút, lúc

① 전등이 오래됐는지 **깜빡** 켜졌다가 금방 꺼져 버렸다.
② 운전하다가 **깜빡** 조는 바람에 큰 사고가 날 뻔했어요.

- 깜빡 졸다, 깜빡 잊어버리다, 깜빡 정신을 잃다

13 깨지다 동

깨지고, 깨져서,
깨지면, 깨집니다

break, shatter, be broken / 打破，打碎，（事情）破灭，没成 / bị vỡ

설거지를 하다가 그릇이 미끄러져서 **깨졌다**.
배달할 때 유리가 **깨지지** 않도록 조심해 주세요.

14 꺼지다 동

꺼지고, 꺼져서,
꺼지면, 꺼집니다

① go out ② turn off / ① 灭，熄 ② 关 / tắt (đèn, máy móc)

① 밤 10시가 되자 집집마다 켜져 있던 불이 모두 **꺼졌다**.
② 갑자기 컴퓨터가 **꺼져** 버려서 일을 다 못 끝냈어요.

반 켜지다

15 껍질 명

[껍찔]

peel, skin, rind / 皮，表皮 / vỏ (trái cây)

귤은 **껍질**을 말려서 차로 마실 수도 있다.
과일은 **껍질**에도 영양이 많아요.

• 껍질을 까다, 껍질을 벗기다

16 꼬리 명

tail / 尾巴 / đuôi (động vật)

강아지가 주인을 보자 **꼬리**를 흔들기 시작했다.
고양이는 **꼬리**로 감정을 표현하기도 해요.

속담 꼬리가 길면 밟힌다
관용구 꼬리가 길다, 꼬리를 밟다

17 꼼짝 부

budge, move a little / 微动，稍动 / nhúc nhích, động đậy

아이는 **꼼짝** 않고 책상에 앉아서 책을 읽었다.
꼼짝 말고 여기에서 기다리고 있어.

• 꼼짝 말다, 꼼짝 않다, 꼼짝 못 하다

18 꽂다 동

[꼳따]

꽂고, 꽂아서,
꽂으면, 꽂습니다

insert, put in / 插 / cắm

산 정상까지 올라가서 정상에 태극기를 **꽂았다**.
꽃병에 **꽂아** 놓은 꽃이 너무 예쁘네요.

• N1에 N2을/를 꽂다
• 책꽂이에 책을 꽂다

3급 4일차

19 꽉 [부]

① tightly ② fully / ① 紧紧 ② 满 / chặt (nắm, cầm)
① 병뚜껑을 너무 **꽉** 닫아서 열리지 않는다.
② 지하철은 사람들로 **꽉** 차 있었어요.

> • 꽉 닫다, 꽉 누르다, 꽉 끼다, 꽉 차다

20 꽤 [부]

quite, fairly / 颇，相当 / khá
오랜만에 친구를 만나서 **꽤** 재미있는 시간을 보냈다.
오늘 날씨가 **꽤** 추워요.

> 유 아주, 매우

21 꾸준히 [부]

consistently / 持之以恒地 / đều đặn
그는 운동하면서 **꾸준히** 몸매를 관리하고 있다.
공부는 무엇보다 **꾸준히** 하는 것이 중요해요.

> 유 계속, 끊임없이

22 끊기다 [동]
[끈키다]

disconnected / ① 被截断 ② 被终止（联系、关系等）/ ① bị gián đoạn ② bị mất (liên lạc)
① 이 지역은 눈 때문에 도로가 **끊기는** 경우가 많다.
② 그 친구하고 연락이 **끊긴** 지 벌써 5년이 되었어요.

끊기고, 끊겨서,
끊기면, 끊깁니다

> • '끊다'의 피동사
> • 소식이 끊기다, 대화가 끊기다, 전화가 끊기다, 버스가 끊기다

23 끌다 [동]

pull, draw, drag / 拖，拽 / lôi kéo
어른들은 신발을 **끌면서** 걷는 것을 싫어하신다.
상자가 무거워서 바닥에 놓고 **끌고** 갔어요.

끌고, 끌어서,
끌면, 끕니다

> • 인기를 끌다, 주의를 끌다, 관심을 끌다, 시선을 끌다

24 끝내 [부]
[끈내]

finally, in the end / 一直，始终 / kết cục, cuối cùng
어머니는 **끝내** 아들의 성공을 보지 못하고 돌아가셨다.
잃어버린 지갑을 **끝내** 찾지 못했어요.

> 유 끝끝내

25 끼다¹ 동

끼고, 껴서,
끼면, 낍니다

form, gather (clouds, fog) / 弥漫，笼罩 / giăng, phủ (mây, sương)

오늘 안개가 너무 심하게 **끼어** 있다.
구름 **낀** 하늘을 보니 비가 올 것 같아요.

- 구름이 끼다, 안개가 끼다, 습기가 끼다

26 나르다 동

나르고, 날라서,
나르면, 나릅니다

carry, transport / 搬，搬运 / chở, chuyển, mang

나는 공사장에서 벽돌을 **나르는** 일을 한 적이 있다.
이번 주말에 이삿짐 **나르는** 것 좀 도와줄 수 있어요?

유 옮기다
- 짐을 나르다, 이삿짐을 나르다

27 나아지다 동

나아지고, 나아져서,
나아지면, 나아집니다

improve, get better / 好转，变好 / tốt lên, khá lên

그는 꾸준히 노력한 덕분에 성적이 **나아지고** 있다.
좀 쉬면 **나아질** 테니까 걱정하지 마세요.

유 좋아지다　　　　　　　　반 나빠지다
- N이/가 나아지다

28 나타내다 동

나타내고, 나타내서,
나타내면, 나타냅니다

① show ② express / ① 出现 ② 表示 / ① xuất hiện ② diễn đạt, thể hiện

① 오랫동안 소식이 끊긴 친구가 모습을 **나타냈다**.
② 그는 짝사랑하는 마음을 노래로 **나타냈어요**.

- 모습을 나타내다, 감정을 나타내다

29 낙엽 명

fallen leaves / 落叶 / lá rụng

바람이 불어서 길에 **낙엽**이 많이 떨어졌다.
가을이 되니까 **낙엽**이 지고 있어요.

- 낙엽이 지다, 낙엽이 떨어지다, 낙엽이 쌓이다

30 난방 명

heating / 供暖，温暖的房间 / sưởi

한국에서는 전통적으로 '온돌'이라는 방식으로 **난방**을 했다.
요즘에는 보통 전기나 가스로 **난방**을 해요.

반 냉방
- 난방을 하다, 난방이 되다

오늘의 단어 한눈에 보기! 다 외운 단어는 ☑해 보세요.

☐ 낡다 동	☐ 낯설다 형	☐ 낳다 동
☐ 내내 부	☐ 내려놓다 동	☐ 내보내다 동
☐ 내성적 명	☐ 냉동 명	☐ 냉방 명
☐ 냉정하다 형	☐ 널다 동	☐ 널리 부
☐ 넓이 명	☐ 넘어가다 동	☐ 노약자 명
☐ 녹다 동	☐ 녹음 명	☐ 높이다 동
☐ 놓이다 동	☐ 놓치다 동	☐ 눈부시다 형
☐ 늘리다 동	☐ 늘어나다 동	☐ 늦잠 명
☐ 다정하다 형	☐ 다지다 동	☐ 다행히 부
☐ 단단하다 형	☐ 단점 명	☐ 단정하다 형

✎ 외우지 못 한 단어는 다음날 한 번 더 학습합니다.

01 낡다 동
[낙따]

낡고, 낡아서,
낡으면, 낡습니다

worn out, old / 老旧，破旧 / cũ (quần áo, giầy dép)

신발이 너무 **낡아서** 비가 오면 물이 샌다.
이 옷은 **낡긴** 했지만 좋아하는 옷이라 버릴 수가 없어요.

유 오래되다
• N이/가 낡다

02 낯설다 형
[낟썰다]

낯설고, 낯설어서,
낯설면, 낯섭니다

unfamiliar / 陌生 / lạ mặt, không quen

외국에서 **낯선** 환경에 적응하기가 쉽지 않다.
학교에 오랜만에 오니까 꽤 **낯설어요.**

반 낯익다, 익숙하다

03 낳다 동
[나타]

낳고, 낳아서,
낳으면, 낳습니다

give birth / 生，产 / sinh con

옛날 사람들은 딸보다는 아들 **낳기**를 원했다.
한국에서는 보통 아이를 **낳고** 미역국을 먹어요.

• 자식을 낳다, 알을 낳다, 새끼를 낳다

04 내내 부

throughout, all the time / 始终，一直 / suốt (1 khoảng thời gian)

너무 피곤해서 오후 **내내** 잠만 잤다.
장마철이라서 한 달 **내내** 비가 오고 있어요.

05 내려놓다 동
[내려노타]

내려놓고, 내려놓아서,
내려놓으면, 내려놓습니다

① put down ② drop off / ① 放下 ② 放下来 / ① đặt xuống ② cho xuống

① 나는 가방을 의자에 **내려놓았다.**
② 기차는 목적지에 승객들을 **내려놓고** 떠났어요.

• 짐을 내려놓다, 사람을 내려놓다, 직책을 내려놓다

06 내보내다 동

내보내고, 내보내서,
내보내면, 내보냅니다

send out, let out / 送出去，派出去 / đuổi ra, tống ra

비상벨이 울려서 학생들을 모두 밖으로 **내보냈다.**
선생님은 떠드는 학생들을 교실 밖으로 **내보냈어요.**

• N1을/를 N2(으)로 내보내다

28

07 내성적 명

introverted / 内向的 / tính cách hướng nội

내성적인 사람도 친한 친구를 만나면 말이 많아진다.
저는 성격이 **내성적**이고 소심한 편이에요.

반 외향적

---

08 냉동 명

freezing, frozen / 冷冻 / đông cứng

고기는 **냉동** 상태로 보관하는 게 좋다.
혼자 사니까 간편하게 먹을 수 있는 **냉동** 음식을 자주 먹어요.

반 해동
• 냉동실, 냉동고, 냉동식품
• 냉동(을) 하다, 냉동(이) 되다

---

09 냉방 명

air conditioning / 冷气设备，冷屋子 / việc làm lạnh phòng

우리 회사는 난방도 **냉방**도 잘 되지 않아 너무 불편하다.
요즘 건물은 **냉방** 시설이 잘 갖추어져 있어요.

반 난방
• 냉방을 하다, 냉방이 되다

---

10 냉정하다 형

cold-hearted, calm / 冷漠，冷冰冰 / lạnh lùng

냉정하고, 냉정해서,
냉정하면, 냉정합니다

그는 가족에게는 참 다정한데 남들에게는 너무 **냉정하다**.
내 친구는 침착하면서 **냉정한** 사람이에요.

유 차갑다   반 따뜻하다, 다정하다
• 성격이 냉정하다, 표정이 냉정하다, 목소리가 냉정하다

---

11 널다 동

hang (clothes) / 晾，晒 / phơi (quần áo)

널고, 널어서,
널면, 넙니다

고추를 말리려고 햇볕이 잘 드는 마당에 **널었다**.
비가 올 거니까 밖에 빨래를 **널지** 마세요.

• 빨래를 널다, 옷을 널다

---

12 널리 부

widely, extensively / 广泛，普遍 / phạm vi rộng lớn

영어는 세계 공용어로 **널리** 쓰이고 있다.
그건 이미 **널리** 알려진 사실이에요.

• 널리 퍼지다, 널리 알리다, 널리 쓰이다

13 넓이 ^명
[널비]

area, width / 宽度，幅 / chiều rộng

방은 두 사람이 겨우 앉을 수 있는 **넓이**였다.
이 삼각형의 **넓이**를 구해 보세요.

- 크기-길이-높이-넓이-두께-깊이
- 넓이가 넓다, 넓이가 좁다

14 넘어가다 ^동
넘어가고, 넘어가서,
넘어가면, 넘어갑니다

① fall over ② move on (to) / ① 倒下 ② 转入，进入 / ① té ngã,
ngất đi ② làm tiếp việc sau, chuyển sang

① 태풍이 부는 바람에 길가의 나무가 뒤로 **넘어갔다**.
② 9과는 다 배웠으니까 다음 과로 **넘어갈까요**?

- 산을 넘어가다, 담을 넘어가다, 기한을 넘어가다

15 노약자 ^명
[노약짜]

the elderly and infirm / 老弱者 / người già

노약자는 늙거나 약한 사람을 말한다.
노약자에게 자리를 양보하는 것은 아름다운 풍습입니다.

- 노약자석

16 녹다 ^동
[녹따]

녹고, 녹아서,
녹으면, 녹습니다

melt / 融化，溶化 / tan chảy

물이 얼면 얼음이 되고, 얼음이 **녹으면** 물이 된다.
먹으려고 꺼내 놓았던 아이스크림이 다 **녹았어요**.

반 얼다

17 녹음 ^명

recording / 录音 / ghi âm

그는 **녹음**을 하기 위해서 녹음기를 켰다.
고객과의 통화 내용은 **녹음**이 됩니다.

- 녹음(을) 하다, 녹음(이) 되다

18 높이다 ^동
높이고, 높여서,
높이면, 높입니다

raise, elevate, heighten / 增高，加高 / nâng cao

아이들이 키를 **높이려고** 발꿈치를 들어 올렸다.
방학 동안에 건물을 한 층 더 **높였네요**.

반 낮추다
- '높다'의 사동사
- 성적을 높이다, 가격을 높이다, 온도를 높이다

19 놓이다 동
[노이다]

놓이고, 놓여서,
놓이면, 놓입니다

① relieved ② place / ① 放心 ② （被）放下 / ① an tâm (trạng thái) ② đặt, để (đồ vật)

① 아들이 무사하다는 소식을 듣고 마음이 **놓였다**.
② 가방이 책상 위에 **놓여** 있어요.

> • '놓다'의 피동사
> • N1이/가 N2에 놓여 있다

---

20 놓치다 동
[녿치다]

놓치고, 놓쳐서,
놓치면, 놓칩니다

miss / ① 错过 ② 松开 / ① vụt mất (cơ hội) ② tuột mất (tay)

① 이번 기회를 **놓치면** 후회할 것 같다.
② 잡고 있던 아빠 손을 **놓치는** 바람에 길을 잃어버렸어요.

> • 기차를 놓치다, 기회를 놓치다, 시기를 놓치다

---

21 눈부시다 형

눈부시고, 눈부셔서,
눈부시면, 눈부십니다

dazzling, radiant / 耀眼，夺目 / chói mắt

그녀의 얼굴은 너무 **눈부셔서** 똑바로 볼 수가 없다.
아침부터 햇빛이 **눈부시게** 밝네요.

> • 성과가 눈부시다, 업적이 눈부시다

---

22 늘리다 동

늘리고, 늘려서,
늘리면, 늘립니다

increase, expand / 使增加，使扩大 / tăng lên

가게 규모를 좀 **늘려서** 더 큰 곳으로 가려고 한다.
우리 회사는 내년에 직원 수를 **늘릴** 계획이에요.

> 반 줄이다
> • '늘다'의 사동사
> • 규모를 늘리다, 수를 늘리다, 시간을 늘리다

---

23 늘어나다 동

늘어나고, 늘어나서,
늘어나면, 늘어납니다

increase, grow / 增，涨 / giãn ra

외우는 어휘의 양이 **늘어날수록** 실력은 좋아질 것이다.
학생 수가 작년보다 2배로 **늘어났어요**.

> 유 늘다, 증가하다   반 줄다, 줄어들다, 감소하다
> • N1이/가 N2(으)로 늘어나다

---

24 늦잠 명
[늗짬]

oversleeping / 懒觉 / ngủ quên

요즘 피곤해서 그런지 **늦잠**을 자는 경우가 많다.
오늘 **늦잠**을 자서 회사에 지각했어요.

> • 늦잠을 자다

25 다정하다 형

다정하고, 다정해서,
다정하면, 다정합니다

affectionate, friendly / 亲切，热情 / thân thiện, giàu tình cảm

노부부는 **다정하게** 손을 잡고 공원을 걸었다.
평소에는 **다정한** 사람이 일만 시작하면 냉정해져요.

🔄 냉정하다
• 성격이 다정하다, 말투가 다정하다, 눈빛이 다정하다

---

26 다지다 동

다지고, 다져서,
다지면, 다집니다

mince, chop finely / 剁碎，捣碎 / băm, bằm (thịt)

양념에 양파나 파를 잘게 **다져서** 넣으면 더 맛있다.
아기의 이유식을 만들려고 야채를 **다졌어요.**

• 마늘을 다지다, 고기를 다지다, 야채를 다지다

---

27 다행히 부

fortunately / 幸亏，万幸 / may mắn

사고가 났지만 **다행히** 다친 사람은 한 명도 없었다.
그 친구는 **다행히** 한국 음식을 좋아해요.

---

28 단단하다 형

단단하고, 단단해서,
단단하면, 단단합니다

hard, solid / 坚硬 / cứng, chắc

오랫동안 비가 오지 않아 흙이 말라서 바위처럼 **단단해졌다.**
얼음이 아주 **단단하게** 얼어서 안 깨져요.

🔵 딱딱하다

---

29 단점 명

[단쩜]

disadvantage, shortcoming / 缺点 / nhược điểm

사람들은 누구나 장점도 있고 **단점**도 있는 법이다.
한 사람을 사랑하게 되면 그 사람의 **단점**이 잘 안 보여요.

🔄 장점

---

30 단정하다 형

단정하고, 단정해서,
단정하면, 단정합니다

neat, tidy, orderly / 端庄，端正，正经 / gọn gàng, đoan chính

백화점에서는 용모가 **단정한** 사람을 모집하고 있다.
내 친구는 모범생이라서 항상 **단정해요.**

🔵 바르다
• 옷차림이 단정하다, 태도가 단정하다, 용모가 단정하다

오늘의 단어 한눈에 보기! 다 외운 단어는 ☑ 해 보세요.

- ☐ 단체 명
- ☐ 닫히다 동
- ☐ 달다 동

- ☐ 달콤하다 형
- ☐ 담그다 동
- ☐ 담기다 동

- ☐ 담다 동
- ☐ 당연하다 형
- ☐ 당장 부, 명

- ☐ 당황하다 동
- ☐ 닿다 동
- ☐ 대다 동

- ☐ 대단하다 형
- ☐ 대신 명
- ☐ 대중 명

- ☐ 대체로 부
- ☐ 대표 명
- ☐ 대하다 동

- ☐ 대형 명
- ☐ 더하다 동
- ☐ 덜 부

- ☐ 덜다 동
- ☐ 덮다 동
- ☐ 데다 동

- ☐ 데리다 동
- ☐ 데치다 동
- ☐ 도구 명

- ☐ 도둑 명
- ☐ 도망가다 동
- ☐ 도서 명

✎ 외우지 못 한 단어는 다음날 한 번 더 학습합니다.

01 단체 몡

group, organization / 团体 / tổ chức, đoàn thể
나는 환경을 보호하는 **단체**에 가입했다.
여행을 가서 반 친구들과 **단체** 사진을 찍었어요.

- 단체 생활, 단체 사진, 단체 여행, 단체 행동
- 단체를 만들다, 단체에 들어가다, 단체에 가입하다, 단체를 탈퇴하다

02 닫히다 동

[다치다]

닫히고, 닫혀서,
닫히면, 닫힙니다

be closed / （被）关上 / đóng lại
바람이 불어서 창문이 **닫혔다**.
문이 **닫혀** 있어서 소리가 들리지 않았어요.

- 반 열리다
- '닫다'의 피동사

03 달다 동

달고, 달아서,
달면, 답니다

hang, attach / 挂，佩戴 / treo (cờ), đính (nút)
오늘은 국경일이라서 대문에 태극기를 **단** 집이 많다.
단추가 떨어져서 새 단추를 **달았어요**.

- 반 떼다
- 단추를 달다, 국기를 달다, 꽃을 달다

04 달콤하다 혱

달콤하고, 달콤해서,
달콤하면, 달콤합니다

sweet / 香甜 / ngọt ngào (vị)
딸기가 정말 **달콤하다**.
저는 **달콤한** 맛을 좋아해서 사탕과 젤리를 좋아해요.

- 달콤하다(달다)–매콤하다(맵다)–새콤하다(시다)

05 담그다 동

담그고, 담가서,
담그면, 담급니다

soak, immerse / 浸泡 / nhúng, ngâm (vào nước)
나는 너무 더워서 계곡물에 발을 **담그고** 있었다.
설거지를 하려고 그릇들을 물에 **담가** 놓았어요.

- 김치를 담그다, 된장을 담그다

06 담기다 동

담기고, 담겨서,
담기면, 담깁니다

be filled, be contained / （被）装，（被）盛 / được đựng vào
상자에 **담겨** 있는 사과가 아주 신선해 보였다.
그는 술이 가득 **담긴** 잔을 한 번에 마셨어요.

- '담다'의 피동사
- N1에 N2이/가 담기다
- 그릇에 음식이 담기다

07 담다 [동]
[담따]

담고, 담아서,
담으면, 담습니다

put in, fill / 裝，盛 / đựng vào

한번 쏟은 물은 다시 **담을** 수 없다.
어머니는 그릇에 밥을 가득 **담았어요.**

- N1에 N2을/를 담다
- 상자에 사과를 담다

08 당연하다 [형]

당연하고, 당연해서,
당연하면, 당연합니다

natural, obvious / 当然 / tất nhiên, đương nhiên

부모로서 아이를 돌보는 것은 **당연하다.**
학생이 공부를 하는 것은 **당연한** 일이죠.

🔀 마땅하다

09 당장 [부], [명]

immediately, right now / 当场，当时，立刻，马上 / ngay lập tức, ngay ở đây

[부] 우리 늦었으니까 지금 **당장** 출발합시다. 🔀 즉각, 즉시
[명] 저는 **당장**이라도 여행을 가고 싶어요.

10 당황하다 [동]

당황하고, 당황해서,
당황하면, 당황합니다

be embarrassed, be flustered / 慌张，惊慌 / hoảng hốt, bàng hoàng

나는 모르는 사람이 인사해서 **당황했다.**
나는 한국에 처음 왔을 때 길을 잃어서 **당황한** 적이 있어요.

11 닿다 [동]
[다타]

닿고, 닿아서,
닿으면, 닿습니다

touch, reach / 触及，碰到 / chạm (tới), động đến

옆에 앉아 있는 그녀의 손이 내 손에 **닿아서** 당황했다.
이 물건은 아이의 손에 **닿지** 않는 곳에 두세요.

- N1이/가 N2에/에게 닿다

12 대다 [동]

대고, 대어서,
대면, 댑니다

touch / 使触及 / chạm

어머니는 전화기를 귀에 **대고** 통화를 했다.
버스를 탈 때 교통카드를 이곳에 **대** 주세요.

13 대단하다 형

대단하고, 대단해서,
대단하면, 대단합니다

great, tremendous / 很厉害，很多，很大 / giỏi, hay, tuyệt vời

올해는 겨울 추위가 **대단하다**.
아이가 고집이 **대단해서** 울음을 그치지 않네요.

유 굉장하다

14 대신 명

instead of / 代替，顶替 / thay vì

오늘 아침은 밥 **대신** 빵을 먹었다.
나는 취업 **대신**에 유학을 가기로 했어요.

• N1 대신(에) N2

15 대중 명

the public, mass / 群众 / đại chúng

이 영화는 **대중**에게 많은 사랑을 받고 있다.
이 노래는 **대중**의 취향에 맞게 만들었어요.

• 대중문화, 대중가요, 대중교통

16 대체로 부

generally, mostly / 基本上，一般而言 / nói chung là

오늘 날씨는 전국이 **대체로** 맑겠습니다.
요즘 아이들은 10년 전에 비해서 **대체로** 키가 커요.

유 대개

17 대표 명

representative / 代表 / tiêu biểu, đại diện

'아리랑'은 한국의 **대표** 민요이다.
대통령 선거는 국민의 **대표**를 뽑는 일이니까 꼭 참여해야 합니다.

• 대표적

18 대하다 동

대하고, 대해서,
대하면, 대합니다

① face ② treat / ① 面对面 ② 相待 / ① đối diện ② đối xử

① 남자와 여자가 얼굴을 가까이 **대하고** 앉아 있다.
② 우리 사장님은 언제나 손님들을 친절하게 **대하십니다**.

• N1이/가 N2을/를 대하다, N1와/과 N2을/를 대하다
• 점원이 손님을 대하다, 친구와 얼굴을 대하다

19 대형 명

large-size / 大型 / to lớn

요즘 집에 있는 시간이 많아지면서 **대형** 아파트가 인기가 많다고 한다.
요즘에는 가전제품도 소형보다 **대형**이 많이 팔려요.

> 반 소형
> • 소형-중형-대형

20 더하다 동

더하고, 더해서,
더하면, 더합니다

add / 加 / thêm vào

2에 3을 **더하면** 5이다.
나의 용돈에 동생의 용돈을 **더해서** 어머니의 생신 선물을 샀어요.

> 유 합하다　　　　　　　　　　반 빼다
> • N1에 N2을/를 더하다

21 덜 부

less / 不够，不太 / ít hơn

올해는 작년보다 **덜** 춥다.
빨래가 **덜** 말라서 더 말려야 해요.

> 반 더

22 덜다 동

덜고, 덜어서,
덜면, 덥니다

reduce, lessen / 拿出，盛出 / bớt đi, thuyên giảm

어머니가 그릇에 밥을 많이 담아 주셔서 조금 **덜었다**.
반찬은 각자 먹을 만큼만 **덜어** 드시면 됩니다.

23 덮다 동
[덥따]

덮고, 덮어서,
덮으면, 덮습니다

cover / 盖，遮盖 / đắp (chăn)

날씨가 추워서 두꺼운 이불을 **덮고** 잤다.
아이가 자꾸 이불을 차서 수건으로 배만 **덮어** 주었어요.

24 데다 동

데고, 데서,
데면, 뎁니다

get burned / 烫伤，烧伤 / phỏng nhẹ, bỏng nhẹ

나는 끓는 물에 손을 **데었다**.
아이가 뜨거운 물에 발을 **데어서** 한 달 동안 병원에 다녔어요.

25 데리다 ^동

데리고, (활용형 없음)
(활용형 없음), (활용형 없음)

bring, fetch / 带领，带 / dẫn đi

할머니는 매일 손녀를 **데리러** 유치원에 갔다.
아이를 **데리고** 노는 것은 쉬운 일이 아니에요.

> • 데리고 + V, 데리러 + V
> • 데리고 가다/오다/다니다/살다/놀다 등, 데리러 가다/오다/다니다

26 데치다 ^동

데치고, 데쳐서,
데치면, 데칩니다

blanch / （在开水中）焯，烫一烫 / luộc sơ, trụng (rau)

채소를 **데칠** 때 소금을 약간 넣었다.
저는 오징어를 살짝 **데쳐서** 먹는 것을 좋아해요.

27 도구 ^명

tool, instrument / 工具，器具 / đồ dùng, dụng cụ

사람이 **도구**를 이용하면서 사회가 발달하기 시작했다.
저는 캠핑을 갈 때 요리 **도구**를 챙겨 가요.

28 도둑 ^명

thief / 小偷，盗贼 / tên trộm

가게에 **도둑**이 들어서 물건을 훔쳐 갔다.
경찰이 **도둑**을 잡았어요.

> • 도둑이 들다, 도둑을 잡다, 도둑이 도망가다

29 도망가다 ^동

도망가고, 도망가서,
도망가면, 도망갑니다

run away, escape / 逃亡，逃跑 / chạy trốn

경찰이 나타나자 도둑이 재빨리 **도망갔다**.
가만히 있지 말고 당장 **도망가**.

> ㋢ 도망치다, 달아나다

30 도서 ^명

book / 图书，读物 / sách

이 도서관에는 100만 권의 **도서**가 있다.
저희 출판사가 지금까지 발행한 **도서** 목록입니다.

> ㋢ 책, 서적

오늘의 단어 한눈에 보기! 다 외운 단어는 ☑해 보세요.

□ 도시락 명   □ 도심 명   □ 도중 명

□ 독감 명   □ 돌려받다 동   □ 돌보다 동

□ 돌아다니다 동   □ 동그랗다 형   □ 동료 명

□ 동양 명   □ 동작 명   □ 동창 명

□ 동호회 명   □ 되돌아오다 동   □ 되찾다 동

□ 두께 명   □ 둥글다 형   □ 등록 명

□ 따다 동   □ 따라가다 동   □ 따라서 부

□ 따로따로 부   □ 따르다¹ 동   □ 딱 부

□ 딱딱하다 형   □ 때때로 부   □ 떠오르다 동

□ 떠올리다 동   □ 떨다 동   □ 떨리다 동

✎ 외우지 못 한 단어는 다음날 한 번 더 학습합니다.

01 도시락 명

lunchbox, packed meal / 盒饭 / cơm hộp

어머니께서는 매일 아버지의 점심 **도시락**을 싸 주셨다.
저는 학창시절에 친구들과 **도시락**을 먹을 때가 가장 즐거웠어요.

- 도시락을 싸다, 도시락을 먹다, 도시락을 챙기다, 도시락을 가져오다

02 도심 명

downtown, city center / 市中心 / trung tâm thành phố, nội thành

도심은 언제나 교통이 복잡하다.
우리 집은 **도심**에 있지만 근처에 산이 있어서 공기가 맑아요.

유 도심지

03 도중 명

in the middle of / 途中，半道 / trong lúc đang (nói chuyện)

도중에 일을 그만두면 시작하지 않은 것만 못하다.
수업을 하는 **도중**에 전화벨이 울려서 깜짝 놀랐어요.

유 중간

04 독감 명
[독깜]

flu / 流感 / cúm, độc cảm

연세가 많은 분들은 **독감** 주사를 맞는 것이 좋다.
동생은 **독감**에 걸려서 며칠 동안 고생했어요.

- 독감에 걸리다, 독감을 앓다

05 돌려받다 동
[돌려받따]

돌려받고, 돌려받아서,
돌려받으면, 돌려받습니다

get back, retrieve / 收回，拿回 / lấy lại, nhận lại

우리의 권리를 **돌려받기** 위해서는 같이 힘을 합쳐야 한다.
나는 친구한테서 빌려준 돈을 **돌려받았어요**

- N1에서/에게서 N2을/를 돌려받다
- 은행에서 돈을 돌려받다, 친구에게서 책을 돌려받다

06 돌보다 동

돌보고, 돌봐서,
돌보면, 돌봅니다

take care of / 照顾，照看 / trông nom, chăm sóc

부모가 아이를 **돌보는** 것은 당연하다.
이 간호사는 환자를 친절하게 **돌봐요**

유 보살피다

07 돌아다니다 ^동

돌아다니고, 돌아다녀서,
돌아다니면, 돌아다닙니다

wander around, roam / 转悠，跑来跑去 / đi lang thang

나는 주말에 한국의 이곳저곳을 **돌아다니**며 구경했다.
가족들은 강아지가 없어져서 동네를 **돌아다니**면서 찾았어요.

08 동그랗다 ^형
[동그라타]

동그랗고, 동그래서,
동그라면, 동그랗습니다

round / 溜圆，圆圆的 / tròn

아이의 **동그란** 얼굴이 너무 귀엽다.
추석에 **동그란** 달을 보면서 소원을 빌었어요.

> ㉾ 동그렇다, 둥글다

09 동료 ^명
[동뇨]

colleague / 同事，同僚 / đồng nghiệp

그는 직장 **동료**와 친하게 지낸다.
오늘은 저녁에 **동료**들과 회식이 있어요.

> • 직장 동료

10 동양 ^명

the East, Orient / 东方 / phương đông

동양과 서양은 차이점도 있지만 비슷한 점도 많다.
저는 **동양** 문화에 관심이 있어서 한국으로 유학을 왔어요.

> ㉰ 서양

11 동작 ^명

movement, motion / 举动，动作 / động tác

춤을 처음 배워보는 그녀는 **동작**이 느리고 서툴렀다.
무대 위에서 연기를 하는 배우의 **동작**은 자연스러웠어요.

> • 동작(을) 하다, 동작이 느리다, 동작이 빠르다

12 동창 ^명

alumni / 同学，校友 / bạn cùng khóa, bạn cùng trường

나는 고등학교를 졸업한 후 매년 **동창** 모임에 참석한다.
저는 **동창**에게 빌린 책을 돌려주었어요.

> ㉾ 동창생, 동문

13 동호회 명

club, society / 爱好者协会，兴趣组 / hội người cùng sở thích

동호회가 많아서 다양한 취미 활동을 할 수 있다.
나는 등산을 좋아해서 등산 **동호회**에 가입했어요.

- 동호회에 가입하다, 동호회에서 탈퇴하다

14 되돌아오다 동

되돌아오고, 되돌아와서,
되돌아오면, 되돌아옵니다

return, come back / 返回来，折回来 / sự trở lại, quay về

나는 고등학교 동창에게 편지를 보냈는데 다시 **되돌아왔다**.
언니는 휴대폰을 두고 나가서 집에 **되돌아왔어요**.

- N(으)로/에 되돌아오다, N에게 되돌아오다
- 학교로 되돌아오다, 학교에 되돌아오다, 나에게 되돌아오다

15 되찾다 동
[되찯따]

되찾고, 되찾아서,
되찾으면, 되찾습니다

regain, recover / 找回，收复 / tìm lại, lấy lại

독립 운동가는 잃어버린 나라를 **되찾기** 위해서 노력한 분들이다.
저는 잃어버린 지갑을 **되찾았어요**.

- 기억을 되찾다, 자신감을 되찾다, 활기를 되찾다

16 두께 명

thickness / 厚度 / độ dày, bề dày

이 책은 **두께**가 두꺼워서 읽는 데 시간이 걸릴 것 같다.
이 옷은 **두께**가 얇지만 따뜻해요.

- 크기-길이-높이-넓이-두께-깊이
- 두께가 있다, 두께가 두껍다, 두께가 얇다, 두께를 재다

17 둥글다 형

둥글고, 둥글어서,
둥글면, 둥급니다

round / 圆，圆圆的 / tròn

한국 사람들은 대체로 추석에 **둥근** 달을 보며 소원을 빈다.
그녀의 얼굴은 **둥글고** 하얘요.

유 둥그렇다, 동그랗다

18 등록 명

registration / 注册，报名 / việc đăng ký

나는 운전 면허증을 따기 위해 운전 학원에 **등록**을 했다.
지난주에 이번 학기 **등록**이 모두 끝났어요.

- 등록금, 등록증
- 등록(을) 하다, 등록(이) 되다, 등록을 받다, 등록이 마감되다

19 따다 동

따고, 따서,
따면, 땁니다

pick, pluck / 摘，采 / hái

주말에 아이들과 사과를 **따러** 과수원에 갔다.
산에서 꽃을 마음대로 **따면** 안돼요.

- 면허증을 따다, 자격증을 따다, 금메달을 따다
속담 하늘의 별 따기

20 따라가다 동

따라가고, 따라가서,
따라가면, 따라갑니다

follow, go after / 跟随，追随 / đi theo

개 한 마리가 주인을 **따라가고** 있다.
그는 첫눈에 반한 여자를 **따라가서** 연락처를 물어봤어요.

유 쫓아가다

21 따라서 부

therefore, accordingly / 因此，所以 / do đó, vì thế

물가가 올랐다. **따라서** 월급도 올라야 한다.
담배는 건강에 해로워요. **따라서** 끊는 것이 좋아요.

유 그러므로, 그래서

22 따로따로 부

separately / 分别，各自 / riêng biệt

우리 형제들은 각각 다른 나라에서 **따로따로** 살고 있다.
쓰레기는 종류별로 **따로따로** 버려야 해요.

유 따로, 각각

23 따르다¹ 동

따르고, 따라서,
따르면, 따릅니다

follow / ① 跟随，尾随 ② 跟从，跟着 / ① theo sau ② làm theo

① 소방차가 앞에 가고 구급차가 그 뒤를 **따르고** 있다.
② 다음을 잘 듣고 **따라서** 읽어 보세요.

- 따라가다, 따라오다, 따라 하다

24 딱 부

exactly, just right / 正好 / vừa, đúng, chính xác

이 옷은 나에게 **딱** 맞다. 유 꼭
오늘은 소풍 가기에 **딱** 좋은 날씨네요.

- 딱 맞다, 딱 좋다

25 딱딱하다 형
[딱따카다]

딱딱하고, 딱딱해서,
딱딱하면, 딱딱합니다

hard, stiff / 硬 / cứng

이 의자는 나무로 만들어서 너무 **딱딱하다**.
빵을 산 지 오래돼서 **딱딱하게** 굳었어요.

> 유 단단하다

26 때때로 부

occasionally / 偶尔 / thỉnh thoảng

나는 회사에 다니는 동안 **때때로** 그만두고 싶다고 생각한 적이 있다.
저는 **때때로** 어렸을 때 친구가 생각나요.

> 유 가끔, 이따금   반 자주
> • 전혀-가끔-때때로-자주-언제나-항상

27 떠오르다 동

떠오르고, 떠올라서,
떠오르면, 떠오릅니다

① rise ② come to mind / ① 升起 ② 浮现，想起 / ① mọc (mặt trời) ② nảy ra (ý nghĩ)

① 해가 **떠오르는** 것을 보려고 아침 일찍 일어났다.
② 오랜 고민 끝에 좋은 생각이 **떠올랐어요**.

> • N이/가 떠오르다
> • 해가 떠오르다, 생각이 떠오르다, 미소가 떠오르다

28 떠올리다 동

떠올리고, 떠올려서,
떠올리면, 떠올립니다

recall, bring to mind / 浮现 / nhớ lại

나는 여행의 추억을 **떠올리면서** 미소를 지었다.
지난밤에 본 것을 **떠올려** 보세요.

> • '떠오르다'의 사동사
> • 생각을 떠올리다, 미소를 떠올리다

29 떨다 동

떨고, 떨어서,
떨면, 떱니다

tremble, shiver / 颤抖 / rùng mình

아이가 추워서 몸을 **떨었다**.
혼자 산길을 가는데 무서워서 얼마나 **떨었는지** 몰라요.

> • 몸을 떨다, 목소리를 떨다, 다리를 떨다, 손을 떨다

30 떨리다 동

떨리고, 떨려서,
떨리면, 떨립니다

tremble, shake / 发抖，战栗 / run, bất an, thấp thỏm

너무 긴장해서 그런지 목소리가 **떨리기** 시작했다.
너무 춥고 무서워서 몸이 **떨렸어요**.

> • '떨다'의 피동사
> • 몸이 떨리다, 목소리가 떨리다, 다리가 떨리다, 가슴이 떨리다

오늘의 단어 한눈에 보기! 다 외운 단어는 ☑해 보세요.

□ 떨어뜨리다 동	□ 또한 부	□ 똑똑히 부
□ 뚫다 동	□ 뛰다 동	□ 뛰어나다 형
□ 뛰어내리다 동	□ 뛰어넘다 동	□ 뜨다¹ 동
□ 마음대로 부	□ 마음씨 명	□ 마침 부
□ 막 부	□ 막다 동	□ 막차 명
□ 만족스럽다 형	□ 말다 동	□ 말리다¹ 동
□ 맞다 동	□ 맞이하다 동	□ 맡기다 동
□ 맡다¹ 동	□ 맡다² 동	□ 매달다 동
□ 매진되다 동	□ 맨발 명	□ 먼지 명
□ 멀미 명	□ 멋지다 형	□ 면적 명

✎ 외우지 못 한 단어는 다음날 한 번 더 학습합니다.

01 **떨어뜨리다** 〔동〕
[떠러뜨리다]

drop / 使掉落，弄掉 / đánh rơi, làm rớt

아이가 식당에서 수저를 **떨어뜨려서** 종업원이 다시 갖다주었다.
저는 뛰어가다가 휴대폰을 **떨어뜨렸어요.**

떨어뜨리고, 떨어뜨려서,
떨어뜨리면, 떨어뜨립니다

02 **또한** 〔부〕

① also ② furthermore / ① 同样 ② 并且，而且 / giống như thế, thêm vào đó

① 땅값이 비싸면 집값 **또한** 비싸다. 〔유〕 역시
② 과일은 맛이 좋아요. **또한** 영양도 풍부해요.

03 **똑똑히** 〔부〕
[똑또키]

clearly, distinctly / 清楚地，正确地 / một cách rõ ràng, một cách chắc chắn

나는 그때 일을 하나도 잊지 않고 **똑똑히** 기억한다.
저는 그 사람의 얼굴을 **똑똑히** 봤어요.

〔유〕 분명히, 확실히

04 **뚫다** 〔동〕
[뚤타]

① drill, pierce ② clear, unclog / ① 穿，钻 ② 打通 / ① đục, khoét, khoan (lỗ) ② khai thông (nơi bức bí)

① 그는 상자에 구멍을 **뚫고** 끈을 연결했다.
② 변기가 막혀서 **뚫었어요.**

뚫고, 뚫어서,
뚫으면, 뚫습니다

〔반〕 막다
• 구멍을 뚫다, 터널을 뚫다, 하수구를 뚫다

05 **뛰다** 〔동〕

run / 跑，奔跑 / chạy

마라톤에 참가한 선수들이 두 시간 동안 열심히 **뛰고** 있다.
저는 아침마다 매일 운동장을 **뛰면서** 운동을 합니다.

뛰고, 뛰어서,
뛰면, 뜁니다

〔유〕 달리다

06 **뛰어나다** 〔형〕
[뛰여나다]

excel, be outstanding / 超群，杰出 / nổi bật

제주도는 아름다운 곳이 많지만 그중에서도 한라산 경치가 **뛰어나다.**
아이는 운동에 **뛰어난** 재능을 갖고 있습니다.

뛰어나고, 뛰어나서,
뛰어나면, 뛰어납니다

〔유〕 우수하다, 대단하다

07 뛰어내리다 동
[뛰여내리다]

뛰어내리고, 뛰어내려서,
뛰어내리면, 뛰어내립니다

jump down / 跳下 / nhảy xuống

도둑은 경찰을 피해 건물 아래로 **뛰어내렸다**.
문을 열자 강아지가 소파 위에서 **뛰어내린** 후 꼬리를 흔들었어요.

- N1에서 N2(으)로 뛰어내리다
- 위에서 아래로 뛰어내리다

08 뛰어넘다 동
[뛰여넘따]

뛰어넘고, 뛰어넘어서,
뛰어넘으면, 뛰어넘습니다

jump over, leap over / 越过，跨越 / nhảy qua

도둑은 경찰을 피해 담을 **뛰어넘어서** 도망갔다.
아이는 돌을 **뛰어넘다가** 넘어졌어요.

- 상식을 뛰어넘다. 상상을 뛰어넘다. 한계를 뛰어넘다

09 뜨다¹ 동

뜨고, 떠서,
뜨면, 뜹니다

float, rise / 漂，浮，升，飞 / nổi, mọc, mở

종이로 만든 배가 물 위에 **떠** 있다. 반 가라앉다
추석에 보름달이 예쁘게 **떴어요**. 반 지다

- 배가 뜨다. 해가 뜨다. 달이 뜨다. 구름이 뜨다

10 마음대로 부

as one wishes / 随心所欲，随意 / tùy ý

공공장소에서는 **마음대로** 행동하면 안 되고 예의를 갖춰야 한다.
꼭 해야겠다면 **마음대로** 해.

유 멋대로, 제멋대로

11 마음씨 명

disposition, heart / 心地，心肠 / bản tính, tấm lòng, tâm địa

그녀는 **마음씨**가 곱고 착하다.
제 이상형은 외모보다 **마음씨**가 예쁜 사람이에요.

유 마음
- 마음씨가 곱다. 마음씨가 착하다

12 마침 부

just in time / 正好，正巧 / đúng lúc, vừa kịp

버스 정류장에 도착하자마자 **마침** 타야 할 버스가 왔다.
친구에게 전화를 걸려고 하는데 **마침** 친구에게서 전화가 왔어요.

유 때마침

13 막 [부]

① severely ② randomly / ① 厉害地 ② 胡乱 / ① một cách dữ dội ② một cách tùy tiện

① 아내는 **막** 화를 내더니 방에 들어가서 문을 잠갔다.
② 남편은 항상 옷을 아무 데나 **막** 벗어 놓아서 짜증 나요.

> 유 마구

14 막다 [동]
[막따]

막고, 막아서,
막으면, 막습니다

block, obstruct / 堵住，塞住 / ① chặn (đường) ② bịt (tai)

① 축제가 있는 날이라서 차량이 다니지 못하도록 길을 **막아** 놓았다.
② 아내가 잔소리를 할 때 귀를 **막고** 있었어요.

> • 햇빛을 막다, 싸움을 막다, 피해를 막다

15 막차 [명]

last train, last bus / 末班车 / chuyến tàu cuối cùng

나는 지하철역까지 뛰어갔는데 마침 **막차**가 도착했다.
부산행 기차의 **막차** 시간은 오후 10시 20분이에요.

> 반 첫차

16 만족스럽다 [형]
[만족쓰럽따]

만족스럽고, 만족스러워서,
만족스러우면, 만족스럽습니다

satisfactory / 感到满意的 / thấy thỏa mãn

이번 사업의 결과가 좋아서 매우 **만족스럽고** 뿌듯하다.
친구가 추천해서 산 노트북이 아주 **만족스러워요**.

> 유 만족하다   반 불만족스럽다

17 말다 [동]

말고, 말아서,
말면, 맙니다

roll / 卷 / cuộn

어머니는 소풍 가서 먹을 김밥을 **말고** 계셨다.
아버지는 말린 수건을 돌돌 **말아** 옷장에 넣었어요.

18 말리다[1] [동]

말리고, 말려서,
말리면, 말립니다

dry / 晾干，晒干 / làm khô (quần áo)

어머니는 햇볕에 빨래를 널어서 **말렸다**.
아내는 드라이기로 머리를 **말리고** 있어요.

> 유 건조하다
> • '마르다'의 사동사
> • 꽃을 말리다, 빨래를 말리다, 머리를 말리다

19 맞다 동
[맏따]

맞고, 맞아서,
맞으면, 맞습니다

be hit, be struck / 被打，挨打 / bị trúng, bị va, bị đánh

어렸을 때 오빠는 어머니에게 많이 **맞았다**.
축구를 하다가 공에 얼굴을 **맞아서** 코피가 났어요.

- 주사를 맞다, 백신을 맞다

---

20 맞이하다 동
[마지하다]

맞이하고, 맞이해서,
맞이하면, 맞이합니다

welcome, greet / 迎接，迎 / chào đón, tiếp đón

나는 새해 첫날 가족과 함께 산에 올라가서 새해를 **맞이했다**.
선생님은 학기 첫날 우리를 반갑게 **맞이해** 주셨어요.

유 맞다

---

21 맡기다 동
[맏끼다]

맡기고, 맡겨서,
맡기면, 맡깁니다

entrust / 交给，交付 / giao phó (công việc cho ai đó)

부장님은 이번 일을 나에게 **맡겼다**.
어머니는 집안일을 우리에게 **맡기시고** 외출했어요.

- '맡다'의 사동사
- N1에/에게 N2을/를 맡기다

---

22 맡다¹ 동
[맏따]

맡고, 맡아서,
맡으면, 맡습니다

take charge of / 负责 / nhận, đảm nhận (tự bản thân nhận làm việc gì đó)

아무리 작은 일이라도 **맡은** 일에 최선을 다해야 한다.
이번 일은 사장님이 직접 **맡아서** 하기로 했어요.

유 담당하다

---

23 맡다² 동
[맏따]

맡고, 맡아서,
맡으면, 맡습니다

smell / 闻，嗅 / ngửi, hửi

이번에 새로 나온 향수 냄새를 **맡아** 보니 아주 좋았다.
아이는 공원에서 꽃향기를 **맡았어요**.

- 냄새를 맡다, 향기를 맡다

---

24 매달다 동

매달고, 매달아서,
매달면, 매답니다

hang / 吊，系，悬挂 / treo lên

아이는 강아지 목에 목줄을 **매달았다**.
할머니는 감을 지붕에 **매달아서** 말렸어요.

유 달다

25 매진되다 동

매진되고, 매진돼서,
매진되면, 매진됩니다

be sold out / 售罄，脱销 / bán hết

내가 좋아하는 아이돌이 콘서트를 하는데 표가 금방 **매진되었다**.
명절에 고향에 가는 기차표가 **매진돼서** 버스를 타고 갔어요.

• 표가 매진되다

26 맨발 명

barefoot / 光脚，赤脚 / chân trần

바닷가에서 **맨발**로 돌아다녔다.
아이는 공원 잔디밭에서 **맨발**로 뛰어놀았어요.

27 먼지 명

dust / 灰尘 / bụi

오랫동안 청소하지 않은 방은 **먼지**로 가득했다.
책꽂이에 **먼지**가 쌓여서 닦았어요.

• 먼지가 쌓이다, 먼지를 털다, 먼지를 닦다

28 멀미 명

motion sickness / 晕（车、船、飞机等）/ say tàu xe

나는 어렸을 때 **멀미** 때문에 무척 고생을 했다.
낚시를 하려고 배를 탔는데 **멀미**가 나서 누워 있었어요.

• 멀미(를) 하다, 멀미가 나다, 멀미가 심하다

29 멋지다 형
[멋찌다]

멋지고, 멋져서,
멋지면, 멋집니다

wonderful, splendid / 帅气，潇洒 / đẹp, cuốn hút, tuyệt vời

창밖으로 보이는 바다 경치가 정말 **멋지다**.
이렇게 **멋진** 자동차는 처음 봐요.

유 멋있다

30 면적 명

area / 面积 / diện tích

중국과 러시아는 국토 **면적**이 아주 넓다.
한국은 **면적**이 좁고 산이 많아요.

유 넓이, 크기

오늘의 단어 한눈에 보기! 다 외운 단어는 ☑ 해 보세요.

☐ 면허증 명   ☐ 모범 명   ☐ 모집 명

☐ 목록 명   ☐ 목적지 명   ☐ 목표 명

☐ 몰래 부   ☐ 몸무게 명   ☐ 몸살 명

☐ 몸짓 명   ☐ 묘사 명   ☐ 무늬 명

☐ 무대 명   ☐ 무더위 명   ☐ 무덤 명

☐ 무역 명   ☐ 무조건 부   ☐ 묵다 동

☐ 묶다 동   ☐ 문화재 명   ☐ 묻다¹ 동

☐ 물가 명   ☐ 물다 동   ☐ 물러나다 동

☐ 물리다 동   ☐ 물음 명   ☐ 미끄럽다 형

☐ 미루다 동   ☐ 미만 명   ☐ 미성년자 명

✎ 외우지 못 한 단어는 다음날 한 번 더 학습합니다.

오늘 할 일을 내일로 미루지 마세요!

01 면허증 명
[면허쯩]

license / 执照，驾照 / giấy phép

나는 대학교에 들어가자마자 운전 **면허증**을 땄다.
갑자기 경찰이 와서 **면허증**을 보여 달라고 했어요.

- 면허증을 따다, 면허증을 취득하다, 면허증을 분실하다

02 모범 명

model, example / 模范，标准 / gương mẫu

부모는 자식에게 **모범**이 되어야 한다.
형이니까 동생한테 먼저 **모범**을 보여야 돼요.

- 모범적, 모범생
- 모범이 되다, 모범을 보이다

03 모집 명

recruitment, solicitation / 招募，召集 / tuyển dụng

지방에 있는 학교들은 신입생 **모집**에 어려움을 겪고 있다.
우리 회사는 신입 사원을 **모집** 중이니까 지원해 보세요.

- 모집(을) 하다, 모집(이) 되다

04 목록 명
[몽녹]

list / 目录，清单 / danh sách

나는 대학생이 꼭 읽어야 할 책의 **목록**을 보고 한 권씩 읽고 있다.
이사를 하고 나니까 필요한 물건들이 많아서 **목록**을 써 봤어요.

- 목록을 만들다, 목록을 작성하다

05 목적지 명
[목쩍찌]

destination / 目的地 / điểm đến

나는 네비게이션으로 **목적지**를 검색한 후 출발했다.
기차가 **목적지**에 도착한 후 승객들은 자리에서 일어나기 시작했어요.

- 목적지로 향하다, 목적지에 도착하다, 목적지에 이르다

06 목표 명

goal, target / 目标 / mục tiêu

사람들은 누구나 삶의 **목표**를 가지고 있다.
선수들은 우승을 **목표**로 열심히 훈련을 받고 있어요.

- 목표를 세우다, 목표를 정하다, 목표를 달성하다

07 몰래 ^부

secretly, stealthily / 偷偷地，暗中 / lén lút

나는 좋아하는 친구의 사물함 안에 선물을 **몰래** 넣어 놓았다.
저녁에 중요한 약속이 있어서 언니의 옷을 **몰래** 입고 나왔어요.

윤 남몰래	반 떳떳이

08 몸무게 ^명

body weight / 体重 / cân nặng

그는 한 달 사이 **몸무게**가 5kg이나 늘었다.
저는 **몸무게**를 줄이기 위해 다이어트를 하고 있어요.

• 몸무게를 재다, 몸무게가 늘다, 몸무게가 줄다

09 몸살 ^명

body ache, fatigue / 浑身难受，积劳成疾 / đau nhức, uể oải
(toàn thân)

나는 **몸살** 때문에 학교에 가지 못했다.
남편은 며칠 야근을 하다가 **몸살**이 걸리고 말았어요.

• 몸살(이) 나다, 몸살이 걸리다, 몸살을 앓다

10 몸짓 ^명
[몸찓]

gesture / 肢体，身体动作 / cử chỉ, điệu bộ

그 배우는 표정과 **몸짓**으로 감정을 표현했다.
외국에 갔을 때 말이 안 통해서 **몸짓**으로 표현했어요.

윤 동작

11 묘사 ^명

description / 描绘，刻画 / mô tả

감독은 생생한 장면 **묘사**를 위하여 계속해서 촬영하였다.
이 소설은 등장인물들의 성격 **묘사**가 뛰어나요.

• 묘사(를) 하다, 묘사(가) 되다

12 무늬 ^명
[무니]

pattern / ① 纹路 ② 纹样 / hoa văn

① 이 책상은 나무의 **무늬**를 그대로 살려서 만들었다.
② 그는 **무늬**가 없는 하얀색 티셔츠를 즐겨 입어요.

• 줄무늬, 물방울무늬, 체크무늬
• 무늬가 있다, 무늬가 없다, 무늬가 단순하다, 무늬가 복잡하다

13 무대 명

stage / 舞台 / sân khấu

무대 위에서 세련된 몸짓으로 연기를 하는 배우가 너무 멋졌다.
저는 축제 때 **무대** 위에서 노래를 불렀어요.

• 무대에 오르다, 무대에 서다

14 무더위 명

heat wave / 酷暑，酷热 / oi bức

장마가 끝나고 **무더위**가 시작되었다.
우리는 **무더위**를 피해서 시원한 커피숍으로 들어갔어요.

유 폭염   반 강추위
• 무더위가 시작되다, 무더위가 기승을 부리다, 무더위를 피하다

15 무덤 명

grave / 坟墓 / mộ

나는 매년 한 번씩 오래된 친구의 **무덤**에 간다.
우리 가족들은 추석을 맞아서 **무덤**에 벌초를 하러 갔어요.

유 묘, 산소
• 무덤에 묻히다, 무덤을 파다

16 무역 명

trade / 贸易 / buôn bán, thương mại

이 지역은 일찍부터 **무역**과 상업이 발달하였다.
저는 해외 영업부에서 **무역** 관련 일을 맡고 있어요.

17 무조건 부
[무조껀]

unconditionally / 绝对，无条件 / nhất định

그는 부모님 말이라면 **무조건** 따랐다.
그 사람은 이유도 듣지 않고 **무조건** 화부터 냈어요.

유 무작정

18 묵다 동
[묵따]

stay (at a lodging) / 住，停留 / lưu trú, ở lại

나는 휴가 때 전망이 좋은 호텔에서 **묵으면서** 쉬었다.
저는 지방에 있는 친구 집에서 며칠 **묵었어요**.

묵고, 묵어서,
묵으면, 묵습니다

유 머무르다

19 묶다 동
[묵따]
묶고, 묶어서,
묶으면, 묶습니다

① tie ② bind / ① 系，扎 ② 捆，绑 / nối, buộc, cột, gút
① 나는 운동화 끈이 풀려서 다시 **묶었다**.
② 너무 더워서 머리를 하나로 **묶고** 나갔어요.

유 매다　　　　　　　　반 풀다

---

20 문화재 명

cultural heritage / 文化遗产 / di sản văn hóa
경주에는 신라의 **문화재**가 곳곳에 보존되어 있다.
문화재 연구를 위해 경주의 이곳저곳을 다녀왔어요.

• 인간문화재, 무형 문화재, 유형 문화재

---

21 묻다¹ 동
[묻따]
묻고, 묻어서,
묻으면, 묻습니다

be stained, be covered / 沾上 / dính (bụi)
엄마는 아이 옷에 **묻은** 먼지를 털어 주었다.
머리카락에 뭐가 **묻어** 있네요.

• N1이/가 N2에 묻다
• 먼지가 옷에 묻다

---

22 물가 명
[물까]

prices, cost of living / 物价 / vật giá
최근 **물가**가 올라서 서민들의 삶이 힘들어졌다.
도시 **물가**는 시골에 비해 비싼 편이에요.

• 물가 인상, 물가 인하
• 물가가 오르다, 물가가 내리다, 물가가 비싸다, 물가가 뛰다

---

23 물다 동
물고, 물어서,
물으면, 뭅니다

bite / 咬 / cắn
강아지가 **물어서** 팔에 상처가 많다.
개가 사람을 **물지** 않도록 개를 잘 묶어 두세요.

유 깨물다

---

24 물러나다 동
물러나고, 물러나서,
물러나면, 물러납니다

step back, retreat / 后退 / rút lui, rút khỏi
차가 지나갈 수 있도록 사람들이 한걸음씩 **물러났다**.
이제 더 이상 **물러날** 곳이 없어요.

유 물러서다　　　　　　　반 나아가다, 나가다
• 자리에서 물러나다, 사장직에서 물러나다

25 물리다 동

물리고, 물려서,
물리면, 물립니다

be bitten / ① 被咬 ② 被叮 / bị cắn

① 아이가 강아지에게 다리를 **물려서** 병원에서 치료했다.
② 시골집에서 며칠 묵었을 때 모기한테 많이 **물렸어요.**

- '물다'의 피동사
- N1이/가 N2에게 N3을/를 물리다

26 물음 명

question / 提问，问题 / câu hỏi

그녀는 나의 **물음**에 모른다고만 대답했다.
선생님 **물음**에 학생들은 아무도 대답하지 못했어요.

- 유 질문   반 대답
- 물음을 던지다. 물음에 답하다

27 미끄럽다 형
[미끄럽따]

미끄럽고, 미끄러워서,
미끄러우면, 미끄럽습니다

slippery / 滑，光溜 / trơn trượt

눈이 내려서 길이 **미끄럽다.**
이곳은 바닥이 **미끄러우니까** 걸을 때 조심하세요.

- 유 미끌미끌하다

28 미루다 동

미루고, 미뤄서,
미루면, 미룹니다

postpone, delay / 拖延，推迟 / trì hoãn

오늘 할 일을 내일로 **미루면** 안 된다.
선생님은 보고서 제출 날짜를 일주일 **미뤄** 주셨어요.

- 반 앞당기다, 당기다
- N1을/를 N2(으)로 미루다

29 미만 명

under, less than / 未满 / dưới

외국어 수업은 한 반에 학생 수가 10명 **미만**이 좋다.
이곳은 20세 **미만**은 보호자 없이 출입할 수 없어요.

- 반 초과
- 미만-이하-이상-초과

30 미성년자 명

minor / 未成年人 / người vị thành niên

19세 미만의 **미성년자**에게는 술과 담배를 팔지 않는다.
이 영화는 **미성년자** 관람 불가예요.

오늘의 단어 한눈에 보기! 다 외운 단어는 ☑해 보세요.

□ 미소 명 □ 밀리다¹ 동 □ 밉다 형

□ 바탕 명 □ 반납 명 □ 반면 명

□ 반복 명 □ 반하다 동 □ 발급 명

□ 발달 명 □ 발명 명 □ 발전 명

□ 발행 명 □ 밝히다 동 □ 밟다 동

□ 밤새 명 □ 방식 명 □ 방해 명

□ 배웅하다 동 □ 배치 명 □ 번역 명

□ 벌 명 □ 벌금 명 □ 범죄 명

□ 법 명 □ 벗기다 동 □ 변경 명

□ 변화 명 □ 별명 명 □ 별일 명

✎ 외우지 못 한 단어는 다음날 한 번 더 학습합니다.

01 미소 명

smile / 微笑 / nụ cười

어머니는 아이를 보며 **미소**를 지었다.
미소를 띠고 나에게 걸어오는 그녀는 너무 예뻤어요.

· 미소를 띠다, 미소를 짓다

02 밀리다¹ 동

밀리고, 밀려서,
밀리면, 밀립니다

be delayed / ① 堵车，挤 ② 积压，堆积 / bị dồn, dồn lại

① 지금 시간은 퇴근시간이라서 차가 많이 **밀린다**.
② 휴가를 다녀오니 일이 **밀려서** 정신이 없어요.

· 차가 밀리다, 일이 밀리다, 주문이 밀리다

03 밉다 형

[밉따]

밉고, 미워서,
미우면, 밉습니다

hateful, detestable / 可恶，讨厌 / ghét

나는 야단을 치는 어머니보다 옆에서 웃고 있는 동생이 더 **미웠다**.
아이는 항상 예쁘지만 말을 안 들을 때는 **미워요**.

속담 미운 정 고운 정(이 들다)

04 바탕 명

based on / 基础 / nền tảng, cơ sở

회사는 많은 경험을 **바탕**으로 새로운 제품을 만들고 있다.
이 영화는 실화를 **바탕**으로 만들었어요.

· 바탕이 되다, 바탕을 두다

05 반납 명

return / 归还，返还 / trả lại

도서관에서 빌린 책의 **반납** 기한이 지나서 연체료를 냈다.
책 **반납**은 아무 때나 하시면 됩니다.

· 반납(을) 하다, 반납(이) 되다

06 반면 명

on the other hand / 反之 / mặt khác

그 회사는 월급이 많은 **반면** 일이 많다.
언니는 노래는 못하는 **반면**에 춤은 잘 춰요.

· A-ㄴ 반면(에), V-는 반면(에)

07 반복 명

repetition / 反复，重复 / lặp lại

선생님은 학생에게 **반복** 학습이 중요하다고 설명했다.

이 춤은 같은 동작의 **반복**이 많아서 쉽게 배울 수 있었어요.

> 윤 되풀이
> • 반복(을) 하다, 반복(이) 되다

08 반하다 동

반하고, 반해서,
반하면, 반합니다

fall for, be attracted to / 迷上，着迷 / phải lòng

나는 그녀를 처음 봤을 때 첫눈에 **반했다**.

저는 그 가수의 목소리에 **반해서** 팬이 되었어요. 윤 빠지다

> • N에/에게 반하다
> • 첫눈에 반하다, 외모에 반하다, 그녀에게 반하다

09 발급 명

issuance / 发，发放 / cấp, phát

최근 연말이 되면서 비자 **발급**이 늦어지고 있다.

저는 학생증을 잃어버려서 다시 **발급**을 받았어요.

> • 발급(을) 하다, 발급(이) 되다, 발급을 받다

10 발달 명

development / ① 发达，发育 ② 发展，进步 / phát triển

① 이 아이는 신체 **발달**이 조금 늦는 편이다.

② 인터넷의 **발달**로 세계의 소식을 손쉽게 알 수 있어요.

> • 발달(을) 하다, 발달(이) 되다, 발달(을) 시키다

11 발명 명

invention / 发明 / phát minh

우리 사회는 스마트폰의 **발명**으로 많은 변화가 일어났다.

문자의 **발명**에 따라 문명이 급속히 발전했어요.

> • 발명가, 발명품
> • 발명(을) 하다, 발명(이) 되다

12 발전 명
[발쩐]

development, progress / 发展 / phát triển

국가의 경제 **발전**이 국민에게 미치는 영향이 크다.

저는 자기 **발전**을 위해 노력하고 있어요.

> • 발전(을) 하다, 발전(이) 되다, 발전(을) 시키다

13 발행 명

publication / 发刊，刊行 / phát hành (sách)

전자책의 발달로 종이책 **발행**은 감소하고 있다.
이 책의 **발행**은 내년 상반기에 하려고 해요.

> 유 출판
> • 발행(을) 하다, 발행(이) 되다

---

14 밝히다 동

[발키다]

밝히고, 밝혀서,
밝히면, 밝힙니다

① light, brighten up ② light, turn on / ① 点亮，照亮 ② 点（火），开（灯）/ ① thắp sáng (căn phòng) ② bật (đèn)

① 어머니께서는 집의 전기가 나가자 촛불로 방을 **밝히셨다**.
② 그는 전등을 **밝히고** 밤새 공부했어요.

> • '밝다'의 사동사
> • 원인을 밝히다, 이유를 밝히다

---

15 밟다 동

[밥따]

밟고, 밟아서,
밟으면, 밟습니다

step on / 踩 / bước lên, giẫm, đạp

나는 지하철에서 실수로 옆 사람의 발을 **밟았다**.
그는 담배를 길에 버리고 발로 **밟아서** 껐어요.

---

16 밤새 명

[밤쌔/밤새]

all night, overnight / 整晚，整夜 / suốt đêm

나는 내일이 시험이라서 **밤새** 공부했다.
밤새 눈이 내려서 무릎까지 쌓였어요.

> • '밤사이'의 준말

---

17 방식 명

method, way / 方式 / phương thức, cách thức

사람은 누구나 성격이 다르며 사는 **방식**도 다르다.
그 사람과 나는 일하는 **방식**이 다르지만 잘 맞는 편이에요.

> 유 방법, 법

---

18 방해 명

disturbance, interference / 妨碍，干扰 / cản trở

밤새 밖에서 떠드는 소리가 수면에 **방해**가 되었다.
저의 도움이 동료에게 오히려 **방해**가 되어서 미안했어요.

> • 방해(를) 하다, 방해(가) 되다, 방해를 받다

19 배웅하다 ^동

배웅하고, 배웅해서,
배웅하면, 배웅합니다

see off / 送別，送行 / tiễn biệt

집에 온 손님들이 돌아갈 때 주차장까지 **배웅했다**.
부모님께서는 저를 **배웅하면서** 눈물을 흘리셨어요.

> (반) 마중하다

20 배치 ^명

arrangement, placement / 布置，配置 / sắp xếp

식당의 사장님은 예약한 손님들의 자리 **배치**까지 꼼꼼하게 확인했다.
이 집은 가구 **배치**가 독특하네요.

> • 배치(를) 하다, 배치(가) 되다

21 번역 ^명

translation / 翻译 / dịch thuật

이 뉴스 사이트는 다양한 외국어 **번역** 서비스를 지원한다.
이 소설은 세계 각국의 말로 **번역**이 되어서 발행되었어요.

> • 번역가, 번역기
> • 번역(을) 하다, 번역(이) 되다

22 벌 ^명

punishment / 惩罚，罚 / hình phạt, tội

사람은 죄를 지으면 **벌**을 받는 것이 당연하다.
어렸을 때는 교실 청소하는 **벌**을 많이 받았어요.

> (반) 상
> • 벌(을) 주다, 벌(을) 내리다, 벌을 받다

23 벌금 ^명

fine, penalty / ① 罚金 ② 罚款 / tiền phạt

① 앞으로 모임에 늦게 온 사람에게 **벌금**을 받기로 했다.
② 저는 과속 운전을 해서 **벌금**을 냈어요.

> • 벌금을 내다, 벌금을 물다, 벌금을 받다

24 범죄 ^명

crime / 犯罪 / tội phạm

최근 사회에 강력 **범죄**가 많이 늘어나고 있다.
범죄를 저지른 사람은 벌을 받아야 해요.

> (유) 죄
> • 범죄를 저지르다, 범죄가 발생하다

25 법 명

law / 法律 / pháp luật

사람은 누구나 **법**을 지켜야 한다.

법을 지키지 않으면 누구라도 벌금을 내야 해요.

> 유 법률
>
> • 법을 지키다, 법을 어기다, 법을 제정하다

26 벗기다 동
[벋끼다]

벗기고, 벗겨서,
벗기면, 벗깁니다

take off, remove / 脱下，拿掉 / cởi (áo), tháo (mắt kính)

어머니는 아기의 옷을 **벗긴** 후에 목욕을 시켰다.

책상 위에 잠든 동생의 안경을 **벗기고** 이불을 덮어 주었어요.

> • '벗다'의 사동사
> • N1이/가 N2의 N3을/를 벗기다

27 변경 명

change, modification / 变更，改动 / thay đổi

이 일은 계획의 **변경**이 필요하다.

한번 예약하시면 날짜 **변경**이 불가능하니까 잘 생각해 주세요.

> • 변경(을) 하다, 변경(이) 되다

28 변화 명

change, transformation / 变化 / biến hóa

환절기에는 아침저녁으로 기온의 **변화**가 심하다.

사회의 **변화**가 빨라지면서 적응하기가 힘들어요.

> • 변화(를) 하다, 변화(가) 되다, 변화(를) 시키다

29 별명 명

nickname / 别名，外号 / biệt danh

어렸을 때는 친구를 부를 때 **별명**으로 많이 불렀다.

우리 선생님은 너무 무서워서 **별명**이 '호랑이 선생님'이에요.

> • 별명을 짓다, 별명을 얻다, 별명을 부르다

30 별일 명
[별릴]

① unusual event ② special matter / ① 怪事，稀奇事 ② 特别的事
/ ① việc lạ thường ② việc đặc biệt

① 사람들은 **별일**이 아니라고 했지만 나는 종일 마음이 쓰였다.

② 주말에 **별일** 없으면 같이 등산할까요?

> • 별일 + 부정적인 표현(아니다, 없다 등)
> • 별일이 없다, 별일이 아니다

오늘의 단어 한눈에 보기! 다 외운 단어는 ☑해 보세요.

☐ 보고서 명   ☐ 보관 명   ☐ 보람 명

☐ 보험 명   ☐ 보호 명   ☐ 복도 명

☐ 복용 명   ☐ 본인 명   ☐ 볼거리 명

☐ 볼일 명   ☐ 봉사 명   ☐ 부담 명

☐ 부러워하다 동   ☐ 부러지다 동   ☐ 부리다 동

☐ 분리하다 동   ☐ 분명히 부   ☐ 분실하다 동

☐ 불규칙하다 형   ☐ 불균형 명   ☐ 불만 명

☐ 불만족스럽다 형   ☐ 불완전하다 형   ☐ 불평 명

☐ 붐비다 동   ☐ 붓다¹ 동   ☐ 붓다² 동

☐ 비비다 동   ☐ 비상구 명   ☐ 비용 명

✎ 외우지 못 한 단어는 다음날 한 번 더 학습합니다.

01 **보고서** 명

report / 报告书 / báo cáo

이틀 동안 밤을 새워서 신제품 **보고서**를 완성했다.
교수님께서 내일까지 **보고서**를 제출하라고 하셨어요.

- 보고서를 작성하다, 보고서를 제출하다

02 **보관** 명

storage, keeping / 保管 / giữ

나는 어렸을 때 썼던 일기장을 아직도 **보관** 중이다.
날씨가 더워지면 음식물 **보관**에 주의해야 돼요.

- 보관함
- 보관(을) 하다, 보관(이) 되다

03 **보람** 명

worth, reward / 意义，价值 / sự hài lòng, sự bổ ích

졸업하는 학생들을 보면 교사 일에 **보람**을 느낀다.
이 일을 할 때는 힘들었지만 **보람**이 있어요.

- 보람(이) 되다, 보람이 있다, 보람이 없다, 보람을 느끼다

04 **보험** 명

insurance / 保险 / bảo hiểm

보험은 종류도 다양하고 보장해 주는 내용도 다르다.
혹시나 하는 마음에 **보험**에 가입했어요.

- 보험금, 보험료, 건강 보험, 고용 보험
- 보험에 가입하다, 보험에 들다, 보험을 해약하다

05 **보호** 명

protection / 保护 / bảo vệ

모든 국민은 국가의 **보호**를 받을 권리가 있다.
우리의 후손들을 위해 자연 **보호**를 생활화합시다.

- 보호자, 환경 보호, 자연 보호, 문화재 보호
- 보호(를) 하다, 보호(가) 되다, 보호를 받다

06 **복도** 명
[복또]

hallway, corridor / 走廊，楼道 / hành lang

쉬는 시간이 되자 학생들이 모두 **복도**로 나왔다.
복도에 불이 꺼져 있어서 아무것도 안 보여요.

07 복용 명
[보공]

take (medicine) / 服用 / uống (thuốc)

이 약은 씹어 먹는 약이라서 **복용**이 편리하다.
비타민과 같은 영양제는 매일 **복용**을 하는 것이 좋아요.

• 복용(을) 하다, 복용에 주의하다

08 본인 명

oneself / 本人，自己 / bản thân

투표는 **본인**이 직접 가서 해야 한다.
본인이 약을 복용하지 않겠다면 우리도 어쩔 수 없어요.

09 볼거리 명
[볼꺼리]

attractions, things to see / 热闹，看头，值得看的 / cái để xem

각 지방에서는 축제를 열어 **볼거리**를 제공하고 있다.
시내에 나오니까 **볼거리**가 엄청 많네요.

유 구경거리

10 볼일 명
[볼릴]

something to do, errands / 要办的事 / việc riêng

그는 갑자기 급한 **볼일**이 생겨서 먼저 자리에서 일어섰다.
밖에 잠깐 나가서 **볼일** 좀 보고 올게요.

• 볼일을 보다, 볼일이 있다, 볼일이 남다

11 봉사 명

service, volunteering / 志愿服务，奉献 / tình nguyện

봉사 활동에 참여하려면 희생정신이 필요하다.
나이가 들면 **봉사**를 하면서 살고 싶어요.

• 봉사(를) 하다, 봉사 활동을 하다

12 부담 명

① burden ② pressure / ① 承担，负责 ② 负担，压力 / gánh nặng, chịu (trách nhiệm)

① 어린 나이에 가장이 되어서 많은 **부담**이 될 것 같다.
② 이건 고마워서 주는 거니까 **부담** 갖지 마세요.

• 부담(이) 되다, 부담을 갖다, 부담을 주다

13 부러워하다 동

부러워하고, 부러워해서,
부러워하면, 부러워합니다

envy, be envious / 羨慕 / ghen tỵ

그는 세상 사람들이 모두 **부러워하는** 재능을 가지고 있다.
어렸을 때에는 부잣집 아이들을 많이 **부러워했어요.**

14 부러지다 동

부러지고, 부러져서,
부러지면, 부러집니다

break / 斷裂，折斷 / gãy

동생은 축구를 하다가 다리가 **부러져서** 큰 수술을 했다.
나무젓가락이 **부러져서** 숟가락으로 라면을 먹었어요.

- N이/가 부러지다

15 부리다 동

부리고, 부려서,
부리면, 부립니다

① show off ② be stubborn / ① 顯示，施展 ② 耍弄 / ① làm cho (xinh đẹp) ② khư khư, khăng khăng (cố chấp)

① 주말이라서 시내에 멋을 좀 **부리고** 나왔다.
② 아이가 엄마에게 장난감을 사 달라고 고집을 **부렸어요.**

- 애교를 부리다, 고집을 부리다, 심술을 부리다, 욕심을 부리다

16 분리하다 동

[불리하다]

분리하고, 분리해서,
분리하면, 분리합니다

separate / 分离，分开 / phân chia

쓰레기를 버릴 때에는 종류별로 **분리해서** 버려야 한다.
이 카페는 흡연석과 금연석을 **분리해** 놓았어요.

유 나누다

17 분명히 부

clearly / ① 鮮明地，明晰地 ② 肯定地，分明地 / rõ ràng

① 나는 그와 처음 만난 날을 **분명히** 기억하고 있다.
② 어제 백화점에서 **분명히** 널 봤는데 왜 아니라고 해?

유 확실히

18 분실하다 동

분실하고, 분실해서,
분실하면, 분실합니다

lose / 遺失，丟失 / mất

분실물 센터는 **분실한** 물건들을 보관하는 곳이다.
휴게실에서 지갑을 **분실한** 사람은 1층 관리실로 오십시오.

유 잃어버리다   반 찾다

19 불규칙하다 [형]
[불규치카다]
불규칙하고, 불규칙해서,
불규칙하면, 불규칙합니다

irregular / 不规则，无规律 / không theo quy tắc

불규칙한 생활과 **불규칙한** 식사는 건강에 좋지 않다.
저는 간호사라서 교대로 근무하니까 자는 시간이 **불규칙해요**.

- 생활이 불규칙하다, 식사가 불규칙하다

20 불균형 [명]

imbalance / 不均衡，失调 / mất cân bằng, mất cân đối

경제가 발전할수록 도시와 농촌의 **불균형**이 심각해졌다.
음식을 골고루 먹지 않으면 영양 **불균형** 상태가 될 거예요.

(반) 균형
- 불균형하다, 불균형이 되다, 불균형을 이루다

21 불만 [명]

dissatisfaction / 不满，不满意 / không hài lòng

시험 성적에 **불만**을 가진 사람들이 학과 사무실로 찾아왔다.
회사에서 상사에게 **불만**이 있었지만 참았어요.

- 불만이 있다, 불만이 없다, 불만이 쌓이다, 불만을 가지다

22 불만족스럽다 [형]
[불만족쓰럽따]
불만족스럽고, 불만족스러워서,
불만족스러우면, 불만족스럽습니다

unsatisfactory / 不满足，不满意 / bất mãn

그는 강의를 듣다가 **불만족스러운** 표정을 지으며 밖으로 나갔다.
이 제품이 **불만족스러우시면** 환불해 드릴게요.

(반) 만족스럽다, 만족하다   (유) 불만족하다

23 불완전하다 [형]
불완전하고, 불완전해서,
불완전하면, 불완전합니다

incomplete / 不完全，不完善 / chưa hoàn thiện, không hoàn hảo

우리 공장에서는 **불완전한** 제품은 생산하지 않는다.
사람은 모두 **불완전하기** 때문에 끊임없이 배우는 것 같아요.

(반) 완전하다

24 불평 [명]

complaint / 不满，抱怨 / phàn nàn, bất bình

힘들게 음식을 준비했는데 아이들은 맛이 없다고 **불평**을 했다.
뒤에서 **불평**만 하지 말고 당당하게 의견을 말해 보세요.

- 불평(을) 하다, 불평이 있다, 불평을 듣다, 불평을 늘어놓다

25 붐비다 동

붐비고, 붐벼서,
붐비면, 붐빕니다

be crowded / 拥挤 / nhộn nhịp

낮에는 한산했는데 밤이 되니 구경 나온 사람들로 **붐볐다**.
주말이라서 그런지 어디를 가든 다 **붐벼요**.

- N1이/가 N2(으)로 붐비다
- 공원이 사람들로 붐비다

26 붓다¹ 동

[붇따]

붓고, 부어서,
부으면, 붓습니다

swell / 肿 / sưng

영화를 보는 내내 울어서 눈이 퉁퉁 **부었다**.
아까 다친 곳이 많이 **부어서** 얼음찜질을 했어요.

- N이/가 붓다

27 붓다² 동

[붇따]

붓고, 부어서,
부으면, 붓습니다

pour / 倒，浇 / đổ, rót

라면을 끓이려고 냄비에 물을 **부었다**.
욕조에 따뜻한 물을 **붓고** 목욕을 했어요.

28 비비다 동

비비고, 비벼서,
비비면, 비빕니다

① rub ② mix / ① 搓，揉 ② 拌 / ① xoa, cọ, dụi ② trộn, hòa lẫn

① 손으로 눈을 **비비는** 행동은 좋지 않다.
② 비빔밥은 야채에 밥과 고추장을 넣고 **비벼서** 먹는 음식이에요.

29 비상구 명

emergency exit / 紧急出口 / cửa thoát hiểm

불이 나자 사람들은 **비상구**를 통해서 밖으로 나왔다.
비상구 근처에는 물건을 쌓아 두면 안 돼요.

30 비용 명

cost, expense / 费用 / chi phí

결혼 **비용**을 마련하느라 열심히 저축을 했다.
이사하는 데 필요한 **비용**이 얼마예요?

- 유 경비
- 비용이 들다, 비용을 지불하다, 비용을 줄이다

" 오늘의 단어 한눈에 보기! 다 외운 단어는 ☑해 보세요. "

□ 비키다 동   □ 빌다 동   □ 빗다 동

□ 빠지다 동   □ 빨다 동   □ 뺏다 동

□ 뿌리 명   □ 뿌리다 동   □ 삐다 동

□ 사건 명   □ 사교적 명   □ 사라지다 동

□ 사물 명   □ 사용법 명   □ 사회적 관, 명

□ 삭제 명   □ 산업 명   □ 살아나다 동

□ 살인 명   □ 살짝 부   □ 살찌다 동

□ 살펴보다 동   □ 삶 명   □ 삶다 동

□ 상관없다 형   □ 상담 명   □ 상대방 명

□ 상식 명   □ 상영 명   □ 상점 명

✎ 외우지 못 한 단어는 다음날 한 번 더 학습합니다.

01 비키다 동

비키고, 비켜서,
비키면, 비킵니다

move aside / 躲避，避开 / tránh

길에서 놀고 있는데 자동차 소리가 나서 옆으로 **비켰다**.
죄송하지만 조금만 옆으로 **비켜** 주세요.

> 유 피하다
> • N(으)로 비키다

02 빌다 동

빌고, 빌어서,
빌면, 빕니다

pray, wish / 祈祷，许愿 / cầu nguyện, ước

나는 부모님의 건강과 행복을 **빌었다**.
추석날 밤에 보름달을 보면서 소원을 **빌었어요**.

> • 소원을 빌다, 용서를 빌다

03 빗다 동
[빋따]

빗고, 빗어서,
빗으면, 빗습니다

comb / 梳，梳理 / cái lược

그는 단정하게 **빗은** 머리에 깔끔한 양복을 입고 있었다.
아이는 거울을 보면서 머리를 **빗었어요**.

> • 빗으로 머리를 빗다

04 빠지다 동

빠지고, 빠져서,
빠지면, 빠집니다

① fall out ② lose (weight) / ① 脱落，掉 ② 掉 / giảm (cân)

① 스트레스를 너무 많이 받아서 머리가 **빠졌다**.
② 운동을 열심히 했더니 살이 조금 **빠졌어요**.

> • 이가 빠지다, 살이 빠지다, 힘이 빠지다, 모임에 빠지다

05 빨다 동

빨고, 빨아서,
빨면, 빱니다

① suck ② lick / ① 吸 ② 吃 / ① hút ② mút

① 주스에 빨대를 꽂아서 **빨아** 먹었다.
② 아기가 배가 고픈지 손을 **빨고** 있네요.

> • 사탕을 빨다, 손가락을 빨다

06 뺏다 동
[뺃따]

뺏고, 뺏어서,
뺏으면, 뺏습니다

take away, deprive / 抢，夺，强占 / lấy mất, tước đi

수업 중에 휴대폰을 사용해서 선생님이 휴대폰을 **뺏었다**.
아직도 친구들의 돈을 **뺏는** 청소년이 있어요?

> • '빼앗다'의 준말
> • N1에게서 N2을/를 뺏다
> • 아이에게서 장난감을 뺏다

07 뿌리 〔명〕

root / 根 / gốc rễ

나무가 땅속 깊이 **뿌리**를 내렸다.
잡초는 **뿌리**까지 모두 뽑아야 돼요.

---

08 뿌리다 〔동〕

sprinkle, scatter / 撒，散发 / gieo rắc, tưới, phun, rải

뿌리고, 뿌려서,
뿌리면, 뿌립니다

보통 다림질을 하기 전에 옷에 물을 **뿌린다**.
저는 향수 **뿌리는** 것을 별로 안 좋아해요.

- 향수를 뿌리다, 씨를 뿌리다, 물을 뿌리다, 돈을 뿌리다

---

09 삐다 〔동〕

sprain / （筋骨）扭，闪，崴 / bong gân, trật khớp, trẹo (chân)

삐고, 삐어서,
삐면, 삡니다

운동하다가 발목을 **삐어서** 병원에 다녀왔다.
삔 손목이 부어서 얼음찜질을 했어요.

---

10 사건 〔명〕
[사껀]

incident, event / 事件，案件 / sự kiện

사람이 별로 다니지 않는 골목에서 살인 **사건**이 발생했다.
요즘 우리 동네에 안 좋은 **사건**이 자주 생기네요.

- 사건이 나다, 사건이 생기다, 사건이 발생하다, 사건을 해결하다

---

11 사교적 〔명〕

sociable / 社交型，善于社交的 / hòa đồng

그는 **사교적**인 성격이 아니라서 친구가 별로 없다.
내 친구는 활발하고 **사교적**인 편이에요.

---

12 사라지다 〔동〕

disappear / 消失 / biến mất

사라지고, 사라져서,
사라지면, 사라집니다

책상 위에 올려놓았던 지갑이 **사라져서** 한참을 찾았다.
보고 싶지 않으니까 내 앞에서 **사라져** 버려.

유 없어지다 　　　　　　　　　　　반 나타나다
- N이/가 사라지다

13 사물 명

object, thing / 事物 / sự vật

책을 많이 읽으면 **사물**을 보는 눈이 넓어진다.

며칠 굶었더니 **사물**이 여러 개로 보여요.

---

14 사용법 명
[사용뻡]

instructions, usage / 使用方法，用法 / cách sử dụng

그는 나에게 복사기 **사용법**을 친절하게 가르쳐 주었다.

이 기계의 **사용법**을 자세히 설명해 드릴게요.

---

15 사회적 관, 명

social / 社会型，社会的 / tính xã hội

관 사람은 다른 사람들과 관계를 맺고 사는 **사회적** 동물이다.

명 최근 출산율 감소는 **사회적**으로 큰 문제가 되고 있어요.

---

16 삭제 명
[삭쩨]

delete / 删除 / xóa bỏ

내 사진을 허락 없이 SNS에 올린 친구에게 **삭제**를 요구했다.

이 컴퓨터의 개인 파일들은 모두 **삭제**를 했어요.

> 반 추가
> • 삭제(를) 하다, 삭제(가) 되다, 삭제(를) 시키다

---

17 산업 명
[사넙]

industry / 产业 / ngành công nghiệp

정부는 미래를 위해 첨단 **산업**을 개발 중이다.

최근 영화 **산업**에 사람들의 관심이 많아요.

> • 기술을 개발하다, 산업이 발달하다

---

18 살아나다 동

살아나고, 살아나서,
살아나면, 살아납니다

revive, survive / 复活，复生 / sống sót, hồi phục

그는 사고를 크게 당한 후에 기적처럼 다시 **살아났다**.

물과 햇빛이 있으면 죽은 식물도 **살아날** 수 있어요.

> 반 죽다
> • N이/가 살아나다

19 살인 명

murder / 杀人 / kẻ sát nhân

이웃과의 갈등이 **살인**으로까지 이어졌다.
최근 동네에서 **살인** 사건이 발생했다고 해요.

- 살인자, 살인범, 살인 사건
- 살인(을) 하다, 살인을 저지르다

20 살짝 부

slightly, lightly, a bit / 迅速地，轻轻地，稍微 / nhanh, nhẹ, hơi, một chút

옆에 있던 아이가 내 옷을 **살짝** 잡아당겼다.
얼굴을 이쪽으로 **살짝** 돌려 보세요.

유 약간

21 살찌다 동
살찌고, 살쪄서,
살찌면, 살찝니다

gain weight / 长胖，发胖 / béo lên

나는 조금만 **살쪄도** 움직일 때 답답함을 느낀다.
그렇게 계속 먹기만 하면 금방 **살찔** 거예요.

반 살이 빠지다
- '살이 찌다'의 줄임말

22 살펴보다 동
살펴보고, 살펴봐서,
살펴보면, 살펴봅니다

check, look around / ① 查看 ② 察看 / ① xem xét, suy xét ② nhìn quanh, ngó quanh

① 경찰은 도둑이 들었던 집안 구석구석을 **살펴보았다**.
② 길을 건널 때에는 주위를 잘 **살펴보고** 건너세요.

- 자세히 살펴보다, 꼼꼼히 살펴보다

23 삶 명
[삼]

life / ① 生活 ② 生命 / mạng sống

① 사람은 누구나 행복한 **삶**을 누리고 싶어한다.
② **삶**과 죽음에 대해 생각해 본 적이 있나요?

반 죽음

24 삶다 동
[삼따]

boil / 煮 / luộc

아버지는 기차에 타자마자 **삶은** 달걀을 몇 개 까서 드셨다.
오늘 점심에는 국수를 **삶아서** 비빔국수를 해 먹을까 해요.

삶고, 삶아서,
삶으면, 삶습니다

- 국수를 삶다, 달걀을 삶다, 고기를 삶다

25 상관없다 형
[상과넙따]

상관없고, 상관없어서,
상관없으면, 상관없습니다

doesn't matter, irrelevant / 没有关系，不相关 / không quan trọng, không sao

그는 자기와 **상관없는** 일에는 신경을 쓰지 않는다.
내 친구는 날씨에 **상관없이** 항상 우산을 가지고 다녀요.

유 관계없다
- N와/과 상관없다, N에 상관없다

26 상담 명

consultation / 咨询 / tư vấn

이 약은 의사나 약사와 **상담** 후에 복용해야 한다.
선생님께 진로 **상담**을 좀 받으러 왔어요.

- 상담사, 상담실, 상담료
- 상담(을) 하다, 상담을 받다

27 상대방 명

counterpart, other party / 对方 / đối phương

배려는 **상대방**의 입장을 먼저 생각해 주는 것이다.
토론을 할 때에는 **상대방**의 의견을 잘 들어야 돼요.

유 상대편 반 자기

28 상식 명

common sense / 常识 / thường thức

그 영화는 **상식**을 뛰어넘는 이야기로 관객들의 마음을 사로잡았다.
그의 행동은 내 **상식**으로는 도저히 이해가 안 돼요.

- 상식이 풍부하다, 상식이 부족하다, 상식에 어긋나다, 상식을 벗어나다

29 상영 명

screening / 上映 / sự trình chiếu

영화 **상영**이 끝나자 영화관 안에 불이 켜졌다.
이 영화는 **상영**이 금지된 영화라서 볼 수 없어요.

- 상영(을) 하다, 상영(이) 되다

30 상점 명

store, shop / 商店 / cửa hàng

시내에 나가자 아침 일찍 문을 연 **상점**들이 눈에 띄었다.
이 **상점**은 가격이 저렴해서 손님들이 많아요.

유 가게, 점포

오늘의 단어 한눈에 보기! 다 외운 단어는 ☑해 보세요.

☐ 상태 [명]   ☐ 상하다 [동]   ☐ 상황 [명]

☐ 생활비 [명]   ☐ 생활용품 [명]   ☐ 서투르다 [형]

☐ 선약 [명]   ☐ 설명서 [명]   ☐ 설문 [명]

☐ 성별 [명]   ☐ 성실하다 [형]   ☐ 성인 [명]

☐ 세다 [동]   ☐ 세련되다 [형]   ☐ 세월 [명]

☐ 소감 [명]   ☐ 소나기 [명]   ☐ 소독 [명]

☐ 소문 [명]   ☐ 소원 [명]   ☐ 소화 [명]

☐ 속담 [명]   ☐ 속상하다 [형]   ☐ 솜씨 [명]

☐ 송별회 [명]   ☐ 수다 [명]   ☐ 수단 [명]

☐ 수도 [명]   ☐ 수량 [명]   ☐ 수리 [명]

✎ 외우지 못 한 단어는 다음날 한 번 더 학습합니다.

01 상태 명

condition, state / 状态 / tình trạng

매년 건강 **상태**를 확인하려고 건강 검진을 받는다.
이 피아노는 너무 낡아서 **상태**가 안 좋아요.

• 상태가 좋다, 상태가 나쁘다

---

02 상하다 동

상하고, 상해서,
상하면, 상합니다

① go bad, spoil ② be hurt / ① 损坏，腐烂 ② 伤害，破坏 / ① bị ôi thiu ② tổn thương, buồn lòng, ấm ức

① 기온이 높아지면서 **상한** 음식을 먹고 배탈이 나는 사람이 많다.
② 친구가 장난으로 말했지만 저는 그 말을 듣고 기분이 **상했어요**.

• 몸이 상하다, 마음이 상하다, 속이 상하다, 자존심이 상하다

---

03 상황 명

situation / 状况，情况 / tình huống

말은 **상황**에 따라 여러 가지 의미로 해석될 수 있다.
지금은 **상황**이 좋지 않으니 다음에 이야기해요.

유 경우

---

04 생활비 명

living expenses / 生活费 / chi phí sinh hoạt

요즘 아르바이트를 하면서 **생활비**를 벌고 있다.
한 달 **생활비**가 얼마나 들어요?

---

05 생활용품 명

[생활룡품]

household items / 生活用品 / vật dụng sinh hoạt

요즘에는 **생활용품**은 물론이고 식료품도 인터넷으로 주문한다.
이곳은 **생활용품**을 판매하는 매장이에요.

---

06 서투르다 형

서투르고, 서툴러서,
서투르면, 서투릅니다

clumsy, unskilled / 生疏，笨拙 / hậu đậu, long ngóng, vụng về

회사에 입사한 지 얼마 안 돼서 일이 **서투르다**.
아직 한국말이 **서툴러서** 더 배워야 해요.

반 익숙하다, 능숙하다
• '서툴다'의 본말
• N에 서투르다

07 선약 명

previous engagement / 有约在先 / đặt trước

친구와 **선약**을 먼저 해서 주말 모임에는 참석이 어렵다.
오늘은 **선약**이 있으니까 다음에 봐요.

- 선약(을) 하다, 선약(이) 되다

08 설명서 명

manual, instructions / 说明书 / giấy hướng dẫn

보통 물건을 사면 사용 **설명서**가 같이 들어 있다.
제품을 사용하기 전에 **설명서**를 잘 읽어야 돼요.

09 설문 명

survey / 提问，问卷 / sự khảo sát

취미 생활에 대해 **설문** 조사를 한 결과는 다음과 같다.
설문에 참여해 주시면 작은 기념품을 드립니다.

- 설문(을) 하다, 설문에 참여하다, 설문 조사를 하다

10 성별 명

gender / 性别 / giới tính

기회는 **성별**에 상관없이 동등하게 주어져야 한다.
설문 조사 결과 **성별**에 따라 많은 차이를 보였습니다.

11 성실하다 형

성실하고, 성실해서,
성실하면, 성실합니다

sincere, diligent / 诚实，踏实 / chân thành

회사에서는 **성실하고** 책임감 있는 사람을 모집하고 있다.
넌 **성실한** 사람이니까 틀림없이 좋은 결과가 있을 거야.

반 불성실하다

12 성인 명

adult / 成人，成年人 / người lớn

성인이 되면 투표를 할 수 있는 권리가 생긴다.
이제 **성인**이 되었으니까 자기 일은 자기가 책임을 져야 해요.

유 성년, 어른　　　　　　　반 미성년자

13 세다 동

세고, 세어서,
세면, 셉니다

count / 数数，计算 / đếm

선생님은 학생들이 다 모였는지 인원을 **세면서** 확인했다.
사과가 몇 개인지 **세어** 보세요.

- 수를 세다, 개수를 세다

14 세련되다 형

세련되고, 세련되어서,
세련되면, 세련됩니다

sophisticated, refined / 干练 / trau chuốt, tinh tế, mốt, sang trọng

그의 말투와 태도에서 **세련된** 분위기가 느껴졌다.
어머니께서 옷을 **세련되게** 입으시네요.

반 촌스럽다

15 세월 명

time, years / 岁月，光阴 / thời gian

오랜 **세월**이 지났지만 그 사람과의 추억은 잊을 수가 없다.
세월이 참 빨리 지나가는 것 같아요.

- 세월이 흐르다, 세월이 지나다, 세월이 빠르다

16 소감 명

thoughts, impressions / 感想 / cảm tưởng, cảm nghĩ

대회에서 최우수상을 받은 학생은 수상 **소감**을 발표했다.
올림픽 경기에서 금메달을 딴 **소감**이 어떠십니까?

유 느낌
- 소감을 말하다, 소감을 발표하다, 소감을 밝히다

17 소나기 명

shower (rain) / 雷阵雨 / mưa rào

갑자기 **소나기**가 쏟아지는 바람에 옷이 다 젖어 버렸다.
이 비는 **소나기**니까 조금만 기다렸다가 나갑시다.

- 소나기가 오다, 소나기가 내리다, 소나기가 쏟아지다, 소나기가 그 치다, 소나기를 맞다

18 소독 명

disinfection / 消毒 / khử trùng

전염병을 예방하기 위해서는 정기적으로 **소독**을 해야 한다.
상처가 났으면 먼저 **소독**을 하고 약을 발라야 돼요.

- 소독약, 소독제
- 소독(을) 하다, 소독(이) 되다

19 소문 명

rumor / 传闻，传言 / tin đồn

두 사람이 결혼한다는 **소문**이 회사에 쫙 퍼졌다.
저는 근거 없는 **소문**은 잘 믿지 않아요.

- 소문(이) 나다, 소문(을) 내다, 소문을 듣다, 소문이 퍼지다

20 소원 명

wish / 心愿，愿望 / điều ước, ước muốn

진심으로 **소원**을 빌면 틀림없이 이루어질 것이다.
부모님의 **소원**대로 이번 시험에 꼭 합격하고 싶어요.

- 소원을 빌다, 소원을 들어주다, 소원을 이루다

21 소화 명

digestion / 消化 / sự tiêu hóa

소화제는 **소화**를 돕는 역할을 한다.
너무 급하게 먹어서 **소화**가 안되는 것 같아요.

- 소화(를) 하다, 소화(가) 되다, 소화가 잘되다, 소화가 잘 안되다

22 속담 명
[속땀]

proverb / 俗语，谚语 / tục ngữ

속담에는 조상들의 지혜와 생각이 담겨 있다.
이 책을 보면 일상생활에서 많이 쓰는 **속담**을 배울 수 있어요.

23 속상하다 형
[속쌍하다]

속상하고, 속상해서,
속상하면, 속상합니다

upset, distressed / 伤心，难过 / buồn bã, đau lòng

나는 **속상한** 일이 생기면 가족에게 이야기를 한다.
부모님의 소원을 들어주지 못해서 **속상해요**.

24 솜씨 명

skill, ability / 手艺 / khéo tay

어머니는 음식 **솜씨**가 좋아서 뭐든지 잘 만드신다.
내 친구는 그림 **솜씨**가 아주 훌륭해요.

- 솜씨가 있다, 솜씨가 없다, 솜씨가 좋다, 솜씨가 서투르다

25 송별회 명

farewell party / 欢送会 / tiệc chia tay

고향으로 귀국하는 친구를 위해 **송별회**를 열기로 했다.

오늘 **송별회**가 있으니 꼭 참석해 주세요.

> (반) 환영회
> • 송별회를 열다, 송별회가 열리다

26 수다 명

chatter, talkative / 废话，啰嗦 / trò chuyện, buôn chuyện

오랜만에 만난 친구와 밤새도록 **수다**를 떨었다.

저는 친구를 만나서 **수다**를 떨면 스트레스가 풀려요.

> • 수다를 떨다

27 수단 명

means, method / 手段，方式 / phương tiện

사람들의 의사소통 **수단**은 바로 언어이다.

제가 할 수 있는 모든 **수단**을 다 해 봤지만 소용없었어요.

> (유) 방법

28 수도 명

capital / 首都 / thủ đô

한 나라의 **수도**는 보통 경제나 정치의 중심지이다.

한국의 **수도** 서울에는 인구가 너무 많이 집중되어 있어요.

> • 수도를 정하다, 수도를 옮기다

29 수량 명

quantity / 数量 / số lượng

가게에 들어오는 상품의 종류와 **수량**을 잘 알아야 한다.

요즘 이 물건이 잘 팔려서 항상 **수량**이 부족해요.

30 수리 명

repair / 修理，维修 / sửa chữa (máy móc)

집이 너무 낡아서 **수리**를 포기하고 팔기로 했다.

이 냉장고는 **수리**를 여러 번 했는데도 자꾸 고장이 나요.

> • 수리(를) 하다, 수리(가) 되다, 수리를 맡기다

오늘의 단어 한눈에 보기! 다 외운 단어는 ☑ 해 보세요.

- ☐ 수면 [명]
- ☐ 수선 [명]
- ☐ 수수료 [명]
- ☐ 수입¹ [명]
- ☐ 수입² [명]
- ☐ 수정 [명]
- ☐ 수집하다 [동]
- ☐ 수출 [명]
- ☐ 숙박 [명]
- ☐ 숙소 [명]
- ☐ 순간 [명]
- ☐ 숨다 [동]
- ☐ 쉬다 [동]
- ☐ 습기 [명]
- ☐ 습도 [명]
- ☐ 습하다 [형]
- ☐ 승진 [명]
- ☐ 승차 [명]
- ☐ 시기 [명]
- ☐ 시대 [명]
- ☐ 시설 [명]
- ☐ 식료품 [명]
- ☐ 식비 [명]
- ☐ 식중독 [명]
- ☐ 식품점 [명]
- ☐ 식후 [명]
- ☐ 식히다 [동]
- ☐ 신고 [명]
- ☐ 신기하다 [형]
- ☐ 신나다 [동]

✎ 외우지 못 한 단어는 다음날 한 번 더 학습합니다.

01 수면 명

sleep / 睡眠 / ngủ

충분한 **수면**을 취하지 않으면 건강이 나빠질 수 있다.
평상시에 일 때문에 항상 **수면**이 부족해요.

유 잠
· 수면을 취하다

02 수선 명

mending, alteration / 修理，维修 / sửa (quần áo)

수선을 잘 하면 낡은 물건도 새것처럼 만들 수 있다.
엄마가 입던 옷이 마음에 들어서 **수선**을 해서 입으려고 해요.

· 수선(을) 하다, 수선(이) 되다, 수선을 맡기다

03 수수료 명

fee, commission / 手续费 / lệ phí

다른 은행으로 송금하려면 은행 **수수료**를 내야 한다.
부동산에 중개 **수수료**를 주고 원룸을 하나 계약했어요.

· 수수료가 붙다, 수수료를 내다, 수수료를 받다

04 수입¹ 명

income / 收入 / thu nhập

경기가 안 좋아져서 이번 달 **수입**이 줄었다.
수입이 많지는 않지만 반 정도를 저축하고 있어요.

유 소득   반 지출
· 수입이 많다, 수입이 늘다, 수입이 줄다

05 수입² 명

import / 进口，输入 / nhập khẩu

우리나라는 석유가 생산되지 않아서 모두 **수입**을 하고 있다.
농산물 **수입**에 대해 농민들의 반대가 매우 심해요.

반 수출
· 수입(을) 하다, 수입(이) 되다, 수입이 증가하다, 수입이 감소하다

06 수정 명

modify, revise / 修正，修改 / điều chỉnh, sửa (nội dung)

책을 출판하기 전에는 잘못된 내용에 대한 **수정**이 필요하다.
상반기 계획에 대해 다시 한번 **수정**을 해야 할 것 같아요.

· 수정(을) 하다, 수정(이) 되다

07 수집하다 동
[수지파다]

수집하고, 수집해서,
수집하면, 수집합니다

collect / 收集 / sưu tầm

나는 여러 나라의 우표와 동전을 **수집하는** 걸 좋아한다.
졸업 논문을 쓰기 위해 자료를 **수집하고** 있어요.

> ⑪ 모으다

08 수출 명

export / 出口，输出 / xuất khẩu

작년에 비해 자동차 **수출**이 많이 증가했다.
수출 산업이 좋아지면 국내 경제도 좋아질 거예요.

> ⑫ 수입
> • 수출(을) 하다, 수출(이) 되다, 수출이 증가하다, 수출이 감소하다

09 숙박 명
[숙빡]

lodging / 住宿，投宿 / tá túc, ngủ qua đêm

나는 여행을 가면 **숙박**은 호텔보다 민박을 이용하는 편이다.
여행을 가면 어디에서 **숙박**을 할 예정인가요?

> • 숙박비, 숙박 요금, 숙박 시설
> • 숙박(을) 하다, 숙박이 되다

10 숙소 명
[숙쏘]

lodging, accommodation / 住处，落脚点 / chỗ ở

여행을 가면 교통이 편리한 곳에 **숙소**를 정해야 한다.
지금 생활하는 **숙소**는 1인실이라서 편해요.

> • 숙소를 정하다, 숙소를 예약하다, 숙소에 도착하다

11 순간 명

① moment ② instant / ① 瞬间，刹那 ② 瞬时 / ① khoảnh khắc
② thoáng chốc

① 그는 **순간**의 기회도 놓치는 법이 없었다.
② 당신을 처음 본 **순간** 첫눈에 반했어요.

12 숨다 동
[숨따]

숨고, 숨어서,
숨으면, 숨습니다

hide / 隐藏，躲藏 / trốn, ẩn

어렸을 때 **숨은** 사람을 찾는 숨바꼭질 놀이를 자주 했다.
내가 어디에 **숨었는지** 찾아보세요.

> • N1이/가 N2에(으)로 숨다
> • 아이가 침대 뒤에 숨다, 사슴이 산 속으로 숨다

13 쉬다 [동]

쉬고, 쉬어서,
쉬면, 쉽니다

become hoarse / 哑 / nghỉ ngơi

그는 매일 목이 **쉴** 정도로 열심히 연습했다.
어제 노래방에서 소리를 질렀더니 목이 **쉬었어요**.

- 목(이) 쉬다, 목소리가 쉬다

14 습기 [명]

[습끼]

moisture, humidity / 湿气，潮气 / hơi ẩm

창문에 **습기**가 차는 걸 보니 밖이 추운 것 같다.
이렇게 **습기**가 많으면 곰팡이가 생길 거예요.

- 습기가 차다, 습기를 제거하다

15 습도 [명]

[습또]

humidity level / 湿度 / độ ẩm

건강을 위해서 적당한 **습도**를 유지하는 것이 좋다.
장마철에는 **습도**가 높을 수밖에 없어요.

- 습도가 높다, 습도가 낮다, 습도를 유지하다

16 습하다 [형]

[스파다]

습하고, 습해서,
습하면, 습합니다

damp, humid / 潮湿 / ẩm ướt

장마철에는 공기가 **습해서** 그런지 기분도 우울하다.
요즘 너무 **습해서** 빨래가 잘 마르지 않아요.

- 반 건조하다

17 승진 [명]

promotion / 晋升，升职 / thăng tiến

과장님 **승진** 기념으로 오늘 회식을 하기로 했다.
내가 **승진**을 하게 되면 한턱낼게.

- 승진(을) 하다, 승진(이) 되다, 승진(을) 시키다

18 승차 [명]

boarding / 乘车 / lên xe

버스가 오자 아이들이 차례대로 **승차**를 했다.
승차를 하실 분들은 한 줄로 서 주세요.

- 반 하차
- 승차(를) 하다, 승차를 거부하다

19 시기 명

opportunity, chance, time / ① 时期 ② 时机 / thời khắc, thời cơ

① 무언가 배울 **시기**를 놓치면 그 기회를 다시 얻기는 힘들다.
② 당분간은 조용히 지내면서 적당한 **시기**를 기다리세요.

- 시기가 좋다, 시기를 놓치다

20 시대 명

era, age / 时代 / thời đại

그의 작품은 **시대**를 앞서갔기 때문에 당시에는 관심을 끌지 못했다.
아직도 그런 생각을 하다니 도대체 어느 **시대**에 살고 있어?

- 시대에 뒤떨어지다, 시대를 앞서가다

21 시설 명

facilities / 设施，设备 / cơ sở

이 건물은 새로 지은 지 얼마 안 돼서 **시설**이 깨끗하다.
우리 강의실은 **시설**이 잘 되어 있어요.

- 교육 시설, 편의 시설, 오락 시설
- 시설이 깨끗하다, 시설이 좋다, 시설을 갖추다

22 식료품 명
[싱뇨품]

groceries / 食品原料，食品 / thức ăn, thực phẩm

이 마트는 여러 나라의 **식료품**을 판매하는 곳이다.
저는 보통 전통 시장에 가서 **식료품**을 사요.

23 식비 명
[식삐]

food expenses / 饭钱，餐费，伙食费 / chi phí ăn uống

학생 식당은 외부 식당에 비해서 **식비**가 저렴한 편이다.
저는 생활비에서 **식비**가 제일 많이 들어요.

- 식비가 들다, 식비가 늘다, 식비가 줄다, 식비를 지출하다

24 식중독 명
[식쭝독]

food poisoning / 食物中毒 / ngộ độc thực phẩm

여름철에는 특히 **식중독**을 조심해야 한다.
식중독에 걸렸을 때에는 바로 병원에 가야 돼요.

- 식중독에 걸리다

25 식품점 명

grocery store / 食品店 / cửa hàng thực phẩm

이 **식품점**에서는 다양한 종류의 식품을 팔고 있다.
저는 보통 시내에 있는 **식품점**에서 식료품을 사요.

26 식후 명
[시쿠]

after a meal / 饭后，餐后 / sau bữa ăn

따뜻해지는 봄철에는 **식후**에 나른해지는 경우가 많다.
이 약은 하루 세 번 **식후**에 복용하시면 됩니다.

> 반 식전

27 식히다 동
[시키다]

식히고, 식혀서,
식히면, 식힙니다

cool (down) / 冷却，凉 / làm nguội

편찮으신 할머니께 드리려고 뜨거운 죽을 **식혔다**.
아이에게 음식을 줄 때에는 **식혀서** 줘야 돼요.

> 반 데우다
> • '식다'의 사동사

28 신고 명

report, declaration / 申报，登记 / tố cáo, trình báo

경찰은 **신고**를 받고 바로 출동했다.
잠가 놓았던 출입문이 열려 있어서 먼저 경찰에 **신고**를 했어요.

> • 신고(를) 하다, 신고(가) 되다, 신고를 받다

29 신기하다 형

신기하고, 신기해서,
신기하면, 신기합니다

amazing, wonderful / 新奇，神奇 / tuyệt vời, không tin được

동물들도 소리로 소통을 한다는 것이 너무 **신기하다**.
그 마술은 정말 **신기해요**.

30 신나다 동

신나고, 신나서,
신나면, 신납니다

excited, elated / 兴高采烈，兴奋 / hào hứng

스트레스를 받으면 **신나는** 음악을 듣는다.
내일부터 방학이라서 너무 **신나요**.

> • '신이 나다'의 줄임말

오늘의 단어 한눈에 보기! 다 외운 단어는 ☑ 해 보세요.

□ 신분 명   □ 신용 명   □ 신입 명

□ 신청서 명   □ 신체 명   □ 신혼 명

□ 실내 명   □ 실력 명   □ 실리다 동

□ 실망 명   □ 실제로 부   □ 실종 명

□ 실컷 부   □ 싫증 명   □ 심각하다 형

□ 싱싱하다 형   □ 쌓이다 동   □ 썩다 동

□ 쏟다 동   □ 쏟아지다 동   □ 쓰이다 동

□ 쓸다 동   □ 아끼다 동   □ 아쉽다 형

□ 안부 명   □ 안색 명   □ 안정 명

□ 알려지다 동   □ 알아내다 동   □ 알아듣다 동

✎ 외우지 못 한 단어는 다음날 한 번 더 학습합니다.

01 신분 명

status, identity / 身份 / thân phận

학생이면 학생답게 **신분**에 맞는 옷차림을 해야 한다.
옛날 조선 시대에는 **신분**에 따라 한복을 다르게 입었다고 해요.

- 신분증
- 신분이 높다, 신분이 낮다, 신분에 맞다, 신분을 확인하다

02 신용 명

credit / 信用 / tín dụng

인간관계에서 **신용**은 꽤 중요한 역할을 한다.
상대방에게 **신용**을 잃지 않도록 최선을 다했어요.

- 유 믿음, 신뢰　　　　　반 불신
- 신용 카드, 신용 대출
- 신용이 있다, 신용이 좋다, 신용을 얻다, 신용을 잃다

03 신입 명

new member / 新进，新入 / người mới đến

학기 초에 많은 동아리에서 **신입** 회원을 모집한다.
이번에 **신입**으로 들어온 김민수라고 합니다.

- 신입생, 신입 사원, 신입 회원

04 신청서 명

application form / 申请书 / đơn đăng ký

보험에 가입하기 위해 보험 가입 **신청서**를 제출했다.
장학금을 신청하려면 먼저 **신청서**를 작성해야 돼요.

- 신청서를 작성하다, 신청서를 제출하다, 신청서를 접수하다

05 신체 명

body / 身体 / thân thể

건전한 정신은 건강한 **신체**에서 시작된다.
신체가 건강해야 하고 싶은 것을 할 수 있어요.

- 유 육체, 몸　　　　　반 정신
- 신체검사, 신체 감각
- 신체가 튼튼하다, 신체가 건강하다, 신체를 단련하다

06 신혼 명

newlywed / 新婚 / mới cưới

처음 **신혼** 생활을 시작한 곳은 방 한 칸의 월세 방이었다.
평생 지금처럼 **신혼**으로 살고 싶어요.

- 신혼집, 신혼여행, 신혼부부, 신혼살림

07 실내 명
[실래]

indoors, interior / 室内 / bên trong (nhà, hội trường)

실외와 **실내**의 온도 차이가 심하면 감기에 걸리기 쉽다.

실내에서는 모자를 벗어 주세요.

> 반 실외, 야외

08 실력 명

skill, ability / 实力，能力 / năng lực

매일 꾸준히 연습하더니 **실력**이 많이 늘었다.

이번 경기에서 **실력**을 마음껏 발휘해 보세요.

> 유 능력
> • 실력이 늘다, 실력이 향상되다, 실력을 발휘하다

09 실리다 동

실리고, 실려서,
실리면, 실립니다

① be loaded ② be put / （被）载，装 / được chất lên, xếp lên

① 그는 이삿짐이 가득 **실린** 트럭을 타고 출발했다.

② 신문에 우리 학교 관련 기사가 **실렸어요.**

> • '싣다'의 피동사
> • N1에 N2이/가 실리다
> • 차에 짐이 실리다, 잡지에 사진이 실리다

10 실망 명

disappointment / 失望 / thất vọng

기대가 크면 **실망**도 그만큼 큰 법이다.

어머니께 **실망**을 드리지 않기 위해 열심히 노력하고 있어요.

> 유 절망   반 희망
> • 실망스럽다, 실망(을) 하다, 실망을 느끼다, 실망에 빠지다

11 실제로 부
[실쩨로]

actually, in reality / 实际 / thực ra

다큐멘터리는 **실제로** 일어난 사실을 바탕으로 만들어진다.

조금 전에 한 이야기는 제가 **실제로** 경험한 거예요.

12 실종 명
[실쫑]

disappearance / 失踪 / mất tích

그 사람을 끝내 찾지 못해서 **실종** 처리가 되었다.

우리 아이가 어제 들어오지 않아서 **실종** 신고를 했어요.

> • 실종자, 실종 사건
> • 실종(이) 되다

13 실컷 부
[실컫]

to one's heart's content / 尽情，充分 / thỏa thích, quá đỗi
실컷 자고 일어났더니 피곤이 싹 풀렸다.
쉴 수 있을 때 **실컷** 쉬어 두는 게 좋아.

> 유 마음껏, 마음대로
> • 실컷 먹다, 실컷 놀다, 실컷 자다

14 싫증 명
[실쯩]

boredom, disinterest / 厌烦，厌倦 / sự chán ghét
매일 똑같은 일과 똑같은 생활에 점점 **싫증**을 느끼고 있다.
남편은 같은 음식을 두 번 이상 먹으면 **싫증**을 내요.

> • 싫증이 나다, 싫증을 내다, 싫증을 느끼다

15 심각하다 형
[심가카다]

심각하고, 심각해서,
심각하면, 심각합니다

serious / 严重 / nghiêm trọng
아버지의 건강이 **심각한** 상태라서 가족들 모두 걱정하고 있다.
너무 **심각하게** 생각하지 말고 그냥 잊어버려요.

> • 문제가 심각하다, 표정이 심각하다

16 싱싱하다 형

싱싱하고, 싱싱해서,
싱싱하면, 싱싱합니다

fresh / 新鲜，鲜活 / tươi, sống (rau, nguyên liệu)
싱싱한 재료로 만든 음식은 맛있을 수밖에 없다.
동네 야채 가게에서 파는 야채가 아주 **싱싱해요**.

> 유 신선하다   반 시들다
> • 생선이 싱싱하다, 야채가 싱싱하다, 꽃이 싱싱하다

17 쌓이다 동
[싸이다]

쌓이고, 쌓여서,
쌓이면, 쌓입니다

pile up, accumulate / 堆，叠放 / bị xếp chồng lên, chất đống
오랫동안 청소를 하지 않아 책상 위에 먼지가 **쌓여** 있었다.
허리까지 **쌓여** 있던 눈을 치우느라 고생을 많이 했어요.

> • '쌓다'의 피동사
> • 스트레스가 쌓이다, 경험이 쌓이다, 피로가 쌓이다

18 썩다 동
[썩따]

썩고, 썩어서,
썩으면, 썩습니다

rot, decay / 腐败，腐烂 / ôi thiu, hôi thối (thức ăn, thịt)
고기가 **썩으면** 냄새도 나고 벌레도 생긴다.
먹다가 남은 음식은 **썩지** 않도록 냉장고에 넣어 두세요.

> 유 상하다
> • N이/가 썩다

19 쏟다 동
[쏟따]

쏟고, 쏟아서,
쏟으면, 쏟습니다

spill / 倒，倒出 / đổ (chất lỏng)

컵에 있던 물을 **쏟아서** 책이 다 젖어 버렸다.
친구가 갑자기 부르는 바람에 들고 있던 커피를 **쏟았어요.**

- 관심을 쏟다, 사랑을 쏟다, 코피를 쏟다, 눈물을 쏟다

20 쏟아지다 동

쏟아지고, 쏟아져서,
쏟아지면, 쏟아집니다

① spill ② pour / ①（眼泪、汗、血等）涌出，流出 ②（液体或
物质）倾泻，涌流 / ① chảy ra, tuôn ra ② trút, đổ

① 달리기를 했더니 땀이 비 오듯이 **쏟아졌다.**
② 소나기가 **쏟아지는** 바람에 옷이 다 젖어 버렸어요.

- 눈물이 쏟아지다, 하품이 쏟아지다, 박수가 쏟아지다, 비가 쏟아지다

21 쓰이다 동

쓰이고, 쓰여서,
쓰이면, 쓰입니다

be written / （被）写 / được viết

칠판에 **쓰여** 있는 글씨가 너무 작아서 보이지 않는다.
학교 게시판에 후배들이 응원하는 글이 **쓰여** 있어요.

- '쓰다'의 피동사
- 글씨가 쓰이다, 글이 쓰이다

22 쓸다 동

쓸고, 쓸어서,
쓸면, 씁니다

sweep / 扫，划拉 / quét

아버지는 쌓인 눈을 치우느라 새벽부터 마당을 **쓸고** 계셨다.
그렇게 누워만 있지 말고 방이나 좀 **쓸어라.**

- 🈯 청소하다
- 낙엽을 쓸다, 바닥을 쓸다

23 아끼다 동

아끼고, 아껴서,
아끼면, 아낍니다

save, cherish / 节省，珍惜 / tiết kiệm

이번 달은 수입이 줄어서 생활비를 **아껴** 써야 한다.
물이나 전기를 **아끼면** 환경도 보호할 수 있어요.

- 돈을 아끼다, 시간을 아끼다, 사람을 아끼다

24 아쉽다 형
[아쉽따]

아쉽고, 아쉬워서,
아쉬우면, 아쉽습니다

sorry, it's a pity / 可惜，舍不得 / đáng tiếc

오랜만에 만난 친구와 헤어지기가 너무 **아쉬웠다.**
이곳을 이제 떠난다고 생각하니 너무 **아쉽고** 속상해요.

- 🈯 서운하다, 섭섭하다

25 안부 명

regards, well-being / 问候 / sự thăm hỏi

고향에 계신 부모님께 **안부** 전화를 드렸다.
학교를 졸업하고 오랜만에 선생님께 **안부** 인사를 드리러 갔어요.

- 안부를 묻다, 안부를 전하다

26 안색 명

complexion / 脸色, 神色 / sắc mặt

그는 친구의 말을 듣자마자 **안색**이 변했다.
민수 씨, **안색**이 안 좋은데 무슨 일 있어요?

유 얼굴색, 표정
- 안색이 좋다, 안색이 나쁘다, 안색이 변하다

27 안정 명

stability / 安稳, 稳定 / sự ổn định

국민의 안정된 생활을 위해서는 물가 **안정**이 우선이다.
사회가 **안정**이 되어야 가정도 편안해지는 법이지요.

반 불안정, 불안
- 안정(을) 하다, 안정(이) 되다, 안정을 찾다, 안정을 유지하다

28 알려지다 동

알려지고, 알려져서,
알려지면, 알려집니다

① become known ② be known as / ① 众所周知, 传遍 ② 有名, 出名 / được biết đến

① 그 사람이 큰돈을 기부했다는 사실이 사람들에게 **알려졌어요**.
② 이곳은 유명한 관광지로 널리 **알려진** 곳이에요.

- N1이/가 N2에/에게 알려지다, N1이/가 N2(으)로 알려지다
- 진실이 세상에 알려지다, 이곳이 명소로 알려지다

29 알아내다 동

알아내고, 알아내서,
알아내면, 알아냅니다

find out, discover / 打探, 探知 / tìm hiểu, tìm tòi, nhận ra

그 사람이 어디에 있는지 **알아내기가** 쉽지 않았다.
경찰은 범인을 **알아내려고** 애를 많이 썼어요.

유 찾아내다

30 알아듣다 동
[아라듣따]

알아듣고, 알아들어서,
알아들으면, 알아듣습니다

understand (by listening) / 听懂 / hiểu

그의 목소리가 너무 작아서 **알아들을** 수 없었다.
아주머니의 말이 너무 빨라서 못 **알아들었어요**.

- 말을 알아듣다, 목소리를 알아듣다

오늘의 단어 한눈에 보기! 다 외운 단어는 ☑해 보세요.

☐ 암 명   ☐ 앞날 명   ☐ 애완동물 명

☐ 야경 명   ☐ 야근 명   ☐ 야외 명

☐ 약품 명   ☐ 양념 명   ☐ 양보 명

☐ 양식 명   ☐ 어기다 동   ☐ 어느새 부

☐ 어지럽다 형   ☐ 얼룩 명   ☐ 얼른 부

☐ 업다 동   ☐ 업무 명   ☐ 없애다 동

☐ 없어지다 동   ☐ 여가 명   ☐ 여기다 동

☐ 여유롭다 형   ☐ 역할 명   ☐ 연구 명

☐ 연기 명   ☐ 연기하다 동   ☐ 연장 명

☐ 연하다 형   ☐ 열리다 동   ☐ 영리하다 형

✎ 외우지 못 한 단어는 다음날 한 번 더 학습합니다.

01 암 몡

cancer / 癌症 / bệnh ung thư

최근 **암** 환자가 증가하고 있다.
그는 **암**에 걸려서 치료를 받고 있어요.

• 암에 걸리다, 암을 앓다, 암을 치료하다

02 앞날 몡
[암날]

future / 将来，前途 / tương lai

오늘 결혼식을 올린 두 사람의 **앞날**이 행복하기를 바란다.
부모님께서는 항상 제 **앞날**을 걱정해요.

윤 앞길, 미래

03 애완동물 몡

pet / 宠物 / thú cưng, vật nuôi

요즘은 **애완동물**을 키우는 사람이 많다.
우리 아파트에서는 **애완동물**을 기를 수 있어요.

04 야경 몡

night view / 夜景 / cảnh đêm

서울 한강에서 보는 **야경**이 정말 아름답다.
저는 남산에 올라서 서울의 **야경**을 구경했어요.

윤 밤경치

05 야근 몡

night shift / 夜班 / ca đêm

최근 젊은 세대는 **야근**을 선호하지 않는다.
저는 **야근** 전에 저녁을 먹었어요.

• '야간 근무'의 줄임말
• 야근(을) 하다, 야근이 끝나다

06 야외 몡

outdoors / 野外，室外，露天 / ngoài trời

주말에 가족들은 **야외**로 소풍을 나갔다.
오늘은 날씨가 좋아서 **야외**에서 시간을 보냈어요.

07 약품 명

medicine, drug / 药品 / thuốc

나는 집에 비상 **약품**을 준비해 두었다.

저는 여행을 갈 때 간단한 **약품**을 가져가요.

> 유 약

08 양념 명

seasoning / 调料，调味料 / gia vị

양념을 어떻게 했느냐에 따라 음식 맛이 달라진다.

어머니는 여러 가지 **양념**을 넣어서 맛있게 요리를 해 주셨어요.

> • 양념(을) 하다, 양념이 되다, 양념을 만들다

09 양보 명

concession, yield / 让步，谦让 / nhượng bộ

버스나 지하철에서는 노약자를 위한 자리 **양보**가 필요하다.

지하철에서 임산부가 서 있어서 **양보**를 해 주었어요.

> • 양보(를) 하다, 양보를 받다

10 양식 명

form, format / 样式，格式 / mẫu đơn từ

나는 입학하기 위한 서류를 **양식**에 맞게 준비했다.

이력서는 회사 **양식**에 맞춰서 작성해 주십시오.

> 유 형식
> • 양식에 맞다, 양식에 맞추다, 양식에 따르다

11 어기다 동

어기고, 어겨서,
어기면, 어깁니다

violate / 违反，违背 / vi phạm, làm trái

약속을 했으면 **어기지** 말고 지킬 수 있도록 노력해야 한다.

학교 규칙을 **어긴** 학생들은 벌을 받았어요.

> 유 위반하다
> • 약속을 어기다, 규칙을 어기다, 법을 어기다

12 어느새 부

before one knows / 一晃，不知不觉间 / đột nhiên, bỗng nhiên

새해를 맞이한 지 별로 안 된 거 같은데 **어느새** 연말이 다가왔다.

제 눈에는 아이가 아직 어린데 **어느새** 초등학생이 되었네요.

> 유 어느덧

13 어지럽다 형
[어지럽따]

어지럽고, 어지러워서,
어지러우면, 어지럽습니다

dizzy / 晕，晕眩 / chóng mặt

오랜만에 친구를 만나 술을 마셨더니 머리가 **어지러웠다**.
저는 머리가 **어지럽고** 배가 아파서 학교에 못 갔어요.

> • 마음이 어지럽다. 사회가 어지럽다. 세상이 어지럽다

14 얼룩 명

stain / 斑渍，污渍 / vết ố

볼펜의 잉크가 옷에 묻어서 **얼룩**이 졌다.
옷의 **얼룩**을 지우려고 빨래를 했는데 **얼룩**이 더 커졌어요.

> • 얼룩이 생기다. 얼룩이 지다. 얼룩이 묻다. 얼룩을 지우다

15 얼른 부

quickly, immediately / 赶快，立刻 / sự vội vàng

어머니가 급하게 부르셔서 **얼른** 대답했다.
늦었으니까 **얼른** 가자.

> 유 빨리   반 천천히

16 업다 동
[업따]

업고, 업어서,
업으면, 업습니다

carry on one's back / 背 / cõng

그는 힘들어하는 여자 친구를 **업고** 걸었다.
엄마는 아이를 등에 **업고** 있어요.

17 업무 명
[엄무]

work, task / 业务 / công việc

오늘까지 끝내야 할 **업무**가 많아서 야근을 해야 한다.
저는 많은 **업무** 때문에 쉴 시간이 없어요.

> 유 일, 일거리
> • 업무(를) 하다. 업무를 처리하다. 업무를 담당하다. 업무를 맡다

18 없애다 동
[업쌔다]

없애고, 없애서,
없애면, 없앱니다

remove, eliminate / 除掉 / xóa bỏ

우리 사회에 남아있는 차별을 **없애야** 한다.
나는 대청소를 하면서 필요 없는 물건을 **없앴어요**.

> • '없다'의 사동사

19 없어지다 [동]
[업써지다]

없어지고, 없어져서,
없어지면, 없어집니다

disappear / 消失 / không còn nữa, biến mất

그는 힘들어서 그런지 말이 점점 **없어졌다**.
내가 자주 가던 가게가 **없어져서** 서운해요.

- N1에서 N2이/가 없어지다
- 지갑에서 돈이 없어지다, 방에서 지갑이 없어지다

20 여가 [명]

leisure / 空闲，余暇 / thời gian rảnh rỗi

요즘에는 **여가** 활동으로 캠핑을 많이 한다고 한다.
저는 **여가** 시간에 주로 책을 읽어요.

- 여가 시간, 여가 활동, 여가 생활
- 여가를 보내다, 여가를 즐기다

21 여기다 [동]

여기고, 여겨서,
여기면, 여깁니다

consider, regard / 认为，当作 / xem như là, cho rằng

사람들은 그 일을 내가 했다고 **여겼다**.
나는 친구의 말을 사실이라고 **여겼는데** 거짓이었어요.

- 유 생각하다
- A-다고 여기다, V-ㄴ/는다고 여기다, N(이)라고 여기다
- 착하다고 여기다, 잘한다고 여기다, 천재라고 여기다

22 여유롭다 [형]
[여유롭따]

여유롭고, 여유로워서,
여유로우면, 여유롭습니다

relaxed, leisurely / 从容，悠闲 / rảnh rỗi, thư thái

젊은 세대는 야근이 없고 저녁이 있는 **여유로운** 생활을 원한다.
요즘 방학이라서 **여유로워요**.

23 역할 [명]
[여칼]

role / 作用，责任，角色 / vai trò

기업의 구성원들이 각자 맡은 **역할**을 다한다면 크게 성장할 것이다.
결과가 좋지 않았지만 제 **역할**에 최선을 다했기 때문에 후회는 없어요.

- 역할을 맡다, 역할을 다하다, 역할을 나누다

24 연구 [명]

research / 研究 / nghiên cứu

그들의 **연구** 성과는 세계적으로 뜨거운 관심을 받았다.
저는 대학원에서 환경에 대해서 **연구** 중이에요.

- 연구(를) 하다, 연구(가) 되다

25 연기 [명]

acting / 演技 / biểu diễn

이 영화는 배우들의 **연기**가 뛰어난 작품이다.
학교 축제 때 공연하는 학생들에게 **연기** 지도를 하고 있어요.

- 연기(를) 하다, 연기가 뛰어나다, 연기가 자연스럽다

26 연기하다 [동]

연기하고, 연기해서,
연기하면, 연기합니다

postpone / 延期，推迟 / hoãn lại (cuộc hẹn)

선생님께서는 과제물 제출 날짜를 하루 **연기해** 주셨다.
저는 급한 일이 생겨서 약속을 내일로 **연기했어요**.

- 유 미루다
- N1을/를 N2(으)로 연기하다

27 연장 [명]

extension / 延长 / gia hạn

최근 사회는 평균 수명 **연장**으로 고령화되고 있다.
요즘 일이 많아서 **연장** 근무를 하느라고 힘들어요.

- 반 단축
- 연장(을) 하다, 연장(이) 되다

28 연하다 [형]

연하고, 연해서,
연하면, 연합니다

tender, soft / 软 / mềm

아이와 노년층도 쉽게 먹을 수 있을 정도로 고기가 아주 **연하다**.
두부는 **연해서** 이가 안 좋은 어머니도 잘 드세요.

- 유 부드럽다　　　　반 질기다
- 색깔이 연하다, 화장이 연하다

29 열리다 [동]

열리고, 열려서,
열리면, 열립니다

open / （被）开 / bị mở ra (cửa)

바람 때문에 갑자기 문이 **열렸다**.
내가 집에 돌아왔을 때 창문이 **열려** 있었어요.

- 반 닫히다
- '열다'의 피동사

30 영리하다 [형]
[영니하다]

영리하고, 영리해서,
영리하면, 영리합니다

clever, intelligent / 伶俐，机灵 / thông minh, lanh lợi

그 아이는 매우 **영리하고** 공부도 잘한다.
제가 키우는 애완견은 **영리해서** 말을 거의 알아들어요.

- 유 똑똑하다

오늘의 단어 한눈에 보기! 다 외운 단어는 ☑ 해 보세요.

□ 영상 명   □ 영양 명   □ 영웅 명

□ 영원히 부   □ 영향 명   □ 예방 명

□ 예보 명   □ 예상 명   □ 예의 명

□ 예측 명   □ 예컨대 부   □ 오해 명

□ 온 관   □ 올려놓다 동   □ 올바르다 형

□ 옮기다 동   □ 옷차림 명   □ 완성 명

□ 왕복 명   □ 외교 명   □ 외모 명

□ 외박 명   □ 외부 명   □ 외식 명

□ 용기 명   □ 용돈 명   □ 용품 명

□ 우선 부   □ 우수 명   □ 우연히 부

✎ 외우지 못 한 단어는 다음날 한 번 더 학습합니다.

01 영상 [명]

video / 影像 / đoạn phim (video)

요즘 아이들은 **영상**을 보면서 수업도 하고 여가도 즐긴다.
블랙박스의 **영상** 덕분에 범인을 찾을 수 있었어요.

- 영상을 보다, 영상을 찍다, 영상을 제작하다

02 영양 [명]

nutrition / 营养 / dinh dưỡng

이 음식은 맛도 좋고 **영양**도 풍부해서 자주 먹는 것이 좋다.
요즘은 건강에 관심이 생겨서 **영양**이 많은 음식을 챙겨 먹어요.

- 영양제, 영양분
- 영양이 있다, 영양이 없다, 영양이 풍부하다, 영양이 부족하다

03 영웅 [명]

hero / 英雄 / anh hùng

그는 전쟁에서 승리해서 국민적 **영웅**이 되었다.
저는 어렸을 때 **영웅**이 등장하는 만화를 좋아했어요.

04 영원히 [부]

forever / 永远地 / mãi mãi

나라를 지키기 위해 애쓴 영웅들은 역사에 **영원히** 남을 것이다.
나는 **영원히** 너를 잊지 못할 거야.

- 유 영영
- 형 영원하다

05 영향 [명]

influence / 影响 / ảnh hưởng

환경은 우리 생활에 많은 **영향**을 끼친다.
아이는 부모의 **영향**을 많이 받으니까 아이에게 모범을 보여야 해요.

- 영향을 주다, 영향을 받다, 영향을 끼치다, 영향을 미치다

06 예방 [명]

prevention / 预防 / phòng ngừa

날씨가 건조한 봄과 가을에는 산불 **예방**을 위해 등산을 금지한다.
저는 매년 겨울에 독감 **예방** 주사를 맞아요.

- 예방(을) 하다, 예방(이) 되다

07 예보 명

forecast / 预报 / dự báo

예보에 따르면 이번 주말부터 장마가 시작된다고 한다.
저는 매일 아침 일기 **예보**를 확인하고 날씨에 맞게 옷을 입어요.

- 일기 예보, 기상 예보
- 예보(를) 하다, 예보(가) 되다, 예보를 듣다

08 예상 명

expectation, anticipation / 预想 / dự tính

예상보다 일이 빠르게 진행되어 정신이 없다.
이 드라마는 사람들의 **예상**과는 다르게 전개되어서 인기를 끌고 있어요.

- 예상 문제, 예상 시간
- 예상(을) 하다, 예상(이) 되다, 예상이 맞다

09 예의 명

manners, etiquette / 礼仪，礼节 / phép lịch sự

그는 아주 **예의**가 바른 사람이다.
선생님은 학생의 **예의** 없는 태도에 너무 화가 났어요.

- 예의가 있다, 예의가 없다, 예의가 바르다, 예의를 차리다, 예의를
  지키다, 예의에 어긋나다

10 예측 명

prediction, forecast / 预测 / sự dự đoán

물가가 더 올라갈 것이라는 경제 전문가들의 **예측**이 맞았다.
그 사람의 행동은 **예측**을 하기가 어려워요.

- 예측(을) 하다, 예측(이) 되다

11 예컨대 부

for example / 例如，比如 / chẳng hạn như, ví dụ là

공공장소, **예컨대** 공원이나 커피숍에서는 담배를 피우면 안 된다.
한국은 발효 식품이 발달했는데 **예컨대** 김치, 고추장, 된장 등이 있다.

🔾 예를 들(자)면, 예를 들어서

12 오해 명

misunderstanding / 误解，误会 / sự hiểu lầm

두 사람은 작은 **오해**에서 시작해 이혼까지 하게 됐다.
서로 대화를 하면 **오해**가 풀릴 거예요.

🔾 이해
- 오해(를) 하다, 오해가 생기다, 오해를 사다, 오해를 받다, 오해를
  풀다

13 온 관

all, entire / 全，整个 / tất cả

봄이 되니까 **온** 동네에 꽃이 활짝 피었다.
제 생일에 **온** 가족이 축하해 주었어요.

- 온 + N

14 올려놓다 동
[올려노타]

올려놓고, 올려놓아서,
올려놓으면, 올려놓습니다

put up, place on / 放上 / để lên, đặt lên

나는 짐을 비행기 좌석 위에 **올려놓았다**.
가방을 탁자 위에 **올려놓고** 의자에 앉았어요.

반 내려놓다
- N1을/를 N2에 올려놓다

15 올바르다 형

올바르고, 올발라서,
올바르면, 올바릅니다

correct, right / 正确，端正 / đúng đắn

부모는 아이가 **올바른** 생각을 가질 수 있도록 가르쳐야 한다.
그 분은 지금까지 남을 도우면서 **올바르게** 살아오셨어요.

유 옳다, 바르다
- 생각이 올바르다, 생활이 올바르다, 사용이 올바르다, 교육이 올바르다

16 옮기다 동
[옴기다]

옮기고, 옮겨서,
옮기면, 옮깁니다

move, transfer / 搬 / di chuyển, dời đi

나는 방에 있는 물건들을 거실로 **옮기고** 청소를 했다.
의사가 환자를 응급실로 **옮겼어요**.

- '옮다'의 사동사
- 물건을 옮기다, 감기를 옮기다, 말을 옮기다

17 옷차림 명
[옫차림]

attire, outfit / 穿着，衣着 / cách ăn mặc

그는 항상 특이한 **옷차림**으로 사람들의 시선을 끈다.
저는 가벼운 **옷차림**을 하고 공원에서 산책을 했어요.

유 복장
- 옷차림(을) 하다

18 완성 명

completion / 完成 / hoàn thành

완성이란 어떤 일을 다 이루어 완전한 것으로 만드는 것이다.
이 책은 **완성**까지 1년이 걸렸어요.

반 미완성
- 완성(을) 하다, 완성(이) 되다, 완성(을) 시키다

19 왕복 ^명

round trip / 往返 / chuyến đi khứ hồi

서울에서 부산까지 기차표를 **왕복**으로 구입했다.
집에서 학교까지 걸어서 **왕복** 두 시간쯤 걸려요.

> 반 편도
> • 왕복(을) 하다, 왕복이 되다

20 외교 ^명

diplomacy / 外交 / ngoại giao

한국은 다른 나라와 **외교** 관계를 맺고 있다.
최근 **외교** 관계로 문제가 발생하는 나라들이 많아요.

> • 외교(를) 하다, 외교를 맺다

21 외모 ^명

appearance / 外貌，外表 / vẻ bề ngoài, ngoại hình

아들은 요즘 여자 친구가 생겨서 **외모**에 신경을 많이 쓴다.
저는 **외모**보다 성격이 중요하다고 생각해요.

> 유 겉모습, 겉모양

22 외박 ^명

staying out overnight / 外宿，在外过夜 / ngủ qua đêm bên ngoài

우리 집은 이유에 상관없이 **외박**이 금지이다.
그는 **외박**을 자주 해서 아내와 많이 싸웠어요.

> • 외박(을) 하다, 외박이 되다, 외박을 나가다

23 외부 ^명

outside, exterior / 外部 / bên ngoài, ngoài

화장실은 건물 **외부**에 위치하고 있다.
지금 건물 **외부** 공사를 하고 있어서 시끄러워요.

> 유 바깥, 밖   반 내부, 안

24 외식 ^명

dining out / 在外就餐 / đi ăn ngoài

그는 혼자 살아서 **외식**을 자주 하는 편이다.
오늘은 결혼기념일이라서 분위기 좋은 레스토랑에서 **외식**을 했어요.

> • 외식(을) 하다, 외식을 나가다

25 용기 명

courage / 勇气 / lòng can đảm

부모님에게 사실대로 말할 **용기**가 나지 않았다.
저는 **용기**를 내서 그 사람에게 고백했어요.

- 용기가 있다, 용기가 없다, 용기가 나다, 용기를 내다, 용기를 가지다

26 용돈 명
[용똔]

allowance / 零花钱，零用钱 / tiền tiêu vặt

나는 부모님께 한 달에 한 번 **용돈**을 탄다.
요즘 사고 싶은 신발이 있어서 **용돈**을 모으고 있어요.

- 용돈을 타다, 용돈을 받다, 용돈을 주다, 용돈을 모으다

27 용품 명

supplies, goods / 用品 / đồ dùng, vật dụng

이 매장에서는 유아와 관련된 다양한 **용품**들이 판매되고 있다.
나는 스포츠 **용품**을 사려고 스포츠 매장에 갔어요.

- 사무용품, 생활용품, 일회용품

28 우선 부

first, priority / 先 / ưu tiên

나는 쇼핑을 하기 전에 **우선** 필요한 것들을 메모했다.
공연을 시작하기 전에 **우선** 자리에 앉아 주세요.

유 먼저

29 우수 명

excellence / 优秀 / ưu tú

회사는 연말에 **우수** 사원을 뽑아 선물을 준다.
학생들의 그림 중에서 **우수** 작품을 모아 전시회를 할 예정이에요.

- 우수상, 우수성
- 우수하다

30 우연히 부

by chance, accidentally / 偶然地 / tình cờ

나는 길을 가다가 **우연히** 그 사건을 보게 되었다.
어제 지하철역에서 **우연히** 헤어진 여자 친구를 봤어요.

유 어쩌다가, 뜻밖에

오늘의 단어 한눈에 보기! 다 외운 단어는 ☑해 보세요.

☐ 우울하다 [형]   ☐ 우정 [명]   ☐ 우주 [명]

☐ 운명 [명]   ☐ 울리다¹ [동]   ☐ 울리다² [동]

☐ 원래 [부], [명]   ☐ 원인 [명]   ☐ 웬일 [명]

☐ 위하다 [동]   ☐ 유료 [명]   ☐ 유물 [명]

☐ 유적 [명]   ☐ 음주 [명]   ☐ 응급실 [명]

☐ 응원 [명]   ☐ 의견 [명]   ☐ 의논 [명]

☐ 이국적 [관], [명]   ☐ 이끌다 [동]   ☐ 이동 [명]

☐ 이따 [부]   ☐ 이력서 [명]   ☐ 이루다 [동]

☐ 이만 [부]   ☐ 이성¹ [명]   ☐ 이자 [명]

☐ 이하 [명]   ☐ 익히다¹ [동]   ☐ 인구 [명]

✎ 외우지 못 한 단어는 다음날 한 번 더 학습합니다.

01 **우울하다** 형

우울하고, 우울해서,
우울하면, 우울합니다

depressed / 忧郁，抑郁 / trầm cảm

나는 친한 친구와 싸워서 기분이 **우울하다.**
너무 **우울해서** 밖에 나가서 산책을 했어요.

02 **우정** 명

friendship / 友情，友谊 / tình bạn

나는 대학교 때 동창들과 오랫동안 **우정**을 나누며 지내고 있다.
그 영화에 나온 두 사람의 **우정**이 정말 멋졌어요.

- 우정을 맺다, 우정을 나누다, 우정을 지키다, 우정을 쌓다

03 **우주** 명

universe, space / 宇宙 / vũ trụ

이제는 **우주**로 여행을 가는 것이 현실이 되었다.
우주의 모든 사물은 하나로 연결되어 있다고 생각해요.

04 **운명** 명

destiny, fate / 命运，宿命 / định mệnh

사람이 태어나고 죽는 것은 피할 수 없는 **운명**이다.
내가 너를 만난 것은 **운명**이야.

유 숙명

05 **울리다**¹ 동

울리고, 울려서,
울리면, 울립니다

ring, sound / 响，鸣 / vang lên (chuông)

수업 시작을 알리는 종이 **울리자** 학생들이 자리에 앉았다.
회의할 때 갑자기 전화벨이 **울려서** 깜짝 놀랐어요.

- N이/가 울리다
- 종이 울리다, 경보음이 울리다, 소리가 울리다

06 **울리다**² 동

울리고, 울려서,
울리면, 울립니다

make someone cry / 弄哭 / khóc (làm ai đó khóc)

이 영화는 너무 슬퍼서 많은 관객들을 **울렸다.**
내가 동생을 **울려서** 엄마에게 혼났어요.

- '울다'의 사동사
- N1이/가 N2을/를 울리다
- 언니가 동생을 울리다

07 원래 부, 명
[월래]

originally, naturally / 原来 / vốn dĩ, đáng lẽ

부 그는 **원래** 성격이 좋은 사람이다.
명 계획이 **원래**대로 진행되어 다행이에요.

유 본래

08 원인 명

cause / 原因，理由 / nguyên nhân

연구자들은 전염병의 **원인**을 아직 찾지 못하고 있다.
경찰은 사고의 **원인**을 조사하고 있어요.

• 원인을 조사하다, 원인을 찾다, 원인을 밝히다

09 웬일 명
[웬닐]

what's the matter, what's happening / 什么事，怎么回事 / tại sao, chuyện gì, việc gì

조용히 앉아 있던 그가 **웬일**로 입을 열었다.
지금까지 지각을 한 번도 안 한 학생이 결석을 하다니, **웬일**일까?

10 위하다 동

위하고, 위해서,
위하면, 위합니다

① care for ② for / ① 珍惜，珍爱 ② 为了 / vì, để

① 어머니는 자식을 자신보다 더 **위하고** 소중히 여긴다.
② 우리 모두 우리의 우정을 **위해** 건배하자.

• N을/를 위하여/위해서, V-기 위하여/위해서
• 자식을 위하여, 성공하기 위하여

11 유료 명

for a fee, paid / 收费，有偿 / có tính phí

이 미술관은 올해까지 무료로 개방하고 내년부터 **유료**로 바뀐다.
이 주차장은 **유료**입니다.

반 무료, 공짜

12 유물 명

relic, artifact / 遗物 / di vật

우리는 **유물**과 유적을 통해 그 시대 사람들의 생활 방식을 알 수 있다.
이곳은 **유물** 전시관으로 조상들이 사용한 물건을 관람할 수 있어요.

• 유물을 발견하다, 유물을 보존하다

13 유적 명

historic site, ruins / 遗迹 / di tích

유적은 역사적인 사건이 발생된 장소나 건축물을 말한다.
유네스코는 유물과 **유적**을 보존하는 활동을 해요.

- 유적지

14 음주 명

drinking / 饮酒 / uống rượu

음주 운전은 자신과 다른 사람에게 모두 피해를 주는 것이다.
지나친 **음주**는 건강에 해로우니까 적당히 마셔요.

- 음주(를) 하다

15 응급실 명
[응급씰]

emergency room / 急诊室，急救中心 / phòng cấp cứu

구급차는 교통사고 환자를 **응급실**로 급히 옮겼다.
병원 **응급실**에 응급 환자가 많아요.

16 응원 명

support, cheering / 加油助威，应援 / ủng hộ

한국의 **응원** 문화를 통해 한국인의 흥을 느낄 수 있다.
학생들의 **응원** 소리가 운동장에 가득했어요.

- 응원단, 응원가
- 응원(을) 하다, 응원을 받다

17 의견 명

opinion / 意见 / ý kiến

대화를 잘 하려면 상대방의 **의견**을 존중할 줄 알아야 한다.
이 주제에 대한 각자의 **의견**을 이야기해 주세요.

유 소견
- 의견을 말하다, 의견을 나누다, 의견을 모으다, 의견에 따르다

18 의논 명

discussion / 商议，讨论 / bàn luận, thảo luận

남편은 한마디 **의논**도 없이 제멋대로 결정했다.
회사 동료들과 **의논** 끝에 드디어 결론을 내렸어요.

유 논의
- 의논(을) 하다, 의논(이) 되다, 의논을 드리다

19 이국적 관, 명
[이국쩍]

exotic / 异国的，异域的 / ngoại quốc
관 이곳은 남미 음식 전문점이라서 **이국적** 분위기를 느낄 수 있다.
명 아이는 **이국적**으로 생긴 외모 때문에 외국인으로 오해를 받아요.

20 이끌다 동
이끌고, 이끌어서,
이끌면, 이끕니다

lead / ① 牵，引 ② 引导，带动 / ① lôi kéo ② dẫn dắt, lãnh đạo
① 아버지는 아이들을 **이끌고** 아침에 등산을 갔다.
② 그 사람은 젊지만 기업을 **이끄는** 사장이에요.

반 따르다

21 이동 명

movement, transfer / 移动 / sự chuyển động
나는 여행하는 동안 **이동**이 편리하게 짐을 조금만 챙겼다.
이제 장소를 옮기려고 하니까 **이동** 후에 연락할게요.

• 이동(을) 하다, 이동(이) 되다, 이동(을) 시키다

22 이따 부

later / 回头，过（一）会儿 / lát nữa, chốc nữa
수업 끝나고 **이따** 친구와 만나기로 했다.
지금은 바쁘니까 **이따** 얘기해요.

유 이따가   반 아까

23 이력서 명
[이력써]

resume, CV / 简历 / sơ yếu lý lịch
나는 취업을 하기 위해서 **이력서**를 써 놓았다.
요즘은 **이력서**에 사진을 붙이지 않아도 돼요.

• 이력서를 쓰다, 이력서를 내다, 이력서를 보내다

24 이루다 동
이루고, 이루어서,
이루면, 이룹니다

① achieve, accomplish ② form / ① 实现，达到 ② 构成，形成 /
① thực hiện (ước mơ) ② tạo nên
① 노력 끝에 바라던 일을 **이루었다**.
② 행복한 가정을 **이루기** 위해서 노력 중이에요.

• 꿈을 이루다, 소원을 이루다, 목표를 이루다

25 이만 부

that's all, enough / 到此为止 / dừng lại, tới đây thôi

날이 어두워졌으니 **이만** 집으로 돌아가야겠다.
모두 피곤할 테니까 오늘은 **이만** 끝내시지요.

• 이만 끝내다, 이만 줄이다

26 이성¹ 명

opposite sex / 异性 / khác giới (bạn khác giới)

부모는 아들의 **이성** 교제를 반대하였다.
저는 동성 친구보다 **이성** 친구가 많아요.

반 동성

27 이자 명

interest (on a loan) / 利息 / lãi suất (ngân hàng)

은행 대출 **이자**가 비싸서 돈을 빌릴 수가 없다.
이 돈은 **이자**까지 더해서 꼭 갚을게.

• 이자를 내다, 이자를 물다, 이자를 받다

28 이하 명

below, under / 以下 / dưới

19세 **이하**의 사람은 술과 담배를 구입할 수 없다.
코로나19가 한참 심했을 때 4인 **이하**만 같이 만날 수 있었어요.

반 이상
• 미만−이하−이상−초과

29 익히다¹ 동
[이키다]

익히고, 익혀서,
익히면, 익힙니다

master, become proficient in / 使熟练，使娴熟 / rèn luyện, nắm được (kỹ thuật)

어떤 기술이든지 **익히기** 위해서는 오랜 연습 시간이 필요하다.
드라마를 보고 대사를 따라하면서 한국어 발음을 **익혔어요**.

• '익다'의 사동사
• 악기를 익히다, 기술을 익히다, 외국어를 익히다, 얼굴을 익히다

30 인구 명

population / 人口 / dân số

인구가 늘면 늘수록 사회 문제 또한 커질 수밖에 없다.
세계적으로 **인구**가 계속 줄어들고 있어요.

오늘의 단어 한눈에 보기! 다 외운 단어는 ☑해 보세요.

☐ 인상¹ 명 | ☐ 인생 명 | ☐ 인쇄 명

☐ 인심 명 | ☐ 인원 명 | ☐ 일반 명

☐ 일부러 부 | ☐ 일상생활 명 | ☐ 일자리 명

☐ 일정 명 | ☐ 일출 명 | ☐ 일행 명

☐ 입국 명 | ☐ 입맛 명 | ☐ 입장료 명

☐ 잇다 동 | ☐ 자격 명 | ☐ 자동 명

☐ 자료 명 | ☐ 자세하다 형 | ☐ 자신 명

☐ 자유롭다 형 | ☐ 작성 명 | ☐ 잠그다 동

☐ 잠기다¹ 동 | ☐ 잡아먹다 동 | ☐ 잡히다 동

☐ 장래 명 | ☐ 장례식 명 | ☐ 장마철 명

✎ 외우지 못 한 단어는 다음날 한 번 더 학습합니다.

01 인상¹ 명

impression / 印象 / ấn tượng

선생님은 처음 본 **인상**과는 달리 별로 무섭지 않았다.
그는 **인상**이 좋다는 말을 많이 들어요.

- 첫인상, 인상적
- 인상이 좋다, 인상이 나쁘다, 인상을 주다, 인상을 받다, 인상을 남기다

02 인생 명

life / 人生 / mạng sống

나는 가족을 위해서 **인생**을 바쳤다.
그때가 내 **인생**에서 가장 어려웠던 시기라서 생각하기도 싫어요.

유 삶, 일생

03 인쇄 명

printing / 印刷, 打印 / in ấn

잉크가 없는지 **인쇄**가 선명하지 않다.
이 책에 **인쇄**가 잘못된 곳이 있어서 교환했어요.

유 프린트
- 인쇄(를) 하다, 인쇄(가) 되다

04 인심 명

kindness, generosity / 人心 / lòng người

시골에 가면 사람들의 너그러운 **인심**을 느낄 수 있다.
제가 자주 가는 식당의 주인은 **인심**이 좋아서 서비스를 많이 줘요.

- 인심이 좋다, 인심이 나쁘다, 인심이 후하다, 인심이 박하다

05 인원 명

number of people / 人員 / thành viên

올해 경기가 좋지 않아서 대기업의 신입 사원 모집 **인원**이 줄었다.
대회에 참가하는 **인원**이 모두 도착했어요.

유 인원수

06 일반 명

general, ordinary / 普通 / chung, thông thường

환경에 대한 **일반** 사람들의 관심이 높아지고 있다.
여기는 **일반** 서민에게 인기 있는 식당이에요.

- 일반적, 일반인, 일반화

07 일부러 부

on purpose, intentionally / 特地，特意 / có mục đích, cố ý

그 식당이 맛있다고 해서 **일부러** 찾아갔는데 내 입맛에는 맞지 않았다.

아버지는 아들과 게임을 할 때 **일부러** 져 주었어요.

---

08 일상생활 명

[일쌍생활]

everyday life / 日常生活 / cuộc sống hàng ngày

현대인의 **일상생활**은 점점 기계화되고 있다.

이 속담은 **일상생활**에서 많이 사용해요.

- 일상생활을 하다

---

09 일자리 명

[일짜리]

job, employment / 工作，岗位 / công việc

최근 **일자리**가 부족해서 실업자가 많다.

저는 학교를 졸업하고 **일자리**를 구하는 중이에요.

유 직업
- 일자리가 생기다, 일자리를 구하다, 일자리를 찾다, 일자리를 얻다

---

10 일정 명

[일쩡]

schedule / 日程 / lịch trình

나는 친구들과 여행 **일정**을 짰다.

우리는 날씨가 좋지 않아서 여행 **일정**을 연기했어요.

- 일정을 짜다, 일정에 쫓기다, 일정을 앞당기다, 일정을 늦추다, 일정이 중단되다, 일정이 연기되다, 일정을 취소하다

---

11 일출 명

sunrise / 日出 / bình minh

새해 첫날에는 **일출**을 보기 위하여 바다를 찾는 사람이 많다.

여름에는 **일출** 시간이 빨라서 해가 일찍 떠요.

유 해돋이   반 일몰, 해넘이

---

12 일행 명

party, group / 一行，一行人 / đồng hành

우리 **일행**은 산속에서 하룻밤을 묵고 다음날 일찍 다시 산을 올랐다.

조금 천천히 걸었더니 **일행**이 보이지 않았어요.

13 입국 명
[입꾹]

entry into a country / 入境 / nhập cảnh

코로나19로 인해 **입국** 절차가 복잡해졌다.
입국 수속을 마치고 나오니까 부모님이 기다리고 계셨어요.

> (반) 출국
> • 입국(을) 하다, 입국이 되다

14 입맛 명
[임맏]

appetite, taste / 口味 / khẩu vị

날씨가 너무 더워서 **입맛**도 없다.
그는 **입맛**이 까다로운 편이라서 맛없는 음식은 잘 먹지 않아요.

> • 입맛이 있다, 입맛이 없다, 입맛을 잃다, 입맛이 당기다

15 입장료 명
[입짱뇨]

admission fee / 入场费，门票 / phí vào cửa

나는 미술관 **입장료**를 내고 들어가서 작품을 관람했다.
서울에 있는 경복궁은 매달 마지막 주 수요일에 **입장료**가 무료예요.

16 잇다 동
[읻따]

잇고, 이어서,
이으면, 잇습니다

connect, link / 连，接 / nối lại

시에서는 육지와 섬을 **잇는** 다리를 만들고 있다.
아버지는 짧은 줄을 **이어서** 길게 만들어 주셨어요.

> (유) 연결하다　　(반) 끊다

17 자격 명

qualification, eligibility / 资格 / tư cách

그는 이 일을 할 **자격**을 갖추고 있다.
저는 남편이 건강 검진을 하는데 보호자 **자격**으로 같이 다녀왔어요.

> • 자격증
> • 자격이 있다, 자격이 없다, 자격을 갖추다, 자격을 얻다

18 자동 명

automatic / 自动 / tự động

이 가스레인지는 정해진 시간이 지나면 **자동**으로 꺼진다.
친구에게 전화했더니 **자동** 응답기로 연결돼서 메시지를 남겨 놓았어요.

> (반) 수동
> • 자동문, 자동판매기

19 자료 명

materials, data / 资料 / dữ liệu, tài liệu

나는 보고서를 쓰려고 먼저 필요한 **자료**를 찾았다.
참고한 **자료**는 보고서 마지막 페이지에 정리해 놓았어요.

> • 자료를 찾다, 자료를 검색하다, 자료를 모으다, 자료를 수집하다

20 자세하다 형

자세하고, 자세해서,
자세하면, 자세합니다

detailed / 仔细，详细 / chi tiết, cụ thể

목격자는 사고 현장에서 본 것을 **자세하게** 말했다.
선생님은 학생의 질문에 **자세하게** 설명해 주셨어요.

> 유 세세하다, 상세하다

21 자신 명

confidence / 自信 / sự tự tin

나는 **자신**이 없어서 그에게 고백하지 못했다.
저는 부모님의 응원에 잘 할 수 있다는 **자신**이 생겼어요.

> • 자신감
> • 자신이 있다, 자신이 없다, 자신을 가지다, 자신이 생기다

22 자유롭다 형
[자유롭따]

자유롭고, 자유로워서,
자유로우면, 자유롭습니다

free, unrestricted / 自由，自由自在 / tự do

혼자 사는 삶은 정말 편하고 **자유롭다**.
우리는 서로의 의견을 **자유롭게** 이야기했어요.

23 작성 명
[작썽]

write, prepare / 制订，写 / viết, soạn (văn bản)

이 프로그램은 문서 **작성**에 가장 도움이 되는 제품이다.
저는 요즘 졸업 논문 **작성** 때문에 정신이 없어요.

> • 작성(을) 하다, 작성(이) 되다

24 잠그다 동

잠그고, 잠가서,
잠그면, 잠급니다

lock / 锁 / khóa (cửa)

아이는 아무도 들어오지 못하게 문을 **잠갔다**.
어머니는 아이가 **잠근** 문을 열쇠로 열었어요.

25 잠기다¹ 동

잠기고, 잠겨서,
잠기면, 잠깁니다

be locked / （门等被）锁 / bị khóa (cửa)

아이의 방문이 **잠겨** 있었다.
책상 서랍이 **잠겼는지** 열리지 않았어요.

- '잠그다'의 피동사

26 잡아먹다 동
[자바먹따]

잡아먹고, 잡아먹어서,
잡아먹으면, 잡아먹습니다

prey on, devour / 杀吃，宰食 / ăn, ăn thịt

호랑이가 닭을 **잡아먹었다**.
저는 오리가 작은 물고기를 **잡아먹는** 것을 봤어요.

27 잡히다 동
[자피다]

잡히고, 잡혀서,
잡히면, 잡힙니다

be caught / （被）抓 / bị bắt

도망가던 소매치기가 한 용감한 시민에게 **잡혔다**.
저는 술래한테 **잡힐까** 봐 열심히 뛰었어요.

- 🈤 붙잡히다
- '잡다'의 피동사
- 도둑이 경찰에게 잡히다

28 장래 명
[장내]

future / 将来，未来 / tương lai

어른이 아이에게 가장 많이 하는 질문은 **장래** 희망이다.
저는 **장래** 계획을 세우고 있어요.

29 장례식 명
[장녜식]

funeral / 葬礼 / tang lễ

할아버지의 **장례식**은 엄숙한 분위기 속에서 진행되었다.
오늘은 **장례식**에 가야 해서 검은 양복을 입었어요.

- 장례식장
- 장례식을 치르다

30 장마철 명

rainy season / 梅雨季 / mùa mưa

한국은 보통 6월 말부터 7월 말까지 한 달 동안 **장마철**이다.
장마철에는 비가 많이 와서 주로 집에 있어요.

오늘의 단어 한눈에 보기! 다 외운 단어는 ☑ 해 보세요.

☐ 장면 명	☐ 장수 명	☐ 장식 명
☐ 장점 명	☐ 재다 동	☐ 재활용 명
☐ 저렴하다 형	☐ 적어도 부	☐ 적응 명
☐ 적히다 동	☐ 전국 명	☐ 전달 명
☐ 전망 명	☐ 전문 명	☐ 전설 명
☐ 전시 명	☐ 전용 명	☐ 전원¹ 명
☐ 전원² 명	☐ 전쟁 명	☐ 전통 명
☐ 절대로 부	☐ 절약 명	☐ 점차 부
☐ 접수 명	☐ 젓다 동	☐ 정 명
☐ 정답 명	☐ 정말로 부	☐ 정보 명

✎ 외우지 못 한 단어는 다음날 한 번 더 학습합니다.

01 장면 명

scene / 场面 / cảnh, quang cảnh

그 영화의 마지막 **장면**은 너무 아름다워서 잊을 수가 없다.
그가 나에게 프러포즈하는 **장면**을 카메라에 담아 주세요.

02 장수 명

longevity / 长寿 / tuổi thọ

기자는 **장수** 마을을 찾아가 **장수**의 비결을 취재했다.
장수를 하려면 매일 운동을 해야 해요.

- 장수(를) 하다, 장수를 누리다

03 장식 명

decoration / 装饰，装扮 / trang trí

결혼식장은 꽃으로 화려하게 **장식**을 해 놓았다.
콘서트의 무대 **장식**은 노래의 장르에 따라 바뀌었어요.

- 장식(을) 하다, 장식(이) 되다

04 장점 명
[장쩜]

advantage, strength / 优点，长处 / điểm mạnh, ưu điểm

사람들과 잘 지내려면 그 사람의 단점이 아닌 **장점**을 보는 것이 좋다.
저는 저의 **장점**과 적성을 살려 직업을 구하려고 해요.

유 강점　　　　　　반 단점

05 재다 동
재고, 재서,
재면, 잽니다

measure / 测量，测 / cân, đo

거실 커튼을 달기 위해 높이와 길이를 **쟀다**.
저는 매일 몸무게를 **재면서** 다이어트를 하고 있어요.

유 측정하다

06 재활용 명
[재화룡]

recycling / 再利用，回收利用 / tái chế

재활용이 불가능한 물건들은 사용하지 않는 것이 좋다.
요즘은 **재활용**으로 만든 제품들이 인기를 끌고 있어요.

- 재활용(을) 하다, 재활용(이) 되다

07 저렴하다 [형]

저렴하고, 저렴해서,
저렴하면, 저렴합니다

affordable, cheap / 便宜 / rẻ, giá phải chăng

시장은 마트보다 가격이 **저렴해서** 사람들이 많다.
이 물건은 중고라서 **저렴하게** 샀어요.

(유) 싸다　　　　　　　　(반) 비싸다

08 적어도 [부]

[저거도]

at least / 至少 / chỉ ít, tối thiểu

여기에서 정상까지 가려면 **적어도** 한 시간은 더 가야 한다.
보고서는 **적어도** 내일까지 완성해야 제출할 수 있어요.

(유) 최소한　　　　　　　(반) 최대한

09 적응 [명]

adaptation / 适应 / sự thích ứng

나는 오늘 새벽에 입국했는데 시차 **적응**이 안돼서 피곤하다.
저는 새로운 환경에 **적응**이 빠른 편이에요.

• 적응(을) 하다, 적응(이) 되다, 적응이 빠르다, 적응을 잘하다

10 적히다 [동]

[저키다]

적히고, 적혀서,
적히면, 적힙니다

be written, be recorded / （被）记录，写下 / viết ra

광고 전단지에 **적힌** 전화번호로 전화를 걸었다.
공책에는 이곳을 여행한 사람들의 다양한 이야기가 **적혀** 있었어요.

• '적다'의 피동사
• 게시판에 연락처가 적히다, 종이에 이름이 적히다

11 전국 [명]

nationwide / 全国 / toàn quốc

올림픽 경기는 **전국**에 생방송으로 방송되고 있다.
이번 콘서트는 1년 동안 **전국**을 돌면서 하기로 했어요.

• 전국적

12 전달 [명]

delivery, conveyance / 传达 / chuyển, trao

그곳은 마을과 떨어져 있어서 어떤 소식이든지 **전달**을 하기가 어렵다.
죄송합니다. 물건 **전달** 과정에서 실수가 생겼습니다.

• 전달(을) 하다, 전달(이) 되다, 전달을 받다

13 전망 명

view, outlook / 视野，风景 / toàn cảnh

우리 집은 아파트 19층이라서 **전망**이 좋다.
산 위에서 내려다보는 서울 **전망**은 너무 아름다웠어요.

> 유 조망
> • 전망대
> • 전망(을) 하다, 전망(이) 되다, 전망이 밝다, 전망이 어둡다

14 전문 명

specialty, expertise / 专业 / chuyên môn

이 서점은 한국어와 관련된 **전문** 서적들만 판매한다.
이 음식점은 만두를 **전문**으로 팔아요.

> • 전문가, 전문점, 전문적

15 전설 명

legend / 传说 / truyền thiết, huyền thoại

오래된 이 나무에는 슬픈 **전설**이 전해 내려오고 있다.
할머니는 마을의 **전설**에 대해 말씀해 주셨어요.

> • 전설이 있다, 전설이 내려오다, 전설이 전해지다

16 전시 명

exhibition / 展示，展出 / triển lãm

이번 **전시**는 사람들에게 인기가 좋아서 한 달 더 연장하기로 했다.
제가 좋아하는 작가의 **전시** 기간이 얼마 남지 않았어요.

> • 전시회, 전시물, 전시장
> • 전시(를) 하다, 전시(가) 되다

17 전용 명

exclusive use / 专用 / chuyên dụng

환자 **전용** 엘리베이터는 내부 공간이 더 넓다.
저는 여성 **전용** 주차장에 주차했어요.

18 전원¹ 명

power for electronics / 电源 / nguồn điện

나는 여행을 떠나기 전에 전자 제품의 **전원**을 모두 끄고 나갔다.
노트북을 사용하는데 갑자기 **전원**이 나가서 깜짝 놀랐어요.

> • 전원을 켜다, 전원을 끄다, 전원이 나가다, 전원이 들어오다

19 전원² 명

everyone, all members / 全员 / toàn bộ thành viên

행사에 회사 직원 **전원**이 참가했다.
우리 반 학생 **전원**이 시험에 합격해서 뿌듯해요.

20 전쟁 명

war / 战争 / chiến tranh

한국은 1950년에 **전쟁**이 일어났다.
이 영화는 **전쟁**에 대한 슬픈 내용을 담고 있어요.

- 전쟁(을) 하다, 전쟁이 나다, 전쟁이 일어나다

21 전통 명

tradition / 传统 / truyền thống

우리는 **전통**문화를 잘 지키고 보존해야 한다.
저는 한복을 입고 **전통** 결혼식을 하고 싶어요.

- 전통적, 전통문화, 전통 음식, 전통 의상, 전통 음악

22 절대로 부
[절때로]

absolutely, never / 绝对，绝 / không bao giờ, tuyệt đối

이곳은 군사 지역이라서 **절대로** 사진을 찍으면 안 된다.
나는 그 사람에게 **절대로** 연락하지 않을 거야.

유 결코, 절대
- 절대로 + 부정적인 표현(아니다, 없다, 않다, 안/못 등)

23 절약 명
[저략]

saving, frugality / 节约 / tiết kiệm

아버지는 **절약**이 습관이 되셔서 낭비하는 일이 없다.
저는 시간 **절약**을 위해 미리 음식을 주문한 후 시간에 맞춰 방문했어요.

반 낭비
- 절약(을) 하다, 절약(이) 되다

24 점차 부

gradually / 越来越 / dần dần

축구 경기는 시간이 흐르면서 **점차** 분위기가 뜨거워졌다.
독감이 **점차** 전국적으로 확산되고 있습니다.

유 점점, 차차

25 접수 명
[접쑤]

reception, acceptance / 接收 / sự tiếp nhận
대학교 입학 원서의 **접수** 기간은 다음 주까지이다.
이력서 **접수**는 이메일로만 받겠습니다.

- 접수처, 접수 기간, 접수 마감
- 접수(를) 하다, 접수(가) 되다, 접수를 받다, 접수가 끝나다

26 젓다 동
[젇따]

젓고, 저어서,
저으면, 젓습니다

stir / 搅拌 / khuấy (cà phê)
아내는 커피에 설탕을 넣고 스푼으로 **저었다**.
저는 호박죽을 만들 때 **젓느라고** 팔이 아팠어요.

- 고개를 젓다, 손을 젓다

27 정 명

affection, attachment / 情 / tình, tấm lòng
한국 사람들은 **정**이 많다고 하는데 요즘은 어떤지 모르겠다.
저는 봉사 활동을 하면서 만난 아이와 **정**이 들었어요.

- 정(이) 들다, 정이 있다, 정이 없다, 정이 많다
- 속담 정들자 이별, 미운 정 고운 정(이 들다)

28 정답 명

correct answer / 正解，正确答案 / trả lời đúng
이 정답지에는 객관식 50문항의 **정답**이 순서대로 적혀 있다.
시험이 끝난 후 선생님은 **정답**을 알려 주셨어요.

- 정답이 맞다, 정답이 틀리다, 정답을 맞히다

29 정말로 부

really, truly / 真的，实在 / thật sự
나는 **정말로** 그를 사랑했다.
오랜만이야. 다시 만나서 **정말로** 반가워.

- 유 정말, 참말로, 참으로, 진짜로

30 정보 명

information / 信息 / thông tin
매일 아침 새로운 **정보**를 인터넷을 통해 확인한다.
저는 여행을 가기 전에 그 지역의 관광 **정보**를 미리 알아봐요.

- 정보를 찾다, 정보를 검색하다, 정보를 얻다, 정보를 알아보다

오늘의 단어 한눈에 보기! 다 외운 단어는 ☑해 보세요.

□ 정신 명   □ 정신없다 형   □ 정치 명

□ 정확히 부   □ 제공 명   □ 제대로 부

□ 제시간 명   □ 제안 명   □ 제출 명

□ 제품 명   □ 조건 명   □ 조리 명

□ 조미료 명   □ 조사 명   □ 조상 명

□ 조언 명   □ 존경 명   □ 졸리다 동

□ 종교 명   □ 종일 부   □ 종합 명

□ 주고받다 동   □ 주민 명   □ 주요 명

□ 주인공 명   □ 주제 명   □ 죽이다 동

□ 중고 명   □ 중단 명   □ 중순 명

✎ 외우지 못 한 단어는 다음날 한 번 더 학습합니다.

01 정신 명

mind, spirit / 精神 / tâm trí, tinh thần

한숨 자고 나니까 **정신**이 맑아졌다.
이거 보세요. **정신** 좀 차려 보세요.

> 반 신체, 몸, 육체
> • 정신이 들다, 정신을 차리다, 정신이 나가다

02 정신없다 형
[정시넙따]

정신없고, 정신없어서,
정신없으면, 정신없습니다

① frantically, in a rush ② be hectic / ① 失魂落魄 ② 晕头转向 / không còn tâm trí

① 사고 소식을 듣고 그는 **정신없는** 모습으로 뛰어갔다.
② 요즘 시험에 논문까지 정말 **정신없는** 생활을 하고 있어요.

> 유 바쁘다
> • 정신없이 바쁘다, 정신없이 생활하다

03 정치 명

politics / 政治 / chính trị

수도는 그 나라의 **정치**와 경제의 중심지이다.
정치를 하는 국회의원들이 일을 좀 제대로 했으면 좋겠어요.

> • 정치적, 정치인, 정치가
> • 정치(를) 하다, 정치를 배우다

04 정확히 부
[정화키]

accurately / 正确地 / chính xác

아무리 친한 사이라도 돈 계산은 **정확히** 해야 한다.
이 말의 의미를 **정확히** 이해하지 못했어요.

> 유 똑바로, 확실하게, 정확하게

05 제공 명

provision, offering / 提供 / cung cấp, cho

이번 행사에는 식사가 모두에게 **제공**이 된다.
저는 숙식 **제공**이 되는 일자리를 구하고 있어요.

> • 제공(을) 하다, 제공(이) 되다

06 제대로 부

① properly, correctly ② well / ① 合乎标准地 ② 正常地，顺利地 / ① một cách bài bản ② một cách đầy đủ

① 회사에 사정이 생겨서 월급을 **제대로** 받지 못했다.
② 어제 옆집이 너무 시끄러워서 잠을 **제대로** 못 잤어요.

> 유 잘

07 제시간 몡

on time / 正点，按时 / kịp thời, đúng giờ

이렇게 일하다가는 **제시간**에 일을 끝낼 수 없을 것 같다.
출퇴근 시간이 아니라서 **제시간**에 도착할 수 있을 거예요.

> • 제시간에 오다, 제시간에 시작하다

08 제안 몡

suggestion, proposal / 提案，提议 / đề xuất

그가 상대방에게 새로운 **제안**을 내놓았다.
같이 해 보자는 그의 **제안**을 기분 좋게 받아들였어요.

> 🟠 제의
> • 제안(을) 하다, 제안(이) 되다, 제안을 내다, 제안을 받아들이다

09 제출 몡

submission / 提交，出具 / nộp

상반기 사업 계획서 **제출** 기한이 연기되었다.
보고서 **제출**은 다음 주까지니까 서두르세요.

> • 제출(을) 하다, 제출(이) 되다

10 제품 몡

product / 产品，制品 / sản phẩm

백화점에서는 유명한 회사의 **제품**들을 많이 판매하고 있다.
이 **제품**은 값은 좀 비싸지만 품질이 정말 좋아요.

> 🟠 물건, 상품
> • 신제품, 가전제품, 전자 제품

11 조건 몡
[조껀]

condition, terms / 条件 / điều kiện

신입 사원을 뽑을 때 **조건**에 맞는 사람을 찾기가 쉽지 않다.
대출 **조건**이 너무 까다로워서 받을 수 없을 거 같아요.

> • 조건에 맞다, 조건이 까다롭다, 조건을 제시하다, 조건을 붙이다

12 조리 몡

cooking / 烹调，烹饪 / nấu, chế biến (thức ăn)

여러 **조리** 과정을 거치면 하나의 요리가 만들어진다.
같은 재료지만 **조리** 방법에 따라 맛이 달라져요.

> • 조리(를) 하다, 조리(가) 되다

13 조미료 명

seasoning, condiment / 调料，调味品 / gia vị

적당한 **조미료**는 음식의 맛을 더욱 맛있게 해 준다.

요즘에는 집에서 직접 **조미료**를 만들어 먹는 사람들이 많아졌어요.

- 조미료를 넣다, 조미료를 치다

14 조사 명

investigation / 调查 / điều tra (nguyên nhân)

학생 수의 감소 원인에 대해 **조사**를 실시했다.

하루 독서 시간에 대한 **조사** 결과를 발표하겠습니다.

- 조사(를) 하다, 조사(가) 되다, 조사를 받다

15 조상 명

ancestor / ① 祖先 ② 先祖，上代 / tổ tiên

① 한국에서는 명절에 음식을 차려 놓고 **조상**님들에게 차례를 지낸다.

② 역사 유적지에는 **조상**들의 지혜와 문화가 살아 있어요.

- 조상을 모시다, 조상을 섬기다

16 조언 명

advice / 指教，指点 / lời khuyên

사장님은 사원들에게 **조언**과 격려를 아끼지 않는다.

이 문제에 대해 전문가의 **조언**을 들어 보려고 해요.

- 유 충고, 도움말
- 조언(을) 하다, 조언을 구하다, 조언을 듣다

17 존경 명

respect / 尊敬 / sự tôn trọng

그는 인품이 매우 훌륭하여 사람들의 **존경**을 받고 있다.

세종대왕은 많은 사람에게 **존경**을 받는 인물입니다.

- 존경스럽다, 존경(을) 하다, 존경을 받다

18 졸리다 동

feel sleepy / 困 / buồn ngủ

졸리고, 졸려서,
졸리면, 졸립니다

지하철에서 너무 **졸려서** 잠깐 졸았다.

어젯밤에 잠을 제대로 못 잤더니 지금 너무 **졸려요**.

- N이/가 졸리다
- 표정이 졸리다

19 종교 명

religion / 宗教 / tôn giáo

종교는 의지할 곳이 없는 사람들에게 힘을 준다.
어렸을 때부터 우리 집안은 특별한 **종교**가 없었어요.

- 종교가 있다, 종교가 없다, 종교를 믿다, 종교를 가지다

20 종일 부

all day / 整天 / cả ngày

어디 나가기가 귀찮아서 **종일** 집에만 있었다.
먹을 게 없어서 **종일** 아무것도 못 먹었어요.

- 유 내내
- 온종일, 하루 종일

21 종합 명

synthesis, comprehensive / 综合 / tổng hợp

이 대학은 **종합** 대학이라서 다양한 학과가 있다.
병원에서 **종합** 검진을 받으려면 미리 예약해야 돼요.

- 종합적, 종합시험, 종합 병원
- 종합(을) 하다, 종합(이) 되다

22 주고받다 동
[주고받따]

주고받고, 주고받아서,
주고받으면, 주고받습니다

exchange / 授受，往来 / cho và nhận

휴게실에서 동료와 농담을 **주고받으면서** 이야기했다.
요즘 술잔을 **주고받는** 문화가 점점 사라지고 있는 것 같아요.

- 선물을 주고받다, 이야기를 주고받다, 인사를 주고받다

23 주민 명

resident / 居民 / công dân

지역 **주민**들의 반대로 공사가 중단되었다.
마을 **주민**들이 같이 봉사 활동에 참여하기로 했어요.

24 주요 명

main, major / 主要 / chủ yếu

이 지역의 **주요** 산업은 바로 관광 산업이다.
회의에서 논의된 **주요** 내용은 다음과 같습니다.

- 주요하다

25 주인공 명

protagonist, main character / 主人公 / nhân vật chính

그는 영화 **주인공**처럼 멋지게 차려 입고 나타났다.
저 사람은 신인인데 **주인공** 역할을 맡았어요.

> 유 주연
> • 주인공이 되다, 주인공을 하다, 주인공을 맡다

26 주제 명

topic, theme / 主題 / chủ đề

졸업 논문 **주제**를 아직 정하지 못해서 고민 중이다.
오늘 강당에서 '청년과 미래'라는 **주제**로 강연을 할 예정이에요.

> • 주제를 다루다, 주제를 정하다

27 죽이다 동

kill / 杀死，熄灭 / giết

죽이고, 죽여서,
죽이면, 죽입니다

그는 마음이 약해서 작은 벌레도 **죽이지** 못한다.
요즘 영화에서는 사람을 때리거나 **죽이는** 장면이 많이 나와요.

> 반 살리다
> • '죽다'의 사동사

28 중고 명

secondhand / 半旧，二手 / đồ cũ, đồ đã qua sử dụng

요즘에는 **중고** 물건을 거래하는 사람들이 많아졌다.
중고 시장에서 가구를 샀는데 너무 마음에 들어요.

> • 중고차, 중고 서적, 중고 거래

29 중단 명

interruption, suspension / 中断，中止 / dừng, ngưng

회사에서는 노동자들에게 파업 **중단**을 요구했다.
지하철 운행 **중단**으로 승객들이 많은 불편을 겪었어요.

> 유 중지   반 유지, 계속
> • 중단(을) 하다, 중단(이) 되다, 중단(을) 시키다

30 중순 명

middle of the month / 中旬 / giữa tuần, trung tuần

새로 개발된 자동차가 이번 달 **중순** 출시 예정이다.
다음 달 **중순**이면 단풍이 들기 시작할 거예요.

> • 상순-중순-하순

> **오늘의 단어 한눈에 보기! 다 외운 단어는 ☑ 해 보세요.**

☐ 중심지 몡	☐ 즉시 뷔	☐ 증가하다 통
☐ 증상 몡	☐ 지나치다 혱	☐ 지다¹ 통
☐ 지원¹ 몡	☐ 지저분하다 혱	☐ 진심 몡
☐ 진찰 몡	☐ 진통제 몡	☐ 진학 몡
☐ 진행 몡	☐ 질 몡	☐ 집다 통
☐ 집중 몡	☐ 짜다 통	☐ 찢다 통
☐ 차량 몡	☐ 차리다 통	☐ 차이 몡
☐ 찬성 몡	☐ 참가하다 통	☐ 참고 몡
☐ 참석하다 통	☐ 창피하다 혱	☐ 채우다 통
☐ 챙기다 통	☐ 처방 몡	☐ 첫눈 몡

✎ 외우지 못 한 단어는 다음날 한 번 더 학습합니다.

01 중심지 ^명

center, hub / 中心地, 中心 / khu vực trung tâm

수도는 그 나라의 정치, 경제, 문화의 **중심지**이다.
이곳은 국제 무역의 **중심지**로서 큰 역할을 하고 있어요.

02 즉시 ^부
[즉씨]

immediately / 即刻, 立刻 / ngay lập tức

규칙을 어기면 **즉시** 기숙사에서 나가야 한다.
공항에 도착하면 **즉시** 연락해 주세요.

> 유 곧, 곧바로, 당장

03 증가하다 ^동
증가하고, 증가해서,
증가하면, 증가합니다

increase / 增加 / tăng lên

최근 1인 가구와 함께 편의점 매출도 **증가하고** 있다.
경기가 나아지면서 수출도 **증가하고** 있습니다.

> 유 늘다, 늘어나다   반 감소하다, 줄다, 줄어들다
> • 인구가 증가하다, 수출이 증가하다
> • N1에서 N2(으)로 N3이/가 증가하다
> • 1억에서 3억으로 2억이 증가하다

04 증상 ^명

symptom / 病情, 症状 / triệu chứng

코로나19에 걸리면 감기와 비슷한 **증상**이 나타난다고 한다.
증상이 더 심해지기 전에 수술을 해야 돼요.

> 유 증세
> • 증상이 심하다, 증상이 나타나다, 증상을 보이다

05 지나치다 ^형
지나치고, 지나쳐서,
지나치면, 지나칩니다

excessive / 过分, 过度 / quá đáng, thái quá, quá mức

무엇이든 **지나친** 것은 모자란 것만 못하다.
운동을 **지나치게** 하면 오히려 건강에 안 좋아요.

> 유 심하다   반 부족하다, 모자라다

06 지다¹ ^동
지고, 져서,
지면, 집니다

① set (sun) ② fall (leaves) / ① 落 ② 凋谢 / ① lặn (mặt trời)
② rụng (lá)

① 해는 동쪽에서 떠서 서쪽으로 **진다**.
② 가을이 되어서 낙엽이 **지면** 쓸쓸한 기분이 들어요.

> • 해가 지다, 낙엽이 지다, 꽃이 지다

07 지원¹ 명

application, support / 志愿 / xin, đăng ký

이번 주까지 입사 **지원** 서류를 제출해야 한다.
우리 회사에 **지원**을 하게 된 동기가 무엇입니까?

- 지원자, 지원 동기
- 지원(을) 하다

08 지저분하다 형

지저분하고, 지저분해서,
지저분하면, 지저분합니다

messy, dirty / 杂乱，脏兮兮，邋遢 / bẩn, lộn xộn, bừa bãi

사람들이 쓰레기를 아무 데나 버려서 **지저분하다**.
며칠 청소를 안 했더니 방이 너무 **지저분해요**.

반 깨끗하다

09 진심 명

sincerity, truth / 真心 / sự chân thành

나는 **진심**을 숨기지 않고 솔직하게 말했다.
결혼을 **진심**으로 축하합니다.

10 진찰 명

medical examination / 诊察 / khám bệnh, chẩn đoán

병원에서 **진찰**을 받고 결과를 기다리고 있다.
의사 선생님은 지금 환자를 **진찰** 중이세요.

유 진료
- 진찰(을) 하다, 진찰을 받다

11 진통제 명

painkiller / 镇痛剂，止痛药 / thuốc giảm đau

진통제를 주사한 후에 통증이 점점 사라졌다.
두통이 너무 심해서 **진통제**를 먹었어요.

12 진학 명

enrollment in higher education / 深造，升学 / học lên bậc cao

그는 대학교 **진학**을 목표로 최선을 다하고 있다.
어떤 전공이 어울릴지 몰라서 **진학** 상담을 신청했어요.

- 진학(을) 하다, 진학을 시키다

13 진행 명

progress, conduct / 进行，进展 / tiến hành

갑자기 소나기가 쏟아져서 행사 **진행**이 중단되었다.
이곳은 회의가 **진행** 중이라 들어갈 수 없습니다.

- 진행(을) 하다, 진행(이) 되다, 진행(을) 시키다

14 질 명

quality / 质，质量 / chất lượng

경쟁에서 이기기 위해서는 제품의 **질**을 높여야 한다.
저는 가격보다 **질**을 더 중요하게 생각해요.

유 품질
- 질이 좋다, 질이 나쁘다, 질이 떨어지다, 질을 높이다

15 집다 동
[집따]

집고, 집어서,
집으면, 집습니다

pick up / ① 握，拿 ② 夹 / gắp (đũa)

① 그는 연필을 **집더니** 글을 쓰기 시작했다.
② 아이는 젓가락으로 반찬을 **집어서** 먹었어요.

- N1(으)로 N2을/를 집다
- 젓가락으로 반찬을 집다, 손가락으로 동전을 집다

16 집중 명
[집쭝]

concentration / 集中 / sự tập trung

도시의 인구 **집중** 현상이 더욱 심해지고 있다.
저는 공부할 때 조용한 음악을 들으면 **집중**이 잘돼요.

반 분산
- 집중력, 집중적
- 집중(을) 하다, 집중(이) 되다

17 짜다 동

짜고, 짜서,
짜면, 짭니다

knit, weave / 织，编 / đan (áo, khăn quàng cổ)

엄마가 예쁜 스웨터를 **짜서** 보내 주셨다.
남편에게 선물해 주려고 목도리를 **짜고** 있어요.

- 계획을 짜다, 일정을 짜다, 시간표를 짜다

18 찢다 동
[찓따]

찢고, 찢어서,
찢으면, 찢습니다

tear, rip / 撕，扯 / xé

밤새 써 놓은 편지를 보내지 못하고 **찢어** 버렸다.
그는 수첩 한 장을 **찢어서** 전화번호를 써 주었어요.

- 종이를 찢다, 옷을 찢다

19 차량 _명

vehicle / 车辆 / xe cộ

연휴를 맞이하여 고속 도로에 **차량**이 급속히 늘어났다.
이 길은 **차량** 통행금지입니다. 다른 길로 가 주세요.

> 유 차

20 차리다 _동

차리고, 차려서,
차리면, 차립니다

set / 准备（饭菜），置办（宴席）/ chuẩn bị

남편이 들어오자 아내는 저녁을 **차리기** 시작했다.
주말에는 가끔 술상을 **차려** 놓고 술을 마셔요.

> • 저녁을 차리다, 상을 차리다, 정신을 차리다, 예의를 차리다

21 차이 _명

difference / 差异，差别 / sự khác biệt

나는 외국인 남편과의 문화 **차이**를 극복하기 위해서 대화를 자주 한다.
사랑해서 결혼했지만 성격 **차이** 때문에 자주 싸워요.

> • 차이점
> • 차이가 있다, 차이가 없다, 차이가 크다, 차이가 나다, 차이를 느끼다

22 찬성 _명

approval / 赞成，赞同 / đồng ý, tán thành

그 사람은 **찬성**인지 반대인지 의견을 확실히 밝히지 않았다.
회의에 참석한 과반수의 사람들이 **찬성**을 했어요.

> 유 동의   반 반대
> • 찬성(을) 하다, 찬성을 얻다

23 참가하다 _동

참가하고, 참가해서,
참가하면, 참가합니다

participate / 参加，参与 / tham gia

전염병으로 인해 올림픽에 **참가하지** 않은 국가들이 많다.
이번 행사에는 외국 학생들이 많이 **참가했어요.**

> 유 참여하다, 참석하다   반 불참하다
> • N에 참가하다
> • 행사에 참가하다, 대회에 참가하다

24 참고 _명

reference / 参考，参照 / tham khảo

논문을 쓸 때 **참고** 문헌을 확실하게 밝혀야 한다.
이 보고서의 **참고** 자료를 제출하겠습니다.

> • 참고(를) 하다, 참고(가) 되다

25 참석하다 동
[참서카다]

참석하고, 참석해서,
참석하면, 참석합니다

attend / 参加，出席 / tham dự

친구 생일 파티에 **참석하기** 위해서 일찍 집을 나왔다.
바쁘시겠지만 결혼식에 꼭 **참석해** 주시기 바랍니다.

> 유 **참여하다, 참가하다**　　　반 **불참하다**
> • N에 참석하다
> • 회의에 참석하다, 모임에 참석하다

26 창피하다 형

창피하고, 창피해서,
창피하면, 창피합니다

embarrassed / 丢脸，丢人 / xấu hổ, mắc cỡ

사람들의 시선이 너무 부끄럽고 **창피해서** 얼굴이 빨개졌다.
사람들 앞에서 넘어지는 바람에 너무 **창피했어요**.

> 유 **부끄럽다**

27 채우다 동

채우고, 채워서,
채우면, 채웁니다

fill / 装满 / lấp đầy

돼지 저금통을 500원짜리 동전으로 가득 **채웠다**.
엄마가 오셔서 냉장고에 음식을 가득 **채워** 주셨어요.

> 반 **비우다**
> • '차다'의 사동사
> • N1을/를 N2(으)로 채우다, N1에 N2을/를 채우다
> • 냉장고를 음식으로 채우다, 냉장고에 음식을 채우다

28 챙기다 동

챙기고, 챙겨서,
챙기면, 챙깁니다

① pack ② take care of / ① 收拾，整理 ② 照顾 / ① sửa soạn,
thu xếp (hành lý) ② lo, chăm sóc chu đáo (cho ai đó)

① 여행을 떠나기 위해 필요한 짐을 미리 **챙겨** 놓았다.
② 밖에 나가면 동생을 잘 **챙겨서** 데리고 다녀.

29 처방 명

prescription / 处方 / đơn thuốc

의사의 **처방**이 없으면 약국에서 약을 지을 수 없다.
약을 복용할 때에는 의사의 **처방**에 따라야 돼요.

> • 처방전
> • 처방(을) 하다, 처방을 받다, 처방을 내리다

30 첫눈 명
[천눈]

first sight / 第一眼，一眼 / tuyết đầu mùa

두 사람을 보고 **첫눈**에 연인이라는 것을 알아보았다.
그 사람을 처음 본 순간 **첫눈**에 반했어요.

> • 첫눈에 반하다, 첫눈에 알아보다

오늘의 단어 한눈에 보기! 다 외운 단어는 ☑해 보세요.

☐ 첫인상 명	☐ 체력 명	☐ 체하다 동
☐ 체험 명	☐ 촌스럽다 형	☐ 촬영 명
☐ 최고급 명	☐ 최선 명	☐ 최저 명
☐ 추억 명	☐ 추천 명	☐ 추측 명
☐ 출국 명	☐ 충분히 부	☐ 취하다 동
☐ 취향 명	☐ 치우다 동	☐ 탑승 명
☐ 태우다¹ 동	☐ 터뜨리다 동	☐ 털다 동
☐ 토론 명	☐ 통역 명	☐ 통일 명
☐ 통통하다 형	☐ 통하다 동	☐ 특기 명
☐ 특성 명	☐ 특징 명	☐ 틀림없이 부

✎ 외우지 못 한 단어는 다음날 한 번 더 학습합니다.

최선을 다하면 성공할 거예요!

01 첫인상 명
[처딘상]

first impression / 第一印象 / ấn tượng đầu tiên

그 사람은 **첫인상**과 달리 아주 따뜻한 사람이었다.

면접을 볼 때에는 **첫인상**이 꽤 중요해요.

• 첫인상이 좋다, 첫인상이 나쁘다

02 체력 명

physical strength / 体力 / sức khỏe, thể lực

그는 아침마다 달리기를 하면서 **체력**을 기르고 있다.

요즘에 **체력**이 많이 떨어져서 관리를 하고 있어요.

유 힘

• 체력이 좋다, 체력이 나쁘다, 체력을 키우다, 체력을 단련하다

03 체하다 동

체하고, 체해서,
체하면, 체합니다

have indigestion / 积食，滞食 / không tiêu, đầy hơi

소화가 안되고 머리도 아픈 것을 보니 **체한** 것 같다.

아침에 시간이 없어서 급하게 먹었더니 **체했나** 봐요.

04 체험 명

experience / 体验 / trải nghiệm

그는 지금까지 겪은 다양한 **체험**을 이야기로 만들었다.

오늘은 전통 시장에 가서 문화 **체험**을 하는 날이에요.

• 체험(을) 하다, 체험이 되다, 체험을 쌓다

05 촌스럽다 형
[촌쓰럽따]

촌스럽고, 촌스러워서,
촌스러우면, 촌스럽습니다

unfashionable / 土气，俗气 / quê mùa

짧은 파마머리에 꽃무늬 원피스를 입은 모습이 너무 **촌스러웠다**.

제 이름이 너무 **촌스러워서** 세련된 이름으로 바꾸고 싶어요.

반 세련되다

06 촬영 명

filming / 摄影，摄制 / quay phim, chụp ảnh

김 감독은 영화 **촬영**을 하기 위해 제주도 출장 중이다.

박물관 내에서는 사진 **촬영**이 금지되어 있습니다.

• 촬영(을) 하다, 촬영(이) 되다

07 최고급 ^명

top quality / 最高级 / cấp cao nhất

그 친구는 **최고급** 승용차를 타고 다닌다.
결혼기념일에 **최고급** 호텔에서 식사를 했어요.

08 최선 ^명

① best ② utmost effort / ① 最佳，最好 ② 全力，尽力 / ① sự tốt nhất ② hết mình

① 아플 때에는 무조건 푹 쉬는 게 **최선**이다.
② 무엇을 하든지 **최선**을 다하는 게 중요하지요.

> 반 최악
> • 최선을 다하다

09 최저 ^명

lowest / 最低 / thấp nhất

정부가 **최저** 임금을 10% 올리기로 결정했다.
오늘 아침 **최저** 기온은 영하 10℃입니다.

> 반 최고

10 추억 ^명

memory / 回忆 / ký ức

고등학교 때 쓴 일기장에는 학창 시절의 **추억**이 담겨 있다.
어렸을 때의 힘들었던 기억도 생각해 보면 다 아름다운 **추억**이에요.

> 유 기억
> • 추억(을) 하다, 추억(이) 되다, 추억을 남기다, 추억이 생기다, 추억을 쌓다, 추억을 간직하다, 추억을 떠올리다

11 추천 ^명

recommendation / 推荐，举荐 / gợi ý, đề xuất, đề cử, giới thiệu

그는 학교의 **추천**을 받아서 대회에 참가하였다.
교수님께서 **추천**을 해 주신 덕분에 장학금을 받을 수 있었어요.

> • 추천(을) 하다, 추천(이) 되다, 추천을 받다

12 추측 ^명

guess / 推测 / đoán

경기 결과는 그의 **추측**대로 한국이 우승하였다.
잘 모르면서 그 사람에 대해서 마음대로 **추측**을 하는 건 옳지 않아요.

> 유 짐작, 예측
> • 추측(을) 하다, 추측(이) 되다, 추측이 맞다

13 출국 명

departure / 出国，出境 / xuất cảnh

최근 **출국**이 금지된 범죄자의 수가 늘었다고 한다.
저는 **출국**을 하기 전에 고향에 계신 부모님을 찾아뵈려고 해요.

반 입국, 귀국
• 출국(을) 하다, 출국이 되다, 출국을 연기하다

14 충분히 부

sufficiently / 充分地，充足地 / đầy đủ

주말에는 **충분히** 쉬어야 재충전을 할 수 있다.
이번 일은 **충분히** 시간을 갖고 생각해서 결정합시다.

유 넉넉히, 마음껏, 제대로

15 취하다 동

취하고, 취해서,
취하면, 취합니다

get drunk, get high on / 醉 / say (rượu, cà phê)

술을 마실 때에는 **취하지** 않을 정도로 마시는 게 좋다.
감기약을 먹고 약 기운에 **취해서** 하루 종일 잤어요.

• 술에 취하다, 잠에 취하다, 약에 취하다, 분위기에 취하다

16 취향 명

preference / 志趣，品位，爱好 / sở thích cá nhân

우리 부부는 음식 **취향**이 비슷해서 메뉴를 쉽게 고른다.
샌드위치에 들어가는 소스는 각자의 **취향**에 따라 선택하시면 됩니다.

• 취향에 맞추다, 취향을 고려하다

17 치우다 동

치우고, 치워서,
치우면, 치웁니다

① move ② tidy up / ① 搬走，拿开 ② 清扫，收拾 / ① cất đi,
dọn đi ② dọn dẹp, thu dọn

① 비상구 앞에 있는 물건들을 다른 곳으로 **치웠다.** 유 옮기다
② 아주머니, 여기 식탁 위에 그릇 좀 **치워** 주세요. 유 정리하다

• N1을/를 N2(으)로 치우다
• 물건을 다른 곳으로 치우다

18 탑승 명

[탑씅]

boarding / 搭乘 / lên xe (tàu, máy bay⋯)

그는 아이들과 함께 **탑승** 수속을 마쳤다.
11시에 출발하는 미국행 비행기의 **탑승**이 시작되었습니다.

• 탑승구, 탑승객, 탑승료
• 탑승(을) 하다, 탑승이 되다, 탑승이 끝나다

19 태우다¹ 동

태우고, 태워서,
태우면, 태웁니다

give a ride / 承载，载 / chở (hành khách)

승객들을 **태운** 버스는 제시간에 출발했다.
엄마는 아이를 유모차에 **태웠어요**.

- '타다'의 사동사
- N1을/를 N2에 태우다

20 터뜨리다 동

터뜨리고, 터뜨려서,
터뜨리면, 터뜨립니다

burst / 使爆发，引爆 / vỡ tung (pháo hoa, bóng bay)

여름에 바닷가에서 폭죽을 **터뜨리는** 사람들이 많다.
아이들이 풍선을 **터뜨려서** 깜짝 놀랐어요.

- 윤 터트리다
- 풍선을 터뜨리다, 울음을 터뜨리다, 웃음을 터뜨리다

21 털다 동

털고, 털어서,
털면, 텁니다

dust off / 掸，抖，拂 / giũ (chăn), phủi (bụi)

그녀는 옷에 묻은 먼지를 **털어** 버렸다.
주말에 햇빛이 좋아서 이불을 **털어서** 말렸어요.

- 속담 털어서 먼지 안 나는 사람 없다

22 토론 명

debate / 讨论 / tranh luận, thảo luận

방송에서 국회 의원 후보자들의 **토론**이 시작되었다.
회의실에서는 찬반 **토론**이 진행 중입니다.

- 윤 토의, 논의
- 토론(을) 하다, 토론(이) 되다, 토론을 시작하다, 토론을 벌이다

23 통역 명

interpretation / 口译，翻译 / thông dịch

나는 통역사가 되고 싶어서 대학원에서 **통역** 공부를 하고 있다.
대학생 때 **통역** 아르바이트를 한 적이 있어요.

- 통역사, 통역료, 통역관
- 통역(을) 하다, 통역이 되다, 통역을 맡다

24 통일 명

unification / 统一 / thống nhất

신라는 676년에 삼국 **통일**을 이루었다.
남과 북이 하루 빨리 **통일**이 되었으면 좋겠어요.

- 통일(을) 하다, 통일(이) 되다, 통일을 이루다

25 통통하다 형
통통하고, 통통해서,
통통하면, 통통합니다

chubby / 胖乎乎，胖嘟嘟 / tròn trịa, mũm mĩm (hình dáng)
아이가 **통통하게** 살찐 모습이 너무 귀여웠다.
저는 마른 사람보다 약간 **통통한** 사람이 좋아요.

> 반 날씬하다
> • 마르다-날씬하다-통통하다-뚱뚱하다

26 통하다 동
통하고, 통해서,
통하면, 통합니다

circulate, flow / 通，畅通 / thoáng (gió), lưu thông (máu)
너무 꽉 끼는 옷은 피가 **통하지** 않아서 건강에 좋지 않다.
빨래를 해서 바람이 잘 **통하는** 곳에 널었어요.

> • 공기가 통하다, 말이 통하다, 마음이 통하다

27 특기 명
[특끼]

special skill / 特技，绝活 / tài năng
그는 그림을 잘 그리는 **특기**를 살려서 미술 대학에 진학했다.
자기 소개할 때 취미나 **특기**를 말하는 사람이 많아요.

> • 특기가 있다, 특기를 가지다, 특기를 살리다

28 특성 명
[특썽]

characteristic / 特性，特点 / đặc tính
나무는 불에 잘 타는 **특성**을 지니고 있다.
광고는 상품의 **특성**을 잘 살려서 만들어야 돼요.

> 유 특징, 속성
> • 특성이 있다, 특성을 지니다, 특성을 살리다

29 특징 명
[특찡]

feature / 特征，特点 / đặc trưng
한국어의 대표적인 **특징**은 높임말이 발달되어 있다는 것이다.
한국 사람들은 말을 돌려서 하는 **특징**이 있어요.

> 유 특성
> • 특징이 있다, 특징을 보이다, 특징을 찾다

30 틀림없이 부
[틀리멉씨]

undoubtedly / 必定，没错 / chắc chắn, không sai
최선을 다하면 **틀림없이** 좋은 결과를 얻을 수 있을 것이다.
시험이 9시에 시작하니까 그 전에 **틀림없이** 도착해야 돼요.

> 유 확실히, 당연히, 반드시

오늘의 단어 한눈에 보기! 다 외운 단어는 ☑ 해 보세요.

☐ 틈틈이 [부]　　☐ 파다 [동]　　☐ 파도 [명]

☐ 판매¹ [명]　　☐ 편식 [명]　　☐ 평가 [명]

☐ 포기 [명]　　☐ 포함 [명]　　☐ 표시 [명]

☐ 표정 [명]　　☐ 표지판 [명]　　☐ 표현 [명]

☐ 풀리다 [동]　　☐ 품질 [명]　　☐ 풍습 [명]

☐ 피로 [명]　　☐ 피부 [명]　　☐ 피서 [명]

☐ 피하다 [동]　　☐ 피해 [명]　　☐ 하품 [명]

☐ 학습 [명]　　☐ 한동안 [명]　　☐ 한때 [부],[명]

☐ 한숨 [명]　　☐ 한참 [부],[명]　　☐ 합치다 [동]

☐ 항공료 [명]　　☐ 해결 [명]　　☐ 해돋이 [명]

✎ 외우지 못 한 단어는 다음날 한 번 더 학습합니다.

01 틈틈이 부
[틈트미]

in one's spare time / 一有空，每当有空 / thỉnh thoảng
나는 시간이 있을 때마다 **틈틈이** 외국어 공부를 한다.
저는 직장에 다니면서 **틈틈이** 사진을 찍으러 다녔어요.

02 파다 동
파고, 파서,
파면, 팝니다

dig / 挖 / đào (đất)
우리 집 개는 산책할 때마다 땅을 **판다**.
우리는 마당에 땅을 **파서** 나무를 심었어요.

> 반 **묻다**
> 속담 우물을 파도 한 우물을 파라

03 파도 명

wave / 波涛，浪涛 / sóng (biển)
오늘은 **파도**가 높아서 배가 뜰 수 없다.
제주도에 갈 때 배를 탔는데 **파도**가 세서 멀미를 했어요.

> • 파도가 높다, 파도가 세다, 파도가 잔잔하다, 파도가 일다

04 판매¹ 명

sale / 销售 / bán
그 제품은 **판매**가 잘 되지 않아서 생산이 중단되었다.
백화점은 다양한 **판매** 전략으로 소비자를 모으고 있어요.

> 반 **구매**
> • 판매(를) 하다, 판매(가) 되다

05 편식 명

picky eating / 偏食，挑食 / sự kén ăn
건강을 위해서는 **편식**을 하지 말고 골고루 먹는 것이 좋다.
아이가 **편식**이 심해서 걱정이에요.

> • 편식(을) 하다, 편식이 있다, 편식이 없다, 편식이 심하다

06 평가 명
[평까]

evaluation / 评价，评判 / sự đánh giá
심사 위원들은 오랜 고민 끝에 각각의 작품에 대해 **평가**를 내렸다.
제 글이 사람들에게 좋은 **평가**를 받아서 기분이 좋아요.

> • 평가(를) 하다, 평가(가) 되다, 평가를 받다

07 포기 명

giving up / 放弃 / bỏ cuộc

아버지는 연세가 많으신데도 **포기**를 모르고 계속 도전하셨다.

저는 힘들어도 절대로 **포기**는 하고 싶지 않아요.

- 포기(를) 하다, 포기(가) 되다

08 포함 명

inclusion / 包含，包括 / bao gồm

오늘 수업한 내용도 시험 범위에 **포함**이 된다.

숙박비에 조식까지 **포함**을 하면 얼마입니까?

- 포함(을) 하다, 포함(이) 되다

09 표시 명

mark / 标，标明 / sự đánh dấu, sự biểu hiện

수업을 들으면서 중요한 부분에 **표시**를 해 두었다.

이곳에 출입 금지 **표시**가 되어 있어요.

- 표시(를) 하다, 표시(가) 되다

10 표정 명

expression / 表情，脸色 / sự biểu lộ, vẻ mặt

유학을 떠나는 아들의 **표정**이 밝아서 다행이다.

저는 그의 **표정**만 봐도 그의 기분을 알 수 있어요.

- 표정(을) 하다, 표정을 짓다, 표정이 밝다, 표정이 어둡다

11 표지판 명

sign / 标志牌，标识牌 / biển hiệu, biển báo

산 정상에 오르려면 **표지판**만 잘 따라가면 된다.

표지판에 뭐라고 쓰여 있어요?

12 표현 명

expression / 表达，表示 / sự biểu hiện

이 광고는 사실적인 **표현**으로 소비자의 관심을 끌었다.

저는 감정 **표현**을 잘하지 않는 편이에요.

- 표현(을) 하다, 표현(이) 되다

13 **풀리다** 동

풀리고, 풀려서,
풀리면, 풀립니다

come undone / （被）解开，（被）打开 / tháo ra (dây)

택배 상자를 묶은 리본이 잘 **풀리지** 않아 그냥 가위로 잘랐다.
운동화 끈이 **풀려서** 다시 세게 묶었어요.

- '풀다'의 피동사
- 화가 풀리다, 문제가 풀리다, 스트레스가 풀리다, 오해가 풀리다

14 **품질** 명

quality / 品质，质量 / chất lượng

물건을 만드는 회사는 항상 좋은 **품질**을 위해 애써야 한다.
이 회사 제품은 **품질**을 믿을 수 있어요.

- 품질이 좋다, 품질이 나쁘다, 품질이 뛰어나다, 품질이 떨어지다

15 **풍습** 명

custom / 习俗，风俗习惯 / phong tục

풍습이란 풍속과 습관을 말한다.
명절에 가족들이 한자리에 모이는 것은 한국의 **풍습**입니다.

16 **피로** 명

fatigue / 疲劳，疲倦 / mệt mỏi

나는 시간이 지날수록 점점 더 **피로**가 쌓였다.
휴가를 다녀오니까 **피로**가 싹 풀렸어요.

- 유 피곤
- 피로하다, 피로가 쌓이다, 피로가 풀리다, 피로를 풀다

17 **피부** 명

skin / 皮肤 / da

그녀의 **피부**는 하얗고 부드러웠다.
두 분 모두 과일을 많이 드셔서 그런지 **피부**가 좋아요.

- 건성 피부, 지성 피부
- 피부가 좋다, 피부가 부드럽다, 피부가 건조하다

18 **피서** 명

summer vacation / 避暑，消暑 / đi nghỉ mát

나는 올여름에 친구와 바다로 **피서**를 가기로 했다.
바닷가에는 더위를 피하려고 **피서**를 온 사람들이 많았어요.

- 피서지, 피서객
- 피서를 가다, 피서를 떠나다, 피서를 즐기다

19 피하다 동

피하고, 피해서,
피하면, 피합니다

avoid / 躲开，躲避 / tránh né, trốn tránh (trách nhiệm)
책임을 **피하려고만** 하는 친구를 보니 실망스러웠다.
요즘 너무 피로해서 가능하면 과음을 **피하려고** 해요.

20 피해 명

damage / 被害，受害 / sự thiệt hại
올해 가뭄이 심해서 농가에서는 농작물 **피해**가 크다.
이번 지진 때문에 많은 사람이 **피해**를 입었다고 해요.

> 반 가해
> • 피해자
> • 피해를 입다, 피해를 주다, 피해를 끼치다

21 하품 명

yawn / 哈欠，呵欠 / ngáp
어젯밤에 잠을 못 자서 그런지 **하품**이 계속해서 나왔다.
수업 시간에 **하품**이 나올까 봐 조심했어요.

> • 하품(을) 하다, 하품이 나오다

22 학습 명
[학씁]

learning / 学习 / học hành
이번 학기 학생들은 **학습** 능력이 뛰어나다.
이 책은 외국어 **학습**에 많은 도움이 돼요.

> • 학습(을) 하다, 학습(이) 되다

23 한동안 명

for a while / 一度，一时，一阵子 / một thời gian lâu, trong một thời gian
한동안 연락이 없었던 친구에게서 연락이 와서 반가웠다.
그가 **한동안** 아무 말도 하지 않아서 무서웠어요.

> 유 한참, 오랫동안

24 한때 부, 명

(at) one time / 一度，一时，一个时期 / nhất thời, chốc lát, một lúc
부 내일은 전국적으로 오후 **한때** 소나기가 온다고 한다.
명 그와의 사랑도 **한때**의 감정이니까 시간이 지나면 괜찮아지겠죠.

145

25 한숨 [명]

sigh / 叹气 / thở dài

어머니는 무슨 고민이 있으신지 땅이 꺼질 듯이 **한숨**을 내쉬었다.
어머니의 **한숨** 소리가 여기까지 들렸어요.

• 한숨(을) 짓다, 한숨을 쉬다

26 한참 [부], [명]

for a long time / 一阵，好一阵 / thời gian dài, lâu

[부] 차가 고장 나는 바람에 **한참** 고생했다. 유 한동안
[명] 나는 그를 **한참** 동안 기다렸어요.

27 합치다 [동]

합치고, 합쳐서,
합치면, 합칩니다

combine / 合，合并 / kết hợp, cộng lại, gộp lại

나는 내 월급과 남편의 월급을 **합쳐서** 매달 저금하고 있다.
저는 언니와 힘을 **합쳐서** 부모님 생일상을 준비했어요.

유 합하다   반 나누다

28 항공료 [명]
[항공뇨]

airfare / 机票价格，机票费用 / phí vé máy bay, tiền vé máy bay

휴가철에는 **항공료**가 거의 두 배로 비싸다.
여행 경비를 줄이기 위해서 저렴한 **항공료**를 찾고 있어요.

29 해결 [명]

solution / 解决 / giải quyết

부부 갈등은 이해와 양보 없이는 **해결**이 어렵다.
문제 **해결**을 위해 가족이 모두 힘을 합치기로 했어요.

• 해결(을) 하다, 해결(이) 되다, 해결을 보다, 해결을 짓다

30 해돋이 [명]
[해도지]

sunrise / 日出 / bình minh, mặt trời mọc, rạng đông

새해 첫날 **해돋이**를 보러 동해로 떠났다.
바닷가에는 **해돋이**를 구경하는 피서객이 많았어요.

유 일출   반 일몰, 해넘이

오늘의 단어 한눈에 보기! 다 외운 단어는 ☑해 보세요.

☐ 햇볕 명 ☐ 행사장 명 ☐ 행운 명

☐ 향하다 동 ☐ 허락 명 ☐ 현대 명

☐ 형태 명 ☐ 혹은 부 ☐ 혼나다 동

☐ 화면 명 ☐ 화재 명 ☐ 화폐 명

☐ 화해 명 ☐ 확인 명 ☐ 환불 명

☐ 환상적 명 ☐ 환율 명 ☐ 환하다 형

☐ 활동 명 ☐ 활발하다 형 ☐ 활짝 부

☐ 횟수 명 ☐ 효과 명 ☐ 후반 명

☐ 후회 명 ☐ 휴대 명 ☐ 휴식 명

☐ 휴학 명 ☐ 흘러가다 동 ☐ 희생 명

✎ 외우지 못 한 단어는 다음날 한 번 더 학습합니다.

01 햇볕 명
[해뼏/핻뼏]

sunlight / 阳光，日光 / ánh sáng mặt trời

나는 **햇볕**이 잘 드는 넓은 마당이 있는 집에서 살고 싶다.

그는 **햇볕**이 뜨거운 바닷가에서 서핑을 하고 있어요.

> 유 햇살, 햇빛
> • 햇볕이 들다, 햇볕을 쬐다, 햇볕을 받다

02 행사장 명

event venue / 活动场所 / địa điểm tổ chức, nơi diễn ra sự kiện

회사에서 행사가 있을 때마다 이 강당을 **행사장**으로 사용한다.

구경하러 온 관객들이 **행사장**을 가득 채웠어요.

03 행운 명

good luck / 幸运 / may mắn

이 팔찌는 나에게 **행운**을 가져다주는 소중한 물건이다.

너에게 **행운**이 함께 하길 바랄게. 힘내.

> 반 불운

04 향하다 동
향하고, 향해서,
향하면, 향합니다

head toward / 向着，朝着 / nghiêng về phía, hướng về

아파트 베란다가 강 쪽을 **향하고** 있어서 전망이 좋다.

그는 소리가 나는 쪽을 **향해** 고개를 돌렸어요.

05 허락 명

permission / 允许，许可 / cho phép

나는 해외여행을 가려면 부모님께 **허락**을 받아야 한다.

부모님께 여행을 다녀와도 된다고 **허락**을 맡았어요.

> 유 승낙
> • 허락(을) 하다, 허락(이) 되다, 허락을 구하다, 허락을 받다, 허락을
>   맡다

06 현대 명

modern times / 现代 / hiện đại

현대 사회는 의학이 발달하여 수명이 길어졌다.

현대에는 환경 문제가 점점 더 심각해지고 있어요.

> 유 현시대   반 고대

07 형태 명

form, shape / 形态 / hình thức

현대 사회에서는 집의 **형태**가 다양하다.
아이들은 다양한 **형태**의 장난감을 가지고 놀고 있어요.

유 모양

08 혹은 부

or / 或者 / hoặc

이 꽃의 꽃말은 행운 **혹은** 행복이다.
저는 미국 **혹은** 영국에 유학을 가려고 해요.

유 또는

09 혼나다 동

혼나고, 혼나서,
혼나면, 혼납니다

① have a hard time ② be scolded / ① 丢魂，吃不消 ② 被大骂，
被怒斥 / ① hết hồn ② bị la mắng

① 나는 감기에 걸린 며칠 동안 아파서 **혼나는** 줄 알았다.
② 부모님께 허락을 받지 않고 외박을 해서 **혼났어요**.

유 야단맞다　　　　　　　　반 혼내다, 야단치다
• N1이/가 N2에게 혼나다

10 화면 명

screen / 画面 / màn hình

이 영화관은 다른 곳에 비해 **화면**이 넓다.
이 휴대폰은 **화면**이 아주 선명하네요.

11 화재 명

fire / 火灾 / đám cháy, hỏa hoạn

봄에는 건조해서 산에 **화재**가 발생하기 쉬우니까 조심해야 한다.
아이들은 소방서에서 체험 학습으로 **화재** 예방 훈련을 받았어요.

• 화재가 나다, 화재가 일어나다, 화재가 발생하다

12 화폐 명

currency / 货币 / tiền bạc

현대 사회에서 생산한 물건은 모두 **화폐**와 교환할 수 있다.
최근 경기가 좋지 않아서 우리나라 **화폐**의 가치가 떨어졌어요.

13 화해 명

reconciliation / 和解，和好 / hòa giải

부부는 상담을 통해 갈등을 해결하고 **화해**를 했다.
저는 친구에게 **화해**를 청했어요.

- 화해(를) 하다, 화해(가) 되다, 화해(를) 시키다, 화해를 청하다

14 확인 명

confirmation / 确认 / kiểm tra

이곳은 신분 **확인** 후에 들어갈 수 있다.
이 화폐가 진짜인지 **확인**이 필요해요.

- 확인(을) 하다, 확인(이) 되다, 확인을 받다

15 환불 명

refund / 退款，退钱 / hoàn tiền

콘서트가 취소되자 표를 구입한 사람들은 **환불**을 요구했다.
옷을 구입하시면 교환은 가능하지만 **환불**은 안 됩니다.

- 환불(을) 하다, 환불이 되다, 환불을 받다

16 환상적 명

fantastic / 幻想的 / ảo tưởng, hoang tưởng

남산에서 보는 야경은 **환상적**으로 아름다웠다.
온라인으로 본 콘서트는 정말 신비롭고 **환상적**이었어요.

17 환율 명
[화뉼]

exchange rate / 汇率，汇价 / tỷ giá

환율이 올라서 해외여행을 가기가 힘들다.
저는 환전하려고 **환율**을 알아봤어요.

- 환율이 오르다, 환율이 내리다

18 환하다 형

환하고, 환해서,
환하면, 환합니다

bright / 明亮，亮 / sáng sủa, sáng bừng, sáng chói

이 집 거실은 햇볕이 잘 들어와서 무척 **환하다**.
휴대폰 화면이 **환해서** 글씨가 잘 보여요.

🔄 밝다
- 미소가 환하다, 표정이 환하다, 얼굴이 환하다

19 활동 명
[활똥]

activity / 活动 / hoạt động

나는 매달 한 번씩 봉사 **활동**을 하고 있다.
요즘 취미 **활동**으로 댄스를 배우고 있어요.

- 활동적, 활동가
- 활동(을) 하다, 활동을 시작하다

20 활발하다 형

활발하고, 활발해서,
활발하면, 활발합니다

① lively ② active / ① 活泼，活跃 ② 活跃，兴旺 / ① hoạt bát (tính tình) ② sôi nổi (hoạt động)

① 나는 성격이 **활발한** 편이다.
② 그는 요즘 연기도 하고 노래도 하며 **활발하게** 활동하고 있어요.

21 활짝 부

① wide open ② in full bloom / ① 大敞大开地 ②（花）盛开 / ① (mở) toang, rộng ② (nở) bừng, rộ, tưng bừng

① 바람도 좋고 햇볕도 좋아서 창문을 **활짝** 열어 놓았다.
② 창가에 놓은 화분에 꽃이 **활짝** 피었어요.

- 활짝 열다, 활짝 피다, 활짝 웃다, 활짝 펴다, 활짝 벌리다

22 횟수 명
[회쑤/휃쑤]

frequency / 回数，次数 / số lần

공연은 **횟수**를 거듭할수록 관객들의 호응이 높아졌다.
지난달보다 카드 사용 **횟수**가 늘었어요.

- 횟수가 많다, 횟수가 늘다, 횟수가 줄다

23 효과 명
[효꽈]

effect / 效果 / hiệu quả

이 음식은 감기 예방에 **효과**가 좋다.
병에 좋다는 약은 모두 먹었지만 별로 **효과**가 없었어요.

- 효과가 있다, 효과가 없다, 효과가 좋다, 효과가 나타나다

24 후반 명

latter half / 后半期，后半段 / nửa sau

그 선수는 경기 **후반**에 골을 넣었다.
저는 20대 **후반**에 결혼했어요.

반 초반
- 초반-중반-후반

25 후회 _명

regret / 后悔 / hối tiếc, hối hận

이제 와서 아무리 **후회**를 해도 소용이 없다.
저는 **후회** 없는 삶을 살기 위해 노력하고 있어요.

- 후회(를) 하다, 후회(가) 되다

26 휴대 _명

carry / 携帯 / sự xách tay, cầm tay

이 양산은 접을 수 있어서 **휴대**가 간편하다.
요즘에는 누구나 **휴대** 전화를 사용해요.

- 휴대폰, 휴대 전화, 휴대 용품
- 휴대(를) 하다, 휴대가 되다

27 휴식 _명

rest / 休憩 / nghỉ ngơi

나는 그동안 과로를 해서 **휴식**이 필요하다.
수업 시간은 50분이고 **휴식** 시간은 10분이에요.

- 휴식(을) 하다, 휴식을 취하다

28 휴학 _명

leave of absence / 休学 / nghỉ học

나는 **휴학**을 하고 어학연수를 가려고 한다.
저는 등록금을 벌기 위해 **휴학** 중이에요.

- 휴학(을) 하다, 휴학이 되다

29 흘러가다 _동

흘러가고, 흘러가서,
흘러가면, 흘러갑니다

flow / 流走，流去 / chảy (nước)

강물은 바람의 방향에 따라 **흘러간다**.
시냇물이 **흘러가는** 소리가 시원하게 들려요.

- 시간이 흘러가다, 세월이 흘러가다, 강물이 흘러가다

30 희생 _명

sacrifice / 牺牲，献身 / hy sinh

민주주의의 발전을 위해서 많은 사람의 **희생**이 있었다.
아이를 키우는 일에는 **희생**이 필요하다고 생각해요.

- 희생(을) 하다, 희생(이) 되다, 희생을 당하다

오늘의 단어 한눈에 보기! 다 외운 단어는 ☑해 보세요.

□ 가라앉다 [동]	□ 가로막다 [동]	□ 가만히 [부]
□ 가치 [명]	□ 가치관 [명]	□ 각오 [명]
□ 간격 [명]	□ 간섭 [명]	□ 간신히 [부]
□ 간절하다 [형]	□ 간지럽다 [형]	□ 간혹 [부]
□ 갇히다 [동]	□ 갈등 [명]	□ 감소하다 [동]
□ 감시 [명]	□ 감싸다 [동]	□ 감추다 [동]
□ 감히 [부]	□ 갑작스럽다 [형]	□ 강수량 [명]
□ 강요 [명]	□ 강제 [명]	□ 갖추다 [동]
□ 개념 [명]	□ 개다² [동]	□ 개발 [명]
□ 개방 [명]	□ 개선 [명]	□ 개최 [명]

✎ 외우지 못 한 단어는 다음날 한 번 더 학습합니다.

26 일차

간절하게 원하면 이루어집니다!

01 가라앉다 동
[가라안따]

가라앉고, 가라앉아서,
가라앉으면, 가라앉습니다

sink, settle / 下沉，落下 / chìm (tàu)

수백 명이 탑승한 여객선이 바닷속으로 **가라앉았다**. 유 침몰하다
안개가 땅바닥에 **가라앉아** 있어서 길이 잘 안 보여요.

> 반 떠오르다, 솟아오르다
> • 연기가 가라앉다, 분위기가 가라앉다, 흥분이 가라앉다, 통증이 가라앉다
> • N1이/가 N2에/(으)로 가라앉다

02 가로막다 동
[가로막따]

가로막고, 가로막아서,
가로막으면, 가로막습니다

block / 挡，堵，截 / chắn ngang, gây trở ngại

아버지는 밖으로 나가려는 아이의 앞을 **가로막았다**.
강물을 **가로막은** 콘크리트가 홍수의 원인이 된다고 해요.

> 유 막다
> • 길을 가로막다, 말을 가로막다, 시야를 가로막다

03 가만히 부

still / 静静地，默默地 / ngồi yên, không cử động

그는 몇 시간 동안 움직이지도 않고 **가만히** 있었다.
가만히 보고만 있지 말고 얼른 와서 좀 도와주세요.

> 유 가만, 그대로
> • 가만히 있다, 가만히 생각하다, 가만히 살펴보다

04 가치 명

value, worth / 价值 / giá trị

우리나라 고유의 문자인 한글은 사람들에게 자랑할 만한 **가치**가 있다.
그런 **가치** 없는 일에 너무 신경 쓰지 마세요.

> • 가치가 있다, 가치가 없다, 가치를 가지다

05 가치관 명

values / 价值观 / giá trị quan

부모는 아이들이 올바른 **가치관**을 형성하는 데 중요한 역할을 한다.
생활하는 환경이나 교육에 따라 **가치관**은 달라질 수 있어요.

> • 가치관을 가지다, 가치관을 기르다, 가치관을 형성하다

06 각오 명

determination / 心理准备，思想准备 / sự kiên quyết, quyết tâm

이순신 장군은 전쟁에서 죽을 **각오**로 싸웠다.
이 일은 쉽지 않을 테니까 **각오** 단단히 하세요.

> 유 다짐
> • 각오(를) 하다, 각오를 다지다

07 간격 명

interval / 间隔 / khoảng cách

밤늦은 시간에는 지하철이 삼사십 분 간격으로 다닌다.
공간이 좁으니까 옆 사람과의 간격을 좁혀서 앉아 주세요.

> 유 사이
> • 간격이 넓다, 간격이 좁다, 간격을 넓히다, 간격을 좁히다

08 간섭 명

interference / 干涉 / sự can thiệp

어렸을 때에는 부모의 간섭에서 빨리 벗어나고 싶었다.
남자 친구가 저의 일에 지나치게 간섭을 해서 너무 피곤해요.

> 유 참견, 관여   반 방관
> • 간섭(을) 하다, 간섭을 받다, 간섭에서 벗어나다

09 간신히 부

barely / 好不容易，勉强 / một cách khó khăn, một cách chật vật

그는 무너진 건물 속에서 간신히 목숨을 건졌다.
시험 볼 때 화장실이 너무 급했는데 간신히 참았어요.

> 유 겨우, 가까스로

10 간절하다 형

earnest / 恳切，热切 / thật lòng, thành khẩn, thiết tha

간절하고, 간절해서,
간절하면, 간절합니다

먼 타국에서 혼자 생활하다 보니 가족들 생각이 간절하다.
저의 간절한 소원이 꼭 이루어지면 좋겠어요.

> 유 절실하다
> 부 간절히

11 간지럽다 형

[간지럽따]

itchy / 痒，瘙痒 / nhột

간지럽고, 간지러워서,
간지러우면, 간지럽습니다

아이가 간지러운지 잠을 자면서도 자꾸 몸을 긁는다.
어제 머리를 안 감았더니 간지러워서 도저히 못 참겠네요.

> 유 가렵다
> 관용구 입이 간지럽다, 귀가 간지럽다

12 간혹 부

occasionally / 偶尔，有时 / thỉnh thoảng, đôi khi

그 사람은 간혹 이해가 안 되는 행동을 할 때가 있다.
연락이 끊긴 친구가 간혹 생각이 나곤 합니다.

> 유 어쩌다가, 이따금, 때때로, 가끔

13 갇히다 동
[가치다]

갇히고, 갇혀서,
갇히면, 갇힙니다

be locked up / （被）关，监禁 / bị hạn chế, bị nhốt, bị giam

갑자기 전기가 나가는 바람에 엘리베이터에 갇히고 말았다.
폭설 때문에 마을에 갇혀서 아무데도 갈 수 없어요.

- '가두다'의 피동사
- N1이/가 N2에 갇히다
- 사람이 엘리베이터에 갇히다

14 갈등 명
[갈뜽]

conflict / 矛盾，冲突 / xung đột, mâu thuẫn

계층 간의 갈등이 심해질수록 사회적 혼란은 더욱 커진다.
저는 결혼 때문에 부모님과 오랫동안 갈등을 겪고 있어요.

- 고부 갈등, 노사 갈등, 세대 갈등
- 갈등을 겪다, 갈등을 일으키다, 갈등을 해소하다

15 감소하다 동

감소하고, 감소해서,
감소하면, 감소합니다

decrease / 减少，缩减 / giảm, bớt

사고 발생률이 높은 곳에 CCTV를 설치하자 사고가 5% 감소했다.
작년에 비해서 학생 수가 100명이나 감소했습니다.

유 줄다, 줄어들다　　　　　반 증가하다, 늘다, 늘어나다
- N1에서 N2(으)로 N3이/가 감소하다
- 3억에서 1억으로 2억이 감소하다

16 감시 명

surveillance / 监视 / giám sát

민주주의가 정착되기 전에는 정부 비판에 대해 감시가 심했다.
범인은 CCTV의 감시를 피해 범행을 저질렀어요.

- 감시(를) 하다, 감시를 받다, 감시를 당하다, 감시를 피하다

17 감싸다 동

감싸고, 감싸서,
감싸면, 감쌉니다

① wrap ② cover up / ① 包，裹 ② 包容，遮掩 / ① quấn, băng bó ② che giấu (lỗi lầm)

① 그는 상처를 붕대로 감싸고 다시 경기를 시작했다.
② 내 실수를 끝까지 감싸 준 팀원들이 너무 고마웠어요.

- 약점을 감싸다, 상처를 감싸다, 실수를 감싸다

18 감추다 동

감추고, 감춰서,
감추면, 감춥니다

hide / 隐藏 / giấu, che, lơ đi

남편은 비상금을 두꺼운 책 속에 감추어 두었다.
엄마한테 혼날까 봐 성적표를 얼른 감추었습니다.

유 숨기다
- 비밀을 감추다, 고민을 감추다, 눈물을 감추다, 기쁨을 감추다

19 감히 〔부〕

dare / 敢，竟敢，斗胆 / dám, cả gan

어렸을 때는 선생님이 무서워서 감히 얼굴도 들지 못했다.
직장 상사가 일을 시키는데 어떻게 감히 싫다고 말을 해요?

- 감히 얼굴도 들지 못하다, 감히 말도 못하다

20 갑작스럽다 〔형〕
[갑짝쓰럽따]

갑작스럽고, 갑작스러워서,
갑작스러우면, 갑작스럽습니다

sudden / 意外，突然 / đột ngột, bất thình lình

갑작스러운 그의 청혼에 그녀는 어쩔 줄 몰라 했다.
지난밤에 친구의 부모님이 갑작스럽게 돌아가셨어요.

- 유 급작스럽다, 난데없다, 느닷없다

21 강수량 〔명〕

precipitation / 降水量 / lượng mưa

이 지역은 강수량이 적어 벼농사에 적합하지 않다.
작년에 비해서 올해 평균 강수량이 증가하였습니다.

- 강수량(물)-강우량(비)-강설량(눈)
- 강수량이 적다, 강수량이 많다, 강수량을 측정하다

22 강요 〔명〕

coercion / 强迫，逼迫 / sự ép buộc

그는 친구들의 강요에 못 이겨 억지로 술을 마셨다.
부모님의 강요로 인해 적성에 맞지 않는 전공을 선택하게 되었어요.

- 강요(를) 하다, 강요(가) 되다, 강요(를) 받다

23 강제 〔명〕

force, coercion / 强制，强行 / sự cưỡng chế

정부는 전쟁터에 강제로 끌려온 여성들에게 피해 보상을 해 줘야 한다.
인터넷 커뮤니티에서 폭언이나 욕을 하면 강제로 퇴출될 수 있어요.

- 강제적, 강제성, 강제력, 강제 노동, 강제 동원
- 강제(를) 하다, 강제(가) 되다, 강제로 시키다

24 갖추다 〔동〕
[갇추다]

갖추고, 갖춰서,
갖추면, 갖춥니다

① equip ② prepare / ① 具备，备好 ② 整（姿态），端正 / ① sở hữu, trang bị (thiết bị) ② sẵn sàng

① 이 병원은 최첨단 의료 시설을 갖춘 곳이다.
② 그는 지도자가 갖추어야 할 자격으로 도덕성을 꼽았어요.

- 유 가지다, 지니다, 구비하다
- 시설을 갖추다, 서류를 갖추다, 자격을 갖추다, 실력을 갖추다

25 개념 명

concept / 概念，观念 / khái niệm

사회의 급속한 발전은 가족의 개념도 변하게 하였다.
이 책에는 철학에 대한 주요 개념들을 정리해 놓았어요.

- 개념이 있다, 개념이 없다, 개념을 갖추다, 개념을 파악하다

26 개다² 동

개고, 개서
개면, 갭니다

fold / 叠 / gấp, xếp (quần áo)

그는 다 마른 빨래를 가지런히 개서 서랍장에 넣어 놓았다.
저는 아침에 일어나자마자 이불을 개요.

(반) 펴다
- 옷을 개다, 이불을 개다

27 개발 명

development / 开发 / phát triển

신제품 개발을 위해서는 아낌없는 투자가 이루어져야 한다.
최근에는 무분별한 도시 개발로 인해 자연이 많이 파괴되고 있습니다.

- 자원 개발, 도시 개발, 프로그램 개발, 신제품 개발, 능력 개발
- 개발(을) 하다, 개발(이) 되다, 개발(을) 시키다

28 개방 명

opening / 开放 / khai phóng, mở ra

해외 농산물 수입 개방으로 인해 국내 농산물 가격이 많이 하락했다.
전시관의 개방 시간은 오전 9시부터 오후 5시까지입니다.

(반) 폐쇄
- 개방(을) 하다, 개방(이) 되다, 개방(을) 시키다

29 개선 명

improvement / 改善 / sự cải tiến

그는 양국의 외교적 갈등을 없애고 관계 개선을 위해서 노력하고 있다.
건강을 위해서는 자극적인 식생활 개선이 시급합니다.

- 제도 개선, 구조 개선, 관계 개선, 환경 개선
- 개선(을) 하다, 개선(이) 되다, 개선(을) 시키다

30 개최 명

hosting, holding / 召开，举办 / việc tổ chức

올림픽의 개최는 국가 이미지를 한층 더 높일 수 있다.
이번 행사의 성공적인 개최를 위해 철저히 준비하고 있습니다.

- 회의 개최, 회담 개최, 세미나 개최, 올림픽 개최, 행사 개최
- 개최(를) 하다, 개최(가) 되다

오늘의 단어 한눈에 보기! 다 외운 단어는 ☑ 해 보세요.

□ 간접적 관, 명   □ 개혁 명   □ 객관적 관, 명

□ 거래 명   □ 거칠다 형   □ 건네다 동

□ 건드리다 동   □ 걷다 동   □ 게다가 부

□ 격려 명   □ 겪다 동   □ 견디다 동

□ 견해 명   □ 결승 명   □ 결코 부

□ 겸손 명   □ 겹치다 동   □ 경계 명

□ 경고 명   □ 경기 명   □ 경력 명

□ 경영 명   □ 경쟁 명   □ 경향 명

□ 계기 명   □ 고려 명   □ 고소하다 형

□ 고요하다 형   □ 고유 명   □ 고정 명

✎ 외우지 못 한 단어는 다음날 한 번 더 학습합니다.

01 간접적 관,명
[간접쩍]

indirect / 间接的 / gián tiếp

관 제주도는 태풍의 **간접적** 영향을 받을 것으로 예상된다.
명 이 이야기는 친구를 통해 **간접적**으로 들은 거라 자세한 건 잘 몰라요.

반 직접적

02 개혁 명

reform / 改革 / cải cách

선거에 앞서 새로운 **개혁**을 요구하는 국민들의 목소리가 높아지고 있다.
부동산에 대한 사람들의 의식 **개혁** 없이는 집값이 떨어지지 않을 거예요.

유 혁신   반 보수
• 교육 개혁, 제도 개혁, 의식 개혁, 종교 개혁
• 개혁(을) 하다, 개혁(이) 되다, 개혁(을) 시키다

03 객관적 관,명
[객꽌적]

objective / 客观的 / tính khách quan

관 국민이 언론에 요구하는 것은 **객관적** 보도이다.
명 모든 일은 사실만을 가지고 **객관적**으로 판단해야 합니다.

반 주관적

04 거래 명

① transaction, dealing ② mutual visit / ① 交易 ② 往来，交往 /
giao dịch

① 요즘 같은 불경기에는 **거래**가 활발하게 이루어지지 않는다.
② 이 선생님은 발이 넓어서 여러 분야의 사람들과 **거래**가 잦아요.

• 거래(를) 하다, 거래(가) 되다, 거래가 이루어지다, 거래가 활발하다

05 거칠다 형

거칠고, 거칠어서,
거칠면, 거칩니다

rough / ① 粗，粗糙 ② 粗俗，粗劣 / ① sần sùi (da) ② thô kệch
(cách nói chuyện)

① 어머니의 손이 너무 **거칠어서** 마음이 아팠다.
② 그는 말을 **거칠게** 하는 편이라서 다른 사람에게 오해를 많이 사요.

반 곱다, 부드럽다
• 피부가 거칠다, 운전이 거칠다, 성격이 거칠다, 파도가 거칠다

06 건네다 동

건네고, 건네서,
건네면, 건넵니다

① hand over ② speak to / ① 递，交 ② 搭话 / ① trao, đưa, giao
(đồ vật) ② gợi (chuyện), mở (lời)

① 아버지는 아들에게 술잔을 **건넨** 후에 술을 따라 주었다.
② 길을 걷는데 낯선 사람이 갑자기 말을 **건네서** 당황스러웠어요.

• 물건을 건네다, 인사를 건네다, 말을 건네다

07 건드리다 동

건드리고, 건드려서,
건드리면, 건드립니다

touch / 触，碰，摸 / chạm, đụng

꽃이 예뻐서 살짝 **건드렸을** 뿐인데 꽃이 떨어져 버렸다.
아무리 친해도 다른 사람의 물건을 함부로 **건드리면** 안 돼요.

유 만지다

08 걷다 동

[걷따]

걷고, 걷어서,
걷으면, 걷습니다

fold up, roll up / 卷，挽 / đi bộ

커튼을 **걷자** 따뜻한 햇살이 거실로 쏟아져 들어왔다. 반 치다
아이는 물고기를 잡겠다고 바지를 **걷어** 올리고 개울로 들어갔어요.

• 소매를 걷다, 커튼을 걷다, 빨래를 걷다, 돗자리를 걷다

09 게다가 부

besides / 加上，外加 / hơn nữa, thêm vào đó

그 식당은 값도 비싼 편이었고 **게다가** 음식 맛도 별로였다.
오늘 날씨가 아주 추워요. **게다가** 바람까지 불어서 더 추운 것 같아요.

유 더구나, 더욱이, 더군다나

10 격려 명

[경녀]

encouragement / 鼓励，鼓舞 / khích lệ

외롭고 힘들 때에는 주위 사람들의 따뜻한 **격려**가 큰 힘이 된다.
선생님, 학생들에게 힘내라는 **격려**의 말씀 부탁드리겠습니다.

• 격려금, 격려사
• 격려(를) 하다, 격려(가) 되다, 격려를 받다, 격려를 보내다

11 겪다 동

[격따]

겪고, 겪어서,
겪으면, 겪습니다

undergo / 经历，经受 / đã trải qua, đã mắc phải

사람들은 전쟁으로 인해 많은 고통을 **겪어** 왔다.
그 가수는 이별의 아픔을 **겪은** 후에 그것을 가사로 썼다고 해요.

• 고통을 겪다, 시련을 겪다, 불편을 겪다, 어려움을 겪다

12 견디다 동

견디고, 견뎌서,
견디면, 견딥니다

endure / 坚持，挺过，耐得住 / chịu đựng

이 옷은 영하 30℃의 추위도 **견딜** 수 있도록 만들어졌다.
저는 엄마의 잔소리를 **견디기** 힘들어서 밖으로 나왔어요.

유 참다, 버티다
• 고통을 견디다, 시련을 견디다, 아픔을 견디다, 추위를 견디다

13 견해 명

opinion / 见解，看法 / cách nhìn, quan điểm

우리는 전시회를 보면서 그림에 대한 서로의 견해를 이야기했다.
이 글을 읽고 자신의 견해를 밝혀 보십시오.

> 윤 의견, 생각
> • 견해를 밝히다, 견해를 내놓다, 견해가 엇갈리다

14 결승 명
[결씅]

finals / 决胜，决赛 / trận chung kết

우리 팀은 결승 진출을 목표로 죽을힘을 다해 노력했다.
이번 결승에서 승리하면 금메달을 딸 수 있습니다.

> 반 예선
> • 결승전
> • 결승에 나가다, 결승에 오르다, 결승에 진출하다

15 결코 부

never / 决，绝对 / không bao giờ, chưa hề

나는 결승전에서 승리했던 그 순간을 결코 잊을 수 없다.
당신과 저의 만남은 결코 우연이 아니라고 생각해요.

> 윤 절대로, 결단코
> • 결코 + 부정적인 표현(아니다, 없다, 않다, 못하다 등)

16 겸손 명

humility / 谦虚，谦逊 / sự khiêm tốn

벼는 익을수록 고개를 숙인다는 말은 겸손의 필요성을 나타내는 말이다.
사람들은 실패를 겪으면서 겸손을 배우는 것 같아요.

> 반 거만, 오만, 자만
> • 겸손하다

17 겹치다 동
겹치고, 겹쳐서,
겹치면, 겹칩니다

overlap / 赶在一块 / bị trùng, bị giống nhau, chồng chất

① 대체 공휴일은 공휴일이 주말과 겹칠 경우 평일로 대체하는 날이다.
② 왜 안 좋은 일들은 이렇게 겹쳐서 일어나는지 모르겠어요.

> • 일이 겹치다, 내용이 겹치다, 날짜가 겹치다, 약속이 겹치다

18 경계 명

boundary / 界限 / ranh giới

우리나라는 삼팔선을 경계로 남쪽과 북쪽으로 나뉘었다.
저는 가끔 현실과 이상의 경계가 분명하지 않을 때가 있어요.

> • 경계선
> • 경계가 되다, 경계를 짓다, 경계를 긋다

19 경고 명

warning / 警告，告诫 / cảnh báo

그는 위험하다는 경고를 무시하고 성큼성큼 걸어 들어갔다.
군사 지역에는 여기저기에 경고를 알리는 표지판이 있어요.

> 유 주의
> • 경고장
> • 경고(를) 하다, 경고를 주다, 경고를 받다

20 경기 명

economy / 经济状况 / tình hình kinh tế

경기가 회복되자 수출과 수입이 활발하게 이루어지고 있다.
부동산 경기가 좋지 않아서 집도 안 팔려요.

> • 불경기, 호경기
> • 경기가 좋다, 경기가 나쁘다, 경기가 회복되다, 경기가 침체되다

21 경력 명
[경녁]

career / 经历，阅历 / kinh nghiệm

그는 이곳저곳에서 경력을 쌓은 후에 자신의 회사를 차렸다.
우리 회사에서 경력 사원을 모집하고 있으니 많은 지원 바랍니다.

> • 경력이 있다, 경력이 없다, 경력을 쌓다, 경력을 가지다

22 경영 명

management / 经营 / kinh doanh

나는 기업의 소유와 경영은 분리되어야 한다고 생각한다.
사장님의 경영 능력이 뛰어나서 불황에도 잘 견디고 있어요.

> 유 운영
> • 경영(을) 하다, 경영(이) 되다, 경영을 맡다

23 경쟁 명

competition / 竞争 / cạnh tranh

자본과 기술력이 높은 기업이 경쟁에서 이기는 경우가 많다.
요즘 학교에서는 입시 경쟁이 갈수록 치열해지고 있다고 합니다.

> • 경쟁력, 경쟁률, 경쟁심
> • 경쟁(을) 하다, 경쟁이 되다, 경쟁을 벌이다, 경쟁이 치열하다

24 경향 명

tendency / 倾向 / xu hướng, khuynh hướng

최근 젊은 사람들의 평균 결혼 연령이 높아지는 경향을 보인다.
김 과장님은 사람 말을 끝까지 안 듣는 경향이 있어요.

> 유 추세
> • 경향이 있다, 경향을 보이다, 경향을 띠다

25 계기 명
[계기]

chance / 契机 / lý do, nhân dịp, nhân cơ hội
올림픽을 **계기**로 해서 개최국에 대한 사람들의 인식이 많이 변화되었다.
우연히 한국 노래를 들은 것이 한국에 오게 된 **계기**가 되었어요.

• 계기가 되다, 계기를 마련하다, 계기로 삼다

26 고려 명

consideration / 考虑，斟酌 / sự cân nhắc, sự đắn đo
그의 제안서는 **고려**를 해 볼 필요도 없을 정도였다.
그 문제는 아직 **고려** 중이니까 조금만 더 기다려 보세요.

유 심사숙고
• 고려(를) 하다, 고려(가) 되다

27 고소하다 형
고소하고, 고소해서,
고소하면, 고소합니다

① savory ② satisfying / ① 香，香喷喷 ② 高兴，痛快 / ① ngọt,
bùi, thơm ngon (vị thức ăn) ② hả dạ, hả hê, khoái trá
① 어디에선가 깨를 볶는 **고소한** 냄새가 났다.
② 그렇게 잘난 척을 하더니 예선 통과도 못 하고, 아주 **고소하네**.

• 맛이 고소하다, 냄새가 고소하다

28 고요하다 형
고요하고, 고요해서,
고요하면, 고요합니다

quiet / ① 寂静，宁静 ② 平静 / yên ảng, tĩnh mịch
① 시골은 밤 9시만 돼도 사방이 쥐 죽은 듯이 **고요하다**. 유 조용하다
② **고요하게** 흐르는 강물을 보고 있으니 마음이 차분해져요. 유 잔잔하다

반 시끄럽다, 요란하다, 떠들썩하다
부 고요히
• 밤이 고요하다, 마을이 고요하다, 바다가 고요하다

29 고유 명

inherent / 固有 / sự cố hữu, đặc trưng vốn có
우리는 민족 **고유**의 전통과 풍습을 지켜야 한다.
세종대왕은 우리의 **고유** 문자인 한글을 창제한 분입니다.

• 고유하다

30 고정 명

fixed / 固定 / cố định
그는 프로그램 진행자로서 고정으로 출연하는 사람이다. 반 임시
책꽂이가 움직이지 않도록 고정을 시켜야겠어요.

• 고정적, 고정 관념, 고정 자산, 고정 비용, 고정 수입
• 고정(을) 하다, 고정(이) 되다, 고정(을) 시키다, 고정으로 나오다

오늘의 단어 한눈에 보기! 다 외운 단어는 ☑ 해 보세요.

- ☐ 고집 명
- ☐ 골다 동
- ☐ 공감 명
- ☐ 공개 명
- ☐ 공격 명
- ☐ 공급 명
- ☐ 공동체 명
- ☐ 공손하다 형
- ☐ 공적 명
- ☐ 공지 명
- ☐ 공해 명
- ☐ 과소비 명
- ☐ 과속 명
- ☐ 과연 부
- ☐ 관점 명
- ☐ 괜히 부
- ☐ 괴롭다 형
- ☐ 괴롭히다 동
- ☐ 굉장하다 형
- ☐ 교대 명
- ☐ 교류 명
- ☐ 교양 명
- ☐ 교체 명
- ☐ 교훈 명
- ☐ 구르다 동
- ☐ 구매 명
- ☐ 구별 명
- ☐ 구분 명
- ☐ 구석 명
- ☐ 구성 명

✎ 외우지 못 한 단어는 다음날 한 번 더 학습합니다.

구르는 돌에는 이끼가 끼지 않아요!

01 고집 명

stubbornness / 固执，坚持 / bướng bỉnh, cố chấp

아버지는 고집도 세고 융통성도 없는 사람이다.
이렇게 고집 부린다고 네 뜻대로 다 되지는 않을 거야.

- 고집쟁이, 고집불통
- 고집하다, 고집이 세다, 고집을 부리다, 고집을 피우다, 고집을 세우다, 고집을 꺾다

02 골다 동

snore / 打鼾，打呼噜 / ngáy

골고, 골아서,
골면, 곱니다

아이가 피곤했는지 눕자마자 코를 골면서 잠을 잤다.
남편의 코 고는 소리가 어찌나 시끄러운지 자다가 깼어요.

- 코를 골다

03 공감 명

empathy / 共鸣，同感 / sự đồng cảm

그의 주장은 현실성이 떨어져 공감을 하기가 쉽지 않다.
당사자의 말을 듣고 보니 공감이 가는 부분도 있어요.

- 공감대, 공감 능력
- 공감(을) 하다, 공감이 되다, 공감이 가다, 공감을 얻다

04 공개 명

release, disclose / 公开 / công khai

시민들은 공직자들의 재산 공개를 요구했다.
우리 회사에서는 공개 모집을 통해 신입 사원을 모집할 예정입니다.

- 반 비공개
- 공개적
- 공개(를) 하다, 공개(가) 되다, 공개를 요구하다

05 공격 명

attack / ① 攻击，指责 ② 进攻 / tấn công, công kích

① 다른 사람에 대한 근거 없는 공격은 하지 말아야 한다.
② 상대 팀의 계속된 공격으로 수비도 제대로 못하고 큰 점수 차로 졌어요.

- 반 방어, 수비
- 공격적, 공격력
- 공격(을) 하다, 공격을 받다, 공격을 당하다, 공격을 막다

06 공급 명

supply / 供应，供给 / cung cấp

시장이 원활하게 돌아가려면 수요와 공급이 균형을 이루어야 한다.
나무가 잘 자라도록 영양 공급을 충분히 해 줘야 돼요.

- 반 수요
- 공급자, 공급량
- 공급(을) 하다, 공급(이) 되다, 공급을 받다, 공급을 끊다

07 공동체 ^명

community / 团队，共同体 / cộng đồng, tập thể

회사에서는 단합 대회를 통해 직원들에게 공동체 의식을 심어주었다.
우리는 죽어도 같이 죽고 살아도 같이 사는 운명 공동체예요.

> • 가족 공동체, 사회 공동체, 지역 공동체, 생활 공동체, 운명 공동체

08 공손하다 ^형

공손하고, 공손해서,
공손하면, 공손합니다

polite / 恭敬 / lịch sự, lễ phép

그는 동네 어른을 보자 머리를 숙여 공손하게 인사를 했다.
그는 항상 공손한 태도로 사람들을 대해요.

> 반 불손하다, 오만하다
> • 태도가 공손하다, 말이 공손하다

09 공적 ^명
[공쩍]

public / 公，公共，公家 / cái chung, mang tính cộng đồng

공적인 업무를 수행할 때에는 사적인 감정은 배제해야 한다.
그 사람과 저는 공적으로 만났을 뿐이에요.

> 반 사적

10 공지 ^명

announcement / 公告，通知 / thông báo

게시판을 통해 사람들에게 공지 사항을 전달했다.
오늘 홈페이지에 긴급 공지가 떴으니 확인해 주세요.

> 유 공고
> • 공지문, 공지 사항
> • 공지(를) 하다, 공지(가) 되다, 공지를 보다, 공지를 올리다

11 공해 ^명

pollution / 公害 / sự ô nhiễm

각종 공해로 인해 자연환경이 많이 훼손되었다.
시골에 비해 도시의 공해 문제가 심각한 편입니다.

> • 산업공해, 소음 공해, 환경 공해

12 과소비 ^명

overspending / 过度消费，超额消费 / chi tiêu quá mức

잘못된 광고는 과소비를 부추길 수 있다.
경제를 살리기 위해서는 과소비를 줄여야 해요.

> • 과소비(를) 하다, 과소비가 심하다, 과소비를 부추기다

13 과속 명

speeding / 超速 / quá tốc độ

교통사고는 대부분 **과속**으로 인해 발생한다.
경찰이 도로에서 **과속** 차량을 단속 중입니다.

- 과속(을) 하다, 과속으로 달리다

14 과연 부

indeed / 果然，确实 / thực vậy, quả nhiên

직접 보니 **과연** 그는 세계 제일의 화가임에 틀림없었다.
사람들의 말대로 그 사람은 **과연** 법 없이도 살 사람이에요.

유 정말로, 참말로

15 관점 명
[관쩜]

perspective / 观点，看法 / quan điểm

사람마다 사물을 보는 **관점**은 다를 수밖에 없다.
비판적인 **관점**으로 작품을 봐 주세요.

유 시각

16 괜히 부

in vain / 白白地，徒劳地 / vô ích

고속 도로 정체가 심해서 **괜히** 나왔다는 생각이 들었다.
다른 사람 일에 **괜히** 신경 쓸 필요는 없어.

유 쓸데없이, 공연히

17 괴롭다 형
[괴롭따]

괴롭고, 괴로워서,
괴로우면, 괴롭습니다

distressed / 痛苦，难过 / đau khổ, buồn phiền

부모의 이혼으로 상처받을 아이를 생각하니 마음이 너무 **괴로웠다**.
그는 사랑하는 사람을 잃고 **괴로워서** 한동안 술만 마셨어요.

반 즐겁다, 기쁘다
명 괴로움

18 괴롭히다 동
[괴로피다]

괴롭히고, 괴롭혀서,
괴롭히면, 괴롭힙니다

harass / 使痛苦，使难受 / bắt nạt, quấy phá

다른 사람들의 곱지 않은 시선이 나를 **괴롭혔다**.
동생 좀 그만 **괴롭히고** 사이좋게 지냈으면 좋겠구나.

- '괴롭다'의 사동사

19 굉장하다 형

굉장하고, 굉장해서,
굉장하면, 굉장합니다

amazing / ① 巨大，宏伟 ② 不简单，了不起 / hùng vĩ, nguy
nga, lộng lẫy

① 다른 분야의 일을 시작한다는 것은 **굉장한** 용기가 필요하다.
② 지난주에 개봉한 그 영화의 컴퓨터 그래픽은 정말 **굉장했어요.**

> 유 상당하다, 대단하다, 어마어마하다
> 부 굉장히

20 교대 명

shift / 换班，轮班 / ca (làm việc)

근무 교대 시간이 되자 공장에서 사람들이 나오기 시작했다.
이곳에서는 세 사람이 돌아가면서 교대로 일하고 있어요.

21 교류 명

exchange / 交流 / giao lưu

다른 나라와 문화적 교류를 통해 새로운 문화를 받아들였다.
교통이 발달되면서 지역 간의 교류가 활발해지고 있습니다.

> • 교류(를) 하다, 교류(가) 되다, 교류를 가지다, 교류를 이루다

22 교양 명

culture, refinement / 教养，涵养 / giáo dưỡng

표준어는 교양 있는 사람들이 두루 사용하는 현대 서울말을 일컫는다.
우리 어머니는 교양과 품격을 갖추셨어요.

> • 교양이 있다, 교양이 없다, 교양이 높다, 교양을 쌓다, 교양을 갖추다

23 교체 명

replacement / 交替，更换 / thay thế

이번 선거에서 야당의 목표는 정권 교체를 이루는 것이다.
오래되고 낡은 상수도관 교체 공사가 진행 중입니다.

> • 교체(를) 하다, 교체(가) 되다, 교체를 이루다

24 교훈 명

lesson, moral / 教训 / dạy dỗ, giáo huấn

지난 역사를 교훈으로 삼아 다시는 전쟁이 일어나지 않도록 해야 한다.
저는 이번 일을 통해 많은 교훈과 경험을 얻었습니다.

> 유 가르침
> • 교훈이 되다, 교훈을 얻다, 교훈으로 여기다, 교훈으로 삼다

25 구르다 동

구르고, 굴러서,
구르면, 구릅니다

roll / 滚动，滚 / ① cuộn ② lăn

① 큰 돌이 갑자기 언덕 아래로 굴러서 내려왔다.
② 계단을 올라가다가 발을 헛디뎌서 굴렀어요.

- N이/가 구르다
- 속담 구르는 돌에는 이끼가 끼지 않는다

26 구매 명

purchase / 购买，购置 / sự thu mua, sự mua hàng

광고를 하는 연예인의 이미지가 제품 구매에 많은 영향을 끼친다.
10만 원 이상 구매 고객에 한하여 사은품을 드립니다.

- 유 구입   반 판매
- 구매자, 구매력
- 구매(를) 하다, 구매(가) 되다

27 구별 명

distinction / 区别，区分 / sự phân biệt

옛날에는 옷의 색깔이나 길이를 통해서 신분 구별이 가능했다.
우리 회사에서는 남녀 구별 없이 기회를 동등하게 제공하고 있습니다.

- 유 구분
- 구별(을) 하다, 구별(이) 되다

28 구분 명

classification / 区分，划分 / sự phân loại

이 열차의 좌석은 일반석과 특별석으로 구분이 되어 있다.
선배님, 서류들은 작성된 연도별로 구분을 해 놓았습니다.

- 유 구별
- 구분(을) 하다, 구분(이) 되다

29 구석 명

corner / 角，角落 / góc

집을 정리하면서 안 쓰는 물건들을 한쪽 구석으로 밀어 놓았다.
저는 자리에 앉을 때 중앙보다는 구석 자리를 선호해요.

30 구성 명

① organization ② composition / ① 构成 ② 结构，构思 / ① sự cấu thành ② kết cấu, bố cục

① 이번 대회의 심사 위원들은 여러 분야의 전문가들로 구성이 되어 있다.
② 이 드라마는 구성도 탄탄하고 배우들 연기력도 좋아서 인기가 많아요.

- 유 조직
- 구성(을) 하다, 구성(이) 되다, 구성이 좋다

오늘의 단어 한눈에 보기! 다 외운 단어는 ☑ 해 보세요.

☐ 구속 명 　　☐ 구조² 명 　　☐ 구하다 동

☐ 굳이 부 　　☐ 굽히다 동 　　☐ 권력 명

☐ 권리 명 　　☐ 권위 명 　　☐ 권유 명

☐ 귀중하다 형 　　☐ 귀하다 형 　　☐ 규모 명

☐ 규정 명 　　☐ 균형 명 　　☐ 그다지 부

☐ 극복 명 　　☐ 극히 부 　　☐ 근거 명

☐ 근본적 명 　　☐ 근심 명 　　☐ 긁다 동

☐ 금하다 동 　　☐ 급격히 부 　　☐ 급속히 부

☐ 급증 명 　　☐ 기부 명 　　☐ 기술 명

☐ 기여 명 　　☐ 기울다 동 　　☐ 기울이다 동

✎ 외우지 못 한 단어는 다음날 한 번 더 학습합니다.

01 구속 명

detention / 拘束，约束 / sự hạn chế, sự gò ép

나는 다른 사람에게 구속을 받지 않는 자유로운 삶을 원한다.
부모님의 구속에서 벗어나고 싶어서 졸업하자마자 독립했어요.

반 자유
- 구속(을) 하다, 구속(이) 되다, 구속을 받다, 구속을 당하다

02 구조² 명

rescue / 救助，营救 / cứu hộ

폭설로 인해 산에 고립된 사람들이 구조를 요청했다.
이곳에는 구조를 기다리는 사람들이 모여 있어요.

- 구조(를) 하다, 구조(가) 되다, 구조를 받다

03 구하다 동

구하고, 구해서,
구하면, 구합니다

save / 救，救助 / cứu, cứu lấy

그는 바닷가에서 물에 빠진 아이를 구해 준 적이 있다.
현충일은 나라를 구하다가 돌아가신 분들을 기념하는 날이에요.

- 사람을 구하다, 나라를 구하다, 생명을 구하다, 목숨을 구하다

04 굳이 부

[구지]

insistently / 坚决，执意 / có nhất thiết

의사가 안 된다고 했으나 아버지는 굳이 고집을 부려 퇴원을 했다.
여기에 오지 말라고 했는데 왜 굳이 와서 고생을 해요?

유 구태여

05 굽히다 동

[구피다]

굽히고, 굽혀서,
굽히면, 굽힙니다

bend / 弯，弯曲 / cúi, khom

팔굽혀펴기는 팔을 굽혀서 하는 운동이다.
한국에서는 어른을 만나면 허리를 굽혀서 인사를 해요.

유 구부리다   반 젖히다
- 허리를 굽히다, 팔을 굽히다, 뜻을 굽히다, 주장을 굽히다

06 권력 명

[궐력]

power / 权力 / thẩm quyền, quyền lực

나라마다 권력을 이용해서 자기의 이익을 취하는 사람이 많다.
사람들은 권력을 잡기 위해서 남을 속이거나 거짓말을 하기도 해요.

- 권력이 있다, 권력을 가지다, 권력을 잡다, 권력을 누리다

07 권리 명
[궐리]

right / 权利 / quyền lợi

민주주의 국가에서는 국민의 자유와 **권리**를 보장하고 있다.
저도 국민으로서 교육받을 **권리**가 있다고 생각해요.

반 의무
• 권리를 가지다, 권리를 주장하다, 권리를 보장하다, 권리를 침해하다

08 권위 명
[궈뉘]

authority / 权威 / quyền uy, sức mạnh

예전의 가장은 **권위**를 가지고 집안을 엄격하게 다스리는 존재였다.
우리 사장님은 자기의 **권위**를 내세우지 않는 편이에요.

• 권위적, 권위주의, 권위의식
• 권위가 있다, 권위가 없다, 권위를 가지다, 권위를 세우다

09 권유 명
[궈뉴]

recommendation / 劝导，规劝 / khuyên bảo

초등학교 시절 담임 선생님의 **권유**로 미술을 시작했다.
친구의 **권유**로 이 책을 구매했는데 정말 유용하네요.

유 권고, 권장
• 권유(를) 하다, 권유를 받아들이다, 권유를 뿌리치다

10 귀중하다 형
귀중하고, 귀중해서,
귀중하면, 귀중합니다

precious / 贵重，宝贵 / quý giá

사람에게 가족은 무엇과도 바꿀 수 없는 **귀중한** 존재이다.
당신과 함께 보내는 이 시간이 나에게는 너무 **귀중해**.

유 소중하다, 귀하다   반 하찮다, 사소하다

11 귀하다 형
귀하고, 귀해서,
귀하면, 귀합니다

① noble ② valuable / ① 尊贵，高贵 ② 贵重，宝贵 / ① cao quý
② quý trọng

① 이것은 **귀한** 신분의 남자와 천한 신분의 여자가 사랑에 빠지는 이야기다.
② 사람의 목숨만큼 **귀하고** 중요한 것은 없어요.

유 값지다   반 천하다
• 신분이 귀하다, 집안이 귀하다, 생명이 귀하다

12 규모 명

scale / 规模 / quy mô

BTS의 콘서트는 역대 최대 **규모**로 개최되었다.
우리 회사는 **규모**가 별로 크지 않은 중소기업이에요.

• 규모가 크다, 규모가 작다, 규모가 있다

13 규정 명

regulation / 规定，规章 / luật lệ, quy định

대회의 **규정**대로 약물을 복용한 선수들은 출전이 금지되었다.
다른 친구를 괴롭힌 학생은 학교 **규정**에 따라 처벌을 받을 거예요.

- 규정(을) 하다, 규정(이) 되다, 규정이 있다, 규정을 내리다

14 균형 명

balance / 平衡，均衡 / sự cân bằng

도시와 지역의 **균형** 있는 발전을 위하여 농어촌을 개발하기로 했다.
여기에서 넘어지지 않으려면 **균형**을 잃지 않는 게 중요해요.

⑪ 불균형
- 균형이 맞다, 균형을 잡다, 균형을 깨다, 균형을 잃다, 균형을 이루다

15 그다지 부

not really / （与否定词搭配）并不那么，不怎么 / không…lắm

처음에는 낯설고 힘들었지만 적응이 되니 **그다지** 힘든 줄을 모르겠다.
시험이 많이 어려울 줄 알았는데 **그다지** 어렵지는 않았어요.

⑪ 별로   ⑪ 극히
- 그다지 + 부정적인 표현(아니다, 없다, 않다, 못하다 등)

16 극복 명
[극뽁]

overcome / 克服 / vượt qua, khắc phục

정부는 불황으로 인한 경제 위기 **극복**을 위해 힘쓰고 있다.
어려운 일일수록 여러 사람이 힘을 합치면 **극복**도 어렵지 않을 거예요.

- 극복(을) 하다, 극복(이) 되다

17 극히 부
[그키]

extremely / 极其 / cực kỳ, rất

사람이 태어나고 죽는 것은 **극히** 당연한 일이다.
이 정보를 알고 있는 사람들은 **극히** 일부에 불과해요.

⑪ 지극히   ⑪ 그다지

18 근거 명

basis / 根据，依据 / căn cứ

신문이나 뉴스에서 보도되는 내용은 사실을 **근거**로 해서 작성된다.
자기의 의견을 주장하려면 그에 맞는 **근거**를 대야 합니다.

- 근거하다, 근거가 있다, 근거가 되다, 근거를 대다, 근거로 삼다

19 근본적 몡

fundamental / 根本性的，基本的 / tính cơ bản

지역주의는 나라의 발전을 위해 근본적으로 해결해야 할 과제이다.

이런 사고가 다시는 발생하지 않도록 근본적인 대책을 세워야 해요.

20 근심 몡

worry / 担心，担忧 / bận tâm, lo lắng, băn khoă

어머니는 근심이 가득한 목소리로 전화를 하셨다.

저는 요즘 근심 걱정이 너무 많아서 쉽게 잠이 오지 않아요.

> 유 걱정
> • 근심(을) 하다, 근심(이) 되다, 근심이 있다, 근심이 생기다

21 긁다 동

[극따]

긁고, 긁어서,
긁으면, 긁습니다

① scratch ② irritate / ① 挠，搔 ② 抱怨，发牢骚 / ① cào, gãi
② cằn nhằn, càu nhàu

① 내 친구는 어색할 때 머리를 긁는 버릇이 있다.

② 아침부터 아내가 바가지를 긁어서 기분이 안 좋아요.

> • 등을 긁다, 머리를 긁다, 카드를 긁다
> 속담 긁어 부스럼 만들다
> 관용구 바가지를 긁다, 속을 긁다

22 금하다 동

금하고, 금해서,
금하면, 금합니다

forbid / 禁止 / ngăn cấm

청소년에게는 주류와 담배 판매를 금하고 있다.

이곳은 관계자 외 출입을 금하는 곳입니다.

> 유 금지하다, 막다
> • 출입을 금하다, 외출을 금하다, 영업을 금하다, 사용을 금하다

23 급격히 부

[급껴키]

rapidly / 急剧地，急速地 / một cách đột ngột, chóng vánh

연말연시에 음주 운전 사고로 인한 사망자 수가 급격히 증가하고 있다.

할아버지의 병세가 급격히 악화되어 오늘을 넘기기 힘들 것 같습니다.

> 형 급격하다

24 급속히 부

[급쏘키]

rapidly / 急速地，迅速地 / một cách cấp tốc, gấp gáp

막걸리의 인기가 높아짐에 따라 소비량이 급속히 증가하였다.

드라마의 인기가 전 세계적으로 급속히 확산되고 있습니다.

> 반 서서히
> 형 급속하다

25 급증 명
[급쯩]

surge / 激增，剧增 / sự tăng nhanh

여름철 냉방기 사용 급증으로 인해 대규모 정전 사태가 발생했다.
최근 일회용품 사용의 급증으로 환경이 많이 파괴되고 있습니다.

> 반 급감
> • 급증(을) 하다, 급증(이) 되다

26 기부 명

donation / 捐赠，捐献 / quyên góp

각 기업들은 매달 일정 금액의 기부를 약속했다.
우리 사회에 올바른 기부 문화가 자리를 잡았으면 좋겠어요.

> • 기부금
> • 기부(를) 하다, 기부를 받다

27 기술 명

technology / 技术 / kỹ thuật

과학 기술의 발전에 따라 경제도 많이 발전했다.
저는 다양한 건축 기술을 익히려고 이곳저곳을 돌아다녔어요.

> • 기술력, 기술자, 기술적
> • 기술이 좋다, 기술이 있다, 기술을 가지다, 기술을 배우다

28 기여 명

contribution / 贡献 / đóng góp

교통의 발달은 국제 무역이 발전하는 데 큰 기여를 했다.
그의 연구는 불치병 치료제 개발에 결정적인 기여를 했어요.

> 유 공헌, 이바지
> • 기여(를) 하다, 기여(가) 되다

29 기울다 동

기울고, 기울어서,
기울면, 기웁니다

decline / ① 斜，歪 ② 衰落 / ① nghiêng, xiêu vẹo (tòa nhà)
② xuống dốc (tình hình kinh tế)

① 지진으로 건물이 한쪽으로 기울었다. 유 쏠리다
② 중요한 계약이 실패하면서 회사가 점점 기울기 시작했어요.

> • 액자가 기울다, 건물이 기울다, 집안이 기울다

30 기울이다 동

기울이고, 기울여서,
기울이면, 기울입니다

lean, tilt / 斜，歪 / làm nghiêng, nghiêng

아버지는 병을 기울여서 잔에 소주를 따라 주셨다.
귀에 물이 들어가면 고개를 옆으로 기울이고 반대편 귀를 살짝 두드리세요.

> • '기울다'의 사동사
> • 술잔을 기울이다, 몸을 기울이다

오늘의 단어 한눈에 보기! 다 외운 단어는 ☑해 보세요.

☐ 기적 몡	☐ 기존 몡	☐ 기혼 몡
☐ 기후 몡	☐ 깊이 뷔, 몡	☐ 까다롭다 혱
☐ 까닭 몡	☐ 깔다 동	☐ 깜깜하다 혱
☐ 깜박하다 동	☐ 깨다 동	☐ 깨닫다 동
☐ 깨뜨리다 동	☐ 깨우다 동	☐ 꺾다 동
☐ 꼼꼼하다 혱	☐ 꼽히다 동	☐ 꽂히다 동
☐ 꾸다 동	☐ 꾸리다 동	☐ 꾸미다 동
☐ 꾸준하다 혱	☐ 꾸중 몡	☐ 꿇다 동
☐ 끄덕이다 동	☐ 끊임없다 혱	☐ 끌리다 동
☐ 끼다² 동	☐ 끼어들다 동	☐ 끼우다 동

✎ 외우지 못 한 단어는 다음날 한 번 더 학습합니다.

01 기적 [명]

miracle / 奇迹 / kỳ tích, phép màu

희망이 보이지 않는 상황에서는 누구나 **기적**을 바란다.
화재 사고에서 아이가 살아남은 것은 **기적** 같은 일이에요.

- 기적이 있다, 기적을 바라다, 기적이 생기다, 기적이 일어나다

02 기존 [명]

existing / 现有，现存 / hiện có, cái hiện có

이번 공사는 **기존**의 낡은 시설을 새로운 시설로 교체하는 공사이다.
이번 신제품은 **기존** 제품에 비해서 성능이 훨씬 뛰어납니다.

03 기혼 [명]

married / 已婚 / đã kết hôn, đã có gia đình

기혼 여성은 육아와 살림으로 직장을 그만두는 경우가 많다.
동창회에 갔는데 저만 미혼이고 모두 **기혼**이었어요.

(반) 미혼
- 기혼자

04 기후 [명]

climate / ① 气象 ② 气候 / khí hậu

① 환경 오염으로 여러 곳에서 이상 **기후**가 나타나고 있다.
② 이곳의 **기후**는 1년 내내 따뜻해서 생활하기에 좋아요.

- 기후가 좋다, 기후가 나쁘다, 기후가 따뜻하다

05 깊이 [부],[명]

[부] deeply [명] depth / [부] 深深地 [명] 深度，深浅 / chiều sâu

[부] 강물에 빠뜨린 반지가 **깊이** 가라앉아서 보이지 않는다.
[명] 이곳은 물의 **깊이**가 얕으니 안심하고 수영을 해도 돼요.

- 크기-길이-높이-넓이-두께-깊이
- 깊이가 있다, 깊이가 없다, 깊이가 깊다, 깊이가 얕다, 깊이를 재다

06 까다롭다 [형]
[까다롭따]

까다롭고, 까다로워서,
까다롭고, 까다롭습니다

① picky ② fastidious / ① 棘手，难办 ② 难伺候 / kén chọn, khó tính

① 입학 신청 조건이 **까다롭기** 때문에 꼼꼼하게 잘 준비해야 한다.
② 그는 **까다로운** 성격 탓에 주변에 친구가 많지 않아요. 😀 깐깐하다

- 성격이 까다롭다, 입맛이 까다롭다, 조건이 까다롭다, 절차가 까다롭다

07 까닭 명
[까닥]

reason / 缘由，缘故 / lý do, căn nguyên
나는 그가 갑자기 화가 난 **까닭**을 몰라 어리둥절했다.
우리가 너를 싫어할 **까닭**이 없잖아. 그러니까 오해하지 마.

🔵 이유, 원인

08 깔다 동

깔고, 깔아서,
깔면, 깝니다

lay / 铺 / trải (thảm)
바닥이 너무 차가워서 방석을 **깔고** 앉았다.
나무 그늘 아래에 돗자리를 **깔고** 누우니까 정말 시원하네요.

🔵 펴다
• 이불을 깔다. 담요를 깔다. 돗자리를 깔다. 방석을 깔다

09 깜깜하다 형

깜깜하고, 깜깜해서,
깜깜하면, 깜깜합니다

pitch-dark / 漆黑，黑洞洞 / tối đen như mực (trời)
앞일을 생각하면 **깜깜하지만** 희망을 잃지 않으려고 노력하고 있다.
별은 불빛이 없는 **깜깜한** 곳에서 더 잘 보여요.

🔵 캄캄하다, 어둡다   🔴 밝다, 환하다

10 깜박하다 동
[깜바카다]

깜박하고, 깜박해서,
깜박하면, 깜박합니다

① forget ② blink / ① 忘，遗忘 ② 闪烁，忽闪 / ① quên (cuộc hẹn) ② lấp lánh, nhấp nháy
① 약속을 **깜박하는** 바람에 모임에 참석하지 못했다. 🔵 잊어버리다, 까먹다
② 멀리서 불빛이 **깜박하는** 걸 보니까 저기 마을이 있는 것 같아요. 🔵 깜박이다, 깜박거리다

🔵 깜빡하다
• 깜박 졸다, 깜빡 잊어버리다

11 깨다 동

깨고, 깨서,
깨면, 깹니다

break / ① 打碎，砸 ② 打破 / ① đập, phá ② phá vỡ (bầu không khí)
① 겨울에 호수에서 얼음을 **깨고** 낚시를 하는 사람이 많다.
② 시험도 다 끝났는데 분위기 **깨지** 말고 같이 놀러 가자.

🔵 깨뜨리다, 깨트리다
• 유리를 깨다, 그릇을 깨다, 약속을 깨다, 분위기를 깨다

12 깨닫다 동
[깨닫따]

깨닫고, 깨달아서,
깨달으면, 깨닫습니다

realize / 领悟，领会 / nhận ra, hiểu ra
부모님이 내 곁을 떠난 후에야 부모님의 소중함을 **깨달았다**.
아이는 자기의 잘못을 **깨닫고** 친구에게 용서를 구했어요.

🔵 알다, 느끼다, 인식하다
• 잘못을 깨닫다, 실수를 깨닫다, 이치를 깨닫다, 지혜를 깨닫다

179

13 깨뜨리다 동

깨뜨리고, 깨뜨려서,
깨뜨리면, 깨뜨립니다

break / 打破，打碎 / làm vỡ, làm bể

어머니가 가장 아끼던 그릇을 깨뜨리는 바람에 크게 야단맞았다.
아이들이 공놀이를 하다가 유리창을 깨뜨렸어요.

> 유 깨다, 깨트리다, 파손하다
> • 유리를 깨뜨리다, 약속을 깨뜨리다, 분위기를 깨뜨리다

14 깨우다 동

깨우고, 깨워서,
깨우면, 깨웁니다

wake / 唤醒，叫醒 / thức dậy

밖에서 이상한 소리가 나서 남편을 흔들어서 깨웠다.
저는 혼자 살아서 아침에 깨워 줄 사람이 없어요.

> 반 재우다
> • '깨다'의 사동사
> • 잠을 깨우다, 사람을 깨우다

15 꺾다 동

[꺽따]

꺾고, 꺾어서,
꺾으면, 꺾습니다

① snap, break ② give in / ① 折，折断 ② 挫败，挫伤 / ① bẻ, ngắt, hái ② từ bỏ (tính cố chấp)

① 너무 추워서 마른 나뭇가지를 꺾어서 불을 붙였다.
② 그 사람의 고집을 꺾을 수 있는 사람은 아무도 없어요.

> • 꽃을 꺾다, 나무를 꺾다, 팔을 꺾다, 고집을 꺾다

16 꼼꼼하다 형

꼼꼼하고, 꼼꼼해서,
꼼꼼하면, 꼼꼼합니다

meticulous / 细密，细致 / tỉ mỉ, chu đáo, cẩn thận

그는 실험의 모든 과정과 결과를 꼼꼼하게 기록했다.
아내는 성격이 꼼꼼해서 매일 가계부를 적어 놓아요.

> 유 빈틈없다

17 꼽히다 동

[꼬피다]

꼽히고, 꼽혀서,
꼽히면, 꼽힙니다

be counted, be chosen / 被选为，被评为 / được đếm, nằm trong, thuộc vào

이번 월드컵에서는 브라질이 가장 강력한 우승 후보로 꼽혔다.
그는 우리나라에서 다섯 손가락 안에 꼽히는 부자예요.

> 유 손꼽히다
> • '꼽다'의 피동사
> • N1이/가 N2에(으)로 꼽히다
> • 그가 다섯 손가락 안에 꼽히다, 그가 실력자로 꼽히다

18 꽂히다 동

[꼬치다]

꽂히고, 꽂혀서,
꽂히면, 꽂힙니다

be stuck, be inserted / 被插入，命中 / được cắm

책장에 꽂혀 있는 책들 위에 먼지가 가득 쌓여 있었다.
산 정상에는 누가 꽂았는지 모를 깃발이 꽂혀 있었어요.

> • '꽂다'의 피동사
> • N1이/가 N2에/에게 꽂히다
> • 책이 책장에 꽂히다, 시선이 얼굴에 꽂히다, 시선이 그에게 꽂히다

19 꾸다 동

꾸고, 꿔서,
꾸면, 꿉니다

borrow / 借 / mượn

돈을 꿔서 여행을 가느니 차라리 여행을 안 가는 게 낫다.
월급이 나오면 갚을 테니까 10만 원만 꿔 줘.

유 빌리다 　　　　　　　　반 갚다
• 돈을 꾸다
속담 꿔다 놓은 보릿자루

---

20 꾸리다 동

꾸리고, 꾸려서,
꾸리면, 꾸립니다

① pack ② manage / ① 收拾，打点 ② 操持，经营 / ① chuẩn bị (hành lý) ② lo (cho cuộc sống, gia đình)

① 이사를 하도 많이 다녀서 짐을 꾸리는 데에 능숙한 편이다.
② 10년 전에 이곳으로 이사 와서 가정을 꾸리고 살고 있어요.

• 이삿짐을 꾸리다, 살림을 꾸리다, 가정을 꾸리다

---

21 꾸미다 동

꾸미고, 꾸며서,
꾸미면, 꾸밉니다

decorate / 装饰，装扮 / trang trí

어머니는 집안 곳곳을 예쁘게 꾸며 놓으셨다.
오늘 이렇게 예쁘게 꾸미고 어디를 가는 거야?

• 외모를 꾸미다, 집을 꾸미다, 이야기를 꾸미다, 거짓말을 꾸미다

---

22 꾸준하다 형

꾸준하고, 꾸준해서,
꾸준하면, 꾸준합니다

steady / 勤奋，不懈 / đều đặn, bền bỉ

꾸준한 자기 계발 없이는 경쟁 사회에서 살아남을 수 없다.
그는 힘들 때도 많았지만 지금까지 꾸준하게 가수의 길을 걸어왔어요.

유 끊임없다, 부단하다
부 꾸준히

---

23 꾸중 명

scolding / 指责，训斥 / sự la mắng, quở trách

선생님은 친구를 괴롭히는 아이를 불러서 꾸중을 했다.
어렸을 때는 부모님께 꾸중을 자주 듣는 장난꾸러기였어요.

유 꾸지람, 야단 　　　　　　　반 칭찬
• 꾸중(을) 하다, 꾸중을 듣다

---

24 꿇다 동

[꿀타]

꿇고, 꿇어서,
꿇으면, 꿇습니다

kneel / 跪，下跪 / quỳ xuống

그는 무릎을 꿇고 두 손을 모아 간절하게 기도했다.
저는 부모님 앞에 무릎을 꿇고 앉아서 꾸중을 들었어요.

• 무릎을 꿇다

25 끄덕이다 [동]

끄덕이고, 끄덕여서,
끄덕이면, 끄덕입니다

nod / 点头 / gật đầu

그는 알았다는 듯이 대답 대신 고개를 **끄덕였다**.
제 말에 친구는 머리를 **끄덕이면서** 동의했어요.

유 끄덕이다　　　　　　　　반 젓다
- 고개를 끄덕이다, 머리를 끄덕이다

26 끊임없다 [형]
[끄니멉따]

끊임없고, 끊임없어서,
끊임없으면, 끊임없습니다

incessant / 不断，无休止 / không ngừng, không ngớt, liên tục

연구 팀은 **끊임없는** 연구와 노력 끝에 드디어 신제품을 개발하였다.
사회는 **끊임없이** 변화하고 발전하고 있어요.

유 꾸준하다, 부단하다
부 끊임없이

27 끌리다 [동]

끌리고, 끌려서,
끌리면, 끌립니다

① be dragged ② be attracted / ① 被拖，被拽 ② 被吸引 / ① bị lôi kéo, bị xô đẩy ② bị thu hút

① 게임방에서 게임을 하던 아이가 엄마에게 **끌려서** 나왔다.
② 어제 처음 본 사람에게 마음이 **끌려요**.

- '끌다'의 피동사
- N1이/가 N2에/에게 끌리다
- 옷이 바닥에 끌리다, 마음이 그에게 끌리다

28 끼다² [동]

끼고, 껴서,
끼면, 낍니다

be caught / 被夹住 / bị mắc kẹt, bị vướng

가방이 지하철 문틈에 **껴서** 빠지지 않았다.
사람들 사이에 **껴서** 길거리 공연을 구경했어요.

반 빠지다
- '끼이다'의 준말
- N1이/가 N2에 끼다

29 끼어들다 [동]
[끼여들다]

끼어들고, 끼어들어서,
끼어들면, 끼어듭니다

interrupt / ① 插入，加塞 ② 介入，插手 / ① chen vào, chen ngang ② xen vào, can thiệp

① 새치기는 중간에 **끼어드는** 행동이나 그러는 사람을 말한다.
② 남의 일에 **끼어들지** 말고 가만히 있어요. 유 간섭하다, 참견하다

- N1이/가 N2에/(으)로 끼어들다
- 버스가 중간에 끼어들다, 버스가 중간으로 끼어들다

30 끼우다 [동]

끼우고, 끼워서,
끼우면, 끼웁니다

insert / 插，夹 / kẹp vào, lắp (kính)

책 안에 책갈피 대신 낙엽을 주워서 **끼워** 넣었다.
책상이 흔들리지 않도록 아래에 종이를 접어서 **끼웠어요**.

유 꽂다　　　　　　　　반 빼다

오늘의 단어 한눈에 보기! 다 외운 단어는 ☑ 해 보세요.

☐ 끼치다 동	☐ 나뉘다 동	☐ 나란히 부
☐ 나름 의	☐ 나무라다 동	☐ 나서다 동
☐ 나아가다 동	☐ 난리 명	☐ 난처하다 형
☐ 날아다니다 동	☐ 날카롭다 형	☐ 낭비 명
☐ 낮추다 동	☐ 내놓다 동	☐ 내려다보다 동
☐ 내밀다 동	☐ 내버리다 동	☐ 내쫓다 동
☐ 너그럽다 형	☐ 너머 명	☐ 넉넉하다 형
☐ 넓히다 동	☐ 넘기다 동	☐ 넘어뜨리다 동
☐ 넘치다 동	☐ 노동 명	☐ 노려보다 동
☐ 녹이다 동	☐ 논리 명	☐ 논의 명

✎ 외우지 못 한 단어는 다음날 한 번 더 학습합니다.

01 끼치다 [동]

끼치고, 끼쳐서,
끼치면, 끼칩니다

cause / 添，造成（影响、损害等）/ làm (phiền), gây (tổn hại)

자식으로서 부모에게 걱정을 **끼치는** 행동을 해서는 안 된다.
이곳에 있는 동안 여러 가지로 폐를 **끼쳐서** 죄송합니다.

• 영향을 끼치다, 심려를 끼치다, 불편을 끼치다, 폐를 끼치다

02 나뉘다 [동]

나뉘고, 나뉘어서,
나뉘면, 나뉩니다

be divided / 被分成，被分为 / được chia ra, được tách ra

여기에서 길이 두 갈래로 **나뉜다**.
글은 보통 머리말, 본문, 맺음말로 **나뉘어요**.

• '나누다'의 피동사
• N1이/가 N2(으)로 나뉘다

03 나란히 [부]

side by side / 整整齐齐地 / song hành, sánh vai, sát cánh

길가에 나무들이 **나란히** 늘어선 모습이 아름다웠다.
아이들이 **나란히** 서서 태권도를 배우고 있어요.

(유) 가지런히
• 나란히 앉다, 나란히 서다, 나란히 주차하다

04 나름 [의]

in one's way / ① 要看，取决于 ② 自己的，各自的 / tùy vào, tùy theo

① 행복은 생각하기 **나름**이다.
② 사람이라면 누구나 자기 **나름**의 생각을 가지고 있어요.

• V-기 나름이다, V-ㄹ 나름이다
• 생각하기 나름이다, 생각할 나름이다

05 나무라다 [동]

나무라고, 나무라서,
나무라면, 나무랍니다

scold / ① 责备 ② 挑剔 / la mắng, rầy la, chỉ trích

① 아이가 잘못했을 때 무조건 **나무라는** 것은 좋지 않다.
② 신입 사원은 일도 잘하고 성격도 좋아서 **나무랄** 데가 없네요.

(유) 꾸짖다, 야단치다　　　　　　(반) 칭찬하다

06 나서다 [동]

나서고, 나서서,
나서면, 나섭니다

step forward / ① 站出来，走出来 ② 着手，做起 / ① đứng ra ② ứng cử, xung phong

① 시민들이 시위에 참여하기 위해 거리로 **나섰다**.
② 아버지가 먼저 **나서서** 요리 준비를 하셨어요. (유) 앞장서다

• N1이/가 N2에/으로 나서다
• 남자가 앞에 나서다, 남자가 앞으로 나서다

07 나아가다 동

나아가고, 나아가서,
나아가면, 나아갑니다

advance / ① 前进 ② （朝着目标）迈进，前进 / ① tiến về (phía trước) ② hướng đến (mụ đích)

① 교수님은 강단 앞으로 **나아가서** 강연을 시작하셨다.
② 최선을 다하는 것이야말로 밝은 미래로 **나아가는** 길이지요.

- N1이/가 N2(으)로 나아가다

08 난리 명
[날리]

① chaos ② disorder / ① 荒乱，离乱 ② （喻义）胡闹 / náo động, đảo lộn

① 세계의 많은 나라가 코로나19 때문에 난리를 겪었었다.
② 아이에게 장난감을 사주지 않았더니 울고불고 난리가 났어요.

유 야단
- 난리가 나다, 난리를 피우다, 난리를 부리다, 난리를 떨다, 난리를 겪다

09 난처하다 형

난처하고, 난처해서,
난처하면, 난처합니다

embarrassed / 为难，不好办 / lúng túng, khó xử

두 사람 모두 실력이 비슷한데 한 명만 뽑기가 **난처했다**.
선생님이 싸운 이유를 물어봤지만 입장이 **난처해서** 말하지 못했어요.

유 난감하다

10 날아다니다 동

날아다니고, 날아다녀서,
날아다니면, 날아다닙니다

fly around / 飞来飞去 / bay

가을이 되자 잠자리가 **날아다녔다**.
꽃 주변을 **날아다니는** 나비들이 아주 예뻤어요.

11 날카롭다 형
[날카롭따]

날카롭고, 날카로워서,
날카로우면, 날카롭습니다

sharp / ① 锐利，锋利 ② 尖锐 / ① sắc bén (dao) ② sắc lẹm (ánh mắt)

① 오이를 썰다가 **날카로운** 칼에 손가락이 베였다.
② 경찰은 **날카로운** 눈빛으로 범죄 현장을 확인했습니다.

- 눈빛이 날카롭다, 인상이 날카롭다, 질문이 날카롭다

12 낭비 명

waste / 浪费 / lãng phí

집을 마련하려면 낭비를 줄이고 절약해야 한다.
딸이 사치와 낭비가 심해서 걱정이에요.

반 절약
- 낭비(가) 되다, 낭비(를) 하다, 낭비가 심하다

13 낮추다 동
[낟추다]

낮추고, 낮춰서,
낮추면, 낮춥니다

lower / ① 降低，减低 ② 压低，降低 / ① hạ, giảm (nhiệt độ)
② hạ (giọn nói)
① 방이 더워서 에어컨 온도를 낮췄다.
② 아이가 자고 있으니까 목소리를 좀 낮춰 주세요.

> 반 높이다
> • '낮다'의 사동사
> • 가격을 낮추다, 볼륨을 낮추다, 자세를 낮추다, 수준을 낮추다, 몸을 낮추다, 말을 낮추다

14 내놓다 동
[내노타]

내놓고, 내놓아서,
내놓으면, 내놓습니다

put out / 拿出，提供，招待（饮食等）/ để ra, phơi bày
이 빵집은 워낙 유명해서 빵을 만들어서 내놓기가 무섭게 다 팔린다.
손님에게 과일과 차를 내놓았어요.

> • 상품을 내놓다, 의견을 내놓다, 자리를 내놓다

15 내려다보다 동

내려다보고, 내려다봐서,
내려다보면, 내려다봅니다

look down / 俯视，俯瞰 / nhìn xuống
아버지는 아이의 눈을 내려다보면서 이야기를 계속 했다.
산 정상에 올라 아래를 내려다봤는데 너무 아름다웠어요.

> 반 올려다보다

16 내밀다 동

내밀고, 내밀어서,
내밀면, 내밉니다

stick out / 伸出，探出 / chìa ra, giơ ra, nhô ra
버스 창문 밖으로 고개나 손을 내밀면 위험하다.
아이는 손을 내밀고 용돈을 달라고 졸랐어요.

> 반 들이밀다
> • 손을 내밀다, 고개를 내밀다, 혀를 내밀다

17 내버리다 동

내버리고, 내버려서,
내버리면, 내버립니다

abandon / 扔掉，扔弃 / vứt đi
쓰레기는 아무 때나 내버리면 안 되고 정해진 시간에 내버려야 한다.
사용하던 물건을 내버리지 않고 중고 시장에 팔았어요.

> 유 버리다

18 내쫓다 동
[내쫃따]

내쫓고, 내쫓아서,
내쫓으면, 내쫓습니다

expel / 赶出去，驱逐 / đuổi đi
가게 주인은 가게에 들어온 거지를 밖으로 내쫓았다.
저는 집에 들어온 파리를 내쫓으려고 팔을 휘둘렀어요.

> 유 쫓아내다

19 너그럽다 형
[너그럽따]

너그럽고, 너그러워서,
너그러우면, 너그럽습니다

generous / 宽厚，大度 / hào phóng, rộng lượng
선생님은 마음이 너그러워서 학생들을 잘 이해해 주신다.
아이에게 너그러운 부모가 되고 싶은데 잘 안돼요.

| 유 관대하다 | 반 옹졸하다 |

20 너머 명

beyond / （岭、山、墙等的）那边，另一边，后边 / bên kia
저기 보이는 산 너머에는 작은 오두막집이 하나 있다.
저는 어머니 어깨 너머로 요리를 배웠어요.

21 넉넉하다 형
[넝너카다]

넉넉하고, 넉넉해서,
넉넉하면, 넉넉합니다

① comfortable ② ample / ① 富裕，殷实 ② 充足，充裕 / ① dư dả (cuộc sống) ② nhiều (thời gian, con số)
① 그는 생활이 넉넉해서 어려움 없이 편하게 살고 있다. 유 여유롭다
② 시간이 넉넉하니까 여유롭게 천천히 하세요. 유 충분하다

반 모자라다, 부족하다
• 생활이 넉넉하다, 살림이 넉넉하다, 마음이 넉넉하다

22 넓히다 동
[널피다]

넓히고, 넓혀서,
넓히면, 넓힙니다

widen / ① 开阔，拓宽 ② 扩大，扩建 / ① mở mang (trải nghiệm) ② mở rộng, nới rộng (diện tích)
① 그는 견문을 넓히기 위해서 세계여행을 떠났다.
② 이번에 집을 넓혀서 이사를 가게 됐어요.

반 좁히다
• '넓다'의 사동사
• 길을 넓히다, 도로를 넓히다, 안목을 넓히다, 견문을 넓히다

23 넘기다 동

넘기고, 넘겨서,
넘기면, 넘깁니다

pass / ① 送过去，扔过去 ② 使翻过，使越过 / ① chuyển giao ② vượt qua (giới hạn)
① 이 경기는 공을 쳐서 네트 위로 넘겨야 점수를 받을 수 있다.
② 교수님은 과제 제출 기한을 넘기면 감점을 한다고 하셨어요.

• '넘다'의 사동사
• 위기를 넘기다, 고비를 넘기다, 페이지를 넘기다, 해를 넘기다

24 넘어뜨리다 동

넘어뜨리고, 넘어뜨려서,
넘어뜨리면, 넘어뜨립니다

topple / 推倒 / xô ngã, đánh đổ
씨름은 상대방을 먼저 넘어뜨리면 이기는 스포츠이다.
형이 동생을 넘어뜨려서 동생이 계속 울고 있어요.

| 유 넘어트리다 | 반 일으키다 |

25 넘치다 동

넘치고, 넘쳐서,
넘치면, 넘칩니다

overflow / 溢出 / tràn qua

비가 많이 오는 바람에 강물이 넘쳐서 농작물이 피해를 입었다.
그는 술잔에 술이 넘치게 따라 주었어요.

> 유 넘쳐흐르다
> • 자신감이 넘치다, 생기가 넘치다, 사랑이 넘치다

26 노동 명

labor / 劳动 / lao động, nhân công

청소 노동자들은 노동 환경 개선을 외치며 거리로 나섰다.
하루 노동 시간을 넘기면 추가 수당을 지급해야 합니다.

> 유 작업, 근로
> • 노동자, 노동력
> • 노동(을) 하다

27 노려보다 동

노려보고, 노려봐서,
노려보면, 노려봅니다

glare / 怒视 / nhìn chằm chằm

씨름 선수들은 서로 상대방을 노려보면서 넘어뜨릴 기회를 엿보고 있다.
동생은 자기를 넘어뜨린 형을 울면서 계속 노려보고 있어요.

> 유 째려보다, 쏘아보다

28 녹이다 동

녹이고, 녹여서,
녹이면, 녹입니다

melt / ① 融化 ② 熔化 / ① tan chảy (nước đá) ② chảy (kẹo)

① 따뜻한 햇살이 얼어 있던 눈을 녹여서 땅이 젖어 버렸다.
② '달고나'는 설탕을 녹여서 만드는 한국식 사탕이에요.

> 반 얼리다
> • '녹다'의 사동사
> • 얼음을 녹이다, 사탕을 녹이다, 몸을 녹이다, 마음을 녹이다

29 논리 명

[놀리]

logic / 逻辑 / lý luận, logic

선생님의 말은 논리가 정연해서 이해하기가 쉬웠다.
남편의 논리는 설득력이 없어서 동의할 수가 없어요.

> • 논리적
> • 논리가 있다, 논리가 정연하다, 논리를 펴다, 논리에 어긋나다

30 논의 명

[노니]

discussion / 议论 / sự thảo luận

새로운 법안에 대해서 충분한 검토와 논의가 필요하다.
회의실에서는 신제품에 대한 논의가 한창 진행 중이에요.

> 유 의논, 토의, 토론
> • 논의(를) 하다, 논의(가) 되다

오늘의 단어 한눈에 보기! 다 외운 단어는 ☑해 보세요.

☐ 논쟁 명	☐ 놀리다 동	☐ 농업 명
☐ 눈길 명	☐ 눈치 명	☐ 눕히다 동
☐ 느긋하다 형	☐ 느끼하다 형	☐ 늘어놓다 동
☐ 늘이다 동	☐ 늦어지다 동	☐ 늦추다 동
☐ 다가가다 동	☐ 다가서다 동	☐ 다듬다 동
☐ 다루다 동	☐ 다름없다 형	☐ 다물다 동
☐ 다짐 명	☐ 다투다 동	☐ 다행스럽다 형
☐ 단골 명	☐ 단독 명	☐ 단속 명
☐ 달래다 동	☐ 달려가다 동	☐ 달려들다 동
☐ 달리다 동	☐ 달성 명	☐ 달아나다 동

✎ 외우지 못 한 단어는 다음날 한 번 더 학습합니다.

01 논쟁 명

debate / 争论 / sự tranh luận

토론 시간에 찬반으로 나누어 논쟁을 벌였다.
부모님과 진로에 대한 논쟁으로 사이가 나빠졌어요.

- 논쟁(을) 하다, 논쟁(이) 되다, 논쟁을 벌이다, 논쟁이 치열하다

02 놀리다 동

놀리고, 놀려서,
놀리면, 놀립니다

tease / 戏弄，玩弄 / trêu chọc

어렸을 때는 친구들끼리 서로 놀리면서 장난을 치고 놀았다.
친구들이 내가 그린 그림을 보고 놀려서 속상했어요.

03 농업 명

agriculture / 农业 / nông nghiệp

농업에 종사하는 농민이 줄어서 농산물 생산량도 감소했다.
저는 귀농해서 농업으로 생계를 잇고 있어요.

04 눈길 명

[눈낄]

glance / 目光，视线 / ánh nhìn, ánh mắt

학생들은 질문할까 봐 선생님의 눈길을 피했다.
나를 바라보는 그 사람의 눈길이 느껴졌어요.

유 시선
- 눈길을 끌다, 눈길을 모으다, 눈길을 보내다, 눈길을 돌리다, 눈길을 피하다, 눈길이 마주치다, 눈길이 쏠리다

05 눈치 명

sense / 眼力，眼力见儿 / biết để ý, tinh tế

두 사람이 사귀고 있다는 사실을 사람들은 전혀 눈치를 채지 못했다.
그는 눈치는 좀 없지만 거짓이 없는 사람이라서 좋아요.

- 눈치가 있다, 눈치가 없다, 눈치가 빠르다, 눈치를 채다, 눈치를 보다

06 눕히다 동

[누피다]

눕히고, 눕혀서,
눕히면, 눕힙니다

lay down / 使躺，使平躺 / đặt nằm xuống

어머니는 안고 있는 아이가 잠이 들자 아이를 침대에 눕혔다.
아이를 눕힌 어머니도 피곤했는지 아이 옆에 눕자마자 잠이 들었어요.

- '눕다'의 사동사
- N1을/를 N2에 눕히다

07 느긋하다 ^형
[느그타다]

느긋하고, 느긋해서,
느긋하면, 느긋합니다

relaxed / 轻松，悠闲 / chậm chạp

아버지는 성격이 느긋한 편이라서 무슨 일이든지 서두르는 법이 없다.
다음 주까지 해야 하는 일을 미리 끝내서 마음이 느긋해요.

> (반) 급하다, 조급하다, 성급하다
> • 성격이 느긋하다, 마음이 느긋하다, 행동이 느긋하다

08 느끼하다 ^형

느끼하고, 느끼해서,
느끼하면, 느끼합니다

greasy / 腻 / ngậy, béo

이 음식은 기름을 너무 많이 넣었는지 느끼하다.
튀김이 느끼하면 간장을 좀 찍어서 드세요.

> • 속이 느끼하다, 음식이 느끼하다, 말투가 느끼하다, 표정이 느끼하다

09 늘어놓다 ^동
[느러노타]

늘어놓고, 늘어놓아서,
늘어놓으면, 늘어놓습니다

spread out / 摆成一排，罗列 / dài dòng (câu chuyện)

어른들은 친구를 만나면 자식 자랑을 늘어놓는 사람이 많다.
친구가 회사에 대한 불평을 늘어놓으며 하소연을 해서 들어주었어요.

> • 물건을 늘어놓다, 일을 늘어놓다, 말을 늘어놓다

10 늘이다 ^동

늘이고, 늘여서,
늘이면, 늘입니다

lengthen / 拉长，加长 / kéo dài ra

빨랫줄이 짧아서 다른 것과 연결해서 길이를 늘였다.
작년에 샀던 바지가 짧아져서 바지 밑단을 늘였더니 잘 맞네요.

> (반) 줄이다
> • 길이를 늘이다, 고무줄을 늘이다, 선을 늘이다

11 늦어지다 ^동

늦어지고, 늦어져서,
늦어지면, 늦어집니다

be delayed / 迟，晚，迟到 / bị muộn, bị trễ

도로 공사 일정이 예정보다 늦어져서 통행이 불편하다.
공연이 아직 준비되지 않아서 시작이 늦어지고 있습니다.

> • 시간이 늦어지다, 속도가 늦어지다, 일정이 늦어지다

12 늦추다 ^동
[늗추다]

늦추고, 늦춰서,
늦추면, 늦춥니다

delay / 推迟，延迟 / trì hoãn, dời lại

비가 그치지 않아서 공연 시작을 한 시간 늦추었다.
일이 늦게 끝날 것 같은데 약속 시간을 늦춰도 될까요?

> (유) 연기하다   (반) 앞당기다
> • '늦다'의 사동사
> • 기한을 늦추다, 시간을 늦추다, 속력을 늦추다, 경계를 늦추다

13 다가가다 동

다가가고, 다가가서,
다가가면, 다가갑니다

approach / 靠近，接近 / đến gần hơn, tiếp cận

밖에서 이상한 소리가 들려서 창가로 다가가서 밖을 내다봤다.
저는 사교적이라서 사람들에게 먼저 다가가는 편이에요.

> 반 다가오다
> • N1이/가 N2에/에게/(으)로 다가가다
> • 남자가 문에/여자에게/문으로 다가가다

14 다가서다 동

다가서고, 다가서서,
다가서면, 다가섭니다

come closer / 站到跟前，临近 / đứng lại gần

그녀는 캄캄한 길이 무서웠는지 내게 바짝 다가섰다.
동물 가까이 다가서면 위험하오니 주의하시기 바랍니다.

> • N1이/가 N2에/에게/(으)로 다가서다
> • 남자가 여자 옆에/여자에게/여자 옆으로 다가서다

15 다듬다 동

[다듬따]

다듬고, 다듬어서,
다듬으면, 다듬습니다

trim / 修，整理，拾掇 / cắt tỉa, gọt bỏ

어머니는 저녁을 차리려고 여러 가지 음식 재료를 다듬고 계셨다.
머리가 지저분해서 다듬으려고 미용실에 갔어요.

> • 머리를 다듬다, 손톱을 다듬다, 야채를 다듬다, 글을 다듬다

16 다루다 동

다루고, 다루어서,
다루면, 다룹니다

handle / ① 处理 ② 看待 / ① xử lý (công việc) ② xử lí, quản lý, chăm sóc

① 나는 회사에서 주로 홍보 업무를 다루고 있다. 유 처리하다
② 농부들은 자기들이 키우는 농산물을 자식처럼 다뤄요. 유 취급하다

> • 업무를 다루다, 문제를 다루다, 악기를 다루다, 기계를 다루다, 사건을 다루다

17 다름없다 형

[다르멉따]

다름없고, 다름없어서,
다름없으면, 다름없습니다

no different / 一样，没有区别 / không thay đổi, không khác gì

오랜만에 만난 그녀는 대학교 때 모습과 다름없이 눈이 부셨다.
민수와 저는 형제나 다름없어요.

> 유 같다, 동일하다
> 부 다름없이
> • N1이/가 N2와/과 다름없다, N1와/과 N2은/는 N3(이)나 다름없다

18 다물다 동

다물고, 다물어서,
다물면, 다뭅니다

shut one's mouth / 闭（嘴）/ ngậm lại (miệng)

그는 부모의 질문에 대답도 하지 않고 입을 꼭 다물고 있었다.
아이는 긴장했는지 입술을 꽉 다물고 조용히 있었어요.

> 반 벌리다
> • 입을 다물다, 입술을 다물다

19 다짐 명

pledge / ① 保证 ② 决心，誓 / ① hứa, đảm bảo ② quyết tâm

① 부모는 자식에게 올해는 시험에 꼭 합격하겠다는 다짐을 받아 냈다.
② 민수는 살을 빼겠다는 다짐으로 바로 수영을 등록했어요.

> 유 각오, 결심
> • 다짐(을) 하다, 다짐을 받다

20 다투다 동

다투고, 다투어서,
다투면, 다툽니다

① quarrel ② compete / ① 争吵，吵架 ② 竞争，争夺 / ① tranh luận ② giành, ganh đua

① 그 부부는 다투지 않고 서로 존중하며 사이좋게 지낸다.
② 친구와 나는 평소 우리 반 1등 자리를 두고 다투는 사이예요.

> 유 싸우다
> • N1이/가 N2와/과 다투다, N1와/과 N2을/를 다투다
> • 아이가 친구와 다투다, 친구와 실력을 다투다

21 다행스럽다 형
[다행스럽따]

다행스럽고, 다행스러워서,
다행스러우면, 다행스럽습니다

fortunate / 所幸，幸运 / may mắn

교통사고가 났지만 사람은 다치지 않았다니 참으로 다행스러운 일이다.
늦을까 봐 걱정했는데 다행스럽게 제 시간에 도착했어요.

> 유 다행하다
> 부 다행히

22 단골 명

regular / ① 老顾客 ② 常光顾的，常去的 / ① khách quen, khách ruột ② quán ăn quen

① 이 가게는 맛도 좋고 주인이 친절해서 단골이 많다. 유 단골손님
② 이곳은 제 단골 식당인데 예전이나 지금이나 맛이 다름없어요.

> • 단골손님, 단골집

23 단독 명

sole / 单独，独自 / một mình, đơn độc

부장님은 모든 일을 단독으로 결정해서 직원들에게 신뢰를 잃었다.
저는 이번 대회는 팀이 아닌 단독으로 도전해 보려고 해요.

> 유 혼자   반 공동, 단체

24 단속 명

crackdown / 管制，查处 / trông nom, coi giữ

경찰은 연말을 맞아 음주 운전 단속을 강화했다.
저도 모르게 과속을 했는데 단속에 걸렸어요.

> • 단속(을) 하다, 단속(이) 되다, 단속을 벌이다, 단속에 걸리다, 단속을 피하다

25 달래다 동

달래고, 달래서,
달래면, 달랩니다

soothe / 哄，安慰 / dỗ dành, an ủi

그녀는 우는 아이를 안고 **달랬지만** 소용이 없었다.
아이가 말을 잘 듣지 않을 때 무조건 혼내지 말고 **달래** 보세요.

> 유 타이르다

26 달려가다 동

달려가고, 달려가서,
달려가면, 달려갑니다

run to / 跑去，奔赴 / chạy

마라톤 대회에 참여한 선수들은 결승점을 향해 열심히 **달려갔다.**
아버지가 집에 돌아오자 아이는 아버지에게 **달려가서** 안겼어요.

> 유 뛰다, 달리다, 뛰어가다   반 달려오다
> • N1이/가 N2에/에게/(으)로 달려가다

27 달려들다 동

달려들고, 달려들어서,
달려들면, 달려듭니다

rush at / 扑上去，冲上去 / xông vào, lao vào

공원에서 새들에게 먹이를 주었더니 **달려들어서** 먹었다.
버스가 멈추기도 전에 사람들이 차 앞으로 **달려들었어요.**

> • N1이/가 N2에/에게/(으)로 달려들다

28 달리다 동

달리고, 달려서,
달리면, 달립니다

hang / （被）挂，（被）吊，（被）悬 / ① được treo ② mọc (trên cây)

① 문에 종이 **달려** 있어서 문이 열릴 때마다 종이 울린다.
② 사과나무에 사과가 주렁주렁 **달려** 있어요.

> • '달다'의 피동사
> • 제목이 달리다, 설명이 달리다, 열매가 나무에 달리다
> • N1이/가 N2에/에게 달려 있다
> • 성공이 마음에/너에게 달려 있다

29 달성 명

[달썽]

achieve / 达到，实现 / đạt được

경제 불황이 계속되면 올해 목표로 정한 판매량 **달성**이 어려울 것이다.
우리 회사는 올해의 목표 **달성**을 위해 최선을 다하고 있습니다.

> 유 성취   반 실패
> • 달성(을) 하다, 달성(이) 되다
> • 목표를 달성하다, 수출액을 달성하다, 판매량을 달성하다

30 달아나다 동

달아나고, 달아나서,
달아나면, 달아납니다

escape / 快跑，逃跑 / chạy trốn, đào tẩu, bỏ đi

도둑은 경찰을 보자마자 **달아나기** 시작했다.
강도들은 은행의 돈을 훔쳐 **달아났어요.**

> 유 도망하다, 도망가다, 도주하다
> • 입맛이 달아나다, 기회가 달아나다, 재산이 달아나다

오늘의 단어 한눈에 보기! 다 외운 단어는 ☑해 보세요.

□ 달하다 [동]	□ 닳다 [동]	□ 담당 [명]
□ 담백하다 [형]	□ 답변 [명]	□ 당기다 [동]
□ 당당하다 [형]	□ 당분간 [부], [명]	□ 당시 [명]
□ 당첨 [명]	□ 당하다 [동]	□ 대개 [부], [명]
□ 대기 [명]	□ 대다수 [명]	□ 대략 [부], [명]
□ 대비 [명]	□ 대상자 [명]	□ 대응 [명]
□ 대접 [명]	□ 대조 [명]	□ 대중문화 [명]
□ 대책 [명]	□ 대처 [명]	□ 대충 [부]
□ 더구나 [부]	□ 더럽히다 [동]	□ 더불다 [동]
□ 더위 [명]	□ 덧붙이다 [동]	□ 데우다 [동]

✎ 외우지 못 한 단어는 다음날 한 번 더 학습합니다.

대충 하지 말고 꼼꼼하게 봅시다!

01 달하다 동

달하고, 달해서,
달하면, 달합니다

reach / 达到 / đạt, đạt đến

그 감독은 100편에 달하는 영화를 제작했다.
사람은 누구든 한계에 달하면 포기할 수밖에 없어요.

유 이르다
- 정상에 달하다, 목적지에 달하다, 절정에 달하다, 경지에 달하다

02 닳다 동

[달타]

닳고, 닳아서,
닳으면, 닳습니다

wear out / 磨破 / hao mòn

아이가 얼마나 운동을 열심히 했는지 운동화가 다 닳았다.
구두 굽이 닳아서 구둣방에서 굽을 갈았습니다.

유 해지다
- 신발이 닳다, 소매가 닳다, 지문이 닳다

관용구 입이 닳도록 말하다

03 담당 명

be in charge / 负责，担任 / việc phụ trách

이 재판의 담당 검사는 아주 엄격한 사람이다.
입학 문의를 하려고 하는데 담당 부서와 담당자를 알 수 있을까요?

유 책임
- 담당자, 담당관, 담당 구역
- 담당(을) 하다

04 담백하다 형

[담배카다]

담백하고, 담백해서,
담백하면, 담백합니다

① candid ② light (taste) / ① 坦率，率真 ② 清淡 / ① thuần khiết, đơn giản (tính tình) ② thanh đạm (thức ăn)

① 그녀는 뒤끝이 없고 담백해서 같이 있을 때 편하다.
② 저는 양념이 진한 것보다 조금 싱겁고 담백한 맛을 좋아해요.

유 산뜻하다, 깔끔하다
- 맛이 담백하다, 음식이 담백하다, 성격이 담백하다

05 답변 명

[답뼌]

answer / 答辩，回复 / câu trả lời, hồi âm, lời đáp

대통령 선거를 앞둔 후보자는 기자의 질문에 답변을 피했다.
모임 시간과 장소에 대해 이메일을 드렸으니 보시고 답변 주십시오.

유 답, 대답
- 답변(을) 하다, 답변이 되다, 답변을 주다, 답변을 받다, 답변을 피하다, 답변을 기다리다

06 당기다 동

당기고, 당겨서,
당기면, 당깁니다

pull / 拉，拖 / sự lôi kéo

아이가 편하게 밥을 먹을 수 있게 의자를 당겨 앉혔다.
민수가 나를 너무 세게 당겨서 넘어졌어요.

유 잡아당기다   **반** 밀다
- 입맛이 당기다, 식욕이 당기다, 시간을 당기다, 마음이 당기다

07 당당하다 형

당당하고, 당당해서,
당당하면, 당당합니다

confident / 堂堂正正 / tự tin, oai vệ, đường hoàng

그녀는 청중들 앞에서 **당당하게** 자신의 의견을 이야기했다.
저는 잘못한 것이 없으니까 **당당합니다**.

유 떳떳하다

08 당분간 부, 명

for the time being / 暫时，暫且 / tạm thời

부 경제 불황은 **당분간** 계속될 것이다.
명 너무 힘들어서 **당분간**은 아무것도 하지 않고 쉬려고 해요.

유 얼마간

09 당시 명

at that time / 当时，那时 / tại thời điểm đó

1990년대 **당시**에는 스마트폰을 사용하는 사람이 많지 않았다.
기숙사에서 화재 사고가 났을 **당시** 저는 다행히 밖에 있었어요.

유 그때

10 당첨 명

prize winning / 抽中，中奖 / trúng (vé số)

인터넷으로 복권 **당첨** 번호를 확인했다.
어젯밤에 돼지꿈을 꿨는데 복권에 **당첨**이 됐어요.

- 당첨금, 당첨자, 당첨률
- 당첨(이) 되다

11 당하다 동

당하고, 당해서,
당하면, 당합니다

suffer / 遭受，蒙受 / bị mắc phải

그는 사기꾼에게 사기를 **당해서** 퇴직금을 다 날렸다.
부모는 밥 먹듯이 거짓말하는 아이에게 또 **당했어요**.

- N1에/에게 N2을/를 당하다
- 피해를 당하다, 사기를 당하다, 사고를 당하다, 폭행을 당하다, 창피를 당하다, 친구들에게 따돌림을 당하다

12 대개 부, 명

부 generally 명 most / 부 基本上 명 大部分 / 부 đại khái
명 phần lớn

부 드라마의 남자 주인공은 **대개** 멋있고 잘생겼다. 유 대체로, 대부분, 거의, 주로
명 한국의 고등학생들은 졸업한 후 **대개**의 경우 대학에 진학한다. 유 대부분, 대다수

13 대기 명

air / 大气，空气 / bầu khí quyển

내가 어렸을 때는 미세 먼지가 별로 없고 **대기** 오염이 심하지 않았다.
비 온 다음날이라서 그런지 **대기**가 아주 깨끗하고 맑았어요.

> 유 공기
> • 대기 오염

14 대다수 명

majority / 多数，大多数 / số nhiều, đại đa số

기사에 의하면 국민의 **대다수**가 백신 접종을 마쳤다고 한다.
학교 축제에 대한 설문 조사에서 **대다수**의 학생이 개최를 찬성했어요.

> 유 다수, 상당수, 대부분

15 대략 부, 명

부 roughly 명 outline / 부 大略 명 简要的 / 부 khoảng, chừng, độ 명 đại thể

부 우리 학교에서 공부 중인 외국인 유학생은 **대략** 백 명 정도 된다.
명 이것은 빈부 격차에 대한 이야기로 **대략**의 줄거리는 다음과 같습니다.

> 유 대강

16 대비 명

preparation / 预备，应对 / chuẩn bị

사람은 건강할 때 각종 질병에 대한 **대비**가 필요하다.
저는 현재를 즐기고 싶지만 남편은 노후 **대비**가 더 중요하다고 생각해요.

> 유 준비
> • 대비책
> • 대비(를) 하다, 대비를 시키다, 대비가 필요하다
> • 노후를 대비하다, 비상 상황을 대비하다, 태풍을 대비하다

17 대상자 명

candidate, recipient / 对象 / đối tượng, ứng viên

나라에서는 생활 보호 **대상자**들에게 무료로 교육을 시키고 있다.
합격 **대상자** 명단은 회사 홈페이지에 올릴 예정입니다.

> • 대상자를 선정하다, 대상자를 발표하다

18 대응 명

response / 应对，回应 / phản ứng, ứng phó

갑작스런 사고에 신속한 **대응**을 할 수 있도록 준비해야 한다. 유 대처
그는 내 말에 아무런 **대응**도 하지 않고 가만히 있었어요. 유 대꾸

> • 대응책, 대응 방안
> • 대응(을) 하다, 대응(이) 되다, 대응을 이루다

19 대접 명

treatment / 接待，对待 / sự tiếp đón

어머니는 손님 **대접**을 하느라고 분주하시다.
초대받은 친구의 집에서 **대접**을 잘 받고 왔어요.

> 유 접대
> • 대접(을) 하다, 대접을 받다, 대접이 소홀하다

20 대조 명

contrast / 对照 / sự đối chiếu, so sánh

이 논문은 표절 시비가 있어서 **대조** 작업을 벌이고 있다.
이 소설은 등장인물의 성격이 서로 **대조**가 돼서 정말 흥미로워요.

> 유 비교, 대비
> • 대조적
> • 대조(를) 하다, 대조(가) 되다, 대조를 이루다

21 대중문화 명

popular culture / 大众文化 / văn hóa đại chúng

대중문화는 대중 매체를 기반으로 대중이 중심이 되어 형성하는 것이다.
인터넷의 발달로 다른 나라의 **대중문화**도 쉽게 접할 수 있게 됐어요.

> 반 고급문화

22 대책 명

measures / 对策 / đối sách, phương án

우리 학교는 폭력을 예방하기 위한 **대책**으로 상담실을 운영하고 있다.
정부가 일자리 **대책**을 내놓았지만 효과가 있을지 의심스러워요.

> 유 대비책, 대응책, 방책, 방안
> • 대책을 세우다, 대책을 내놓다, 대책을 마련하다, 대책을 강구하다

23 대처 명

cope, handle / 应对，对付 / sự đối phó

이번 화재는 주민들의 협조와 빠른 **대처**로 안전한 구조 활동이 가능했다.
비행 중에 환자가 발생했는데 승무원의 신속한 **대처**로 생명을 구했어요.

> 유 조치, 대응
> • 대처 방안, 대처 방법
> • 대처(를) 하다, 대처가 되다

24 대충 부

roughly / 大概，大致 / đại khái, sơ sài, qua loa

이번 사건은 이렇게 **대충** 넘어가서는 안 된다.
일을 **대충** 마무리하고 빨리 퇴근합시다.

> 유 대강, 적당히
> • 대충하다

25 더구나 [부]

moreover / 何况，况且 / hơn thế nữa

그는 일자리도 잃고 더구나 이혼까지 하게 돼서 삶의 의욕을 잃었다.
비가 오는데 더구나 바람까지 불어서 너무 추워요.

유 더군다나, 더더구나, 게다가

26 더럽히다 [동]
[더러피다]

더럽히고, 더럽혀서,
더럽히면, 더럽힙니다

dirty / 弄脏 / làm bẩn, làm dơ

아무데나 버린 쓰레기가 환경을 더럽힌다.
아이가 옷을 더럽혀서 갈아입혔는데 금세 또 더럽혔어요.

- '더럽다'의 사동사
- 이름을 더럽히다, 명예를 더럽히다, 정신을 더럽히다

27 더불다 [동]

(활용형 없음), 더불어서,
(활용형 없음), (활용형 없음)

together / 和，同 / cùng nhau

인간은 자연과 더불어 살아가야 하기 때문에 자연을 보호해야 한다.
건강을 유지하려면 몸과 더불어 마음도 신경을 써야 해요.

- N와/과 더불어 + V
- 자연과 더불어 살아가다, 친구들과 더불어 지내다

28 더위 [명]

heat / 热，暑热 / cái nóng

올 여름은 더위로 인해 에어컨 판매량이 증가했다고 한다.
우리 가족들은 여름 더위를 식히기 위해 피서를 갔어요.

반 추위
- 무더위, 찜통더위, 불볕더위
- 더위를 타다, 더위를 이기다, 더위를 식히다, 더위를 먹다

29 덧붙이다 [동]
[덛뿌치다]

덧붙이고, 덧붙여서,
덧붙이면, 덧붙입니다

add / 附，附上 / thêm vào

벽지가 조금 떨어져서 그 위에 새 벽지를 덧붙였다. 유 겹치다
마지막으로 하나만 더 덧붙여 말씀드릴게요. 유 추가하다, 부가하다

- '덧붙다'의 사동사

30 데우다 [동]

데우고, 데워서,
데우면, 데웁니다

heat up / 热，温，暖（东西）/ hâm nóng

어머니는 국이 식어서 다시 따뜻하게 데우셨다.
아이를 씻기려고 물을 따뜻하게 데웠어요.

반 식히다

오늘의 단어 한눈에 보기! 다 외운 단어는 ☑해 보세요.

☐ 도대체 [부]   ☐ 도리어 [부]   ☐ 도망치다 [동]

☐ 도입 [명]   ☐ 도저히 [부]   ☐ 도전 [명]

☐ 독립 [명]   ☐ 독특하다 [형]   ☐ 독하다 [형]

☐ 돌아보다 [동]   ☐ 돌아서다 [동]   ☐ 동기 [명]

☐ 동의 [명]   ☐ 동일하다 [형]   ☐ 되도록 [부]

☐ 되돌리다 [동]   ☐ 되돌아가다 [동]   ☐ 되살리다 [동]

☐ 되풀이 [명]   ☐ 두뇌 [명]   ☐ 두드러지다 [동]

☐ 두드리다 [동]   ☐ 두렵다 [형]   ☐ 두리번거리다 [동]

☐ 둘러보다 [동]   ☐ 둘러싸이다 [동]   ☐ 둘레 [명]

☐ 뒤따르다 [동]   ☐ 뒤떨어지다 [동]   ☐ 뒤집다 [동]

✎ 외우지 못 한 단어는 다음날 한 번 더 학습합니다.

01 도대체 부

① what on earth ② (not) at all / ① 到底，究竟 ② 根本，完全 /
① rốt cuộc, tóm lại ② hoàn toàn (không), tuyệt nhiên (không)

① 도대체 무슨 말을 하는 건가? ㈜ 대관절
② 아버지랑은 도대체 대화가 안 돼요. ㈜ 도저히, 도무지

- 도대체 + 의문을 나타내는 표현(누구, 무슨, 어떻게 등)
- 도대체 + 부정적인 표현(없다, 않다, 안/못 등)

02 도리어 부

rather / 却，反而 / ngược lại, trái lại

친구를 도와주려고 한 일이 도리어 피해만 끼치고 말았다.
부장님은 자기가 잘못해 놓고 도리어 나에게 큰소리를 쳤어요.

㈜ 오히려

03 도망치다 동

도망치고, 도망쳐서,
도망치면, 도망칩니다

run away / 逃跑，逃亡 / chạy trốn

그 경찰은 국내에서 죄를 짓고 해외로 도망친 범죄자들을 잡는다.
음주 운전자가 경찰차를 보고 도망치다가 사고를 냈어요.

㈜ 도망가다, 달아나다
- N이/가 도망치다

04 도입 명

introduction / 引进 / sự đưa vào

사람들은 주 4일 근무제 도입에 대해 긍정적인 입장이다.
우리 기업은 해외의 선진 기술 도입에 힘쓰고 있습니다.

- 도입(을) 하다, 도입(이) 되다, 도입(을) 시키다

05 도저히 부

(cannot) possibly / 怎么也，无论如何 / không đâu, không chút
nào

열심히 했지만 이 일은 도저히 성공할 수 없을 것 같다.
너무 당황해서 비밀번호가 도저히 생각나지 않아요. ㈜ 도대체, 도무지

- 도저히 + 부정적인 표현(없다, 않다, 안/못 등)

06 도전 명

challenge / 挑战 / sự thử thách

나는 용기를 갖고 새로운 일에 도전을 하기로 했다.
어떤 일에 도전을 하기 위해서는 자신감이 필요해요.

- 도전(을) 하다, 도전을 받다, 도전에 응하다, 도전을 피하다

07 독립 ^명
[동닙]

independence / 独立，自立 / độc lập

나는 경제적인 독립을 꿈꾸며 열심히 일하고 있다.
저는 직장에 들어가면서 부모님으로부터 독립을 하게 됐어요.

> 유 자립   반 의존
> • 독립적, 독립운동, 독립 기념관, 독립 기념일
> • 독립(을) 하다, 독립(이) 되다, 독립을 이루다, 독립을 선언하다

08 독특하다 ^형
[독트카다]

독특하고, 독특해서,
독특하면, 독특합니다

unique / 独特，特别 / đặc biệt

이 소설은 지금까지 볼 수 없었던 내용으로 독특하고 참신하다.
가구의 디자인이 독특해서 눈에 띄었어요.

> 유 색다르다   반 평범하다

09 독하다 ^형
[도카다]

독하고, 독해서,
독하면, 독합니다

strong / 冲，浓烈 / độc hại, nặng

이 술은 독하기 때문에 많이 마시지 않는 것이 좋다.
화장실 냄새가 독해서 방향제를 뿌렸어요.

> 반 약하다, 순하다
> • 약이 독하다, 마음이 독하다, 사람이 독하다

10 돌아보다 ^동

돌아보고, 돌아봐서,
돌아보면, 돌아봅니다

look back / ① 回头看 ② 回顾 / ① quay lại (phía sau) ② nhìn lại (thời gian đã qua)

① 앞좌석에 앉은 사람이 자꾸 뒤를 돌아봤어요.
② 나는 매일 저녁 하루를 돌아보며 일기를 쓴다.

> 유 뒤돌아보다   반 내다보다
> • 뒤를 돌아보다, 주위를 돌아보다, 과거를 돌아보다

11 돌아서다 ^동

돌아서고, 돌아서서,
돌아서면, 돌아섭니다

turn away / ① 转向，转身 ② 改变，转变 / ① quay lại (phía sau) ② thay lòng đổi dạ

① 길을 걷는데 누가 부르는 소리를 듣고 뒤로 돌아섰다.
② 저에 대한 그 사람의 마음이 돌아선 것 같아요.

> • N1이/가 N2(으)로 돌아서다
> • 남자가 뒤로 돌아서다

12 동기 ^명

motive / 动机 / động lực

요즘에는 특별한 동기도 없이 범죄를 저지르는 사람들이 많아졌다.
감독에게 이 영화를 찍게 된 동기가 무엇인지에 대해 물어보았습니다.

> 유 원인, 계기
> • 동기가 되다, 동기를 유발하다, 동기를 부여하다

13 동의 명
[동이]

agreement / 同意，赞同 / đồng ý, tán thành
상대방의 동의 없이 SNS에 사진을 올려서는 안 된다.
아파트에 사는 입주민의 동의를 구해야 주차장을 수리할 수 있습니다.

유 찬성　　　　　　　반 반대
• 동의서
• 동의(를) 하다, 동의가 되다, 동의를 얻다, 동의를 구하다, 동의를 표하다

14 동일하다 형
동일하고, 동일해서,
동일하면, 동일합니다

identical / 相同，相同 / như nhau, đồng nhất
경찰 공무원 채용 시 남녀 구분 없이 동일한 기준으로 평가한다.
저는 발표자의 생각과 동일합니다.

유 같다, 다름없다　　　　반 다르다

15 되도록 부

as much as possible / 尽量 / càng…thì càng…, nếu có thể được
성인이 되면 되도록 부모에게 의지하는 것보다 독립을 하는 것이 좋다.
주사를 맞은 당일은 되도록 샤워를 하지 마세요.

유 가급적

16 되돌리다 동
되돌리고, 되돌려서,
되돌리면, 되돌립니다

turn back / ① 使掉头，使返回 ② 使还原，使返回 / ① quay ngược (thời gian) ② trở lại (như lúc đầu)
① 시간을 되돌릴 수 있다면 다시 과거로 돌아가고 싶다.
② 이미 일어난 일은 되돌리고 싶어도 되돌릴 수 없어요.

• N1을/를 N2(으)로 되돌리다
• 마음을 되돌리다, 과거를 되돌리다, 원상태로 되돌리다

17 되돌아가다 동
[되도라가다]
되돌아가고, 되돌아가서,
되돌아가면, 되돌아갑니다

go back / 回去，返回 / trở về
지갑을 집에 두고 나와서 다시 집으로 되돌아갔다 오느라 늦었다.
저는 그녀를 잊을 수 없어서 그녀에게 되돌아가서 용서를 빌었어요.

유 돌아가다
• N1이/가 N2에/에게/(으)로 되돌아가다
• 아이가 학교에/친구에게/학교로 되돌아가다

18 되살리다 동
되살리고, 되살려서,
되살리면, 되살립니다

revive / ① 救活 ② 恢复，重振 / ① cứu sống ② vực dậy
① 어머니는 시들어 버린 꽃을 정성을 다해 보살펴서 다시 되살렸다.
② 우리 마을에서는 전통문화를 되살리기 위해 대책을 마련하고 있어요.

• '되살다'의 사동사
• 생명을 되살리다, 기억을 되살리다, 전통을 되살리다, 집안을 되살리다

19 되풀이 명
[되푸리]

repetition / 反复，重演 / sự lặp lại

단어는 여러 번 되풀이를 하면서 외우는 것이 효과적이다.

저는 매일 똑같이 되풀이가 되는 일상에 지쳐서 일을 그만둘까 해요.

> 유 반복
> • 되풀이(를) 하다, 되풀이(가) 되다

---

20 두뇌 명

brain / 大脑，脑子 / bộ não, đầu óc

인간의 두뇌와 비슷한 인공 지능 로봇이 개발되었다.

건강한 두뇌와 신체 발달을 위해서는 아이를 충분히 재워야 해요.

> 유 뇌, 머리

---

21 두드러지다 동

두드러지고, 두드러져서,
두드러지면, 두드러집니다

prominent / 显著，突出 / nổi lên, lộ rõ

소설을 원작으로 한 영화를 원작과 비교해 보니 단점이 두드러졌다.

얼굴이 하얘서 얼굴에 난 상처가 두드러져 보여요.

> 유 도드라지다, 돋보이다, 드러나다
> • 변화가 두드러지다, 능력이 두드러지다

---

22 두드리다 동

두드리고, 두드려서,
두드리면, 두드립니다

knock / 敲，拍打 / đánh, cốc

빗방울이 창문을 두드리는 소리가 들렸다.

누가 어깨를 두드려서 돌아보니 친구가 서 있었어요.

> 유 두들기다, 치다
> • 문을 두드리다, 악기를 두드리다, 마음을 두드리다

---

23 두렵다 형
[두렵따]

두렵고, 두려워서,
두려우면, 두렵습니다

fearful / 恐惧，畏惧 / sợ, sợ sệt

죽는 것은 두렵지 않은데 홀로 남겨지는 가족을 생각하면 두렵다.

새로운 일에 도전하려고 하는데 실패할까 봐 두렵습니다.

> 유 무섭다

---

24 두리번거리다 동

두리번거리고, 두리번거려서,
두리번거리면, 두리번거립니다

look around / 东张西望，左顾右盼 / nhìn dáo dác

그는 기차에 올라 자기 자리를 찾기 위해 두리번거렸다.

그는 길을 잘 몰라서 사방을 두리번거리며 걸었어요.

> 유 두리번두리번하다, 두리번대다
> • 사방을 두리번거리다, 이곳저곳을 두리번거리다, 이리저리 두리번거리다

25 둘러보다 동

둘러보고, 둘러봐서,
둘러보면, 둘러봅니다

look around, browse / 环视，环顾 / nhìn xung quanh

외출하기 전에 잊은 것은 없는지 집 안을 둘러보는 습관이 있다.
선생님은 교실에 들어오시더니 학생들이 다 왔는지 둘러보셨어요.

- 유 살피다, 살펴보다
- 사방을 둘러보다, 방을 한 바퀴 둘러보다

26 둘러싸이다 동

둘러싸이고, 둘러싸여서,
둘러싸이면, 둘러싸입니다

be surrounded / 被包围 / được vây quanh

그 가수는 팬에게 둘러싸여 인터뷰를 했다.
마을은 산으로 둘러싸여 있어서 공기가 맑고 상쾌해요.

- '둘러싸다'의 피동사
- N1이/가 N2에/에게/(으)로 둘러싸이다

27 둘레 명

circumference / 周长 / xung quanh, vòng tròn

음력은 달이 지구 둘레를 한 바퀴 도는 데 걸리는 시간을 기준으로 한다.
정장을 맞추려고 허리와 가슴의 둘레를 쟀어요.

- 허리둘레, 가슴둘레, 머리둘레

28 뒤따르다 동

뒤따르고, 뒤따라서
뒤따르면, 뒤따릅니다

follow / ① 跟随 ② 伴随 / theo sau, tiếp nối

① 길을 잘 몰라서 앞에서 운전하는 친구의 차를 뒤따라서 가고 있다.
② 집값이 오르면서 뒤따라 전세와 월세 가격도 올랐어요.

- 유 쫓다, 뒤쫓다, 좇다, 따르다

29 뒤떨어지다 동
[뒤떠러지다]

뒤떨어지고, 뒤떨어져서,
뒤떨어지면, 뒤떨어집니다

lag behind / ① 落下，落物，掉队 ② 落后，靠后 / ① lùi lại phía sau ② thiếu sót, tụt hậu

① 나는 행군을 하다가 체력이 약해서 같이 간 동기들로부터 뒤떨어졌다.
② 다른 사람에게 뒤떨어지지 않으려면 열심히 노력하는 수밖에 없어요.

- 유 뒤지다, 처지다, 떨어지다   반 앞서다
- N1이/가 N2에/에게 뒤떨어지다
- 사고방식이 시대에 뒤떨어지다, 옷차림이 유행에 뒤떨어지다

30 뒤집다 동
[뒤집따]

뒤집고, 뒤집어서,
뒤집으면, 뒤집습니다

turn something inside out / （内外）翻，反过来 / đảo ngược

집에서 급하게 나오느라고 양말을 뒤집어 신고 나온 것도 몰랐다.
빨래하고 나서 뒤집힌 옷을 다시 뒤집어서 정리해 놓았어요.

- 옷을 뒤집다, 순서를 뒤집다, 손바닥을 뒤집다, 계획을 뒤집다

오늘의 단어 한눈에 보기! 다 외운 단어는 ☑해 보세요.

☐ 드나들다 [동]   ☐ 드러내다 [동]   ☐ 드물다 [형]

☐ 든든하다 [형]   ☐ 들여다보다 [동]   ☐ 들키다 [동]

☐ 따라다니다 [동]   ☐ 따르다 [동]   ☐ 따지다 [동]

☐ 때 [명]   ☐ 때리다 [동]   ☐ 떠나오다 [동]

☐ 떼다 [동]   ☐ 뚜렷하다 [형]   ☐ 뚫리다 [동]

☐ 뛰어나오다 [동]   ☐ 뛰어놀다 [동]   ☐ 뛰어다니다 [동]

☐ 뛰어들다 [동]   ☐ 뜨다² [동]   ☐ 뜯다 [동]

☐ 뜻밖 [명]   ☐ 띄다 [동]   ☐ 마구 [부]

☐ 마냥 [부]   ☐ 마땅하다 [형]   ☐ 마련 [명], [의]

☐ 마무리 [명]   ☐ 마음껏 [부]   ☐ 마음먹다 [동]

✎ 외우지 못 한 단어는 다음날 한 번 더 학습합니다.

35 일차

마음먹은 것은 끝까지 마무리하세요!

01 드나들다 동

드나들고, 드나들어서,
드나들면, 드나듭니다

come in and out / ① 进进出出 ② 来来去去 / ① vào ra ② ra vào, tới lui

① 차량이 아파트 단지 안에 **드나드니까** 조심해야 한다.
② 내 친구는 제집처럼 도서관에 자주 **드나들었어요.**

> 유 들락거리다
> • N에 드나들다, N을/를 드나들다, N(으)로 드나들다
> • 술집에 드나들다, 술집을 드나들다, 골목으로 드나들다

02 드러내다 동

드러내고, 드러내서,
드러내면, 드러냅니다

reveal / 表现，表露 / tiết lộ, bộc lộ

이 영화는 사회의 빈부 격차를 현실적으로 **드러냈다는** 평가를 받고 있다.
아이는 처음에는 암전하더니 익숙해지면서 점점 본색을 **드러냈어요.**

> 유 나타내다, 내놓다
> • '드러나다'의 사동사
> • 속마음을 드러내다, 감정을 드러내다, 모습을 드러내다

03 드물다 형

드물고, 드물어서,
드물면, 드뭅니다

rare / 少有，罕见 / hiếm có, hiếm thấy

그 사람만큼 여러 분야에서 능력이 뛰어난 사람은 **드물다.**
이렇게 좋은 기회를 만나는 것은 **드문** 일이니까 놓치지 마세요.

> 유 적다　　　　　　　　반 흔하다, 허다하다
> • 인적이 드물다, 차량 통행이 드물다

04 든든하다 형

든든하고, 든든해서,
든든하면, 든든합니다

reassuring / 踏实，结实 / đáng tin cậy

어머니는 가족들이 곁에 있어서 **든든하다고** 하셨다.
이번에 발표 준비를 철저히 해 놓아서 마음이 **든든합니다.**

> 유 믿음직하다, 믿음직스럽다
> • 마음이 든든하다, 속이 든든하다

05 들여다보다 동

들여다보고, 들여다봐서,
들여다보면, 들여다봅니다

① look in ② look into / ① 往里看 ② 端详，细看 / ① nhìn vào ② nhìn kĩ

① 방 안을 **들여다보니** 한 남자가 서 있었다.
② 얼굴에 뭐가 나서 거울을 **들여다보고** 있었어요.

> 반 내다보다

06 들키다 동

들키고, 들켜서,
들키면, 들킵니다

be caught / 被发现，被识破 / đã phát hiện, bị bại lộ

몰래 담배를 피우다가 선생님에게 **들켜서** 혼이 났다.
아이가 슈퍼마켓에서 빵을 훔치려다가 주인한테 **들켰어요.**

> 유 걸리다, 발각되다
> • N1이/가 N2에게 들키다

07 따라다니다 [동]

따라다니고, 따라다녀서,
따라다니면, 따라다닙니다

follow around / 追随，跟随 / đi theo

동생은 하루 종일 오빠를 **따라다녔다**.
제 춤 실력은 댄스 동아리 선배를 **따라다니며** 배운 거예요.

> 유 쫓아다니다

08 따르다 [동]

따르고, 따라서,
따르면, 따릅니다

pour / 倒，斟 / rót

그는 컵에 맥주를 **따라서** 벌컥벌컥 마셨다.
감기에 걸려 누워 있는 남편에게 약을 주고 물을 **따라** 주었어요.

> 유 붓다
> • 컵에 물을 따르다, 잔에 술을 따르다

09 따지다 [동]

따지고, 따져서,
따지면, 따집니다

nitpick / 追究，查明 / bới móc, làm rõ (nguyên nhân)

이번 일은 모두가 잘못해서 생긴 일이니 잘잘못을 **따지고** 싶지 않다.
아이가 거짓말한 것을 들키자 어머니는 하나하나 **따져** 물었어요.

> • 잘못을 따지다, 원인을 따지다, 이치를 따지다, 시비를 따지다

10 때 [명]

stain / 垢，污垢 / vết bẩn

그는 몇 달을 못 씻었는지 온몸에 **때**가 묻어서 보기 힘들 정도였다.
하얀 옷은 **때**가 쉽게 타서 자주 빨아야 돼요.

> • 때가 타다, 때가 묻다, 때가 끼다, 때를 씻다, 때를 벗기다

11 때리다 [동]

때리고, 때려서,
때리면, 때립니다

hit / 打，揍 / đánh

학교에서는 체벌이 금지되어 있으므로 학생을 **때려서는** 안 된다.
형이 동생을 자꾸 **때리고** 괴롭혀서 걱정이에요.

> 반 맞다

12 떠나오다 [동]

떠나오고, 떠나와서,
떠나오면, 떠나옵니다

leave / 离开 / rời khỏi

내가 고향을 **떠나온** 지 어느덧 3년이 지났다.
저는 부모 곁을 **떠나와서** 서울에서 혼자 살고 있어요.

> • N을/를 떠나오다, N에서 떠나오다
> • 고향을 떠나오다, 고향에서 떠나오다

13 떼다 [동]

떼고, 떼서,
떼면, 뗍니다

detach / 摘下，取下 / tháo, gỡ, bóc

게시판에 날짜가 지난 안내문을 **떼고** 새로운 안내문을 붙였다.
고객님, 상표를 **떼시면** 교환이나 환불이 불가능합니다.

> 유 뜯다 반 붙이다
> • 벽보를 떼다, 상표를 떼다, 눈을 떼다, 정을 떼다

14 뚜렷하다 [형]
[뚜려타다]

뚜렷하고, 뚜렷해서,
뚜렷하면, 뚜렷합니다

distinct / 清楚，明显 / rõ ràng, rõ rệt

안경을 끼고 보니까 모든 것이 **뚜렷해** 보였다.
설문 조사 결과를 살펴보면 연령별로 **뚜렷한** 차이를 보였습니다.

> 유 명백하다, 분명하다, 확실하다 반 흐리다, 흐릿하다, 희미하다
> • 모습이 뚜렷하다, 특징이 뚜렷하다, 의견이 뚜렷하다

15 뚫리다 [동]
[뚤리다]

뚫리고, 뚫려서,
뚫리면, 뚫립니다

① be pierced ② be unblocked / ① 钻，打 ② 被打通 / ① đục, khoét (lỗ) ② thông (tai, mũi)

① 벽에 못을 많이 박아서 구멍이 많이 **뚫려** 있다.
② 감기가 나으면서 막혔던 코가 **뚫려서** 시원해요.

> 반 막히다
> • '뚫다'의 피동사
> • 구멍이 뚫리다, 하수구가 뚫리다, 변기가 뚫리다, 길이 뚫리다

16 뛰어나오다 [동]

뛰어나오고, 뛰어나와서,
뛰어나오면, 뛰어나옵니다

run out (of) / 跑出来 / nhảy ra

수업이 끝나자 학생들이 운동장으로 **뛰어나왔다**.
퇴근하고 집에 돌아오자 키우는 강아지가 **뛰어나와서** 반겼어요.

> • N1이/가 N2에서 N3(으)로 뛰어나오다
> • 학생이 교실에서 운동장으로 뛰어나오다

17 뛰어놀다 [동]

뛰어놀고, 뛰어놀아서,
뛰어놀면, 뛰어놉니다

run and play / 蹦跳玩耍 / chạy chơi, chạy giỡn

아파트는 층간 소음 때문에 아이들이 마음대로 **뛰어놀** 수 없다.
이곳은 아이들이 마음 놓고 **뛰어놀** 수 있는 공간이에요.

> 유 뛰놀다
> • N1이/가 N2에서 뛰어놀다
> • 아이가 놀이터에서 뛰어놀다

18 뛰어다니다 [동]

뛰어다니고, 뛰어다녀서,
뛰어다니면, 뛰어다닙니다

jump about, run about / 跑来跑去 / chạy quanh

캠핑장에서 아이들이 이리저리 **뛰어다니며** 놀고 있다.
식당 안에서 **뛰어다니지** 말고 가만히 앉아 있어요.

> • N1이/가 N2에서 뛰어다니다
> • 학생이 운동장에서 뛰어다니다

19 뛰어들다 동

뛰어들고, 뛰어들어서,
뛰어들면, 뛰어듭니다

① dive in ② rush into / ① 跳进 ② 冲入 / ① nhảy vào ② lao vào

① 구급대원은 바다에 빠진 아이를 구하려고 바다에 뛰어들었다.
② 운전하는데 갑자기 동물이 뛰어들어서 부딪칠 뻔했어요.

- N1이/가 N2에/에게/(으)로 뛰어들다
- 아이가 강에/아빠에게/강으로 뛰어들다

**20 뜨다² ** 동

뜨고, 떠서,
뜨면, 뜹니다

scoop, ladle, spoon / 盛 / múc

어머니는 항아리에서 된장과 고추장을 떴다.
아버지는 매일 아침 약수터에서 물을 떠 오십니다.

- 간장을 뜨다, 국을 뜨다, 한술 뜨다, 회를 뜨다

21 뜯다 동
[뜯따]

뜯고, 뜯어서,
뜯으면, 뜯습니다

tear off / 撕，扯，揭 / xé, nhổ

택배 상자를 뜯어서 주문한 물건을 확인했다.
집에 돌아왔더니 강아지가 책을 다 뜯어 놓았어요.

🈺 뜯어내다
- 바닥을 뜯다, 기계를 뜯다, 나물을 뜯다

22 뜻밖 명
[뜯빡]

unexpected / 意外，出乎意料 / không ngờ tới

지금까지 한 번도 지각한 적 없던 민수가 아직 오지 않았다니 뜻밖이다.
예상하지 못한 뜻밖의 선물을 받아서 너무 감동을 받았어요.

🈺 의외
- 뜻밖에

23 띄다 동
[띠다]

띄고, 띄어서,
띄면, 띕니다

stand out / 显眼，抢眼，映入（眼帘） / đập (vào mắt)

이번 신상품은 화려한 디자인과 색상이 눈에 띈다.
저는 학교에서 별로 눈에 띄지 않을 정도로 조용한 학생이에요.

- '뜨이다'의 준말
관용구 눈에 띄다

24 마구 부

recklessly / 大肆，胡乱，任意 / một cách dữ dội, một cách dồn dập

아이들이 마구 뛰어놀아서 아래층에서 시끄럽다고 연락이 왔다.
형이 동생을 마구 때려서 울고불고 난리가 났어요.

🈺 함부로

25 마냥 [부]

forever, infinitely / 一直 / liên tục, cứ thế

결혼 생활이 **마냥** 행복하고 달콤한 것만은 아니다.
저는 그 사람이 올 때까지 **마냥** 기다렸어요.

> (유) 계속, 내내

26 마땅하다 [형]

마땅하고, 마땅해서,
마땅하면, 마땅합니다

proper / ① 合适，恰当 ② 理应 / ① phù hợp, tương xứng
② đương nhiên, hợp lí

① 나에게 **마땅한** 일자리를 찾기가 쉽지 않다. (유) 적합하다, 어울리다
② 자식으로서 부모에게 효도하는 것은 **마땅하지요**. (유) 당연하다, 옳다

> (반) 마땅찮다, 못마땅하다
> (부) 마땅히

27 마련 [명], [의]

[명] preparation [의] be certain / [명] 准备，备下 [의] 难免，必然 /
chuẩn bị, hiển nhiên

[명] 우리는 학교 폭력을 예방하기 위한 대책 마련을 위해 모임을 가졌다.
   (유) 준비
[의] 시간이 지나면 사람은 누구나 늙기 **마련**이에요.

> • V/A-기 마련이다, V/A-게 마련이다
> • 성공하기 마련이다, 성공하게 마련이다

28 마무리 [명]

finish / 完成，结束 / hoàn thành

무슨 일이든 시작했으면 **마무리**까지 잘하는 것이 중요하다.
이제 하던 일은 슬슬 **마무리**를 하고 퇴근할까요?

> (유) 마감   (반) 시작
> • 마무리(를) 하다, 마무리(가) 되다, 마무리를 짓다

29 마음껏 [부]
[마음껃]

to one's heart's content / 尽情地 / hết lòng, thỏa lòng

아이들이 **마음껏** 뛰어놀 수 있는 공간을 만들고 싶다.
시험도 끝났으니 오늘은 **마음껏** 하고 싶은 것들을 할 거예요.

> (유) 실컷, 충분히

30 마음먹다 [동]
[마음먹따]

마음먹고, 마음먹어서,
마음먹으면, 마음먹습니다

make up one's mind / 下决心 / quyết tâm

행복은 **마음먹기**에 달려 있다.
올해는 매일 운동하겠다고 **마음먹었어요**.

> (유) 결심하다, 다짐하다, 작심하다
> • V-기로 마음먹다, V-겠다고 마음먹다
> • 운동하기로 마음먹다, 운동하겠다고 마음먹다

오늘의 단어 한눈에 보기! 다 외운 단어는 ☑ 해 보세요.

☐ 마주 [부]   ☐ 마주치다 [동]   ☐ 마찬가지 [명]

☐ 마치 [부]   ☐ 마침내 [부]   ☐ 막상 [부]

☐ 막연하다 [형]   ☐ 만만하다 [형]   ☐ 말리다² [동]

☐ 말투 [명]   ☐ 망가지다 [동]   ☐ 망설이다 [동]

☐ 망치다 [동]   ☐ 망하다 [동]   ☐ 맞히다 [동]

☐ 매달리다 [동]   ☐ 매력 [명]   ☐ 매체 [명]

☐ 머무르다 [동]   ☐ 머뭇거리다 [동]   ☐ 먹이다 [동]

☐ 먹히다 [동]   ☐ 멀쩡하다 [형]   ☐ 멎다 [동]

☐ 면담 [명]   ☐ 면하다 [동]   ☐ 명령 [명]

☐ 명예 [명]   ☐ 명확하다 [형]   ☐ 모여들다 [동]

✎ 외우지 못 한 단어는 다음날 한 번 더 학습합니다.

01 마주 ^부

face to face / 相对，面对，正对 / đối diện, đối mặt

두 연인은 사랑스러운 눈길로 서로 **마주** 보고 웃고 있었다.
휴대폰을 보고 걷다가 **마주** 오는 사람과 부딪쳤어요.

- 마주 서다, 마주 보다, 마주 오다, 마주 잡다, 마주 향하다

02 마주치다 ^동

마주치고, 마주쳐서,
마주치면, 마주칩니다

encounter / 邂逅，偶遇 / tình cờ gặp, va phải

길에서 우연히 옛날 친구와 **마주쳤는데** 너무 변해서 못 알아볼 뻔했다.
그 사람과는 다시는 절대로 **마주치고** 싶지 않아요.

- N1와/과 N2이/가 마주치다
- 친구와 눈이 마주치다

03 마찬가지 ^명

same / 相同，一样 / tương tự, giống như thế

아버지의 일에 대한 열정은 예나 지금이나 **마찬가지이다**.
오늘도 어제와 **마찬가지로** 무더운 날씨가 계속된다고 해요.

- 유 같다, 다름없다
- N와/과 마찬가지이다. N(이)나 마찬가지이다
- N와/과 마찬가지로 + V/A

04 마치 ^부

as if / 犹如，仿佛 / giống như, hệt như

그는 **마치** 아무것도 안 보이는 것처럼 나를 보고도 모른 척했다.
아이들은 **마치** 천사처럼 예쁘고 순수해요.

- 마치 N처럼 + V/A

05 마침내 ^부

finally / 结局，结果，最后，终于 / kết cục, cuối cùng

그 작가는 10년간의 오랜 작업 끝에 **마침내** 작품을 완성해 냈다.
자기의 죄를 끝까지 부인하던 범인은 **마침내** 죄를 모두 인정했어요.

- 유 드디어, 결국, 끝내

06 막상 ^부

[막쌍]

actually / 实际上，真的，真要 / thực ra, hóa ra

시험 준비를 빈틈없이 했는데도 **막상** 시험 날이 되니 긴장이 됐다.
막상 취업을 하고 보니 생각만큼 일이 재미있지 않아요.

- 유 실제로

07 **막연하다** 형
[마견하다]

막연하고, 막연해서,
막연하면, 막연합니다

vague / 茫然，渺茫 / mơ hồ, mập mờ

나는 취업을 앞두고 사회생활에 대해 **막연한** 두려움을 느꼈다.
직장을 그만두고 나니 앞으로 어떻게 먹고 살아야 할지 **막연하**네요.

유 막막하다 　　　　　　　　　반 명확하다, 확실하다

08 **만만하다** 형

만만하고, 만만해서,
만만하면, 만만합니다

easy / 好对付，好欺负 / dễ dàng, nhẹ nhàng

신제품 개발에 들어가는 비용이 **만만하**지 않다.
나는 네가 그렇게 **만만하게** 대할 수 있는 사람이 아니야.

반 만만찮다
・ 가격이 만만하다, 사람이 만만하다

09 **말리다²** 동

말리고, 말려서,
말리면, 말립니다

stop / 劝阻，阻拦 / can ngăn

때리는 시어머니보다 **말리는** 시누이가 더 밉다는 말이 있다.
그 사람은 너무 고집이 세서 아무도 **말릴** 수가 없어요.

・ 싸움을 말리다, 사람을 말리다, 행동을 말리다

10 **말투** 명

way of speaking / 语气，口气 / lời nói, cách nói chuyện

학생들은 선생님의 **말투**나 행동을 똑같이 따라하면서 장난을 치곤 한다.
처음 만난 그 사람의 **말투**는 친절하고 부드러웠어요.

유 말버릇, 어투
・ 말투가 부드럽다, 말투가 거칠다, 말투가 특이하다

11 **망가지다** 동

망가지고, 망가져서,
망가지면, 망가집니다

break down / ① 坏，出故障 ② 坏，糟糕 / ① bị vỡ, bị hỏng ② tàn phế

① 자전거가 오토바이와 부딪치는 바람에 **망가져** 버렸다.
② 운동도 안 하고 술과 담배를 자주 하다 보니 몸이 **망가진** 것 같아요.

12 **망설이다** 동

망설이고, 망설여서,
망설이면, 망설입니다

hesitate / 踌躇，犹豫 / do dự

콧대가 높은 그녀에게 고백을 해도 될지 **망설이다**가 용기를 냈다.
이 일에 대해서 부모님에게 사실대로 말할까 말까 **망설이**고 있어요.

유 주저하다, 머뭇거리다
・ V−ㄹ까 말까 망설이다

13 망치다 동

망치고, 망쳐서,
망치면, 망칩니다

ruin / 毁灭，破坏，搞垮 / làm tiêu vong, hủy hoại

작년부터 열심히 준비한 작품을 **망치고** 말았다.
중요한 시험을 **망쳐서** 기분이 우울해요.

> • 일을 망치다, 기분을 망치다, 집안을 망치다, 나라를 망치다

14 망하다 동

망하고, 망해서,
망하면, 망합니다

go bankrupt / 破产，垮台，倒闭 / thất bại, hư, hỏng

어렸을 때 아버지의 사업 실패로 집안이 쫄딱 **망해** 버렸다.
새로 시작한 사업이 **망하지** 않도록 우리 모두 힘을 합칩시다.

> 반 흥하다
> • 사업이 망하다, 나라가 망하다, 회사가 망하다, 집안이 망하다

15 맞히다 동

[마치다]

맞히고, 맞혀서,
맞히면, 맞힙니다

get right / 答对，猜中 / đoán đúng

이번 시험에서 정답을 많이 **맞히지** 못해서 속상하다.
수수께끼의 정답을 **맞히는** 분께는 상품을 드립니다.

> • '맞다'의 사동사
> • 정답을 맞히다, 답을 맞히다, 문제를 맞히다

16 매달리다 동

매달리고, 매달려서,
매달리면, 매달립니다

hang on / 纠缠 / nài nỉ, cầu xin

아이는 아빠의 팔에 **매달리며** 장난감을 사 달라고 졸랐다.
헤어지자는 그녀에게 **매달려** 봤지만 소용이 없네요.

> • N1이/가 N2에/에게 매달리다
> • 아이가 철봉에 매달리다, 아이가 아빠에게 매달리다

17 매력 명

charm / 魅力 / sự hấp dẫn

그 사람은 잘생긴 얼굴은 아니지만 **매력**이 있는 얼굴이다.
사람들이 당당한 그녀의 **매력**에 푹 빠졌어요.

> • 매력적
> • 매력이 있다, 매력이 없다, 매력을 느끼다, 매력에 빠지다

18 매체 명

media / 媒体 / phương tiện (truyền thông)

영상 **매체**의 발달로 읽는 문화보다 보는 문화가 발달하고 있다.
대중 **매체**는 청소년들에게 많은 영향을 주고 있어요.

> • 대중 매체, 영상 매체, 방송 매체, 인터넷 매체

19 머무르다 동

머무르고, 머물러서,
머무르면, 머무릅니다

stay / 停住，停留 / lưu lại, nán lại

나는 한자리에 오래 **머무르는** 것이 지겨워서 다른 곳으로 자리를 옮겼다.
저는 휴가 내내 호텔에서 **머무르면서** 푹 쉬려고 해요. 유 묵다

> 반 떠나다
> • '머물다'의 준말
> • 친구가 고향에 머무르다, 우리 팀이 하위권에 머무르다

20 머뭇거리다 동
[머묻꺼리다]

머뭇거리고, 머뭇거려서,
머뭇거리면, 머뭇거립니다

hesitate / 踌躇，犹豫不决 / ngập ngừng, do dự

학생은 선생님의 질문에 잠시 **머뭇거리다가** 대답했다.
그곳에 갈지 말지 **머뭇거리지** 말고 빨리 결정해 주세요.

> 유 주저하다, 망설이다

21 먹이다 동

먹이고, 먹여서,
먹이면, 먹입니다

feed / 喂，给…吃 / cho ăn

의사는 환자의 보호자에게 자극적인 음식을 **먹이지** 말라고 했다.
아기에게 우유를 **먹이는데** 잘 먹지 않아서 걱정이에요.

> • '먹다'의 사동사
> • N1이/가 N2에게 N3을/를 먹이다
> • 엄마가 아기에게 밥을 먹이다

22 먹히다 동
[머키다]

먹히고, 먹혀서,
먹히면, 먹힙니다

be eaten / 被吃掉 / bị ăn, ăn được

동물의 세계에서는 먹느냐 **먹히느냐가** 가장 중요한 문제이다.
음식을 짜게 먹어서 그런지 물이 자꾸 **먹히네요**.

> • '먹다'의 피동사
> • N1이/가 N2에게 먹히다
> • 쥐가 고양이에게 먹히다, 토끼가 뱀에게 먹히다

23 멀쩡하다 형

멀쩡하고, 멀쩡해서,
멀쩡하면, 멀쩡합니다

① intact ② sane, sober / ① 健全，完好 ② 清醒 / ① lành lặn (chân, tay) ② tỉnh táo (đầu óc)

① 그녀는 마라톤을 완주하고도 지치지 않고 몸이 **멀쩡해** 보였다.
② 민수 씨는 술을 그렇게 먹고도 어떻게 그렇게 **멀쩡해요?**

> 유 성하다
> • 사람이 멀쩡하다, 얼굴이 멀쩡하다, 정신이 멀쩡하다

24 멎다 동
[먿따]

멎고, 멎어서,
멎으면, 멎습니다

stop / 停 / ① ngừng ② tạnh

① 갑자기 내린 소나기가 **멎자** 하늘에 무지개가 떴다.
② 웨딩드레스를 입은 여자 친구가 너무 아름다워서 심장이 **멎는** 줄 알았어요.

> 유 멈추다
> • 심장이 멎다, 숨이 멎다, 기침이 멎다, 바람이 멎다, 비가 멎다

217

25 면담 명

interview / 面谈，谈话 / tư vấn

우리 회사는 사장님이 직접 직원들과의 **면담**을 하며 건의 사항을 듣고 있다.
아이의 담임 선생님이 학부모 **면담**을 요청해서 학교에 가는 길이에요.

> 유 상담
> • 면담(을) 하다, 면담을 받다, 면담을 요청하다, 면담을 거절하다

26 면하다 동

면하고, 면해서,
면하면, 면합니다

avoid / ① 免，免除 ② （灾难等）消除，免去 / ① được miễn (tránh nhiệm) ② thoát (nạn)

① 학교 폭력을 저지른 학생들은 처벌을 **면하기** 힘들 것이다.
② 운전기사의 신속한 판단 덕분에 교통사고를 **면할** 수 있었어요.

> 유 피하다   반 당하다
> • 사고를 면하다, 처벌을 면하다, 책임을 면하다

27 명령 명
[명녕]

command / 命令 / yêu cầu, mệnh lệnh

상사의 **명령**에 따라 일을 했어도 책임을 면할 수는 없을 것이다.
군대에서는 상관의 **명령**에 절대적으로 따라야 해요.

> • 명령(을) 하다, 명령을 받다, 명령을 듣다, 명령을 내리다, 명령을 따르다

28 명예 명

honor / 名誉，荣耀 / danh dự

사회적인 지위와 **명예**를 행복의 조건이라고 생각하는 사람이 많다.
우리나라의 **명예**를 높이기 위해 올림픽에서 꼭 금메달을 따겠습니다.

> 유 명성   반 불명예
> • 명예롭다, 명예스럽다, 명예를 얻다, 명예를 지키다, 명예를 높이다, 명예를 더럽히다

29 명확하다 형
[명화카다]

명확하고, 명확해서,
명확하면, 명확합니다

clear / 明确，清晰 / minh bạch, rõ ràng, rành mạch

이 글은 내용이 **명확하지** 않아서 중심 생각을 찾기가 어렵다.
한국어 선생님들은 발음이 **명확해서** 잘 알아들을 수 있어요.

> 유 확실하다, 분명하다   반 불명확하다
> • 내용이 명확하다, 태도가 명확하다, 입장이 명확하다, 목표가 명확하다

30 모여들다 동

모여들고, 모여들어서,
모여들면, 모여듭니다

gather / 聚集 / tập hợp vào, tập trung lại

공연이 시작되자 구경꾼들이 하나둘씩 **모여들기** 시작했다.
축제에 유명 가수가 출연한다는 소식에 팬들이 구름처럼 **모여들었어요**.

> • N1이/가 N2에/(으)로 모여들다
> • 사람들이 공연장에/공연장으로 모여들다

오늘의 단어 한눈에 보기! 다 외운 단어는 ☑해 보세요.

□ 모처럼 [부]   □ 모험 [명]   □ 목마르다 [형]

□ 목숨 [명]   □ 몫 [명]   □ 몰다 [동]

□ 몰라보다 [동]   □ 몰려들다 [동]   □ 몰리다 [동]

□ 몹시 [부]   □ 못되다 [형]   □ 못지않다 [형]

□ 몽땅 [부]   □ 무관하다 [형]   □ 무너지다 [동]

□ 무덥다 [형]   □ 무려 [부]   □ 무렵 [의]

□ 무리 [명]   □ 무사히 [부]   □ 무시 [명]

□ 묵묵히 [부]   □ 묶이다 [동]   □ 문득 [부]

□ 문명 [명]   □ 묻다² [동]   □ 물들다 [동]

□ 물질 [명]   □ 미련 [명]   □ 미지근하다 [형]

✎ 외우지 못 한 단어는 다음날 한 번 더 학습합니다.

01 **모처럼** [부]

after a long time / 难得 / lâu lắm rồi, hiếm hoi lắm

모처럼 시간을 내서 찾아왔는데 선생님을 못 만나서 아쉬웠다.
우리 모처럼 만났는데 기분 좋은 얘기만 하자!

(유) 오래간만에, 오랜만에

02 **모험** [명]

adventure / 冒险 / cuộc phiêu lưu

모험을 즐기는 사람들은 실패를 두려워하지 않는다.
새로운 분야의 사업에 투자하는 건 모험이에요.

- 모험심, 모험가, 모험적
- 모험(을) 하다, 모험을 떠나다, 모험을 즐기다

03 **목마르다** [형]
[몽마르다]

목마르고, 목말라서,
목마르면, 목마릅니다

thirsty / 口渴 / khát khô cổ

목마른 사람이 우물 판다고 제일 필요한 사람이 서두를 수밖에 없다.
땀을 흘렸더니 너무 목말라서 물을 벌컥벌컥 마셨어요.

- '목이 마르다'의 줄임말
- (속담) 목마른 사람이 우물을 판다

04 **목숨** [명]
[목쑴]

life / 命，生命，性命 / mạng sống

부모는 자식의 목숨을 구하기 위해서는 죽음도 두려워하지 않는다.
이번 대회에 목숨을 걸었기 때문에 최선을 다해서 준비하고 있어요.

(유) 생명
- 목숨을 걸다, 목숨을 구하다, 목숨을 끊다, 목숨을 버리다

05 **몫** [명]
[목]

① share ② role / ① 份儿 ② 责任，作用 / ① phần ② bổn phận

① 우리는 상금으로 받은 돈을 각자 몫만큼 나누어 가져갔다.
② 나는 끝까지 포기하지 않고 내 몫을 다할 거예요.

(유) 책임, 역할
- 몫을 하다, 몫을 다하다, 몫을 받다, 몫을 나누다, 몫을 챙기다

06 **몰다** [동]

몰고, 몰아서,
몰면, 몹니다

① drive ② accuse / ① 驾驶，开 ② 视为，诬陷为 / ① lái (xe) ② đuổi theo

① 그는 30년 동안 트럭을 몰고 다니며 장사를 했다. (유) 운전하다
② 경찰이 그 사람을 범인으로 몰았지만 결국 범인이 아니었다.

- 차를 몰다, 소를 몰다, 공을 몰다, 도둑으로 몰다

07 몰라보다 동

몰라보고, 몰라봐서,
몰라보면, 몰라봅니다

fail to recognize / 认不出 / không nhìn ra

모처럼 동창회에 참석했는데 친구가 하도 많이 변해서 몰라봤다.
살도 빠지고 화장도 해서 그런지 몰라보게 예뻐졌네요.

(반) 알아보다

08 몰려들다 동

몰려들고, 몰려들어서,
몰려들면, 몰려듭니다

crowd in / ① 蜂拥而来，涌进 ② 涌来 / ① dồn vào ② kéo đến

① 가수가 무대 위에 오르자 팬들이 무대 앞으로 몰려들었다.
② 맑았던 하늘이 갑자기 어두워지고 먹구름이 몰려들었어요.

(유) 몰려오다
• N1이/가 N2(으)로 몰려들다

09 몰리다 동

몰리고, 몰려서,
몰리면, 몰립니다

be cornered / ① （被）驱逐到 ② （被）诬蔑为 / ① bị dồn (vào góc) ② bị coi là

① 그 아이는 구석으로 몰려서 더 이상 도망갈 곳이 없었다.
② 그 남자는 경찰에게 범인으로 몰리자 매우 억울해했어요.

(유) 쫓기다
• '몰다'의 피동사
• 몰려들다, 몰려다니다, 몰려오다, 몰려가다
• N1이/가 N2에/(으)로 몰리다
• 남자가 위기에 몰리다, 남자가 범인으로 몰리다

10 몹시 부

[몹씨]

very / 十分，非常，太 / rất, hết sức

이번 여행이 아이들끼리 가는 여행이라서 부모들은 몹시 걱정했다.
학생의 말을 듣고 선생님은 몹시 화를 내셨어요.

(유) 무척, 상당히, 대단히

11 못되다 형

[몯뙤다]

못되고, 못돼서,
못되면, 못됩니다

be bad / ① 恶劣，坏 ② 不佳，不足 / ① hư hỏng, ngỗ nghịch ② chưa hoàn tất, chưa đạt

① 저렇게 못된 사람하고는 사귀지 않는 게 좋다. (반) 착하다
② 올해는 농사가 못돼서 농부들의 근심 걱정이 많아요. (반) 잘되다

• 마음이 못되다, 성격이 못되다, 사람이 못되다, 일이 못되다
속담 잘되면 제 탓 못되면 조상 탓

12 못지않다 형

[몯찌안타]

못지않고, 못지않아서,
못지않으면, 못지않습니다

as good as / 不亚于，不次于 / không thua kém

그녀는 화가 못지않은 그림 솜씨로 사람들을 깜짝 놀라게 했다.
내 친구 못지않게 그 동생도 운동에 소질이 있어요.

• '못지아니하다'의 준말
• N1이/가 N2(에) 못지않다
• 그림이 화가에 못지않다, 노래 실력이 가수 못지않다

13 몽땅 〔부〕

all / 都，全部 / mọi thứ

지금까지 모아 놓은 돈을 몽땅 가지고 세계여행을 떠났다.
여행 중에 소매치기를 당해서 가지고 있던 돈을 몽땅 잃어버렸어요.

유 죄다, 모두, 다

14 무관하다 〔형〕

무관하고, 무관해서,
무관하면, 무관합니다

irrelevant / 无关，没有关联 / không liên quan

이 사건과 무관한 사람이 범인으로 몰렸다.
저는 이번 일과 무관하니까 저에게 아무것도 묻지 마세요.

유 관계없다, 상관없다
• N와/과 무관하다

15 무너지다 〔동〕

무너지고, 무너져서,
무너지면, 무너집니다

collapse / ① 倒塌，坍塌 ② （精神）崩溃 / ① sập, đổ (tòa nhà)
② sụp đổ (tinh thần)

① 지진으로 건물이 무너지고 많은 피해가 발생했다.
② 자식이 사고로 죽었다는 말을 듣고 가슴이 무너져 버렸어요.

• 댐이 무너지다, 제도가 무너지다, 질서가 무너지다, 가슴이 무너지다

16 무덥다 〔형〕
[무덥따]

무덥고, 무더워서,
무더우면, 무덥습니다

hot and humid / 闷热，酷热，炎热 / nóng nực, oi bức

장마가 끝나면 무더운 여름이 오기 마련이다.
올 여름은 무덥고 비가 많이 내리겠습니다.

유 후텁지근하다

17 무려 〔부〕

as many as / 足足，足有（数量）/ đến tận, tận

유명 가수의 공연장에 무려 2만 명이 모였다고 한다.
소문난 맛집에서 음식을 먹으려고 무려 세 시간이나 기다렸어요.

• 무려 N(이)나 + V

18 무렵 〔의〕

around the time / 时候，时分 / khoảng thời kì, vào lúc, tầm

집을 나가려고 할 무렵 친구에게서 전화가 왔다.
저녁 무렵 단체 손님이 식당으로 몰려들어서 정신이 없었어요.

유 즈음
• N + 무렵, V/A-ㄹ + 무렵

19 무리 [명]

① burden, stress ② excessive / ① 超负荷 ② 过分，不合适 / sự quá sức, sự quá mức

① 과격한 운동을 매일 하다가는 몸에 무리가 갈 것이다.
② 이 일은 아무래도 저에게는 무리일 것 같아요.

> • 무리(를) 하다, 무리가 되다, 무리가 가다, 무리가 있다, 무리가 없다

20 무사히 [부]

safely / 平安无事地 / an toàn, bình an vô sự

이번 축제는 어떤 문제도 발생하지 않고 무사히 잘 마쳤다.
아무 일 없이 무사히 잘 다녀오시기 바랍니다.

> 형 무사하다

21 무시 [명]

ignore / 无视，轻视 / sự phớt lờ, sự khinh thường

그녀의 이름을 불렀지만 그녀는 무시라도 하듯이 못 들은 척했다.
이렇게 남에게 무시를 당하고 살 수는 없어요.

> 유 경시   반 중시
> • 무시(를) 하다, 무시(가) 되다, 무시(를) 당하다, 무시를 받다

22 묵묵히 [부]
[뭉무키]

silently / 默默地 / một cách lầm lì, lặng thinh

부모는 아이의 행동을 묵묵히 바라보고만 있었다.
친구는 화가 났는지 아무 말 없이 묵묵히 걷기만 했어요.

> 형 묵묵하다

23 묶이다 [동]
묶이고, 묶여서,
묶이면, 묶습니다

be tied / ① 被扎，被系 ② 被绑，被捆 / ① buộc, thắt (dây) ② trói (tay)

① 달리기 전에는 신발 끈이 잘 묶여 있는지 확인해야 된다.
② 실종되었던 아이는 손발이 꽁꽁 묶인 채 발견되었어요.

> 반 풀리다
> • '묶다'의 피동사
> • N이/가 묶이다

24 문득 [부]

suddenly / ① 顿时，忽然 ② 突然，猛然 / đột nhiên, bất chợt

① 이곳에 오면 어린 시절 추억이 문득 떠오른다.
② 땅만 보며 걷다가 문득 고개를 드니 파란 하늘이 보였어요.

> 유 갑자기

25 문명 명

civilization / 文明 / nền văn minh

그리스는 고대 문명의 발상지로 유명하다.
문자가 발명되면서 문명은 더욱 급속히 발달하기 시작했어요.

- 문명이 발달하다, 문명이 뒤떨어지다, 문명을 꽃피우다

26 묻다² 동

[묻따]

묻고, 묻어서,
묻으면, 묻습니다

bury / ① 埋 ② 掩藏，掩盖 / ① chôn (xuống đất) ② che giấu (trong lòng)

① 어린 시절 친구와 동네 뒷산에 타임캡슐을 묻어 놓은 적이 있다.
② 그는 첫사랑에 대한 그리움을 가슴 속에 묻기로 했습니다.

- 반 파다, 파내다
- 마당에 장독을 묻다, 가슴에 비밀을 묻다

27 물들다 동

물들고, 물들어서,
물들면, 물듭니다

be dyed, be tinged / 染色 / bị nhuộm, nhúng

설악산의 단풍이 노랗게 빨갛게 물들어서 무척 아름다웠다.
해가 지면서 강물이 붉은 노을로 물들었어요.

- '물이 들다'의 줄임말
- N1이/가 N2(으)로/에 물들다
- 산이 단풍으로 물들다, 친구가 범죄에 물들다

28 물질 명

[물찔]

material / 物质 / vật chất

자본주의 사회에서는 물질을 더 중시하는 경향이 있다. 반 정신
공장의 오염 물질이 땅으로 흡수되고 있어 문제가 되고 있습니다.

- 물질적

29 미련 명

lingering attachment / 留恋，迷恋 / sự luyến tiếc, sự khờ dại

사업가로서 성공한 그는 음악에 대한 미련이 아직 남아 있다.
저는 그 사람에 대한 모든 미련을 버렸어요.

- 미련이 있다, 미련이 없다, 미련이 남다, 미련을 갖다, 미련을 버리다

30 미지근하다 형

미지근하고, 미지근해서,
미지근하면, 미지근합니다

lukewarm / ① 温乎乎，温热 ② 模棱两可 / ① âm ấm ② lãnh đạm, thờ ơ

① 저녁상을 차려 놓았는데 먹으러 오지 않아서 국이 미지근하게 식었다.
② 태도가 미지근해서 좋은 건지 싫은 건지 모르겠어요. 유 불명확하다

- 뜨겁다-따뜻하다-미지근하다-차갑다
- 국물이 미지근하다, 커피가 미지근하다, 태도가 미지근하다

오늘의 단어 한눈에 보기! 다 외운 단어는 ☑해 보세요.

☐ 미처 [부]　　　　☐ 미치다 [동]　　　　☐ 밀리다² [동]

☐ 바람직하다 [형]　　☐ 바래다주다 [동]　　☐ 바로잡다 [동]

☐ 박다 [동]　　　　☐ 박히다 [동]　　　　☐ 반발 [명]

☐ 반성 [명]　　　　☐ 반영하다 [동]　　　☐ 반응 [명]

☐ 반짝이다 [동]　　　☐ 반품 [명]　　　　☐ 받아들이다 [동]

☐ 발견 [명]　　　　☐ 발길 [명]　　　　☐ 발생하다 [동]

☐ 밝혀내다 [동]　　　☐ 밝혀지다 [동]　　　☐ 밟히다 [동]

☐ 밤새다 [동]　　　☐ 방면 [명]　　　　☐ 방안 [명]

☐ 방지 [명]　　　　☐ 배경 [명]　　　　☐ 배려 [명]

☐ 배송 [명]　　　　☐ 배우자 [명]　　　☐ 버티다 [동]

✎ 외우지 못 한 단어는 다음날 한 번 더 학습합니다.

하늘의 별처럼 반짝이는 여러분!

01 미처 [부]

not yet / 尚未，来不及 / chưa, đến mức đó, trước đó

돈을 버는 일이 이처럼 어렵고 힘든 것인 줄은 **미처** 몰랐다.
제가 **미처** 거기까지는 생각을 못했네요. 죄송합니다.

• 미처 + 부정적인 표현(없다, 않다, 못하다 등)

02 미치다 [동]

미치고, 미쳐서,
미치면, 미칩니다

① reach ② affect / ① 及，到，达到 ② 产生，造成 / ① đạt đến (tiêu chuẩn) ② gây ảnh hưởng

① 성적이 합격 점수에 못 **미쳐서** 시험에 떨어졌다. 유 이르다
② 광고에 유명 배우가 나오자 판매에도 영향을 **미쳤다**. 유 끼치다

• 결과가 기대에 미치다, 성적이 합격에 영향을 미치다

03 밀리다² [동]

밀리고, 밀려서,
밀리면, 밀립니다

be pushed / 被推 / bị đẩy, bị xô

뒤에서 누가 미는 바람에 **밀려서** 넘어지고 말았다.
바다에는 파도에 **밀려서** 떠내려오는 쓰레기들이 많아요.

• '밀다'의 피동사
• N1이/가 N2에/에게 밀리다
• 배가 파도에 밀리다, 아이가 사람들에게 밀리다

04 바람직하다 [형]
[바람지카다]

바람직하고, 바람직해서,
바람직하면, 바람직합니다

desirable / 值得期待，有价值，可取 / lý tưởng, đúng đắn

정치적 문제는 타협과 협상을 통해 해결하는 것이 **바람직하다**.
개인보다는 공공의 이익을 추구하는 것이 **바람직한** 사회라고 생각해요.

05 바래다주다 [동]

바래다주고, 바래다줘서,
바래다주면, 바래다줍니다

see off / 送，送行，送别 / tiễn đưa

좁은 골목길은 어두워서 큰길까지 친구를 **바래다주고** 오는 길이다.
어젯밤에 여자 친구를 집까지 **바래다주고** 왔어요.

유 배웅하다

06 바로잡다 [동]
[바로잡따]

바로잡고, 바로잡아서,
바로잡으면, 바로잡습니다

correct / ① 纠正，端正 ② 整顿，改善 / ① uốn nắn ② chỉnh đốn

① 아이가 잘못된 자세로 앉아 있어서 자세를 **바로잡아** 주었다.
② 혼란스러운 사회를 **바로잡기** 위해서는 국민 모두의 노력이 필요합니다.

• 사회를 바로잡다, 질서를 바로잡다, 기강을 바로잡다

07 박다 동
[박따]

박고, 박아서,
박으면, 박습니다

① hammer ② bump, hit / ① 钉 ② 以头撑地 / ① đóng (đinh)
② va phải

① 벽에 못을 **박고** 예쁜 그림을 걸었다. 반 빼다, 뽑다
② 다른 사람에게 밀려서 벽에 머리를 쿵 **박아** 버렸어요.

- 못을 박다, 뿌리를 박다, 명함을 박다
관용구 가슴에 못을 박다

08 박히다 동
[바키다]

박히고, 박혀서,
박히면, 박힙니다

① be embedded ② to be stuck, to be ingrained / ① 扎进，插进
② 铭记，耳朵听出茧子了 / ① bị đóng ② nhồi vào tai

① 벽에 **박힌** 못을 빼느라고 무척 애를 먹었다.
② 어릴 때부터 공부하라는 말을 귀에 못이 **박히도록** 들었어요.

- '박다'의 피동사
- N1이/가 N2에 박히다
- 사고방식이 틀에 박히다
관용구 가슴에 못이 박히다, 귀에 못이 박히다

09 반발 명

resistance / 反抗，抗议 / sự phản bác, sự cự tuyệt

새로운 제도는 사람들의 강력한 **반발**에 부딪쳤다.
회사의 일방적인 결정에 사원들의 **반발**이 심했어요.

- 유 저항
- 반발(을) 하다, 반발이 생기다, 반발을 사다, 반발에 부딪치다

10 반성 명

reflection / 反省 / sự thức tỉnh, suy ngẫm, sự nhìn lại

과거에 대해 **반성**을 하지 않는다면 발전도 없다고 생각한다.
어려워도 열심히 사는 사람들을 보고 **반성**의 시간을 갖게 되었어요.

- 반성문
- 반성(을) 하다, 반성(이) 되다

11 반영하다 동

반영하고, 반영해서,
반영하면, 반영합니다

reflect / 反映 / phản ánh

최근에는 시청자의 의견을 **반영하여** 제작하는 프로그램이 많아졌다.
전체 성적은 시험 점수와 수업 태도를 점수에 **반영해서** 계산해요.

- N1을/를 N2에 반영하다

12 반응 명
[바능]

reaction / 反应 / sự phản ứng

그의 노래는 대중들에게 좋은 **반응**을 얻었다.
좋아하는 사람에게 고백했는데 별 **반응**이 없어서 속상해요.

- 반응(을) 하다, 반응을 보이다, 반응이 좋다, 반응을 얻다

13 반짝이다 동

반짝이고, 반짝여서,
반짝이면, 반짝입니다

sparkle / 闪亮，闪烁 / lấp lánh

학생들은 눈을 **반짝이며** 전학 온 친구를 쳐다보고 있었다. 유 빛내다
공기 좋은 시골 하늘에 무수히 많은 별이 **반짝이고** 있어요. 유 빛나다

- N이/가 반짝이다, N을/를 반짝이다
- 별이 반짝이다, 보석이 반짝이다, 아이디어가 반짝이다, 눈이 반짝
이다, 눈을 반짝이다, 눈동자를 반짝이다

---

14 반품 명

return (a product) / 退货 / trả hàng

지난주에 구입한 제품에 하자가 있어서 **반품**을 요청했다.
반품 및 환불 방법에 대해서 문의하려고 연락드렸어요.

- 반품(을) 하다, 반품(이) 되다, 반품을 요청하다

---

15 받아들이다 동

받아들이고, 받아들여서,
받아들이면, 받아들입니다

accept / 接受 / ① tiếp nhận (ý kiến) ② chấp nhận (thực tế)

① 이 제품은 소비자의 의견을 **받아들여서** 단점을 보완했다.
② 현실을 **받아들이고** 주어진 환경에 최선을 다하세요.

유 수용하다
- 요청을 받아들이다, 요구를 받아들이다, 제안을 받아들이다

---

16 발견 명

discovery / 发现 / phát giác, phát hiện

위대한 **발견**은 우연한 기회에 일어나는 경우가 많다.
너에게도 이런 모습이 있다니 새로운 **발견**을 한 것 같아.

- 발견(을) 하다, 발견(이) 되다
- 유적을 발견하다, 단점을 발견하다, 암을 발견하다, 사실을 발견하다

---

17 발길 명

[발낄]

footsteps / 脚步 / bước chân, bước đi

그는 **발길**이 가는 대로 걷다가 어느 집 앞에서 멈추었다.
울고 있는 아이를 두고 나가려니 **발길**이 떨어지지 않네요.

- 눈길-손길-발길
- 발길을 끊다, 발길을 멈추다, 발길을 돌리다
관용구 발길이 떨어지지 않다, 발길이 무겁다, 발길이 끊기다

---

18 발생하다 동

[발쌩하다]

occur / 发生 / xảy ra, phát sinh

고속 도로에 야생 동물이 나타나는 바람에 대형 사고가 자주 **발생한다**.
여행 중에는 예상하지 못한 문제가 **발생할** 때가 자주 있어요.

유 일어나다, 생기다, 나오다
- 사건이 발생하다, 화재가 발생하다, 지진이 발생하다, 문제가 발생
하다

19 밝혀내다 동
[발켜내다]

밝혀내고, 밝혀내서,
밝혀내면, 밝혀냅니다

reveal / 查明，探明 / khám phá, làm sáng tỏ

경찰은 사건의 진상을 **밝혀내기** 위해서 밤낮으로 뛰고 있다.
두통이 계속될 때에는 그 원인을 **밝혀내서** 치료해야 돼요.

- 진실을 밝혀내다, 원인을 밝혀내다, 범인을 밝혀내다

20 밝혀지다 동
[발켜지다]

밝혀지고, 밝혀져서,
밝혀지면, 밝혀집니다

① lighten ② be revealed / ① 发亮 ② 揭露 / ① sáng (lửa) ② sáng tỏ (sự thật)

① 거리가 깜깜해지자 가로등 불빛들이 하나둘씩 **밝혀지고** 있다.
② 그 사건의 진실이 **밝혀지는** 그날까지 시위를 계속할 거예요.

- N1이/가 N2(으)로 밝혀지다
- 그 말이 사실로 밝혀지다, 그 사람이 범인으로 밝혀지다

21 밟히다 동
[발피다]

밟히고, 밟혀서,
밟히면, 밟힙니다

be stepped on / ① 被踩 ② 被跟踪 / ① bị giẫm ② bị theo dõi

① 오늘 아침에 지하철에서 옆에 서 있던 사람에게 발을 **밟혔다**.
② 그 사람은 바람을 피우다가 꼬리가 **밟히는** 바람에 이혼을 당했어요.

- '밟다'의 피동사
- N1이/가 N2에/에게 밟히다, N1에/에게 N2을/를 밟히다
- 과자가 발에 밟히다, 옆 사람에게 발을 밟히다
- 속담 꼬리가 길면 밟힌다

22 밤새다 동

밤새고, 밤새서,
밤새면, 밤샙니다

stay up all night / 彻夜，通宵 / cả đêm, thức trắng đêm

오늘까지 마무리해야 하는 보고서 때문에 **밤새서** 일을 했다.
어제 **밤새도록** 눈이 와서 온 세상이 하얘졌어요.

- 유 밤새우다
- '밤을 새다'의 줄임말

23 방면 명

① direction ② field / ① 方向 ② 方面 / ① phương hướng ② lĩnh vực

① 서울 **방면**으로 들어가는 도로는 항상 차가 막힌다.
② 그 사람은 이 **방면**에서 최고의 전문가로 꼽히고 있어요.

- 유 분야, 부분

24 방안 명

plan / 方案 / phương án

환경 오염을 막기 위해 여러 방면에서 해결 **방안**을 모색해야 한다.
지금 상황에서 보다 효과적인 **방안**을 마련해 봅시다.

- 유 방법, 대책
- 방안을 마련하다, 방안을 모색하다, 방안을 검토하다, 방안을 제시하다

25 방지 명

prevention / 防止，预防 / cản trở

수영장에서는 안전사고를 막기 위해 미끄럼 방지 스티커를 붙여 놓았다.
지금부터 비만 방지를 위해 효과적인 운동법을 소개하도록 하겠습니다.

> 유 예방
> • 방지(를) 하다, 방지(가) 되다

26 배경 명

background / 背景 / ① phông nền ② bối cảnh

① 우리는 여행지에서 배경이 예쁜 곳을 찾아 사진을 찍었다.
② 이 소설은 우리 민족의 어두웠던 시대를 배경으로 하고 있어요.

> • 시대적 배경, 공간적 배경, 역사적 배경

27 배려 명

consideration / 关照，关怀 / quan tâm, giúp đỡ

배려란 다른 사람을 도와주거나 보살펴 주려는 마음이다.
아이들 교육에 있어서 따뜻한 관심과 배려는 정말 중요해요.

> • 배려심
> • 배려(를) 하다, 배려(가) 되다, 배려를 받다, 배려를 아끼지 않다

28 배송 명

delivery / 发货，配送 / vận chuyển

폭설의 영향으로 산간 지방의 물건 배송이 지연되고 있다.
배송 도중 물건이 망가지지 않도록 포장을 잘해 주세요.

> 유 운송, 배달
> • 배송물, 배송비, 배송지
> • 배송(을) 하다, 배송(이) 되다, 배송을 받다, 배송이 끝나다

29 배우자 명

spouse / 配偶，伴侣 / vợ, chồng, bạn đời

평생의 동반자인 배우자를 선택할 때에는 신중해야 한다.
저는 좋은 배우자를 만나서 하루빨리 행복한 가정을 꾸리고 싶어요.

> 유 반려자, 동반자
> • 배우자를 만나다, 배우자를 찾다, 배우자를 선택하다

30 버티다 동

버티고, 버텨서,
버티면, 버팁니다

endure / ① 坚持，挺住 ② 伫立，挺立 / ① chịu đựng (vất vả)
② chiếm chỗ

① 어렵고 힘든 상황에서도 나는 끝까지 버텼다. 유 견디다
② 아무도 나가지 못하도록 경찰들이 문 앞에 버티고 서 있어요.

오늘의 단어 한눈에 보기! 다 외운 단어는 ☑해 보세요.

☐ 번갈다 [동]   ☐ 번거롭다 [형]   ☐ 번화하다 [형]

☐ 벌떡 [부]   ☐ 벌리다 [동]   ☐ 벌이다 [동]

☐ 범위 [명]   ☐ 벗어나다 [동]   ☐ 변덕스럽다 [형]

☐ 변동 [명]   ☐ 변명 [명]   ☐ 별다르다 [형]

☐ 별도 [명]   ☐ 병들다 [동]   ☐ 보급 [명]

☐ 보살피다 [동]   ☐ 보상 [명]   ☐ 보수 [명]

☐ 보안 [명]   ☐ 보완 [명]   ☐ 보장하다 [동]

☐ 보조 [명]   ☐ 보존 [명]   ☐ 보충 [명]

☐ 본래 [부], [명]   ☐ 부근 [명]   ☐ 부딪치다 [동]

☐ 부딪히다 [동]   ☐ 부문 [명]   ☐ 부상 [명]

✎ 외우지 못 한 단어는 다음날 한 번 더 학습합니다.

01 번갈다 동

번갈고, 번갈아서,
번갈면, 번갑니다

take turns / ① 轮流 ② 挨个儿，依次 / ① thay phiên ② luân phiên

① 장거리 운전이라서 친구와 **번갈아** 가며 운전했다. 유 교대하다
② 아이는 키우는 개와 고양이를 **번갈아** 만져 주었어요.

> 유 돌아가다
> • 번갈아 (가며) + V

02 번거롭다 형

[번거롭따]

번거롭고, 번거로워서,
번거로우면, 번거롭습니다

cumbersome / ① 繁杂 ② 麻烦 / ① phức tạp ② phiền phức

① 소송 절차가 **번거로워서** 시간과 비용이 많이 들었다. 유 복잡하다
② 괜히 **번거로운** 부탁을 드려서 죄송합니다. 유 귀찮다

> • 절차가 번거롭다, 일이 번거롭다, 가기가 번거롭다, 사용하기가 번거롭다

03 번화하다 형

번화하고, 번화해서,
번화하면, 번화합니다

bustling / 繁华 / nhộn nhịp, sầm uất

전쟁으로 인해 **번화하던** 도시가 하루아침에 사라졌다.
저는 복잡한 걸 싫어하지만 가끔은 **번화한** 거리에 가고 싶어요.

> 유 화려하다
> • 거리가 번화하다, 도시가 번화하다, 시내가 번화하다

04 벌떡 부

abruptly / 猛然，霍地 / phất dậy, bật dậy

그는 전화를 받더니 갑자기 자리에서 **벌떡** 일어섰다.
사장님이 들어오시자 직원들이 모두 **벌떡** 일어났어요.

> • 벌떡 일어나다, 벌떡 일어서다

05 벌리다 동

벌리고, 벌려서,
벌리면, 벌립니다

spread / 张开，展开 / mở ra, xòe ra

어머니는 두 팔을 **벌려서** 아이를 힘껏 끌어안았다.
지하철에서 다리를 쫙 **벌리고** 앉은 사람들을 보면 짜증이 나요.

> • 입을 벌리다, 손을 벌리다, 팔을 벌리다, 다리를 벌리다, 간격을 벌리다

06 벌이다 동

[버리다]

벌이고, 벌여서,
벌이면, 벌입니다

start / ① 组织 ② 展开 / vào việc, bắt đầu

① 동네에서 회갑 잔치를 **벌이자** 많은 사람이 모였다.
② 밤새도록 친구하고 논쟁을 **벌였지만** 결론이 나지 않았어요.

> • 사업을 벌이다, 술판을 벌이다, 논쟁을 벌이다

07 범위 명
[버뮈]

range / 范围 / phạm vi

기말시험의 범위가 너무 넓어서 공부하기가 힘들다.
격리 기간에는 움직일 수 있는 범위가 정해져 있어요.

> 유 영역
> • 범위가 넓다, 범위가 좁다, 범위가 많다, 범위가 적다, 범위가 제한 되다

08 벗어나다 동
[버서나다]

벗어나고, 벗어나서,
벗어나면, 벗어납니다

escape / ① 离开, 脱离 ② 摆脱 / ① rời bỏ ② thoát khỏi

① 그녀는 고향에서 벗어나 도시로 가기 위해 열심히 공부했다.
② 모처럼 일에서 벗어나 야외에서 여유를 즐기는 중이에요.

> 유 빠져나오다
> • N에서/(으)로부터/을/를 벗어나다
> • 시험에서 벗어나다, 무리로부터 벗어나다, 시내를 벗어나다

09 변덕스럽다 형
[변덕쓰럽따]

변덕스럽고, 변덕스러워서,
변덕스러우면, 변덕스럽습니다

capricious / 变化无常, 善变 / thất thường

환절기에는 날씨가 변덕스럽기 때문에 대비하는 것이 좋다.
제 여자 친구는 너무 변덕스러워서 어떻게 맞춰야 할지 모르겠어요.

> 유 변화무쌍하다
> • 날씨가 변덕스럽다, 성격이 변덕스럽다, 태도가 변덕스럽다

10 변동 명

fluctuation / 变动 / sự thay đổi

가격은 수요와 공급에 따라 변동이 이루어진다.
이번 학기 일정에 변동 사항이 생기면 알려 드리겠습니다.

> 유 변화, 움직임
> • 변동(을) 하다, 변동(이) 되다, 변동이 생기다
> • 환율이 변동되다, 가격이 변동되다, 계획이 변동되다

11 변명 명

excuse / 辩解, 辩白 / sự biện minh, sự thanh minh

그는 자기의 잘못을 인정하기는커녕 변명을 늘어놓느라 정신없었다.
선생님에게는 어떤 변명도 안 통할 것 같아요.

> 유 핑계
> • 변명(을) 하다, 변명(이) 되다, 변명을 대다, 변명을 늘어놓다

12 별다르다 형

별다르고, 별달라서,
별다르면, 별다릅니다

unusual / 特別, 特殊 / khác biệt, khác thường

열심히 노력했지만 별다른 성과를 얻지 못했다.
이번 주말에 별다른 약속 없으면 모임에 꼭 나와.

> 유 특별하다, 유별나다, 별나다
> • 별다르다 + 부정적인 표현(없다, 않다, 못하다 등)

13 별도 명
[별또]

separate / 另，附加 / riêng biệt
사건의 진상을 밝혀내기 위해 별도의 조사가 이루어질 것이다.
우리 집에는 손님이 묵는 방이 별도로 마련되어 있어요. 유 따로

- 별도로 + V
- 별도로 마련되다, 별도로 조사하다, 별도로 생각하다

14 병들다 동
병들고, 병들어서,
병들면, 병듭니다

get sick / ① 生病 ② 染病 / bị bệnh, mắc bệnh
① 몸이 병들고 아프면 아무것도 할 수 없다.
② 환경 오염으로 자연이 점점 병들어 가고 있어요.

유 병나다
- '병이 들다'의 줄임말
- 몸이 병들다, 마음이 병들다, 나무가 병들다, 사회가 병들다

15 보급 명

dissemination / 普及 / sự phổ cập, sự lan truyền
에어컨의 보급으로 소비되는 전력량이 더욱 늘었다.
신기술의 보급으로 생활에도 많은 변화가 생기고 있습니다.

유 확산
- 보급(을) 하다, 보급(이) 되다, 보급을 시키다
- 기술을 보급하다, 생필품을 보급하다, 문물을 보급하다

16 보살피다 동
보살피고, 보살펴서,
보살피면, 보살핍니다

take care of / 照看，照料 / chăm lo, chăm sóc
배려란 남을 도와주거나 보살펴 주려는 마음이다.
그동안 가르쳐 주시고 보살펴 주셔서 감사합니다.

유 돌보다
- 아이를 보살피다, 부모님을 보살피다, 환자를 보살피다

17 보상 명

compensation / 偿还，报偿 / sự đền đáp, sự trả công, sự đền ơn
아들의 성공이 어머니에게는 그동안 겪은 고생에 대한 보상으로 느껴졌다.
그 사람은 아무런 보상도 원하지 않고 저를 도와주었어요.

- 보상(을) 하다, 보상(이) 되다, 보상을 받다, 보상을 바라다

18 보수 명

remuneration / 酬劳 / thù lao, tiền công
제공한 노동력에 대해서 정당한 보수를 요구할 수 있다.
영업 팀 직원들은 성과에 따라서 매월 보수를 다르게 받아요.

유 대가
- 보수를 주다, 보수를 지급하다, 보수를 받다, 보수를 요구하다

19 보안 ^명

security / 安保，保密 / bảo an

이 문서는 기밀문서로 보안을 철저하게 해야 한다.
보안이 필요한 사건은 비공개로 진행해 주세요.

- 보안(을) 하다, 보안이 되다, 보안이 철저하다, 보안을 유지하다

20 보완 ^명

complement / 完善，改进 / sự hoàn thiện

이 제도는 부작용이 많이 나타나고 있어서 보완이 필요하다.
보고서의 내용이 좀 부족하니까 보완을 더 해서 다시 제출하세요.

- 보완(을) 하다, 보완이 되다, 보완을 시키다
- 문제점을 보완하다, 단점을 보완하다, 약점을 보완하다

21 보장하다 ^동

guarantee / 保障，保证 / bảo đảm

민주주의 국가에서는 법으로 언론의 자유를 보장하고 있다.
경찰에게 범인에 대해 말하면 안전을 보장해 줄 거예요.

- 비밀을 보장하다, 인권을 보장하다, 신분을 보장하다, 이익을 보장하다

22 보조 ^명

① help, subsidy ② assistance / ① 补助 ② 协助 / ① sự hỗ trợ ② sự trợ giúp

① 이 단체는 국가에서 보조를 받고 있다.
② 남편의 보조 없이는 이 일을 마칠 수 없어요.

- 보조(를) 하다, 보조를 받다

23 보존 ^명

conservation / 保存 / sự bảo tồn

최근 발견된 유물의 보존 상태가 매우 양호한 편이다.
환경 보존을 잘해서 후손들에게 그대로 물려줘야 해요.

유 보전　　　　　　　　　　반 훼손, 파괴
- 보존(을) 하다, 보존(이) 되다
- 환경을 보존하다, 문화재를 보존하다, 사건 현장을 보존하다

24 보충 ^명

supplementation / 补充 / bổ sung

이 문제는 이해하기가 어려워서 보충 설명이 필요하다.
저는 영양 보충을 위해 과일이나 야채를 많이 먹어요.

- 보충(을) 하다, 보충(이) 되다

25 본래 부, 명
[볼래]

originally / 本来，原来 / nguyên thủy, vốn có
부 내 친구는 본래 조용하고 점잖은 성격이다.
명 오염된 지구가 본래의 모습으로 돌아가는 것은 불가능해요.

> 유 원래

26 부근 명

near, vicinity / 附近 / phụ cận
내 고향은 기차역 부근의 작은 마을이다.
어제 다리 부근에서 큰 사고가 났다고 합니다.

> 유 근처, 주변, 주위, 인근

27 부딪치다 동
[부딛치다]

부딪치고, 부딪쳐서,
부딪치면, 부딪칩니다

bump into / 碰撞 / vấp phải
거리에 사람이 많아서 지나가는 사람들과 부딪쳤다.
그는 경기를 하는 도중 상대 선수와 부딪쳐서 부상을 입었어요.

> • N1이/가 N2와/과 부딪치다

28 부딪히다 동
[부디치다]

부딪히고, 부딪혀서,
부딪히면, 부딪힙니다

① collide ② confront / ① 撞，碰 ② 面对，直面 / ① bị tông (xe)
② bị gặp (vấn đề)
① 아이가 길을 건너다가 마주 오는 자동차에 부딪혔어요. 유 치이다
② 어려운 문제에 부딪혔을 때는 어떻게 극복하면 좋을까요?

> • '부딪다'의 피동사
> • N1이/가 N2에 부딪히다

29 부문 명

sector / 类，组，门类 / lĩnh vực, phần
나라가 발전하려면 정치, 경제, 사회 등 모든 부문에서 개혁이 필요하다.
그 사람은 올해 단편 소설 부문에서 신인상을 수상했습니다.

> 유 분야

30 부상 명

injury / 负伤，受伤 / chấn thương
경기 도중 선수가 부상을 당했지만 교체할 수가 없었다.
군대에서 훈련받다가 부상을 입어서 휴가를 받았어요.

> • 부상자
> • 부상이 있다, 부상이 없다, 부상을 입다, 부상을 당하다

오늘의 단어 한눈에 보기! 다 외운 단어는 ☑ 해 보세요.

☐ 부서지다 [동] ☐ 부수다 [동] ☐ 부작용 [명]

☐ 부정적 [명] ☐ 부주의 [명] ☐ 부품 [명]

☐ 분노 [명] ☐ 분량 [명] ☐ 분류 [명]

☐ 분석 [명] ☐ 분수 [명] ☐ 분야 [명]

☐ 분포 [명] ☐ 불가피하다 [형] ☐ 불구하다 [동]

☐ 불러일으키다 [동] ☐ 불리하다 [형] ☐ 불법 [명]

☐ 불쾌하다 [형] ☐ 불평등하다 [형] ☐ 불행 [명]

☐ 붙잡히다 [동] ☐ 비결 [명] ☐ 비교적 [부]

☐ 비기다 [동] ☐ 비난 [명] ☐ 비로소 [부]

☐ 비록 [부] ☐ 비롯하다 [동] ☐ 비만 [명]

✎ 외우지 못 한 단어는 다음날 한 번 더 학습합니다.

01 부서지다 동

부서지고, 부서져서,
부서지면, 부서집니다

break / ① 碎，裂 ② 坏，被毁坏 / vỡ tan, tan tành

① 문에 걸려 있던 거울이 떨어져서 산산이 부서져 버렸다.
② 술집에서 싸움이 벌어져서 탁자와 의자가 부서졌어요.

⊕ 망가지다
• 문이 부서지다, 의자가 부서지다, 책상이 부서지다

02 부수다 동

부수고, 부숴서,
부수면, 부숩니다

demolish / ① 打破，砸碎 ② 毁坏 / ① đập đổ ② phá

① 이곳에 새 건물을 짓기 위해 기존의 낡은 건물을 부쉈다.
② 문이 잠겨 있어서 문을 부수고 들어갔어요.

• 문을 부수다, 의자를 부수다, 유리창을 부수다, 집을 부수다

03 부작용 명
[부자공]

side effect / 副作用 / tác dụng phụ

무분별한 개발에 따른 부작용도 증가하고 있다.
약을 바른 후에 부작용이 생기면 의사와 상담하세요.

• 부작용이 있다, 부작용이 생기다, 부작용이 심하다, 부작용을 낳다

04 부정적 명

negative / 消极的，反面的，负面的 / tiêu cực

부정적인 말을 많이 들으면 생각도 부정적으로 바뀔 수 있다.
매사를 부정적으로만 보지 말고 긍정적으로 보도록 노력해 보세요.

⊕ 긍정적

05 부주의 명
[부주이]

carelessness / 不注意，疏忽大意 / sự bất cẩn, vô ý

건조한 날씨에는 사소한 부주의로 큰 화재가 발생할 수도 있다.
그 사고 원인은 운전기사의 부주의 때문이라고 해요.

⊕ 주의
• 부주의하다

06 부품 명

component / 零件，配件 / phụ tùng

컴퓨터가 고장 나서 부품을 사다가 교체했다.
제 자동차는 오래돼서 부품을 구하기가 쉽지 않아요.

• 부품을 생산하다, 부품을 교체하다, 부품을 조립하다

07 분노 _명

anger / 愤怒 / sự tức giận, sự phẫn nộ

시위를 하던 한 시민의 죽음은 국민들의 분노를 샀다.
내가 그에게 속았다는 사실에 분노가 끓어올랐어요.

> 유 격노, 격분
> • 분노(를) 하다, 분노를 사다, 분노에 차다, 분노가 치밀다, 분노가 끓어오르다

08 분량 _명
[불량]

quantity / 分量 / số lượng, khối lượng

이삿짐을 다 실으니 트럭 한 대 분량이 되었다.
대본의 분량이 많지 않아서 금방 외웠어요.

> • 분량이 많다, 분량이 적다, 분량을 조절하다, 분량을 나누다

09 분류 _명
[불류]

classification / 分类，归类 / phân loại

교통사고의 유형별 분류를 살펴보면 다음과 같다.
도서관에 있는 수많은 책의 분류 기준은 무엇입니까?

> • 분류(를) 하다, 분류(가) 되다, 분류를 시키다

10 분석 _명

analysis / 分析 / sự phân tích

그는 정보의 수집과 분석에 매우 뛰어난 능력을 가지고 있다.
이 문제의 원인 분석을 위해 전문가를 모셔왔습니다.

> 유 해석
> • 분석적, 분석가
> • 분석(을) 하다, 분석(이) 되다, 분석을 시키다, 분석을 마치다

11 분수 _명

means / 个人能力，分寸 / thân phận, số phận

그런 화려한 생활은 내 분수에 맞지 않는다.
사람은 자기 분수를 알고 잘 지키면서 살아야 돼요.

> • 분수에 맞다, 분수를 알다, 분수를 모르다, 분수를 지키다

12 분야 _명

field / 领域，方面 / lĩnh vực

경제 분야의 전문가를 모시고 토론을 벌였다.
지금까지 해 오던 것 말고 새로운 분야에 도전해 보고 싶어요.

> 유 부문, 영역, 방면

13 분포 명

distribution / 分布 / sự phân bổ

인구 분포 조사 결과, 수도권의 인구 집중이 심한 것을 알 수 있었다.
이 식물은 전국 각지에 골고루 분포가 되어 있어 쉽게 볼 수 있어요.

- 분포(를) 하다, 분포(가) 되다, 분포를 시키다

14 불가피하다 형

unavoidable / 不可避免，无法回避 / đó là điều không thể tránh khỏi

불가피하고, 불가피해서,
불가피하면, 불가피합니다

원자재 가격이 상승하면서 상품 가격 인상이 불가피하다.
지금과 같이 어려운 상황에서는 불가피하게 포기할 수밖에 없었어요.

- 가격 인상이 불가피하다, 인원 감축이 불가피하다, 수술이 불가피하다

15 불구하다 동

despite / 不顾，尽管 / mặc kệ, bất kể

불구하고, 불구해서,
불구하면, 불구합니다

그들은 주변의 반대에도 불구하고 묵묵히 사랑을 지켰다.
그 아이는 가정 환경이 좋지 않았는데도 불구하고 곧게 잘 자랐어요.

- N에도 불구하고, V/A-ㅁ에도 불구하고, V-는데도/A-ㄴ데도 불구하고
- 반대에도 불구하고, 반대함에도 불구하고, 반대하는데도 불구하고
- 그럼에도 불구하고

16 불러일으키다 동

arouse / 唤起，激发 / gợi lên, khơi dậy

불러일으키고, 불러일으켜서,
불러일으키면, 불러일으킵니다

그녀를 뒤따라오는 발자국 소리는 공포심을 불러일으켰다.
그 가슴 아픈 사연은 사람들에게 감동을 불러일으켰어요.

- 관심을 불러일으키다, 흥미를 불러일으키다, 논란을 불러일으키다

17 불리하다 형

disadvantageous / 不利 / bất lợi, không tốt

불리하고, 불리해서,
불리하면, 불리합니다

그는 불리한 조건에서도 이번 계약을 성공시켰다.
상황이 우리에게 불리해도 서로 힘을 모으면 해결할 수 있을 거예요.

- 반 유리하다
- N1이/가 N2에/에게 불리하다
- 일이 우리에게 불리하다

18 불법 명
[불뻡]

illegal / 非法 / bất hợp pháp

밤 늦게까지 불법으로 영업을 하던 사람들이 경찰에 구속되었다.
불법 주차로 인해 교통난이 더 심각해졌어요.

- 유 위법   반 합법
- 불법 행위, 불법 체류, 불법 점거
- 불법을 저지르다, 불법을 눈감아 주다

19 불쾌하다 형

불쾌하고, 불쾌해서,
불쾌하면, 불쾌합니다

unpleasant / 不愉快，不快 / khó chịu

옷에서 **불쾌한** 냄새가 나서 세탁기에 넣고 돌렸다.
저를 무시하는 것 같은 사람들의 시선이 너무 **불쾌해요**.

(반) 유쾌하다
• 기분이 불쾌하다, 표정이 불쾌하다, 냄새가 불쾌하다

---

20 불평등하다 형

불평등하고, 불평등해서,
불평등하면, 불평등합니다

unequal / 不平等 / bất bình đẳng

우리 사회의 **불평등한** 권력 구조를 해결해야 한다.
여성의 지위가 높아졌다지만 여전히 **불평등할** 때가 많은 것 같아요.

(반) 평등하다
• 관계가 불평등하다, 대우가 불평등하다, 사회가 불평등하다

---

21 불행 명

unhappiness / 不幸 / sự bất hạnh

과학 기술의 발달은 오히려 사람을 불행에 빠뜨릴 수 있다.
불행 뒤에는 행운이 따라오기 마련이에요.

(반) 행운, 다행
• 불행하다
• 불행을 느끼다, 불행을 겪다, 불행이 닥치다

---

22 붙잡히다 동

[붇짜피다]

붙잡히고, 붙잡혀서,
붙잡히면, 붙잡힙니다

be caught / 被抓住 / ① bị bắt ② bị vồ, bị nắm

① 도둑이 물건을 훔쳐서 도망가다가 경찰에게 **붙잡혔다**고 한다.
② PC방에서 게임을 하다가 엄마에게 손목을 **붙잡힌** 채 끌려 나왔어요.

• '붙잡다'의 피동사
• N1이/가 N2에/에게 N3을/를 붙잡히다

---

23 비결 명

secret / 秘诀，诀窍 / ① bí quyết ② bí mật

① 나의 건강 **비결**은 바로 긍정적인 사고방식이다.
② 이 책은 성공하는 **비결**에 대해서 인터뷰 형식으로 적은 글이에요.

(유) 비법
• 비결이 있다, 비결이 없다, 비결을 가지다, 비결을 알아내다

---

24 비교적 부

comparatively / 较为，比较 / tính so sánh

한국은 사계절이 **비교적** 뚜렷한 편이다.
이곳에는 옛 유물들이 **비교적** 잘 보존되어 있어요.

25 비기다 동

비기고, 비겨서,
비기면, 비깁니다

tie / 打平，战平 / hòa , đều (trận đấu)

국가 대표 축구팀은 결승전에서 일대일로 **비겨서** 연장전까지 갔다.
지난번엔 네가 이겼고 이번엔 내가 이겼으니 우리 **비긴** 걸로 하자.

- N1이/가 (N2와/과) 비기다, N1에서 N2이/가 N3(으)로 비기다
- 두 팀이 비기다, 우리 팀이 상태 팀과 비기다, 동점으로 비기다

26 비난 명

criticism / 非难，指责 / sự chỉ trích, sự phê bình

불공정한 경기 심판에 대해 관객들의 **비난**이 쏟아졌다.
사람들의 **비난**에도 불구하고 그는 자기 잘못을 인정하지 않았어요.

- 비난(을) 하다, 비난을 사다, 비난을 받다, 비난이 쏟아지다

27 비로소 부

only then / 才 / mãi đến khi…thì, mới

아들이 무사하다는 소식을 듣자 **비로소** 어머니는 마음을 놓았다.
저는 여러 번 설명을 들은 후에야 **비로소** 이해할 수 있었어요.

유 그제야, 이제야

28 비록 부

even though / 虽然，尽管 / mặc dù

집안이 **비록** 가난했을지라도 어머니는 자식들이 원하는 것을 다 해 주셨다.
비록 대학은 안 나왔으나 그는 현명하고 지혜로운 사람이에요.

- 비록 V/A-ㄹ지라도, 비록 V/A-더라도, 비록 V/A-나

29 비롯하다 동
[비로타다]

비롯하고, 비롯해서,
비롯하면, 비롯합니다

① include ② originate / ① 以…为代表 ② 始于，源于 / ① dẫn đầu ② bắt nguồn

① 서울을 **비롯하여** 다른 지역들도 부동산 가격이 상승하고 있다.
② 이번 일은 친구를 도우려는 마음에서 **비롯한** 일이니 그냥 넘어갑시다.

- N1을/를 비롯해서 + N2
- N에서 비롯하다, N에서 비롯되다

30 비만 명

obesity / 肥胖 / béo phì

비만은 고혈압이나 심장병과 같은 성인병의 원인이 되기도 한다.
비만을 방지하기 위한 효과적인 운동법을 소개해 드릴게요.

- 비만이 되다, 비만이 심하다, 비만을 치료하다, 비만을 예방하다

오늘의 단어 한눈에 보기! 다 외운 단어는 ☑ 해 보세요.

☐ 비명 명   ☐ 비법 명   ☐ 비우다 동

☐ 비웃다 동   ☐ 비유 명   ☐ 비율 명

☐ 비중 명   ☐ 비추다 동   ☐ 비치다 동

☐ 비틀거리다 동   ☐ 비판 명   ☐ 빛 명

☐ 빛나다 동   ☐ 빠뜨리다 동   ☐ 빠져나가다 동

☐ 빠짐없이 부   ☐ 빼놓다 동   ☐ 빼앗다 동

☐ 뽑히다 동   ☐ 사고방식 명   ☐ 사기 명

☐ 사로잡다 동   ☐ 사막 명   ☐ 사망 명

☐ 사방 명   ☐ 사상 명   ☐ 사설 명

☐ 사소하다 형   ☐ 사정 명   ☐ 사태 명

✎ 외우지 못 한 단어는 다음날 한 번 더 학습합니다.

01 비명 명

scream / 悲鳴，哀鳴 / tiếng thét, tiếng la

아내가 악몽을 꿨는지 자다가 **비명**을 질러서 깜짝 놀랐다.
쏟아지는 주문 전화에 사장님은 행복한 **비명**을 질렀어요.

> • 비명을 지르다, 비명을 듣다, 비명이 터지다

02 비법 명
[비뻡]

secret method / 秘诀，秘方 / bí quyết

성공한 사람에게는 언제나 나름의 **비법**이 존재한다.
할머니는 자신의 요리 **비법**을 어머니에게 알려주셨어요.

> 유 비결, 비책
> • 비법이 있다, 비법을 찾다, 비법을 알아내다, 비법을 알려주다

03 비우다 동

비우고, 비워서,
비우면, 비웁니다

empty / ① 清空 ② 空出 / ① làm trống ② vắng (nhà)

① 휴지통에 휴지가 가득 차서 **비웠다**.
② 출장 때문에 집을 오래 **비워** 두었더니 먼지가 잔뜩 쌓였어요.

> • '비다'의 사동사
> • 그릇을 비우다, 자리를 비우다, 시간을 비우다, 생각을 비우다, 마음을 비우다

04 비웃다 동
[비욷따]

비웃고, 비웃어서,
비웃으면, 비웃습니다

mock / 耻笑，讥笑 / chế giễu, mỉa mai

다른 사람의 실수를 보고 **비웃는** 태도는 예의에 어긋난다.
저를 놀리며 **비웃었던** 사람들이 후회할 정도로 꼭 성공하고 싶어요.

> 유 조롱하다, 조소하다
> • 사람을 비웃다, 행동을 비웃다, 실수를 비웃다

05 비유 명

metaphor / 比喻 / so sánh, ẩn dụ

그 시의 **비유**는 누구나 쉽게 공감할 수 있어서 많은 사람에게 읽힌다.
선생님은 학생들이 이해하기 쉽게 **비유**를 들어 설명해 주셨어요.

> • 비유적, 비유법
> • 비유(를) 하다, 비유(가) 되다, 비유를 들다

06 비율 명

ratio / 比率，比例 / tỉ lệ

전체 인구 중 고령 인구 **비율**이 20% 이상이면 초고령 사회이다.
우리 과는 남학생에 비해 여학생의 **비율**이 높아요.

> • 비율이 높다, 비율이 낮다, 비율이 증가하다, 비율이 감소하다

07 비중 명

weight, importance / 比重，比例 / tỉ trọng

최근 20대가 명품 매출의 큰 **비중**을 차지한다고 한다.
고령 인구 **비중**이 높아지면서 고령화 문제가 심각해지고 있어요.

> • 비중을 차지하다, 비중이 높다, 비중이 낮다, 비중이 크다, 비중이 작다

---

08 비추다 동

비추고, 비추어서,
비추면, 비춥니다

① shine ② reflect / ① 照 ② 映照（镜子、水面等）/ ① soi (sáng), rọi (sáng) ② phản chiếu

① 달빛이 어두운 방을 밝게 **비추었다**.
② 그는 거울에 얼굴을 **비춰** 보며 머리를 정돈했어요.

> • N1이/가 N2에 N3을/를 비추다

---

09 비치다 동

비치고, 비쳐서,
비치면, 비칩니다

① shine ② be reflected / ① 照亮 ② 映照，映出 / ① chiếu ② soi bóng, in bóng

① 바다에 햇살이 **비쳐서** 반짝반짝 빛났다.
② 아이는 강물에 **비친** 자신의 얼굴을 보며 웃었어요.

> • N1이/가 N2에 비치다

---

10 비틀거리다 동

비틀거리고, 비틀거려서,
비틀거리면, 비틀거립니다

stagger / 踉跄，摇摇晃晃 / lảo đảo, loạng choạng

아버지는 술에 취했는지 **비틀거리며** 집에 들어오셨다.
친구가 자꾸 **비틀거려서** 옆에서 팔을 잡아 주었어요.

> 유 비틀대다, 비틀비틀하다

---

11 비판 명

criticism / 批评，批判 / sự chỉ trích, phỉ báng

그 정치인의 잘못된 발언에 국민들의 **비판**이 쏟아지고 있다.
다른 사람의 **비판**을 수용할 줄 알아야 좋은 지도자가 될 수 있어요.

> 유 비평
> • 비판적
> • 비판(을) 하다, 비판(이) 되다, 비판을 받다, 비판을 듣다

---

12 빚 명

[빋]

debt / 光 / món nợ

은행에서 **빚**을 내서 주택을 구입하는 사람이 많다.
저는 이번에 은행에서 빌린 **빚**을 모두 갚았어요.

> • 빚을 내다, 빚을 얻다, 빚을 지다, 빚을 갚다
> 속담 말 한마디로 천 냥 빚을 갚다

13 빛나다 동
[빈나다]

빛나고, 빛나서,
빛나면, 빛납니다

shine / 闪烁，发亮，闪光 / ① tỏa sáng ② lấp lánh (nhẫn)
① 밤하늘에 별이 반짝반짝 빛난다.
② 그녀의 손에서 빛나는 반지가 눈에 띄었어요.

- '빛이 나다'의 줄임말
- 눈빛이 빛나다, 별이 빛나다, 조명이 빛나다, 업적이 빛나다

14 빠뜨리다 동

빠뜨리고, 빠뜨려서,
빠뜨리면, 빠뜨립니다

① drop ② omit / ① 使落入 ② 落掉 / ① làm rơi xuống (nước)
② quên sót
① 바다에서 수영을 하다가 물에 반지를 빠뜨렸다. 반 건지다
② 보고서에 중요한 내용을 빠뜨렸어요. 유 빼다, 빼놓다 반 넣다

유 빠트리다
- N1을/를 N2에 빠뜨리다, N1에서 N2을/를 빠뜨리다
- 혼란에 빠뜨리다, 위험에 빠뜨리다, 지갑을 빠뜨리다

15 빠져나가다 동

빠져나가고, 빠져나가서,
빠져나가면, 빠져나갑니다

escape / 摆脱，逃出去 / thoát khỏi
나는 출퇴근 시간에 꽉 막힌 도로에서 빨리 빠져나가고 싶었다.
저는 중학생 때 교실에서 몰래 빠져나가서 땡땡이를 친 적이 있어요.

- N1이/가 N2에서 N3(으)로 빠져나가다
- 학생이 교실에서 창문으로 빠져나가다

16 빠짐없이 부
[빠지업씨]

without exception / 一个不落地 / không thiếu gì, không loại trừ
그는 입원해 있는 동안 병상 일지를 빠짐없이 기록했다.
저는 10년 동안 하루도 빠짐없이 매일 출근했어요.

유 다, 모두, 몽땅

17 빼놓다 동
[빼노타]

빼놓고, 빼놓아서,
빼놓으면, 빼놓습니다

leave out / 挑选，漏掉 / lấy ra, nhổ ra, rút ra
나는 깜빡하고 숙제를 빼놓고 학교에 가서 집으로 되돌아왔다.
이제 출발해야 하니 빼놓은 게 없는지 빠짐없이 챙기세요.

유 빠뜨리다, 빠트리다

18 빼앗다 동
[빼앋따]

빼앗고, 빼앗아서,
빼앗으면, 빼앗습니다

take away / 夺走，抢走 / cướp đoạt
그들은 행인에게서 돈을 빼앗아 도망을 갔다.
비틀거리는 남편에게서 술이 담긴 잔을 빼앗았어요.

- N1에서/에게서 N2을/를 빼앗다
- 돈을 빼앗다, 마음을 빼앗다, 시간을 빼앗다, 친구에게서 돈을 빼앗다

19 뽑히다 [동]
[뽀피다]

뽑히고, 뽑혀서,
뽑히면, 뽑힙니다

① pull out ② be chosen / ① 被拔出 ② 被选出 / ① bị nhổ, bị bứng ② được bầu, được chọn

① 지난 밤 태풍으로 인해 가로수 나무가 **뽑히고** 도로가 망가졌다.
② 이번 대회에서 제가 응원하는 사람이 우승자로 **뽑혔어요.**

- '뽑다'의 피동사
- N1이/가 뽑히다, N1이/가 N2에서 N3(으)로 뽑히다
- 나무가 뽑히다, 친구가 반에서 반장으로 뽑히다

20 사고방식 [명]

mindset / 思维方式 / cách suy nghĩ, lối tư duy

언어가 다르면 **사고방식**도 다르기 마련이다.
사람들마다 **사고방식**의 차이가 있으므로 다양성을 인정해야지요.

- 사고방식을 가지다, 사고방식이 올바르다

21 사기 [명]

fraud / 欺诈 / lừa đảo, gian lận

사기꾼이 **사기**를 치다가 걸려서 경찰에 체포되었다.
그 **사기**꾼에게 **사기**를 당한 피해자가 수십 명이라고 해요.

- 사기꾼
- 사기를 치다, 사기를 당하다

22 사로잡다 [동]
[사로잡따]

사로잡고, 사로잡아서,
사로잡으면, 사로잡습니다

captivate / ① 活捉 ② 俘获，吸引住 / ① bắt sống, bắt giữ ② thu hút, mê hoặc

① 고양이가 쥐를 **사로잡아** 괴롭히고 있다.
② 신제품은 참신한 디자인으로 고객의 마음을 **사로잡았어요.**

- 눈길을 사로잡다, 마음을 사로잡다

23 사막 [명]

desert / 沙漠 / sa mạc

사막은 강수량이 적기 때문에 식물이 자라기 힘들다.
저는 낙타를 타고 **사막**을 건넜어요.

24 사망 [명]

death / 死亡 / cái chết, sự tử vong

그 배우의 **사망** 원인이 밝혀지지 않아서 수사 중이다.
친구 어머니의 갑작스런 **사망** 소식을 듣고 너무 놀랐어요.

- ⑩ 죽음　　　　　　　　　⑪ 출생
- 사망자, 사망일, 사망지
- 사망(을) 하다, 사망에 이르다

25 사방 명

all directions / 四个方向，四方 / tứ phương, bốn hướng

이 리조트는 **사방**이 산으로 둘러싸여 있어서 조용하다.

전망대에 오르니 **사방**이 탁 트여서 시원하고 좋았어요.

> 유 동서남북, 사방팔방, 전후좌우
> • 사방이 둘러싸이다, 사방이 막히다, 사방이 고요하다

26 사상 명

in history / 历史上，有史以来 / theo lịch sử

사상 최초로 우주 공간에서 장편 영화 촬영을 시작했다.

조사에 의하면 1인 가구가 **사상** 처음 40%를 넘어섰다고 해요.

> 유 역사상
> • 사상 최초, 사상 최대, 사상 최고, 사상 처음

27 사설 명

editorial / 社论 / xã luận

사설은 신문이나 잡지에 글쓴이의 주장이나 의견을 쓴 글이다.

사설을 읽으면서 사람들의 사고방식이 다르다는 것을 알았어요.

> 유 논설
> • 사설을 쓰다, 사설을 읽다, 사설을 보다, 사설을 싣다

28 사소하다 형

사소하고, 사소해서,
사소하면, 사소합니다

trivial / 琐碎，微不足道 / không đáng kể, nhỏ nhặt

남자 친구와 **사소**한 일로 다투다가 결국 헤어졌다.

사람들은 **사소**한 일에 상처를 받기도 하니까 언행을 조심해야 해요.

> 유 작다, 하찮다　　　　　　　　　　반 중요하다

29 사정 명

circumstances / 情况，缘由 / sự tình, việc riêng, hoàn cảnh

나는 집안 **사정**으로 학교에서 조퇴를 했다.

갑자기 **사정**이 생겨서 오늘 회사에 출근을 못 하게 됐습니다.

> 유 일, 까닭
> • 사정이 있다, 사정이 생기다, 사정을 모르다

30 사태 명

situation / 事态，事件 / tình huống

경기 중 일어난 선수들의 폭력 **사태**로 경기가 중단되었다.

우리나라는 최근 전력 부족 **사태**가 심각하다고 해요.

> • 사태가 발생하다, 사태가 심각하다, 사태를 수습하다, 사태를 예견
> 하다

오늘의 단어 한눈에 보기! 다 외운 단어는 ☑해 보세요.

☐ 사표 명	☐ 살리다 동	☐ 살림 명
☐ 살아남다 동	☐ 삼키다 동	☐ 상관없이 부
☐ 상금 명	☐ 상당하다 형	☐ 상대적 관, 명
☐ 상상 명	☐ 상승 명	☐ 상징 명
☐ 상쾌하다 형	☐ 새기다 동	☐ 새다 동
☐ 새삼 부	☐ 색다르다 형	☐ 생겨나다 동
☐ 생김새 명	☐ 생략 명	☐ 생명 명
☐ 생산 명	☐ 생생하다 형	☐ 서늘하다 형
☐ 서럽다 형	☐ 서서히 부	☐ 서운하다 형
☐ 서적 명	☐ 섞이다 동	☐ 선진 명

✎ 외우지 못 한 단어는 다음날 한 번 더 학습합니다.

01 사표 명

resignation / 辭呈 / đơn từ chức, đơn xin thôi việc

직장인 10명 중 8명은 **사표** 충동을 경험한 적이 있는 것으로 조사됐다.
저는 참다못해 **사표**를 내고 회사를 그만두었어요.

유 사직서
- 사표를 쓰다, 사표를 내다, 사표를 수리하다

02 살리다 동

살리고, 살려서,
살리면, 살립니다

① save ② show, utilize / ① 救活 ② 发挥 / ① cứu (mạng)
② đúng, áp dụng (chuyên ngành)

① 그는 장기 기증을 통해 죽어서도 많은 사람의 목숨을 **살렸다**.
② 저는 제 특기와 전공을 **살려서** 방송국에서 일을 하고 싶어요.

반 죽이다
- '살다'의 사동사
- 목숨을 살리다, 경제를 살리다, 전공을 살리다, 개성을 살리다, 불
  씨를 살리다, 분위기를 살리다, 기억을 살리다, 기를 살리다

03 살림 명

① housekeeping ② financial situation / 生活 / ① gánh vác gia
đình ② hoàn cảnh gia đình

① 아내는 아이를 키우고 집안 **살림**을 도맡아 하느라고 고생이 많다.
② 우리 집은 **살림**이 넉넉하지 않아서 어릴 때부터 아르바이트를 했어요.

유 살림살이
- 살림(을) 하다, 살림을 맡다, 살림을 꾸리다, 살림을 차리다, 살림을
  장만하다

04 살아남다 동
[사라남따]

살아남고, 살아남아서,
살아남으면, 살아남습니다

survive / 存活 / tồn tại, sống sót

건물 붕괴 현장에서 **살아남은** 생존자가 자신의 경험을 책으로 썼다.
치열한 경쟁 사회에서 **살아남으려면** 열심히 노력하는 수밖에 없어요.

유 생존하다
- N1이/가 N2에서 살아남다
- 아이가 사고에서 살아남다

05 삼키다 동

삼키고, 삼켜서,
삼키면, 삼킵니다

swallow / 咽 / nuốt, nuốt vào

아이가 알약을 **삼키는** 것을 힘들어해서 가루약을 받았다.
맛있는 음식이 있었는데 다이어트 중이라 먹지 못하고 침만 **삼켰어요**.

유 넘기다   반 뱉다

06 상관없이 부
[상과넙씨]

regardless / 无关 / bất kể, không liên quan gì

나이에 **상관없이** 처음 만난 사람에게는 높임말을 사용하는 것이 좋다.
이 회사는 남녀노소 **상관없이** 누구나 지원할 수 있습니다.

- N와/과 상관없이, N에 상관없이

07 상금 몡

cash prize / 奖金 / tiền thưởng

디자인 공모전의 대상 수상자에게 **상금**을 수여했다.
이번 대회에서 우승 **상금**으로 천만 원을 걸었대요.

반 벌금
• 상금을 타다, 상금을 받다

---

08 상당하다 혱

상당하고, 상당해서,
상당하면, 상당합니다

considerable / 相当于，(水平、实力) 相当多，相当高 / tương
đối, khá

참가자들의 실력이 모두 **상당한** 수준이라서 치열한 경쟁이 예상된다.
이 배우는 그림 실력이 **상당해서** 곧 전시회를 연다고 해요.

유 대단하다, 굉장하다
부 상당히

---

09 상대적 관,몡

relative / 相对的 / tương đối

관 부동산이나 주식으로 성공한 사람을 보면 **상대적** 박탈감을 느낀다.
몡 새로 바뀐 정책으로 세입자가 **상대적**으로 불이익을 받게 됐어요.

반 절대적

---

10 상상 몡

imagination / 想象 / trí tưởng tượng

이곳에는 **상상**을 뛰어넘는 흥미로운 작품들이 전시되어 있다.
이 드라마가 이렇게 많은 나라에서 인기가 있을 줄은 **상상**도 못 했어요.

• 상상력
• 상상(을) 하다, 상상(이) 되다, 상상을 초월하다

---

11 상승 몡

rise / 上升，上涨 / tăng lên

지구 온도 **상승** 때문에 여러 기후 문제가 발생하고 있다.
물가 **상승**으로 인해 서민들의 부담이 커졌어요.

반 하락
• 상승(을) 하다, 상승(이) 되다
• 가격이 상승하다, 지위가 상승하다, 기온이 상승하다, 해수면이 상
  승하다

---

12 상징 몡

symbol / 象征 / biểu tượng

상징은 추상적인 개념이나 사물을 구체적인 사물로 나타내는 것이다.
올림픽의 **상징**인 오륜기는 보통 개최국의 스포츠 영웅들이 들고 입장해요.

• 상징적, 상징물
• 상징(을) 하다, 상징(이) 되다, 상징으로 삼다, 상징으로 여기다

---

13 상쾌하다 형

상쾌하고, 상쾌해서,
상쾌하면, 상쾌합니다

refreshing / 清爽，清新 / sảng khoái

땀을 많이 흘려서 샤워를 했더니 기분이 상쾌하다.
산 정상에 오르니 바람이 아주 상쾌하네요.

• 기분이 상쾌하다, 마음이 상쾌하다, 공기가 상쾌하다, 바람이 상쾌
  하다

---

14 새기다 동

새기고, 새겨서,
새기면, 새깁니다

engrave / 刻 / khắc, chạm trổ, điêu khắc

이 컵은 도자기에 여러 가지 무늬를 직접 새겨서 만들었다.
여자 친구에게 주려고 반지에 이름을 새겼어요.

• N1에 N2을/를 새기다
• 도장에 이름을 새기다, 몸에 문신을 새기다

---

15 새다 동

새고, 새서,
새면, 샙니다

leak / 漏 / hở, rò rỉ (nước)

옥상에 비가 새서 지붕을 수리했다.
신발에 물이 새서 양말이 다 젖었어요.

• 물이 새다, 국물이 새다, 불빛이 새다, 소리가 새다, 정보가 새다

---

16 새삼 부

anew / 重新，再一次 / một cách mới mẻ

코로나19로 인해 일상의 소중함을 새삼 깨닫게 됐다.
건강 검진을 하면서 건강이 얼마나 중요한지 새삼 느꼈어요.

㈜ 새삼스레

---

17 색다르다 형
[색따르다]

색다르고, 색달라서,
색다르면, 색다릅니다

different / 与众不同，新奇 / khác lạ, tươi mới

기존 제품에서 볼 수 없는 색다른 제품이 출시됐다.
나는 색다른 경험을 해 보고 싶어서 세계여행을 떠나기로 했어요.

㈜ 남다르다, 특별하다, 독특하다

---

18 생겨나다 동

생겨나고, 생겨나서,
생겨나면, 생겨납니다

emerge / 出现，产生 / nảy sinh

시대가 변하면서 다양한 분야의 직업들이 새롭게 생겨났다.
동네에 예쁜 상점들이 생겨나면서 젊은 층이 많이 오기 시작했어요.

㈜ 나타나다, 생기다
• 직종이 생겨나다, 건물이 생겨나다

19 생김새 명

appearance / 长相，相貌 / diện mạo, dung mạo

사람은 생김새가 다르듯이 성격도 다르다.

기후 변화로 동물의 생김새에 변화가 생기고 있다고 해요.

> 유 모습

20 생략 명
[생냑]

omission / 省略，缩略 / lược bỏ

행사가 늦어지면서 일부 순서가 생략이 됐다.

이 제품에 대한 더 이상의 설명은 생략을 하겠으니 직접 체험해 보세요.

> • 생략(을) 하다, 생략(이) 되다

21 생명 명

life / 生命 / mạng sống

아이들에게는 교육을 통해 생명의 소중함을 가르쳐야 한다.

생명을 다루는 일을 하는 의사로서 환자를 위해 최선을 다하겠습니다.

> 유 목숨
> • 생명을 구하다, 생명을 가지다, 생명을 잃다

22 생산 명

production / 生产 / sản xuất

공장 가동이 중단되어 생산에 문제가 생겼다.

우리 회사는 대량 생산을 통해 상품의 가격을 낮추었습니다.

> 반 소비
> • 생산적, 생산량, 생산자, 생산비, 생산성
> • 생산(을) 하다, 생산(이) 되다, 생산이 늘다, 생산을 늘리다

23 생생하다 형

생생하고, 생생해서,
생생하면, 생생합니다

vivid / 生动，活生生 / ① sinh động ② rõ mồn một

① 사진에는 당시 사회의 생생한 모습이 고스란히 담겨 있었다.

② 저는 그 사람을 처음 만난 순간을 생생하게 기억해요.

> • 기억이 생생하다, 장면이 생생하다

24 서늘하다 형

서늘하고, 서늘해서,
서늘하면, 서늘합니다

cool / 凉，凉爽 / mát mẻ

이곳은 여름에도 찬바람이 불고 공기도 서늘해서 얼음골이라고 불린다.

날이 덥지도 않고 서늘해서 등산하기 좋아요.

> 유 쌀쌀하다
> • 날씨가 서늘하다, 공기가 서늘하다, 바람이 서늘하다

25 서럽다 형

[서럽따]

서럽고, 서러워서,
서러우면, 서럽습니다

sorrowful / 伤心，伤感 / buồn bã, não nề

상사의 말에 너무 억울하고 서러워서 눈물이 났다.

일은 똑같이 하는데 비정규직이라고 차별을 받으니 너무 서럽네요.

> 유 서글프다

26 서서히 부

gradually / 慢慢地，缓慢地 / chậm rãi, từng chút một

최근 경제 상황이 서서히 회복되며 일자리도 조금씩 증가하고 있다.

날씨가 따뜻해지자 눈이 서서히 녹기 시작했어요.

> 유 천천히, 조금씩

27 서운하다 형

서운하고, 서운해서,
서운하면, 서운합니다

regretful / 可惜，不舍 / buồn, không hài lòng

오랫동안 일한 직장을 그만두게 돼서 서운하다. 유 아쉽다

생일인데 아무에게도 연락이 오지 않아서 서운했어요. 유 섭섭하다

28 서적 명

book / 书，书籍 / sách, ấn phẩm

최근 발간된 그 서적에는 에너지 관련 11개 분야가 수록됐다.

학교 안에 있는 서점에서는 주로 전공 서적을 판매해요.

> 유 도서

29 섞이다 동

섞이고, 섞여서,
섞이면, 섞입니다

be mixed / 被掺加，被混合 / được trộn lẫn

나는 영양 섭취를 위해 여러 야채가 섞인 주스를 매일 마신다.

우리 반은 여러 국적의 사람이 섞여 있어요.

> • '섞다'의 피동사
> • 야채가 섞이다, 물건이 섞이다, 피가 섞이다

30 선진 명

advanced / 先进，发达 / tiên tiến, mới

우리 회사는 선진 기업의 선진 기술을 도입하여 제품을 생산하고 있다.

선진 국가가 되기 위해서는 우리 모두 힘을 합쳐야 합니다.

> 반 후진
> • 선진국, 선진 기술, 선진 문명

" 오늘의 단어 한눈에 보기! 다 외운 단어는 ☑ 해 보세요. "

□ 선호하다 동   □ 설득 명   □ 설레다 동

□ 설립 명   □ 설마 부   □ 설정 명

□ 설치 명   □ 성과 명   □ 성숙하다 동, 형

□ 성장 명   □ 성질 명   □ 세금 명

□ 세대 명   □ 소득 명   □ 소비 명

□ 소수 명   □ 소용없다 형   □ 소유 명

□ 소음 명   □ 소재 명   □ 소중히 부

□ 소지품 명   □ 소홀하다 형   □ 속이다 동

□ 속하다 동   □ 손길 명   □ 손잡다 동

□ 손질 명   □ 손해 명   □ 솔직하다 형

✎ 외우지 못 한 단어는 다음날 한 번 더 학습합니다.

01 선호하다 ^동

선호하고, 선호해서,
선호하면, 선호합니다

prefer / 偏爱, 喜好 / ưa chuộng, ưa thích

사람들은 가격이 비싸도 교통이 편리한 지역을 선호하는 것으로 나타났다.
청년층도 소형 아파트보다 대형 아파트를 선호한다고 해요.

> 유 좋아하다

02 설득 ^명

[설뜩]

persuasion / 说服 / sự thuyết phục

좋은 리더가 되려면 설득의 기술을 배워야 한다.
회사를 그만두려고 했는데 가족의 설득으로 마음을 바꿨어요.

> • 설득력
> • 설득(을) 하다, 설득(이) 되다, 설득을 시키다, 설득을 당하다

03 설레다 ^동

설레고, 설레서,
설레면, 설렙니다

flutter / 起伏, 澎湃, 激动 / nôn nao, bồn chồn

좋아하는 사람과 첫 데이트를 하는 날이라서 마음이 설렌다.
저는 설레는 마음을 안고 여행을 떠났어요.

> 유 들뜨다, 두근거리다

04 설립 ^명

establishment, foundation / 设立, 创办 / sự thiết lập, sự thành lập

고령화로 인해 노인 인구가 증가하면서 요양원 설립도 증가했다.
이 회사는 설립이 된 지 10여 년이 지났어요.

> • 회사 설립, 단체 설립, 기관 설립
> • 설립(을) 하다, 설립(이) 되다

05 설마 ^부

really / 难道, 难不成 / biết đâu chừng, không lẽ, lẽ nào

설마 이렇게 작고 힘없는 아이가 그런 짓을 했을 리가 없다.
지금까지 잘 버텼는데 설마 포기하겠어요?

> • 설마하니, 설마한들
> • 설마 + 부정적인 추측(A/V-겠어요?, A/V-ㄹ까요?, A/V-ㄹ 리가 없다 등)
> 속담 설마가 사람 잡는다

06 설정 ^명

[설쩡]

set-up / 设定, 拟定 / sự thiết lập, sự thành lập

무슨 일이든지 계획 없이 하지 말고 목표 설정부터 먼저 해야 한다.
가족 안에서도 올바른 관계 설정이 필요해요.

> • 설정(을) 하다, 설정(이) 되다
> • 목표를 설정하다, 방향을 설정하다, 배경을 설정하다

07 설치 명

installation / 设置 / việc lắp đặt, việc xây dựng

이 제품은 조립식이라 혼자서도 설치가 간편하다.
에어컨 설치 비용이 비싸서 직접 설치해 보려고요.

- 설치(를) 하다, 설치(가) 되다
- 전자 제품을 설치하다, 시계를 설치하다, 시설을 설치하다

08 성과 명
[성꽈]

result, outcome / 成果，成就 / thành quả

열심히 사는 사람에게는 반드시 노력한 성과가 나타날 것이다.
올해 우리 팀은 최고의 성과를 올렸어요.

유 결과, 실적
- 성과를 얻다, 성과를 내다, 성과를 이루다, 성과를 올리다

09 성숙하다 동, 형
[성수카다]

성숙하고, 성숙해서,
성숙하면, 성숙합니다

mature / 成熟 / trưởng thành, thành thạo

동 아픈 만큼 성숙한다는 말처럼 지금의 고통이 당신을 성장시킬 것이다.
형 고등학생이 된 조카를 보니 이제 제법 성숙해 보였어요.

10 성장 명

growth / 成长 / sự phát triển, sự tăng trưởng, sự trưởng thành

아이의 올바른 성장을 위해 가족 모두가 관심을 기울여야 한다.
이 다큐멘터리는 동물의 성장 과정을 촬영한 작품이에요.

- 성장(을) 하다, 성장(이) 되다, 성장을 돕다, 성장을 시키다, 성장을 이루다

11 성질 명

character, personality / 性格，脾气 / tính cách, tính tình, tính chất

멸치는 물 밖으로 나오면 바로 죽을 만큼 성질이 급하다.
제 친구는 욱하는 성질이 있어서 갑자기 화를 내는 경우가 많아요.

- 성질이 사납다, 성질이 급하다, 성질이 못되다, 성질을 내다, 성질을 부리다

12 세금 명

tax / 税 / tiền thuế

세금이란 국가나 지방 단체가 국민으로부터 거두어들이는 돈을 말한다.
국민이라면 당연히 세금을 내야 한다고 생각해요.

- 세금을 내다, 세금을 납부하다, 세금을 거두다, 세금을 부과하다

13 세대 명

generation / 辈，代，一代 / thế hệ

MZ세대는 밀레니얼 세대와 Z세대를 통칭하는 말이다.

직장 내 **세대** 차이로 스트레스를 느끼는 회사원이 많다고 해요.

> • 신세대, 구세대, 기성세대

14 소득 명

profit, income / 所得 / thu nhập, lợi tức

세금은 **소득**의 규모에 따라서 차등적으로 적용한다.

그 사람은 무역업으로 상당한 **소득**을 남겼대요.

> • 고소득, 저소득
> • 소득이 높다, 소득이 낮다, 소득이 줄다, 소득이 없다

15 소비 명

consumption / 消费，消耗 / sự tiêu dùng, sự tiêu xài

쌀 **소비**는 감소했지만 밀가루와 가공식품 소비는 크게 증가했다.

경제 불황으로 인해 **소비**가 줄어서 악순환이 계속된다고 해요.

> 반 생산
> • 소비자, 소비량, 과소비, 소비 수준
> • 소비(를) 하다, 소비(가) 되다, 소비가 증가하다, 소비가 늘다, 소비를 줄이다

16 소수 명

minority / 少数 / thiểu số, số ít

지도자라면 **소수**의 의견도 중요하므로 귀담아 들어야 한다.

다수를 위한 **소수**의 희생이 항상 옳은 것은 아닙니다.

> 반 다수

17 소용없다 형
[소용업따]
소용없고, 소용없어서,
소용없으면, 소용없습니다

useless / 没有意义，没有用 / vô ích, vô dụng

건강을 잃으면 아무 **소용없으니까** 건강에 신경 써야 한다.

그 일은 이미 엎질러진 물이니 후회해 봤자 **소용없어요**.

> 유 쓸데없다, 쓸모없다
> 부 소용없이

18 소유 명

ownership, possession / 所有，所有物 / sự sở hữu

요즘 세대는 **소유**보다 공유를 중요하게 생각한다.

이 땅은 개인 **소유**이기 때문에 함부로 들어가시면 안 돼요.

> • 소유욕, 소유물, 소유자
> • 소유(를) 하다, 소유(가) 되다

19 소음 명

noise / 噪音 / tiếng ồn

최근에는 층간 소음으로 인한 이웃 간의 갈등이 자주 발생한다.
집이 도로변에 있어서 차량 소음 때문에 창문을 열 수가 없어요.

- 소음 공해
- 소음이 있다, 소음이 심하다, 소음이 들리다, 소음이 울리다

20 소재 명

① material ② subject matter / ① 原材料 ② 題材 / ① vật liệu
② tài liệu

① 이 제품은 첨단 소재로 만들어져서 세계인에게 주목을 받고 있다.
② 이 영화는 시간 여행을 소재로 삼았는데 볼 만해요.

- 소재가 되다, 소재로 삼다

21 소중히 부

valuably / 珍贵地，珍惜地 / một cách quý trọng

시간은 금이라는 말이 있듯이 시간을 소중히 여겨야 한다.
여러분이 소중히 생각하는 것은 꼭 지키세요.

형 소중하다
- 소중히 하다, 소중히 여기다, 소중히 다루다, 소중히 생각하다

22 소지품 명

possessions / 携带品，随身物品 / vật sở hữu, đồ dùng

공항에서 출입국 절차가 까다로워지면서 소지품 검사가 강화되었다.
이 가방은 소지품을 가지고 다니기에 편해요.

- 소지품을 챙기다, 소지품을 보관하다, 소지품을 맡기다

23 소홀하다 형

소홀하고, 소홀해서,
소홀하면, 소홀합니다

negligent, indifferent / 疏忽，忽视 / chểnh mảng, lơ là, hời hợt

공원은 관리가 소홀해서 곳곳에 보수가 필요한 상황이다.
저에게 소홀한 남자 친구 때문에 너무 서운해요.

유 등한시하다, 무시하다
부 소홀히

24 속이다 동

속이고, 속여서,
속이면, 속입니다

deceive, lie / 骗，欺骗 / gạt, lừa dối, gian lận

사람들을 속이고 돈을 빼앗은 사기꾼이 경찰에 잡혔다.
나이를 속이고 술이나 담배를 구입한 미성년자도 처벌을 받아야 해요.

- '속다'의 사동사
- N을/를 속이다, N1에게 N2을/를 속이다, N1을/를 N2라고 속이다
- 친구를 속이다, 친구에게 나이를 속이다, 동생을 친구라고 속이다

25 속하다 동
[소카다]

속하고, 속해서,
속하면, 속합니다

belong / 属于，隶属 / ① thuộc về ② trực thuộc

① 이 대학은 세계 대학 순위에서 상위 3%에 속한다. 유 들어가다
② 저는 프리랜서라서 어떤 특정 집단에 속해 있지 않아요. 유 소속되다

- N1이/가 N2에 속하다

26 손길 명
[손낄]

(figurative) hand, helping hand / （喻义）援手，魔爪 / bàn tay, sự giúp đỡ

연말연시에는 소외된 이웃에게 따뜻한 손길을 내미는 사람이 많다.
이제는 아이가 많이 커서 저의 손길을 필요로 하지 않아요.

- 손길을 주다, 손길을 내밀다, 손길을 베풀다

27 손잡다 동
[손잡따]

손잡고, 손잡아서,
손잡으면, 손잡습니다

① hold hands ② cooperate / ① 手拉手 ② 携手 / ① nắm tay
② bắt tay

① 손잡고 걷는 노부부의 뒷모습이 아름다웠다.
② 저는 친구와 손잡고 동업을 하기로 했어요. 유 협력하다

- '손을 잡다'의 줄임말
- N1이/가 N2와/과 손잡다

28 손질 명

trimming / 收拾，打理 / sự chăm chút, sự sửa sang

이 집은 정원 손질이 잘되어 있어서 깔끔해 보인다.
이 드라이기는 머리 손질을 간편하게 할 수 있어서 편해요.

- 머리 손질, 손톱 손질
- 손질(을) 하다, 손질(이) 되다

29 손해 명

damage / 损失 / sự thiệt hại, sự tổn thất

내가 조금 손해를 보더라도 상대방에 대한 배려가 필요하다.
사업을 시작하고 손해가 크게 났지만 다시 도전해 보려고 해요.

- 반 이익
- 손해를 보다, 손해를 입다, 손해가 나다, 손해를 끼치다

30 솔직하다 형
[솔찌카다]

솔직하고, 솔직해서,
솔직하면, 솔직합니다

frank, honest / 坦诚，坦率 / thẳng thắn, thành thật

그는 거짓이나 숨김이 없는 솔직한 사람이다.
제가 묻는 말에 솔직하게 대답해 줬으면 좋겠어요.

- 유 정직하다, 숨김없다, 꾸밈없다
- 부 솔직히

오늘의 단어 한눈에 보기! 다 외운 단어는 ☑ 해 보세요.

☐ 수도권 명	☐ 수동적 관, 명	☐ 수명 명
☐ 수속 명	☐ 수시로 부	☐ 수요 명
☐ 수용 명	☐ 수준 명	☐ 숙이다 동
☐ 순간적 명	☐ 순수하다 형	☐ 순식간 명
☐ 순진하다 형	☐ 순하다 형	☐ 숨기다 동
☐ 스치다 동	☐ 슬쩍 부	☐ 승낙 명
☐ 승리 명	☐ 승패 명	☐ 시각 명
☐ 시달리다 동	☐ 시도 명	☐ 시들다 동
☐ 시력 명	☐ 시선 명	☐ 시절 명
☐ 시합 명	☐ 시행 명	☐ 신념 명

✎ 외우지 못 한 단어는 다음날 한 번 더 학습합니다.

01 수도권 명
[수도꿘]

metropolitan area / 首都圈 / khu vực thủ đô

일자리가 많은 수도권으로 젊은 세대가 이주하는 현상이 가속화하고 있다.
수도권은 교통이 발달한 반면에 집값이 너무 비싸요.

02 수동적 관, 명

passive / 被动的 / thụ động

관 그는 앞에 나서기가 싫은지 수동적 자세로 회의에 참여했다.
명 예전에 드라마 속 여성들은 수동적이고 순종적일 때가 많았어요.

> 유 피동적, 소극적   반 능동적

03 수명 명

lifespan / 寿命 / tuổi thọ

현대에 들어 의학 기술의 발달로 평균 수명이 크게 늘어났다.
일본의 오키나와는 평균 수명이 긴 도시로 유명해요.

> • 평균 수명
> • 수명이 길다, 수명이 늘어나다, 수명이 연장되다

04 수속 명

procedure / 手续 / thủ tục

미국행 항공기에 탑승객이 별로 없어서 일찍 입국 수속을 마쳤다.
입원한 지 한 달이 지나고 드디어 퇴원 수속을 밟게 됐어요.

> • 수속(을) 하다, 수속을 밟다, 수속을 마치다

05 수시로 부

frequently / 随时 / thường xuyên

아이는 책을 좋아해서 책꽂이에서 수시로 책을 꺼내서 읽는다.
전염병 확산을 예방하기 위해 매일 수시로 소독을 진행하고 있습니다.

> 유 때때로, 자주   반 가끔

06 수요 명

demand / 需要，需求 / nhu cầu

상품의 가격은 수요와 공급에 따라 결정된다.
최근 여행 수요가 서서히 되살아나고 있다고 해요.

> 반 공급
> • 수요가 있다, 수요가 높다, 수요가 늘다, 수요가 증가하다, 수요가
>   줄다, 수요가 감소하다

07 수용 명

acceptance / 接纳，接受 / sự tiếp nhận, sự tiếp thu

선진국의 문화라고 해도 무조건적 수용보다는 분별적 수용이 필요하다.
그 제안에 대한 수용 여부를 오늘 회의에서 결정하도록 하겠습니다.

- 수용적, 수용자
- 수용(을) 하다, 수용(이) 되다

08 수준 명

level / 水准，水平 / tiêu chuẩn, trình độ

부모의 교육 수준이 자녀의 학업 성취 수준에 영향을 끼친다.
과소비를 막기 위해서는 자기 수준에 맞는 소비가 필요해요.

- 생활 수준, 소득 수준
- 수준이 높다, 수준이 낮다, 수준이 맞다, 수준을 맞추다

09 숙이다 동

숙이고, 숙여서,
숙이면, 숙입니다

bow / 俯，低，耷拉 / cúi (đầu), gập (người)

나는 디스크를 앓고 있어 허리를 숙이고 펼 때 통증을 느낀다.
저는 선생님께 고개를 숙여서 인사했어요.

유 굽히다, 구부리다
- 고개를 숙이다, 머리를 숙이다, 허리를 숙이다
속담 벼는 익을수록 고개를 숙인다

10 순간적 명

momentary / 瞬間的 / tính nhất thời

그는 날아오는 공을 피하려고 순간적으로 머리를 숙였다.
저는 축구를 하다가 순간적으로 발목에 통증이 느껴져서 깜짝 놀랐어요.

유 일시적　　　　반 영구적

11 순수하다 형

순수하고, 순수해서,
순수하면, 순수합니다

pure / 单纯，纯真 / hiền lành, trong sáng

이 책은 어린이의 맑고 순수한 마음을 담은 동화 모음집이다.
그는 거짓 없이 순수하고 착한 사람이에요.

유 깨끗하다

12 순식간 명

[순식깐]

in an instant / 瞬间，刹那间 / trong nháy mắt, trong chốc lát

그 일은 너무 순식간에 일어나서 대처할 시간조차 없었다.
지진으로 다리가 순식간에 무너졌어요

유 삽시간

13 순진하다 형

순진하고, 순진해서,
순진하면, 순진합니다

① innocent ② naive / ① 纯真 ② 单纯 / ① ngây thơ ② vô tư, vô lo
① 그는 아이처럼 순진하고 착해서 사람들이 좋아한다.
② 그는 순진하고 선량한 사람들을 상대로 사기를 쳤어요.

유 순박하다

14 순하다 형

순하고, 순해서,
순하면, 순합니다

gentle, mild / 温顺，驯良 / hiền lành
아이가 순한 편이라 밤에 울지도 않고 잘 잔다.
제가 키우는 강아지는 잘 짖지도 않고 너무 순해요.

• 성격이 순하다, 사람이 순하다, 술이 순하다

15 숨기다 동

숨기고, 숨겨서,
숨기면, 숨깁니다

hide / 隐瞒 / che giấu, che giấu
사회생활을 할 때 감정을 숨기고 드러내지 않는 사람이 많다.
잘못된 것이 있으면 숨기지 말고 얘기해 주세요.

유 감추다
• 사실을 숨기다, 물건을 숨기다, 마음을 숨기다

16 스치다 동

스치고, 스쳐서,
스치면, 스칩니다

brush past / 擦过，掠过 / lướt qua, thoáng qua
가을이 오는지 쌀쌀한 바람이 코끝을 스쳤다.
옷깃만 스쳐도 인연이라는데, 또 만난 것은 대단한 인연이라 생각해요.

• 옷깃을 스치다, 코끝을 스치다, 귓전을 스치다
속담 옷깃만 스쳐도 인연이다

17 슬쩍 부

stealthily / （趁别人不注意）迅速地，轻轻地，稍微 / qua loa,
sơ sơ
포장지만 슬쩍 바꿔서 가짜 물건을 판 사기꾼이 경찰에 붙잡혔다.
10대 소년이 도서관에서 지갑을 슬쩍 훔치다 잡혔어요.

유 슬그머니, 몰래
• 슬쩍 훔치다, 슬쩍 건드리다, 슬쩍 피하다

18 승낙 명

consent / 应允，同意 / sự bằng lòng, đồng ý, chấp thuận
이곳은 사유지이기 때문에 토지 주인의 승낙 없이 들어갈 수 없다.
주말에 결혼 승낙을 받으려고 부모님 댁에 가려고 해요.

유 허락　　　　반 거절
• 승낙(을) 하다, 승낙을 받다, 승낙을 얻다, 승낙이 떨어지다

19 승리 ^명
[승니]

victory / 胜利，取胜 / chiến thắng

올림픽 대표 팀은 개막전에서 빛나는 첫 승리를 거두었다.
오늘도 팀의 승리를 위해 최선을 다하겠습니다.

> 유 우승　　　　　　　　　　반 패배
> • 승리(를) 하다, 승리를 얻다, 승리를 거두다

20 승패 ^명

outcome, victory or defeat / 胜败 / thắng thua

결승전에서는 정신력과 체력이 승패를 좌우한다.
승패를 떠나서 경기에서 최선을 다했기 때문에 후회는 없습니다.

> 유 승부
> • 승패를 겨루다, 승패를 가르다, 승패를 결정하다

21 시각 ^명

viewpoint / 视角 / quan điểm

이 소설은 고양이의 시각에서 본 인간의 모습이 담겨 있다.
한쪽으로 치우치지 않고 다른 시각으로 사물을 보려는 노력이 필요해요.

> 유 관점

22 시달리다 ^동
시달리고, 시달려서,
시달리면, 시달립니다

be harassed / 受折磨 / đau khổ, khổ sở

현대인은 과도한 업무에 시달려서 스트레스를 받는 경우가 많다.
어제 악몽에 시달려서 잠을 자는 둥 마는 둥 했어요.

> • N에/에게 시달리다
> • 악몽에 시달리다, 가뭄에 시달리다, 빚에 시달리다, 잔소리에 시달리다, 사람에게 시달리다

23 시도 ^명

attempt / 试图，尝试 / sự thử nghiệm

그 배우는 계속 다양한 시도를 하며 새로운 연기에 도전하고 있다.
저는 몇 번의 시도 끝에 드디어 자격증을 땄어요.

> • 시도(를) 하다, 시도(가) 되다

24 시들다 ^동
시들고, 시들어서,
시들면, 시듭니다

wither / 枯萎 / khô héo

단풍 구경을 갔는데 단풍이 벌써 시들어서 아쉬웠다.
며칠 집을 비웠더니 화분의 꽃이 시들었어요.

> • 꽃이 시들다, 잎이 시들다, 열정이 시들다

25 시력 명

eyesight / 視力 / thị lực

좋은 시력을 유지하기 위해서는 눈 운동이 필요하다.
우리 아이는 시력이 떨어져서 안경을 꼈어요.

- 시력 검사
- 시력이 좋다, 시력이 나쁘다, 시력을 재다, 시력이 떨어지다

26 시선 명

gaze / ① 视线 ② 目光 / ① ánh nhìn ② cái nhìn, chú ý

① 나는 그 사람과 눈이 마주쳤을 때 부끄러워서 시선을 피했다.
② 상반기에 새로 출시된 제품은 고객들의 시선을 사로잡았어요.

- 윤 눈길
- 시선을 끌다, 시선을 모으다, 시선을 피하다, 시선을 돌리다

27 시절 명

days, years / 时期 / thời (thơ ấu), thời kỳ

나는 순수했던 어린 시절로 돌아가고 싶다.
저는 학창 시절에 순진해서 선생님이 하라는 대로만 했어요.

- 윤 때
- N 시절, A-ㄴ 시절, V-ㄴ 시절
- 학창 시절, 힘든 시절, 지난 시절

28 시합 명

match, contest / 比赛 / cuộc thi đấu

축구 시합이 종료된 후 선수들은 관객석을 향해 인사를 했다.
아이가 주말에 야구 시합이 있어서 연습하고 있어요.

- 윤 경기
- 시합(을) 하다, 시합을 벌이다, 시합에 나가다, 시합에서 이기다, 시합에서 지다

29 시행 명

implementation / 实施，施行 / thực thi, thi hành

부동산 중개 수수료에 대한 새 법안이 다음 달부터 시행이 될 예정이다.
이 시험은 올해 처음 시행이 되었는데 예상보다 응시자가 많았어요.

- 윤 실시
- 시행(을) 하다, 시행(이) 되다
- 법을 시행하다, 제도를 시행하다

30 신념 명

belief / 信念 / sự tin tưởng, niềm tin

신념은 스스로를 믿는 강한 마음을 말한다.
선수들은 이길 수 있다는 신념을 가지고 시합에 최선을 다했어요.

- 신념이 강하다, 신념을 가지다, 신념을 지키다

오늘의 단어 한눈에 보기! 다 외운 단어는 ☑ 해 보세요.

☐ 신비 명	☐ 신세 명	☐ 신제품 명
☐ 신중 명	☐ 신화 명	☐ 실감 명
☐ 실습 명	☐ 실시하다 동	☐ 실업 명
☐ 실용적 관, 명	☐ 실제 명	☐ 실천 명
☐ 실험 명	☐ 실현 명	☐ 심리적 관, 명
☐ 심정 명	☐ 심지어 부	☐ 십상 명
☐ 썰렁하다 형	☐ 쏘다 동	☐ 쐬다 동
☐ 쑤시다 동	☐ 쑥스럽다 형	☐ 쓰다듬다 동
☐ 쓰러지다 동	☐ 쓸데없다 형	☐ 쓸쓸하다 형
☐ 씌우다 동	☐ 씻기다 동	☐ 아깝다 형

✎ 외우지 못 한 단어는 다음날 한 번 더 학습합니다.

01 신비 [명]

mystery / 奧秘，神秘 / bí ẩn, thần bí

임신과 출산을 통해서 생명의 신비를 느낀다.
우주의 신비는 정말 끝이 없는 것 같습니다.

- 신비감
- 신비하다, 신비롭다

02 신세 [명]

plight / 身世，遭遇 / thân thế, số phận

시험에 몇 번을 도전했지만 계속 떨어져서 신세를 한탄하며 술을 마셨다.
부인을 잃은 친구의 신세가 안타깝고 마음이 아파요.

- 유 처지
- 신세가 되다, 신세가 가엾다, 신세를 한탄하다, 신세를 망치다

03 신제품 [명]

new product / 新产品 / sản phẩm mới

대기업의 신제품이 출시되자마자 불티나게 팔렸다.
마트에서 신제품을 홍보하는 시식 행사가 있어서 먹어 보았어요.

- 유 신품
- 신제품을 내놓다, 신제품을 선보이다, 신제품을 출시하다

04 신중 [명]

cautious / 慎重 / thận trọng, cẩn trọng

여행에서는 숙소가 중요하기 때문에 신중을 기해서 고르는 편이다.
급하게 결정하지 말고 신중에 신중을 더해서 최선의 선택을 하기 바랍니다.

- 반 경솔
- 신중히
- 신중하다, 신중을 기하다, 신중을 요하다

05 신화 [명]

mythology / 神话 / thần thoại

신화란 신이나 신 같은 주인공이 뛰어난 능력을 발휘하는 이야기이다.
한국에는 역사상 최초의 국가인 고조선을 세운 단군에 대한 신화가 있어요.

06 실감 [명]

realization / 真切感受 / cảm nhận thực tế, cảm giác thật

전국을 여행해 보니 우리나라가 얼마나 아름다운지 실감이 되었다.
그녀가 나를 떠났다는 것이 실감이 나지 않아요.

- 실감(을) 하다, 실감(이) 되다, 실감이 나다, 실감이 가다

07 실습 명
[실씁]

practical training / 实习 / thực tập

현장 실습은 학교에서 배운 이론을 현장에서 실제로 응용하는 것이다.
이론도 중요하지만 직접 경험해 보는 실습도 굉장히 중요해요.

- 현장 실습, 교생 실습
- 실습(을) 하다, 실습이 되다, 실습을 나가다

08 실시하다 동
[실씨하다]

실시하고, 실시해서,
실시하면, 실시합니다

implement / 实行，实施 / thi hành

이번 회의에서는 안건에 대해 주민 투표를 실시하고 있다.
학교에서는 예정대로 시험을 실시할 겁니다.

- 교육을 실시하다, 훈련을 실시하다, 정책을 실시하다, 제도를 실시하다, 법을 실시하다

09 실업 명

unemployment / 失业 / thất nghiệp

정부는 대규모 공공사업을 통해 실업 문제를 해결하기로 했다.
최근 청년 실업 문제가 아주 심각해요.

반 취업
- 실업률, 실업자
- 실업(을) 하다, 실업이 발생하다, 실업이 증가하다

10 실용적 관, 명

practical / 实用的 / tính thiết thực

관 철학은 실용적 학문은 아니지만 그 어떤 지식보다도 유익하다.
명 저는 비싼 명품보다 실용적인 것을 선호해요.

11 실제 명
[실쩨]

reality / 实际 / thực tế

그 영화는 실화를 바탕으로 만들어서 실제 상황과 거의 일치한다.
그 배우는 실제 나이보다 훨씬 젊어 보이네요.

반 허구
- 실제로, 실제 상황, 실제 모습, 실제 생활, 실제 이야기

12 실천 명

practice / 实践 / việc đưa vào thực tiễn

아는 것보다 실천을 하는 것이 더 어렵고 중요하다.
당신은 환경 보호를 위해 어떤 실천을 하고 있습니까?

유 실행   반 이론
- 실천(을) 하다, 실천(이) 되다, 실천에 옮기다

13 실험 명

experiment / ① 试验 ② 实验 / ① sự thực nghiệm ② sự thí nghiệm

① 우리는 가설이 실제로 가능한지를 알아보기 위해 실험을 했다.
② 전체 학생을 대상으로 동물 실험에 대한 찬반 투표를 실시했어요.

- 실험적, 실험가, 실험실
- 실험(을) 하다, 실험이 되다

14 실현 명

realization / 实现 / sự thực hiện

허황된 꿈이 아닌 실현 가능한 목표를 세워야 이룰 수 있다.
저는 제 꿈의 실현을 위해 지금도 꾸준히 노력하고 있어요.

- 윤 달성, 성취
- 실현(을) 하다, 실현(이) 되다

15 심리적 관, 명
[심니적]

psychological / 心理的 / tâm lý

관 요가는 마음이 불안할 때 심리적 안정을 찾는 데 도움이 된다.
명 요즘 심리적으로 불안해서 새로운 취미를 만들었어요.

- 윤 심적, 내적

16 심정 명

feelings / 心情, 内心 / cảm giác, suy nghĩ, tâm trạng

나도 이렇게 마음이 아픈데 자식을 잃은 친구의 심정은 어떨까?
저는 상사에게 일에 대한 솔직한 심정을 털어놓았어요.

- 윤 마음, 심경
- 심정이 상하다, 심정이 괴롭다, 심정을 털어놓다

17 심지어 부

even / 甚至 / thậm chí

경제도 불황인 데다가 심지어 물가도 올라서 생활하기가 너무 빠듯하다.
아내와 이혼한 그는 심지어 직장에서도 해고를 당했어요.

18 십상 명
[십쌍]

almost, perfect / 十有八九 / vừa vặn, dễ

노력하지 않으면 무슨 일을 하든 실패하기 십상이다.
단둘이 여행을 가다니 누가 봐도 오해하기 십상인 상황이에요.

- V-기 십상이다

19 썰렁하다 형

썰렁하고, 썰렁해서,
썰렁하면, 썰렁합니다

chilly / 冷，凉 / lạnh lẽo, se lạnh

보일러가 고장이 나서 그런지 집안이 **썰렁하다**.
여름이지만 밤공기는 **썰렁해서** 이불이 없으면 추워요.

• 공기가 썰렁하다, 마음이 썰렁하다, 분위기가 썰렁하다

---

20 쏘다 동

쏘고, 쏴서,
쏘면, 쏩니다

shoot / 射，打 / bắn, nổ súng

사냥꾼이 총을 **쏴서** 꿩을 잡았다.
실내 양궁장에서 활을 **쏴** 봤는데 하나도 안 맞고 다 빗나갔어요.

• 총을 쏘다, 대포를 쏘다, 활을 쏘다

---

21 쐬다 동

쐬고, 쐬어서,
쐬면, 쐽니다

expose / 吹（风），晒（太阳）/ hóng (gió), phơi (nắng)

모처럼 바람을 **쐬러** 교외에 다녀왔다.
날이 좋아서 햇볕을 **쐬면서** 여유롭게 휴일을 즐기고 있어요.

유 쐬이다
• 바람을 쐬다, 공기를 쐬다, 햇볕을 쐬다

---

22 쑤시다 동

쑤시고, 쑤셔서,
쑤시면, 쑤십니다

ache / 刺痛，酸痛 / đau nhức, mỏi (cơ thể)

몸살이 나서 열도 나고 허리도 **쑤신다**.
교통사고 이후 날이 흐리면 여기저기가 다 **쑤시고** 아파요.

유 아프다
• 몸이 쑤시다, 허리가 쑤시다, 다리가 쑤시다, 무릎이 쑤시다

---

23 쑥스럽다 형

[쑥쓰럽따]

쑥스럽고, 쑥스러워서,
쑥스러우면, 쑥스럽습니다

awkward / 害羞 / xấu hổ, ngại ngùng

나는 좋아하는 사람이 앞에 있었지만 **쑥스러워서** 눈도 마주치지 못했다.
저는 **쑥스러워서** 사랑 표현을 잘 못하겠어요.

유 부끄럽다

---

24 쓰다듬다 동

[쓰다듬따]

쓰다듬고, 쓰다듬어서,
쓰다듬으면, 쓰다듬습니다

stroke / 抚摸，轻抚 / xoa, vuốt ve, sờ

반려견을 **쓰다듬다** 보면 마음이 편안해진다.
할머니께서는 항상 저의 머리를 다정히 **쓰다듬어** 주셨어요.

유 어루만지다
• 머리를 쓰다듬다, 등을 쓰다듬다, 수염을 쓰다듬다, 마음을 쓰다듬다

25 쓰러지다 [동]

쓰러지고, 쓰러져서,
쓰러지면, 쓰러집니다

collapse / 倒下 / đổ, gục ngã, ngất xỉu

태풍으로 나무가 쓰러지고 다리가 무너지는 등 큰 피해를 입었다.
꿩은 사냥꾼이 쏜 총을 맞고 쓰러졌어요.

- 사람이 쓰러지다, 건물이 쓰러지다, 나무가 쓰러지다

26 쓸데없다 [형]
[쓸떼업따]

쓸데없고, 쓸데없어서,
쓸데없으면, 쓸데없습니다

useless / 没用，无用 / vô dụng, không cần thiết

우리가 하는 걱정의 96%는 쓸데없는 걱정이라고 한다.
돈은 쓸데없는 곳에 쓰지 말고 필요한 곳에 써야 돼요.

- 유 소용없다, 쓸모없다
- 부 쓸데없이

27 쓸쓸하다 [형]

쓸쓸하고, 쓸쓸해서,
쓸쓸하면, 쓸쓸합니다

lonely / 孤寂，落寞 / cô đơn, buồn bã, lạnh lẽo

가을이 되면 날씨가 쌀쌀해져서 그런지 마음이 외롭고 쓸쓸하다.
홀로 앉아 있는 아버지의 뒷모습이 너무 쓸쓸해 보였어요.

- 유 외롭다, 고독하다
- 부 쓸쓸히

28 씌우다 [동]
[씨우다]

씌우고, 씌워서,
씌우면, 씌웁니다

put on / 使戴上 / đeo (khẩu trang), đội (mũ, nón)

외출할 때마다 아이에게 마스크를 씌우다 보니 이젠 스스로 알아서 쓴다.
아이와 함께 인형을 만들어서 옷을 입히고 모자를 씌웠어요.

- '쓰다'의 사동사
- N1에/에게 N2을/를 씌우다
- 얼굴에 가면을 씌우다, 아이에게 모자를 씌우다, 남에게 누명을 씌우다

29 씻기다 [동]
[씯끼다]

씻기고, 씻겨서,
씻기면, 씻깁니다

wash / 给洗 / tắm cho

아이를 씻긴 후 옷을 입히고 신발을 신기자 외출 준비가 끝났다.
오늘 어머니의 발을 씻겨 드렸는데 거친 발바닥에 마음이 아팠어요.

- 유 '씻다'의 사동사
- N1이/가 N2을/를 씻기다
- 엄마가 아이의 팔을 씻기다

30 아깝다 [형]
[아깝따]

아깝고, 아까워서,
아까우면, 아깝습니다

regrettable / 可惜 / thấy tiếc, thấy phí phạm

주식 투자가 실패로 끝나니 그동안 투자했던 돈이 너무 아까웠다.
이런 쓸데없는 일에 나의 아까운 시간을 낭비하고 싶지 않아요.

- 돈이 아깝다, 시간이 아깝다, 목숨이 아깝다

오늘의 단어 한눈에 보기! 다 외운 단어는 ☑해 보세요.

- ☐ 아예 [부]
- ☐ 아울러 [부]
- ☐ 악몽 [명]

- ☐ 악취 [명]
- ☐ 악화되다 [동]
- ☐ 안기다¹ [동]

- ☐ 안기다² [동]
- ☐ 안타깝다 [형]
- ☐ 앉히다 [동]

- ☐ 알아맞히다 [동]
- ☐ 알아주다 [동]
- ☐ 알차다 [형]

- ☐ 앓다 [동]
- ☐ 암기 [명]
- ☐ 압력 [명]

- ☐ 앞두다 [동]
- ☐ 앞서다 [동]
- ☐ 앞세우다 [동]

- ☐ 앞장서다 [동]
- ☐ 애쓰다 [동]
- ☐ 야단 [명]

- ☐ 약점 [명]
- ☐ 얌전 [명]
- ☐ 양심 [명]

- ☐ 어긋나다 [동]
- ☐ 어느덧 [부]
- ☐ 어리석다 [형]

- ☐ 어색하다 [형]
- ☐ 어쨌든 [부]
- ☐ 어쩌다 [부]

✎ 외우지 못 한 단어는 다음날 한 번 더 학습합니다.

01 아예 ^부

① from the start ② not at all / ① 压根 ② 一点也（加否定）/
① từ đầu ② hoàn toàn, tuyệt nhiên

① 그 일은 어려울 것 같아서 **아예** 시도조차 안 했다.
② 며칠 전부터 폰이 이상하더니 지금은 **아예** 켜지질 않아요. 🔵 완전히

02 아울러 ^부

in addition / 并且，同时 / phù hợp

그는 뛰어난 실력과 말솜씨를 **아울러** 갖추었다.
유적지에 와서 여행도 하고 **아울러** 역사 공부도 할 수 있어서 좋았어요.

- N1와/과 아울러 N2도 + V, N1와/과 N2을/를 아울러 + V
- 여행과 아울러 공부도 하다, 여행과 공부를 아울러 하다

03 악몽 ^명
[앙몽]

nightmare / 噩梦 / cơn ác mộng

악몽에 시달리다가 깼는데 온몸이 땀에 젖어 있었다.
저는 스트레스를 심하게 받으면 **악몽**을 꿔요.

- 🔵 흉몽　　　　　　　　　　🔴 길몽
- 악몽을 꾸다, 악몽에 시달리다, 악몽에서 깨어나다

04 악취 ^명

bad smell / 恶臭 / mùi hôi thối

여름철에는 특히 음식물 쓰레기통의 **악취**가 심하다.
하수구에서 나오는 **악취** 때문에 창문을 못 열겠어요.

- 🔴 향기
- 악취가 나다, 악취를 풍기다, 악취에 시달리다, 악취가 코를 찌르다

05 악화되다 ^동
[아콰되다]
악화되고, 악화돼서,
악화되면, 악화됩니다

worsen / 恶化 / trở nên tồi tệ hơn

정부의 끊임없는 노력에도 불구하고 경제 상황은 더 **악화되었다**.
할아버지는 건강이 **악화되셔서** 병원에 입원하셨어요.

- 🔵 나빠지다　　　　　　　　🔴 호전되다
- 상황이 악화되다, 관계가 악화되다, 건강이 악화되다, 증세가 악화되다

06 안기다¹ ^동
안기고, 안겨서,
안기면, 안깁니다

hugged / 被抱 / được ôm

아기가 엄마에게 **안겨서** 깊이 자고 있다.
그는 평생 고향을 그리워하다가 죽고 나서야 고향의 품에 **안겼어요**.

- '안다'의 피동사
- N1이/가 N2에/에게 안기다

07 안기다² 동

안기고, 안겨서,
안기면, 안깁니다

give (something to somebody) / ① 使抱着 ② 带来，给予 / ① cho ôm ② gây, mang lại (cú sốc)

① 엄마는 아기를 아빠에게 **안겨** 주고 집을 나왔다.
② 최근 일어난 범죄는 국민들에게 큰 충격을 **안겨** 주었어요.

- '안다'의 사동사
- N1에/에게 N2을/를 안기다
- 꽃다발을 안기다, 가슴에 희망을 안기다, 모두에게 감동을 안기다

08 안타깝다 형

[안타깝따]

안타깝고, 안타까워서,
안타까우면, 안타깝습니다

regrettable / 惋惜，可惜 / đáng tiếc, tiếc rẻ, thương thay

최선을 다했는데도 결승에 진출하지 못해서 너무 **안타깝다**.
혼자 살고 계시는 독거노인들을 보니 마음이 너무 **안타까워요**.

09 앉히다 동

[안치다]

앉히고, 앉혀서,
앉히면, 앉힙니다

seat / ① 使坐下 ② 使担任 / ① để ngồi lên ② bổ nhiệm (vào vị trí)

① 엄마는 아기를 무릎에 **앉히고** 책을 읽어 주었다.
② 이 회사의 대표는 자기 아들을 팀장 자리에 **앉혔어요**.

- '앉다'의 사동사
- N1이/가 N2을/를 N3에 앉히다

10 알아맞히다 동

[아라마치다]

알아맞히고, 알아맞혀서,
알아맞히면, 알아맞힙니다

guess / 猜中，答对 / đoán

그는 사람의 옷차림이나 말투를 보고 직업을 잘 **알아맞힌다**.
이 문제의 정답을 한번 **알아맞혀** 보세요.

- 답을 알아맞히다, 수수께끼를 알아맞히다, 문제를 알아맞히다

11 알아주다 동

알아주고, 알아줘서,
알아주면, 알아줍니다

① understand ② recognize / ① 理解，了解 ② 认可 / ① hiểu cho ② được biết đến

① 내 마음을 **알아주는** 건 너밖에 없다. 유 이해하다
② 그 사람은 컴퓨터 관련 분야에서 **알아주는** 전문가예요. 유 인정하다

반 몰라주다
- 마음을 알아주다, 사정을 알아주다, 형편을 알아주다

12 알차다 형

알차고, 알차서,
알차면, 알찹니다

fruitful / 充实，饱满 / đầy đặn, đầy ắp

이 책은 **알찬** 내용과 유용한 정보들로 가득 차 있다.
이번 휴가를 **알차게** 보내기 위해 미리 계획을 세웠어요.

- 내용이 알차다, 계획이 알차다, 시간이 알차다, 여행이 알차다

13 앓다 ^동
[알타]

앓고, 앓아서,
앓으면, 앓습니다

suffer / 患，得，病 / bị bệnh, ốm đau

할머니는 오랫동안 병을 **앓다가** 작년에 돌아가셨다.
남편이 어제까지 감기를 심하게 **앓더니** 오늘은 다 나았나 봐요.

• 감기를 앓다, 폐렴을 앓다, 병을 앓다, 몸살을 앓다, 골치를 앓다

14 암기 ^명

memorization / 默记 / ghi nhớ, thuộc lòng

나는 어릴 때부터 **암기** 과목에 자신이 있었다.
배운 단어는 모두 **암기**를 해야 시험 볼 때 어렵지 않아요.

• 암기력, 암기법
• 암기(를) 하다, 암기(가) 되다, 암기를 잘하다, 암기를 못하다

15 압력 ^명
[암녁]

pressure / 压力 / áp lực

자동차 바퀴의 **압력**이 너무 높으면 사고가 나기 쉽다.
저는 주변의 어떤 **압력**에도 묵묵히 제자리를 지킬 거예요.

• 압력이 높다, 압력이 낮다, 압력을 주다, 압력을 받다

16 앞두다 ^동
[압뚜다]

앞두고, 앞둬서,
앞두면, 앞둡니다

have ahead / 前夕，之前 / trước mắt, đứng trước, sắp

나는 대학 졸업을 한 학기 **앞두고** 취업 준비를 시작했다.
수술을 하루 **앞두고** 마음이 너무 불안해서 잠이 안 와요.

• 시험을 앞두다, 결혼을 앞두다, 선거를 앞두다

17 앞서다 ^동
[압써다]

앞서고, 앞서서,
앞서면, 앞섭니다

① head ② precede / ① 在先，在前 ② 领先，先进 / ① vượt lên
② tiên tiến

① 그 사람은 이성보다 감성이 **앞서서** 판단력이 흐려질 때가 있다.
② 로봇 분야에서는 우리 기술이 다른 나라를 **앞서고** 있어요.

^반 뒤떨어지다, 뒤처지다, 뒤지다
• 걱정이 앞서다, 마음이 앞서다, 기술이 앞서다
• N을/를 앞서다, N1보다 N2이/가 앞서다
• 상대 선수를 앞서다, 상대 선수보다 실력이 앞서다

18 앞세우다 ^동
[압쎄우다]

앞세우고, 앞세워서,
앞세우면, 앞세웁니다

put ahead / ① 让…在前 ② 将…摆在首位 / ① dựng lên ② đặt
lên hàng đầu

① 주말에 모처럼 아이들을 **앞세우고** 동물원에 갔다 왔다.
② 공동체의 이익보다 개인의 이익을 **앞세우는** 것은 바람직하지 않아요.

• 깃발을 앞세우다, 아이를 앞세우다, 감정을 앞세우다, 이익을 앞세
우다

19 앞장서다 ^동
[압짱서다]
앞장서고, 앞장서서,
앞장서면, 앞장섭니다

take the lead / 领头 / dẫn đầu, làm thủ lĩnh

정부가 **앞장서서** 환경 보호 운동에 참여해야 한다.
그 학생은 모든 일에 **앞장서는** 적극적인 학생이에요.

> 🔵 나서다, 앞서다 　　　🔴 뒤떨어지다, 뒤처지다, 뒤지다
> • 정부가 앞장서다, 반장이 앞장서다, 시민이 앞장서다

20 애쓰다 ^동
애쓰고, 애써서,
애쓰면, 애씁니다

strive / 努力，费心 / cố gắng, gắng sức

가장은 가족을 위해 조금이라도 더 돈을 벌려고 **애쓴다.**
선생님, 그동안 저희들을 위해 **애써** 주셔서 감사합니다.

> 🔵 노력하다, 고생하다, 힘쓰다
> • '애를 쓰다'의 줄임말
> • N에/에게 애쓰다, V-려고 애쓰다, V-기 위해서 애쓰다
> • 자식에게 애쓰다, 성공하려고 애쓰다, 성공하기 위해서 애쓰다

21 야단 ^명

① make a fuss ② scold / ① 闹腾 ② 责骂 / ① làm ồn ào, làm ầm ĩ
② la mắng, bị chửi

① 아이는 소풍을 간다고 아침부터 왔다 갔다 **야단**을 떨었다. 🔵 난리
② 친구하고 떠들다가 선생님께 **야단**을 맞았어요. 🔵 꾸중

> • 야단(을) 치다, 야단(을) 맞다, 야단을 떨다
> • N1이/가 N2을/를 야단치다, N1이/가 N2에게 야단맞다
> • 엄마가 아이를 야단치다, 아이가 엄마에게 야단맞다

22 약점 ^명
[약쩜]

weakness / 弱点 / điểm yếu

그는 다른 사람의 **약점**을 잡고 협박해서 돈을 요구했다.
경기할 때 상대편의 **약점**을 잘 파악하는 것도 중요해요.

> 🔵 결점, 단점 　　　🔴 장점, 강점
> • 약점을 잡다, 약점이 잡히다, 약점을 드러내다, 약점을 보완하다

23 얌전 ^명

gentle / 斯文，文静 / nghiêm trang, điềm đạm

그녀는 평소에는 **얌전**을 떨고 순진한 척하지만 본래 그렇지 않다.
아이들이 **얌전**만 한 게 아니라 예의도 바르네요.

> • 얌전히
> • 얌전하다, 얌전을 떨다, 얌전을 피우다
> 🟦속담 얌전한 고양이가 부뚜막에 먼저 올라간다

24 양심 ^명

conscience / 良心 / lương tâm

돈과 권력의 유혹에 빠져서 **양심**을 버리면 안 된다.
그 사람은 거짓말을 하고도 **양심**의 가책을 안 받네요.

> • 양심에 찔리다, 양심에 꺼리다, 양심을 속이다, 양심의 가책을 받다

25 어긋나다 ^동
[어근나다]

어긋나고, 어긋나서,
어긋나면, 어긋납니다

be out of line / ① 错位 ② 违背 / ① ngược (đường) ② trái với (kỳ vọng)

① 친구와 길이 **어긋나는** 바람에 만나지 못했다.
② 저는 지금까지 부모님의 기대에 **어긋나는** 행동을 한 적이 없어요.

(반) 일치하다
• 길이 어긋나다, 사이가 어긋나다, 기대에 어긋나다, 원칙에 어긋나다

26 어느덧 ^부
[어느덛]

before one knows / 一晃，转眼 / mới đó mà, thoáng chốc, lúc nào không hay

나는 아내와 결혼한 지 **어느덧** 30년이 지났다.
하루 종일 비가 내리더니 **어느덧** 그쳤네요.

(유) 어느새

27 어리석다 ^형
[어리석따]

어리석고, 어리석어서,
어리석으면, 어리석습니다

foolish / 愚蠢，傻 / ngốc nghếch, khờ khạo

그는 자식의 앞길을 막을 만큼 **어리석은** 사람이 아니다.
여기서 포기하겠다는 **어리석은** 생각은 버려라.

(반) 영리하다, 약삭빠르다
• 생각이 어리석다, 행동이 어리석다, 사람이 어리석다

28 어색하다 ^형
[어새카다]

어색하고, 어색해서,
어색하면, 어색합니다

awkward / ① 尴尬，拘束 ② 别扭 / ① ngại ngùng ② không tự nhiên

① 처음 만난 사람과 마주 앉아 있으니 정말 **어색했다.**
② 말투가 **어색한** 걸 보니 외국 사람인가 보네요.

(반) 자연스럽다
• 말투가 어색하다, 행동이 어색하다, 표정이 어색하다, 분위기가 어색하다

29 어쨌든 ^부
[어짿뜬]

anyway / 反正，总之 / dẫu sao thì, dù sao thì

아무 일도 없었으니 **어쨌든** 너무 다행이라고 생각한다.
어쨌든 제가 실수한 일이니 제가 책임질게요.

(유) 하여튼, 아무튼

30 어쩌다 ^부

① by chance ② occasionally / ① 偶然 ② 有时 / ① tình cờ ② thỉnh thoảng

① 그는 **어쩌다** 그녀와 눈을 마주치면 얼굴이 새빨개졌다. **(유)** 우연히
② 운동은 **어쩌다** 한 번씩 산책하는 게 전부예요. **(유)** 간혹, 가끔

• '어쩌다가'의 준말

오늘의 단어 한눈에 보기! 다 외운 단어는 ☑ 해 보세요.

- ☐ 어쩌면 부
- ☐ 어쩐지 부
- ☐ 어찌나 부

- ☐ 어차피 부
- ☐ 억양 명
- ☐ 억울하다 형

- ☐ 억지로 부
- ☐ 언급 명
- ☐ 언론 명

- ☐ 언젠가 부
- ☐ 얼리다 동
- ☐ 엄격하다 형

- ☐ 엄숙하다 형
- ☐ 엄청나다 형
- ☐ 업적 명

- ☐ 엉뚱하다 형
- ☐ 엉망 명
- ☐ 엉터리 명

- ☐ 엎드리다 동
- ☐ 여간 부
- ☐ 여건 명

- ☐ 여부 명
- ☐ 여전히 부
- ☐ 연간 명

- ☐ 연관 명
- ☐ 연봉 명
- ☐ 연설 명

- ☐ 연속 명
- ☐ 연체 명
- ☐ 연출 명

✎ 외우지 못 한 단어는 다음날 한 번 더 학습합니다.

01 어쩌면 부

① maybe, possibly ② how, what / ① 或许，也许 ② 怎么 /
① biết đâu, có khi ② sao lại có thể

① **어쩌면** 그가 한 말이 모두 사실일지도 모른다. 유 아마
② 이 꼬마는 **어쩌면** 이렇게 귀엽게 생겼는지 몰라요.

02 어쩐지 부

somehow / 不知怎的 / thảo nào, hèn gì

그 사람은 처음 만났지만 **어쩐지** 말이 잘 통하는 것 같다.
오늘 결과가 나왔군요. **어쩐지** 그의 기분이 나빠 보이더라고요.

> 유 왠지

03 어찌나 부

so / 有什么办法，多么，非常 / sao mà, vì lý do gì, bằng cách
nào

구경하러 온 사람들이 **어찌나** 많은지 인기를 실감할 수 있었다.
어제 **어찌나** 많이 먹었는지 오늘도 배가 안 고프네요.

> • 어찌나 V-는지, 어찌나 A-ㄴ지

04 어차피 부

anyway / 反正，总归 / dẫu sao đi nữa, dù gì

어차피 해야 하는 일이라면 빨리 하는 게 낫다. 유 이왕, 기왕
내일이 마감이라 지금 시작해 봤자 **어차피** 완성하지 못할 거예요.

05 억양 명

intonation / 语调，抑扬 / giọng, ngữ điệu

그가 독특한 **억양**으로 말하자 주변 사람들의 시선이 쏠렸다.
과장님이 말할 때 보면 경상도 **억양**이 약간 남아 있는 것 같아요.

> 유 말투
> • 억양이 있다, 억양이 없다, 억양이 세다, 억양이 어색하다

06 억울하다 형

억울하고, 억울해서,
억울하면, 억울합니다

unfair / 委屈，冤枉 / không công bằng, oan ức

그 사람은 자신이 범인으로 몰리자 **억울하다**고 했다.
아무 잘못도 없는데 야단을 맞으니까 **억울해요**.

> 유 원통하다

07 억지로 [부]
[억찌로]

forcibly / 勉强地 / ép buộc

아이들에게는 무슨 일이든지 억지로 시키면 역효과가 나기 쉽다.
모임에 나가고 싶지 않았지만 억지로 나갔어요.

> 유 마지못해, 강제로

08 언급 [명]

mention / 提及，谈到 / đề cập đến

그는 사생활에 대한 질문에 언급을 피했다.
앞에서 언급이 된 것처럼 환경 보호는 작은 실천에서 시작됩니다.

> • 언급(을) 하다, 언급(이) 되다, 언급을 피하다, 언급을 자제하다

09 언론 [명]
[얼론]

media / 言论 / ngôn luận

언론은 사실을 왜곡하지 않고 객관적으로 전달해야 한다.
정부는 법으로 보장된 언론의 자유를 보장해야 합니다.

> • 언론사, 언론인
> • 언론을 통제하다, 언론을 탄압하다, 언론에 공개하다, 언론에 보도
>   되다

10 언젠가 [부]

① someday ② once / ① 总有一天 ② 曾经，有那么一次 / ① đến một lúc nào đó ② có lúc nào đấy

① 목표가 분명한 사람은 그 꿈을 언젠가 이루게 될 것이다.
② 잘 기억은 안 나지만 그 사람을 언젠가 만난 적이 있는 것 같아요.

> • 언젠가-어딘가-누군가-무언가

11 얼리다 [동]

얼리고, 얼려서,
얼리면, 얼립니다

freeze / 冻，冻上 / đông cứng

어머니는 바로 먹지 않는 식재료를 얼려서 보관해 두셨다.
등산 갈 때 물을 얼려서 가져가면 시원하게 마실 수 있어요.

> 반 녹이다
> • '얼다'의 사동사

12 엄격하다 [형]
[엄껴카다]

엄격하고, 엄격해서,
엄격하면, 엄격합니다

strict / 严格 / nghiêm ngặt, nghiêm khắc

고등학교 때 선생님은 엄격하기로 소문나신 분이었다.
경찰은 사고 지역을 엄격하게 통제하고 있습니다.

> 유 엄하다, 엄정하다, 철저하다
> 부 엄격히
> • 태도가 엄격하다, 규칙이 엄격하다, 관리가 엄격하다, 통제가 엄격
>   하다

281

13 엄숙하다 형
[엄수카다]

엄숙하고, 엄숙해서,
엄숙하면, 엄숙합니다

solemn / 严肃 / nghiêm túc, nghiêm nghị

모두가 지켜보는 가운데 장례식은 엄숙하게 진행되었다.
사람들의 표정이나 분위기가 너무 엄숙해서 아무 말도 못 했어요.

유 정숙하다
부 엄숙히
• 분위기가 엄숙하다, 표정이 엄숙하다, 행사가 엄숙하다

14 엄청나다 형

엄청나고, 엄청나서,
엄청나면, 엄청납니다

enormous / 相当，特别 / ghê gớm, khủng khiếp, nhiều, siêu

유명 가수의 공연에 엄청나게 많은 인파가 몰렸다.
건조한 날씨에 산불이 나면 엄청나게 많은 피해를 줄 수 있습니다.

유 굉장하다, 막대하다, 어마어마하다
• 규모가 엄청나다, 피해가 엄청나다, 비용이 엄청나다, 양이 엄청나다

15 업적 명
[업쩍]

achievement / 业绩 / thành tích, thành tựu, chiến công

역사적으로 위대한 업적을 남긴 사람을 위인이라고 한다.
회사에서는 매년 업적을 평가하여 인사에 반영해요.

유 공적
• 업적을 쌓다, 업적을 남기다, 업적을 평가하다, 업적을 이루다

16 엉뚱하다 형

엉뚱하고, 엉뚱해서,
엉뚱하면, 엉뚱합니다

① unexpected ② inappropriate / ① 愣头愣脑 ② 毫不相干 / ① lố lăng, bất thường ② không liên quan

① 그는 엉뚱한 면이 있어서 지루하지 않고 재미있다.
② 왜 사장님한테 야단맞고 엉뚱하게 저한테 화를 내요?

• 모습이 엉뚱하다, 성격이 엉뚱하다, 행동이 엉뚱하다, 생각이 엉뚱하다

17 엉망 명

mess / 杂乱，混杂，乱七八糟 / sự lộn xộn, sự bừa bãi

그는 계획한 대로 일이 풀리지 않자 머릿속이 엉망이 되었다.
마음이 급하니까 글씨도 엉망이네요.

유 엉망진창, 뒤죽박죽
• 엉망이 되다, 엉망으로 하다, 엉망으로 만들다, 엉망으로 취하다

18 엉터리 명

① nonsense ② mess / ① 荒唐 ② 蹩脚货 / ① xằng bậy, vớ vẩn, dở hơi ② đồ rẻ tiền

① 그는 엉터리 같은 거짓말로 우리를 속이려고 했다.
② 물건을 어찌나 엉터리로 만들었는지 구입한 지 하루 만에 망가졌어요.

유 거짓, 허위
• 엉터리로 하다, 엉터리로 만들다, 엉터리로 말하다

19 엎드리다 동
[업뜨리다]

엎드리고, 엎드려서,
엎드리면, 엎드립니다

lie face down / ① 趴下 ② 叩拜 / ① nằm sấp ② cúi xuống

① 아이가 방바닥에 **엎드려서** 책을 읽고 있었다.
② 친구가 도서관에서 공부는 안 하고 책상 위에 **엎드려** 있네요.

- N1이/가 N2에 엎드리다
- 속담 엎드려 절 받기

20 여간 부

normally / （用于否定句）通常，一般 / bình thường

나이가 들어서 공부한다는 것은 **여간** 어려운 일이 아니다.
외국 사람인데 한국어를 **여간** 잘하지 않아요.

- 여간 + 부정적인 표현(아니다, 않다 등)

21 여건 명
[여껀]

condition / 条件 / điều kiện, hoàn cảnh

그는 어려운 **여건** 속에서도 당당히 시험에 합격했다.
저는 경제적 **여건**만 허락된다면 바로 유학을 갈 생각이에요.

- 여건이 좋다, 여건이 나쁘다, 여건을 갖추다, 여건을 마련하다

22 여부 명

whether or not / 与否，是否 / có hay không

사고 현장에서는 가족들의 생사 **여부**를 확인하는 사람들로 가득 찼다.
이 일의 사실 **여부**를 확인해서 알려 주세요.

- 사실 여부, 참석 여부, 생사 여부, 성공 여부, 합격 여부, 결혼 여부

23 여전히 부

still / 依旧，依然 / vẫn

두 사람은 결혼한 지 30년이 지났는데도 **여전히** 서로를 사랑한다.
여름이 다 지난 줄 알았는데 **여전히** 너무 덥네요.

- 유 변함없이, 아직

24 연간 명

annual / 年间 / hàng năm

이 회사는 **연간** 수백억 원의 소득을 올리는 탄탄한 기업이다.
소주의 **연간** 소비량이 작년에 비해서 10% 증가했습니다.

- 주간 – 월간 – 연간

25 **연관** 명

connection / 关联，相关 / mối liên quan

나는 대학 졸업 후 전공과 아무 연관이 없는 분야에 취직했다.
이번 달에 연속해서 발생한 두 사건은 연관이 깊은 것 같아요.

> 윤 관련
> • 연관이 있다, 연관이 없다, 연관이 되다, 연관이 깊다

26 **연봉** 명

annual salary / 年俸，年薪 / lương

그는 운동선수 중에서 최고 연봉을 받는 것으로 유명하다.
제가 다니는 회사는 다른 회사에 비해서 연봉이 높은 편이에요.

> • 시급–일당–주급–월급–연봉
> • 연봉이 높다, 연봉이 많다, 연봉을 주다, 연봉을 받다, 연봉을 올리다

27 **연설** 명

speech / 演说，演讲 / diễn thuyết, phát biểu

사람들은 그의 연설에 감동을 받고 모두 일어나서 박수를 쳤다.
사람들은 대통령 후보자의 연설을 듣기 위해 광장에 모였다.

> • 연설(을) 하다, 연설을 듣다, 연설이 끝나다

28 **연속** 명

consecutive / 连续，延续 / liên tục

원인을 알 수 없는 신기한 일들이 연속으로 발생하고 있다.
제 어린 시절은 고난과 배고픔의 연속이었어요.

> 윤 계속, 지속   반 단절
> • 연속적, 연속극
> • 연속으로 + V, 연속해서 + V
> • 연속으로 우승하다, 연속해서 우승하다

29 **연체** 명

overdue / 延误，拖延 / quá hạn

세금을 정해진 기간에 납부하지 못하면 연체가 되어 연체료가 발생한다.
도서관에서 빌린 책이 연체가 돼서 빨리 반납해야 돼요.

> • 연체료, 연체율
> • 연체(를) 하다, 연체(가) 되다

30 **연출** 명

production / 导演，演绎 / sự đạo diễn, sự thực hiện

감독이 연출을 어떻게 하느냐에 따라 작품이 달라진다.
그 사람은 지금까지 많은 작품의 연출을 맡아서 했어요.

> • 연출가, 연출자, 조연출
> • 연출(을) 하다, 연출(이) 되다, 연출을 맡다, 연출을 맡기다

오늘의 단어 한눈에 보기! 다 외운 단어는 ☑ 해 보세요.

☐ 열기 명	☐ 열정적 명	☐ 열중하다 동
☐ 엿보다 동	☐ 영업 명	☐ 영원하다 형
☐ 영향력 명	☐ 예감 명	☐ 예산 명
☐ 예외 명	☐ 오염 명	☐ 오직 부
☐ 오히려 부	☐ 온갖 관	☐ 완벽하다 형
☐ 완전 명	☐ 왠지 부	☐ 외치다 동
☐ 요구 명	☐ 요약 명	☐ 요인 명
☐ 요청 명	☐ 용감하다 형	☐ 용건 명
☐ 용도 명	☐ 용서 명	☐ 우기다 동
☐ 우려 명	☐ 우승 명	☐ 우아하다 형

✎ 외우지 못 한 단어는 다음날 한 번 더 학습합니다.

01 열기 명

① heat ② fever, excitement / ① 热气 ② 热潮 / ① nhiệt, hơi nóng, sốt ② sự sôi nổi, sự cuồng nhiệt

① 벽난로에 불을 피우자 거실이 **열기**로 조금씩 따뜻해졌다.
② 야구 관람석은 관객들의 뜨거운 **열기**로 가득 찼어요.

• 열기가 뜨겁다, 열기가 식다, 열기로 가득 차다, 열기를 더하다

02 열정적 명
[열쩡적]

passionate / 热情的 / say đắm, nhiệt huyết

팬들의 **열정적**인 응원 덕분에 결승에 진출하게 되었다.
그 가수는 무대 위에서 매우 **열정적**으로 노래를 불렀어요.

유 열성적

03 열중하다 동
[열쭝하다]

열중하고, 열중해서,
열중하면, 열중합니다

be absorbed in / 热衷 / miệt mài, say mê, chăm chú

그는 일에 **열중**한 나머지 배고픔도 못 느꼈다.
저는 어떤 일에 **열중**하면 다른 것에 신경을 잘 못 써요.

유 몰두하다, 몰입하다, 집중하다
• N1이/가 N2에 열중하다

04 엿보다 동
[엳뽀다]

엿보고, 엿봐서,
엿보면, 엿봅니다

① peek ② guess / ① 偷窥，打探 ② 揣测，揣摩 / ① nhìn lén, nhìn trộm ② đoán biết

① 학생들이 무엇을 하고 있는지 보려고 창문으로 교실 안을 **엿보**았다.
② 고전 소설을 통해서 그 시대의 생활 습관을 **엿볼** 수 있어요.

• 생각을 엿보다, 기회를 엿보다, 생활을 엿보다

05 영업 명

business / 营业 / kinh doanh, bán hàng

그는 자동차 회사의 **영업** 사원으로 취직했다.
우리 가게는 다음 주부터 **영업**을 시작할 거예요.

• 영업(을) 하다, 영업이 되다, 영업을 시작하다, 영업이 정지되다

06 영원하다 형

영원하고, 영원해서,
영원하면, 영원합니다

eternal / 永远 / mãi mãi

두 사람은 결혼식을 올리며 **영원**한 사랑을 약속했다.
삶은 **영원**할 수 없지만 추억과 기억은 **영원**할 거예요.

유 무한하다, 끝없다
부 영원히

07 영향력 명
[영향녁]

influence / 影响力 / sự ảnh hưởng

언론이 국민들에게 미치는 영향력은 매우 크다.
그는 회사 내에서 상당한 영향력을 지닌 사람이에요.

- 영향력이 있다, 영향력이 크다, 영향력을 지니다, 영향력을 발휘하다

08 예감 명

premonition / 预感 / điềm báo, dự cảm

왠지 불길한 예감이 들어서 오늘은 밖에 나가지 않기로 했다.
좋은 예감이 드는 걸 보니 경기에서 이길 것 같아요.

- 예감(을) 하다, 예감이 좋다, 예감이 들다, 예감을 받다

09 예산 명

budget / 预算 / ngân sách

정부는 기후와 환경 관련 예산을 확충했다.
예산을 낭비하지 않으려면 꼭 필요한 곳에 돈을 써야 해요.

반 결산

- 예산을 짜다, 예산을 마련하다, 예산에 맞추다, 예산을 절감하다, 예산을 확충하다

10 예외 명

exception / 例外 / ngoại lệ

모든 일에는 예외가 있는 법이다.
모든 사람이 검사를 받는데 너만 예외로 안 받을 수는 없어.

- 예외적
- 예외가 있다, 예외가 되다, 예외를 시키다, 예외로 처리하다

11 오염 명

pollution / 污染 / sự ô nhiễm

지구 온난화는 환경 오염으로 인해 나타난 결과이다.
매연, 배기가스, 미세 먼지 때문에 대기 오염이 갈수록 심해지고 있어요.

- 대기 오염, 수질 오염, 토양 오염, 오염 물질
- 오염(이) 되다, 오염(을) 시키다, 오염이 심하다, 오염을 방지하다

12 오직 부

only / 唯, 仅, 只 / chỉ một, chỉ mỗi

그 교수님은 오랫동안 오직 한국사만 연구해 오셨다.
내가 믿을 수 있는 사람은 오직 너뿐이야.

유 오로지
- 오직 N만 + V/A, 오직 N뿐이다

13 오히려 [부]

rather / 却, 反而 / ngược lại, trái lại

아이가 너무 깨끗한 환경에서 자라면 오히려 면역력이 떨어질 수도 있다.
병원에서 오랫동안 치료 중인데 오히려 악화되고 있는 것 같아요.

> 유 도리어, 반대로

14 온갖 [관]
[온갇]

all kinds of / 种种, 各种 / tất cả các loại, bất cứ thứ gì

그 아이는 온갖 시련과 어려움을 겪으면서 더욱 강해졌다.
저는 이곳에 적응하려고 온갖 노력을 기울이고 있어요.

> 유 모든

15 완벽하다 [형]
[완벼카다]

완벽하고, 완벽해서,
완벽하면, 완벽합니다

perfect / 完美 / hoàn hảo

그는 일 처리가 매우 꼼꼼하고 완벽해서 믿을 만하다.
저 사람처럼 완벽한 외모를 가진다면 과연 행복할까요?

> 유 완전무결하다, 빈틈없다   반 허술하다
> • 성격이 완벽하다, 준비가 완벽하다, 계획이 완벽하다, 논리가 완벽
>   하다

16 완전 [명]

complete / 完全 / hoàn toàn

금융 시장의 완전 개방은 국내 시장에도 큰 변화를 가져올 것이다.
자동차 산업이 빠르게 발전하면서 완전 국산화가 가능해졌어요.

> 반 불완전
> • 완전히
> • 완전하다

17 왠지 [부]

somehow / 不知怎的 / không hiểu sao

오랜 기간 여행을 하고 집에 돌아오니 왠지 낯설었다.
오늘은 왠지 예감이 안 좋으니 매사에 조심하세요.

> 유 어쩐지

18 외치다 [동]

외치고, 외쳐서,
외치면, 외칩니다

shout / 高喊, 大喊 / gào thét, kêu ca

산에서 "야호!" 하고 외치면 동물들이 놀랄 수 있으니 주의해야 한다.
"도와주세요!"라고 큰 소리로 외쳤지만 아무도 도와주지 않았어요.

> 유 소리치다
> • 만세를 외치다, 구호를 외치다, 민주주의를 외치다, 개혁을 외치다
> • V-ㄴ/는다고 외치다, A-다고 외치다

19 요구 ^명

demand / 要求，请求 / lời yêu cầu

피해자들의 요구는 사고의 원인을 완벽하고 철저하게 조사하는 것이다.
연봉을 올려 달라는 직원들의 요구를 받아들일 수 없습니다.

> ㈜ 요청
> • 요구(를) 하다, 요구(가) 되다, 요구를 들어주다, 요구를 거절하다

20 요약 ^명

summary / 简要，摘要 / tóm tắt, tóm lược

발표를 위해 논문의 중심 내용을 간단하게 요약을 해서 정리했다.
이 책은 우리에게 필요한 내용으로 잘 요약이 되어 있어요.

> • 요약(을) 하다, 요약(이) 되다
> • 내용을 요약하다, 줄거리를 요약하다, 간단하게 요약하다

21 요인 ^명

factor / 原因，因素 / yếu tố, lý do chính

그의 성공 요인은 꾸준히 노력하는 근면함과 성실함이다.
올해 농업 생산량이 줄어든 요인으로 날씨의 영향을 꼽을 수 있습니다.

> • 요인이 되다, 요인을 분석하다, 요인을 파악하다

22 요청 ^명

request / 要求，请求 / lời yêu cầu, đề nghị

시상식에서 상을 받자 기자들의 인터뷰 요청이 물밀듯이 들어왔다.
방금 전에 119에 구조 요청을 했으니까 조금만 기다려 주세요.

> ㈜ 요구
> • 요청(을) 하다, 요청(이) 되다, 요청을 받다, 요청을 들어주다
> • 협력을 요청하다, 지원을 요청하다, 구조를 요청하다

23 용감하다 ^형

용감하고, 용감해서,
용감하면, 용감합니다

brave / 勇敢 / can đảm, dũng cảm

용감한 경찰은 위험한 상황에서도 망설이지 않고 시민을 구했다.
오랫동안 짝사랑하던 사람에게 용감하게 고백을 하려고 합니다.

> ㈜ 씩씩하다, 용맹하다   ㈝ 비겁하다, 비굴하다

24 용건 ^명

[용껀]

business / 要办的事情 / việc, chuyện

친구에게 부탁을 하려고 갔는데 용건은 꺼내지도 못하고 수다만 떨고 왔다.
시간이 별로 없으니까 짧게 용건만 말해 줘요.

> ㈜ 볼일, 용무
> • 용건이 있다, 용건이 급하다, 용건을 말하다, 용건을 밝히다

25 용도 명

use / 用途 / cách sử dụng

같은 땅이라도 용도에 따라 가격의 차이가 심하다.
처음 보는 이 물건을 어떤 용도로 쓰는지 잘 모르겠어요.

> 유 쓰임새
> • 용도가 있다, 용도가 다양하다, 용도로 사용하다, 용도에 맞다

26 용서 명

forgiveness / 饶恕，宽恕 / sự tha thứ

부모님께 사실대로 말씀드리고 용서를 빌었다.
앞으로 한 번이라도 거짓말을 하면 절대로 용서를 안 할 거예요.

> • 용서(를) 하다, 용서(가) 되다, 용서를 빌다, 용서를 구하다, 용서를 받다

27 우기다 동

우기고, 우겨서,
우기면, 우깁니다

insist / 死犟，固执 / khăng khăng, nhất quyết

나는 가족들의 말을 듣지 않고 내 의견을 끝까지 우겼다.
그는 끝까지 모른다고 우겼지만 아무도 그 사람의 말을 안 믿었어요.

> 유 고집하다
> • N을/를 우기다, V-ㄴ/는다고 우기다, A-다고 우기다
> • 의견을 우기다, 맞다고 우기다

28 우려 명

concern / 忧虑，担忧 / bận tâm, lo nghĩ

인터넷 게임으로 인해 유사한 범죄가 생길까 봐 매우 우려가 된다.
유리 제품은 깨질 우려가 있으니 조심해서 다뤄 주세요.

> 유 걱정, 염려
> • 우려(를) 하다, 우려(가) 되다, 우려가 있다, 우려가 크다, 우려를 낳다

29 우승 명

victory / 冠军，第一名 / vô địch, chiến thắng

결승에는 올랐지만 1점 차이로 우승을 놓쳤다.
우리 팀은 이번 대회에서 우승이 목표예요.

> • 우승(을) 하다, 우승을 거두다, 우승을 차지하다

30 우아하다 형

우아하고, 우아해서,
우아하면, 우아합니다

elegant / 优雅 / thanh lịch, khoan thai, tao nhã

나는 무대에서 발레리나들이 우아하게 춤추는 것을 감상했다.
중년이 된 그녀의 모습은 우아하고 아름다웠어요.

> 유 고상하다
> • 모습이 우아하다, 말투가 우아하다, 분위기가 우아하다

오늘의 단어 한눈에 보기! 다 외운 단어는 ☑ 해 보세요.

☐ 우연 명   ☐ 운영하다 동   ☐ 운행 명

☐ 웃기다 동   ☐ 워낙 부   ☐ 원리 명

☐ 원만하다 형   ☐ 원칙 명   ☐ 웬 관

☐ 웬만하다 형   ☐ 위기 명   ☐ 위대하다 형

☐ 위로 명   ☐ 위반 명   ☐ 위협 명

☐ 유난히 부   ☐ 유능하다 형   ☐ 유리하다 형

☐ 유산 명   ☐ 유지하다 동   ☐ 유창하다 형

☐ 유치하다 형   ☐ 유쾌하다 형   ☐ 유형 명

☐ 유혹 명   ☐ 은혜 명   ☐ 의도 명

☐ 의무 명   ☐ 의사 명   ☐ 의식 명

✎ 외우지 못 한 단어는 다음날 한 번 더 학습합니다.

01 우연 [명]

coincidence / 偶然 / tình cờ, ngẫu nhiên

그 사람을 다시 만난 건 그냥 우연의 일치였을 뿐이다.
한꺼번에 건물과 다리가 무너지다니 이건 우연으로 볼 수 없어요.

> (반) 필연
> • 우연하다, 우연스럽다

02 운영하다 [동]
[우녕하다]

운영하고, 운영해서,
운영하면, 운영합니다

operate / 经营，运营 / vận hành, mở cửa (kinh doanh)

우리 회사는 여러 명이 공동으로 투자하여 운영한다.
어머니께서는 작은 가게를 운영하고 계세요.

> (유) 경영하다, 관리하다
> • 기업을 운영하다, 회사를 운영하다, 식당을 운영하다, 단체를 운영하다

03 운행 [명]

operation / 运行 / vận hành, dịch chuyển

갑작스러운 사고로 지하철 운행이 잠시 중단되었다.
시민들의 편의를 위해 버스 운행 시간을 늘릴 예정입니다.

> • 운행(을) 하다, 운행(이) 되다, 운행이 중단되다, 운행을 통제하다

04 웃기다 [동]
[욷끼다]

웃기고, 웃겨서,
웃기면, 웃깁니다

make laugh / 逗笑，可笑 / buồn cười

내 친구는 재미있는 농담을 많이 해서 주위 사람들을 잘 웃긴다.
그는 나를 울리기도 하고 웃기기도 해요.

> (반) 울리다
> • '웃다'의 사동사
> • N1이/가 N2을/를 웃기다

05 워낙 [부]

① very, so ② basically / ① 十分，非常 ② 本来 / ① rất ② vốn dĩ, căn bản

① 그는 요즘 워낙 바빠서 만날 시간이 없다. (유) 아주, 매우
② 그 사람은 어렸을 때부터 워낙 말이 없었어요. (유) 본래, 원래

06 원리 [명]
[월리]

principle / 原理 / nguyên lý, nguyên tắc

비행기가 나는 것은 어떤 원리인가요?
무조건 외우는 것보다 먼저 원리를 파악하면 더 쉬워요.

> (유) 원칙
> • 원리가 있다, 원리를 발견하다, 원리를 파악하다, 원리를 이해하다

07 원만하다 [형]

원만하고, 원만해서,
원만하면, 원만합니다

amicable / ① 随和 ② 融洽 / ① dễ chịu ② thân thiết, thân tình

① 그는 성격이 **원만해서** 인간관계도 좋고 주위 친구도 많다.
② 부부 생활을 **원만하게** 유지하기 위해서 서로 노력해야 돼요.

> (유) 둥글둥글하다　　　　　(반) 모나다
> • 성격이 원만하다, 관계가 원만하다

08 원칙 [명]

principle / 原则 / luật lệ, nguyên tắc

개인의 신상과 정보는 일반적으로 공개하지 않는 것이 **원칙**이다.
단체 생활에서는 **원칙**에서 벗어나는 행동을 하면 안 돼요.

> (유) 법칙, 규칙
> • 원칙적, 원칙주의, 육하원칙
> • 원칙이 있다, 원칙을 세우다, 원칙을 따르다, 원칙에 어긋나다

09 웬 [관]

what, which / ① 什么 ② 某 / ① sao như vậy ② gì, nào

① 조금 있으면 곧 봄인데 **웬** 눈이 이렇게 많이 내리는지 모르겠다.
② 회사에서 근무 중인데 **웬** 남자가 찾아왔어요.

> • 웬일

10 웬만하다 [형]

웬만하고, 웬만해서,
웬만하면, 웬만합니다

tolerable, passable / 差不多 / chấp nhận được, vừa phải

이제 그 아이는 **웬만한** 일은 혼자서도 잘 해낸다.
여긴 공공장소니까 화가 나더라도 **웬만하면** 참아요.

> (유) 어지간하다

11 위기 [명]

crisis / 危机 / nguy cơ, khủng hoảng

위기에 빠진 지구를 구하는 일은 환경을 보호하는 것뿐이다.
우리 회사는 투자자들의 도움으로 간신히 **위기**를 넘겼어요.

> • 위기를 극복하다, 위기를 넘기다, 위기에 빠지다, 위기에 처하다

12 위대하다 [형]

위대하고, 위대해서,
위대하면, 위대합니다

great / 伟大 / tuyệt, vĩ đại

화폐에는 보통 그 나라의 **위대한** 인물이 그려져 있다.
자식을 향한 어머니의 사랑만큼 **위대한** 것도 없어요.

> (유) 훌륭하다, 뛰어나다
> • 업적이 위대하다, 힘이 위대하다, 인물이 위대하다

13 위로 명

consolation / 慰劳，慰问 / sự an ủi

상대방의 사소한 말들이 상처가 되기도 하고 **위로**가 되기도 한다.
이런 일을 당하다니 뭐라고 **위로**의 말씀을 드려야 할지 모르겠습니다.

> 윤 위안
> • 위로(를) 하다, 위로(가) 되다, 위로를 받다

14 위반 명

violation / 违反，违背 / sự vi phạm

그는 선거법 **위반**으로 경찰에 구속되었다.
주차 **위반**으로 벌금이 3만 원이나 나왔어요.

> • 위반(을) 하다, 위반(이) 되다
> • 법을 위반하다, 신호를 위반하다, 속도를 위반하다

15 위협 명

threat / 威胁 / mối đe dọa

생명의 **위협**에도 불구하고 그는 뜻을 굽히지 않았다.
그 사람은 나를 죽이겠다고 **위협**을 했어요.

> • 위협적, 위협감
> • 위협(을) 하다, 위협(이) 되다, 위협을 받다, 위협을 당하다, 위협을 느끼다

16 유난히 부

particularly / 特別，异常 / đặc biệt, bất thường

올해는 **유난히** 사건과 사고가 많이 발생한 한 해였다.
겨울이라 추운 건 당연한데 오늘은 **유난히** 더 추운 것 같아요.

> 형 유난하다, 유난스럽다

17 유능하다 형

유능하고, 유능해서,
유능하면, 유능합니다

competent / 能干，得力 / có năng lực, khả năng

학교에서는 장학 제도를 통해 **유능한** 인재에게 더 많은 기회를 제공한다.
그 사람은 지도자로서 매우 성실하고 **유능해요.**

> 반 무능하다

18 유리하다 형

유리하고, 유리해서,
유리하면, 유리합니다

advantageous / 有利 / có lợi

이번 계약은 우리에게 **유리한** 조건이므로 반드시 성사시켜야 한다.
고온 다습한 아시아의 기후는 벼농사에 **유리해요.**

> 반 불리하다
> • N1이/가 N2에/에게 유리하다

19 유산 명

inheritance / 遗产 / di sản

부모님은 자식들에게 유산을 물려주지 않기로 했다.
우리나라의 곳곳에는 조상들의 귀중한 **유산**이 아직도 많이 남아 있어요.

- 문화유산
- 유산을 남기다, 유산을 물려주다, 유산을 받다, 유산을 물려받다

20 유지하다 동

유지하고, 유지해서,
유지하면, 유지합니다

maintain / 维持，维护 / duy trì

실내에서는 적정 온도와 습도를 **유지하**는 것이 중요하다.
건강을 **유지하**려면 영양을 골고루 섭취해야 돼요.

- 질서를 유지하다, 관계를 유지하다, 평화를 유지하다

21 유창하다 형

유창하고, 유창해서,
유창하면, 유창합니다

fluent / 流畅，流利 / trôi chảy (lời nói)

유창한 말솜씨로 자신의 의견을 말하는 그의 모습이 멋졌다.
요즘에는 한국어를 **유창하**게 구사하는 외국인들이 많아졌어요.

- 유 막힘없다, 거침없다
- 외국어가 유창하다, 말솜씨가 유창하다, 언변이 유창하다

22 유치하다 형

유치하고, 유치해서,
유치하면, 유치합니다

childish / 幼稚 / trẻ con, ấu trĩ

사람들의 시선을 끌기 위한 그의 행동은 **유치하**기 짝이 없었다.
아이처럼 너무 **유치하**게 행동하지 마세요.

- 반 성숙하다
- 생각이 유치하다, 행동이 유치하다, 장난이 유치하다, 내용이 유치하다

23 유쾌하다 형

유쾌하고, 유쾌해서,
유쾌하면, 유쾌합니다

pleasant / 愉快，开心 / phấn khởi, thích thú, vui vẻ

동창회에서 친구들과 웃고 떠들면서 **유쾌하**게 보냈다.
행복하고 **유쾌**한 여행이 되시기 바랍니다.

- 반 불쾌하다
- 기분이 유쾌하다, 웃음이 유쾌하다, 모임이 유쾌하다

24 유형 명

type / 类型 / loại hình

드라마 속 인물은 몇 가지 유형으로 분류할 수 있다.
학생들은 시험에 많이 나왔던 문제 **유형** 위주로 공부하고 있어요.

- 유 종류
- 유형으로 나누다, 유형으로 분류하다, 유형으로 구분하다

25 유혹 명

temptation / 诱惑 / sự cám dỗ

돈과 권력의 유혹에 빠져서 양심을 버리는 사람이 많다.
그 사람은 그녀의 유혹에 넘어가지 않으려고 애를 썼어요.

• 유혹(을) 하다, 유혹(이) 되다, 유혹에 빠지다, 유혹에 넘어가다, 유혹을 뿌리치다

26 은혜 명

grace / 恩惠 / ân huệ

부모님의 은혜는 죽을 때까지 갚아도 못 갚을 만큼 넓고 깊다.
선생님의 은혜는 결코 잊지 못할 거예요.

• 은혜를 입다, 은혜를 갚다, 은혜에 보답하다, 은혜를 베풀다
속담 은혜를 원수로 갚다

27 의도 명

intention / 意图 / ý đồ, ý định

글의 제목에는 글을 쓴 사람의 의도가 잘 나타나 있다.
일이 의도대로 되지 않아도 포기하지 맙시다.

유 생각, 계획, 의향, 의지
• 의도적
• 의도(를) 하다, 의도가 있다, 의도가 좋다, 의도를 파악하다

28 의무 명

duty / 义务 / nhiệm vụ, nghĩa vụ

대한민국 남자는 군대에 가야 할 의무가 있다.
이 일을 국민에게 알리는 것은 기자로서의 제 의무입니다.

유 책임　　　　　　　　　　반 권리
• 의무적, 의무감
• 의무가 있다, 의무를 지다, 의무를 다하다, 의무를 이행하다

29 의사 명

intention / 意向，意志 / ý, ý nghĩ, ý định

이 모든 것은 부모님의 의사와 상관없이 내 의사에 따른 것이다.
저는 가지 않겠다는 의사를 분명하게 밝혔어요.

유 생각, 의향, 의지
• 의사소통
• 의사가 있다, 의사를 밝히다, 의사를 전달하다, 의사를 결정하다

30 의식 명

① consciousness ② view, ideology / 意识 / ① sự ý thức ② quan điểm, tư tưởng

① 화재 사고에서 연기를 마신 많은 사람들이 의식을 잃고 쓰러졌다.
② 그 사람은 올바른 의식을 갖고 있는 사람이에요.

유 정신, 인지, 자각　　　　　반 무의식
• 의식(을) 하다, 의식(이) 되다, 의식이 있다, 의식을 잃다, 의식이 돌아오다, 의식이 뚜렷하다

오늘의 단어 한눈에 보기! 다 외운 단어는 ☑해 보세요.

□ 의심 [명]　　□ 의외 [명]　　□ 의욕 [명]

□ 의존하다 [동]　　□ 의지¹ [명]　　□ 의지² [명]

□ 이기적 [명]　　□ 이내 [명]　　□ 이념 [명]

□ 이론 [명]　　□ 이롭다 [형]　　□ 이르다 [동]

□ 이민 [명]　　□ 이별 [명]　　□ 이상적 [명]

□ 이성² [명]　　□ 이왕 [부]　　□ 이익 [명]

□ 익다 [형]　　□ 익히다² [동]　　□ 인간성 [명]

□ 인격 [명]　　□ 인력 [명]　　□ 인상² [명]

□ 인식 [명]　　□ 인연 [명]　　□ 인재 [명]

□ 인정 [명]　　□ 인하 [명]　　□ 일교차 [명]

✎ 외우지 못 한 단어는 다음날 한 번 더 학습합니다.

01 의심 명

doubt / 疑心, 怀疑 / nghi ngờ

다른 사람에게 의심을 살 만한 행동은 하지 않는 게 좋다.
그 사람은 남한테 많이 속았는지 의심이 많아요.

반 믿음, 신뢰
- 의심스럽다, 의심(이) 되다, 의심이 많다, 의심이 생기다, 의심을 사다, 의심을 받다, 의심이 풀리다

02 의외 명

unexpected / 意外 / không ngờ tới, ngoài sức tưởng tượng

우리 가족은 예상하지 못한 의외의 결과에 모두 깜짝 놀랐다.
아버지께서 화내실 줄 알았는데 아무 말씀도 안 하셔서 의외였어요.

유 뜻밖
- 의외의 + N, 의외로 + V
- 의외의 결과, 의외로 잘하다

03 의욕 명

enthusiasm / 意欲 / sự đam mê, hoài bão, khao khát

광고는 소비자들의 구매 의욕을 불러일으킨다.
제 친구는 모든 일에 의욕이 넘쳐서 가끔은 부담스러울 때가 있어요.

유 의지
- 의욕적
- 의욕이 있다, 의욕이 없다, 의욕이 넘치다, 의욕을 잃다, 의욕이 떨어지다

04 의존하다 동

depend / 依赖, 依存 / phụ thuộc

우리나라는 많은 농산물을 수입에 의존하고 있다.
성인이 돼서도 여전히 부모에게 의존하는 사람이 많아요.

의존하고, 의존해서,
의존하면, 의존합니다

유 의지하다, 기대다

05 의지¹ 명

① reliance ② support / ① 依靠 ② 依托 / ① cái tựa ② sự dựa dẫm

① 조난을 당한 그들은 서로 체온에 의지를 해서 간신히 버텼다. 유 의존
② 이럴 때 제 옆에 가족이 있다는 것이 정말 의지가 돼요.

- 의지(를) 하다, 의지가 되다
- N에/에게 의지하다
- 종교에 의지하다, 친구에게 의지하다

06 의지² 명

willpower / 意志 / ý chí

자신의 의지만으로 담배를 끊는 것은 쉽지 않은 일이다. 유 결심
저는 의지가 강한 편이라 아무리 힘들어도 쉽게 포기하지 않아요.

- 의지가 있다, 의지가 없다, 의지가 강하다, 의지를 보이다

07 이기적 [명]

selfish / 利己的 / ích kỷ

인간은 본래 자기 자신의 이익만 생각하는 **이기적**인 존재이다.
요즘에는 **이기적**으로 행동하는 아이가 많아요.

> (반) 이타적

08 이내 [명]

within / 以内 / trong vòng, trong phạm vi

우리 아이의 성적은 상위 10% **이내**에 든다.
다음 주제에 대해서 자신의 생각을 800자 **이내**로 쓰십시오.

> • N(수량 명사) 이내
> • 한 시간 이내, 열 명 이내

09 이념 [명]

ideology / 理念 / hệ tư tưởng

각각 다른 **이념**을 가지고 있는 국가도 이익을 위해서라면 협력한다.
민주주의의 가장 기본이 되는 **이념**은 인간 존중입니다.

> (유) 생각, 사상
> • 이념적
> • 이념을 가지다, 이념을 확립하다, 이념에 부합하다

10 이론 [명]

theory / 理论 / lý thuyết, lý luận

그는 자신의 **이론**을 증명하기 위해 논거를 제시했다.
먼저 **이론**을 배우고 나서 실기 수업을 할 거예요.

> (반) 실기, 실천
> • 이론적
> • 이론을 익히다, 이론을 제기하다, 이론을 세우다, 이론을 전개하다

11 이롭다 [형]
[이롭따]

이롭고, 이로워서,
이로우면, 이롭습니다

beneficial / 有利，有益 / có lợi, tốt cho

남에게 **이로우면** 나에게도 **이롭고** 남에게 해로우면 나에게도 해롭다.
담배는 몸에 **이로울** 것이 없으니 끊는 게 좋겠어요.

> (유) 유익하다　　　　　　　(반) 해롭다, 무익하다
> • N1이/가 N2에/에게 이롭다
> • 웃음이 건강에 이롭다, 웃음이 우리에게 이롭다

12 이르다 [동]

이르고, 이르러서,
이르면, 이릅니다

arrive, reach / ① 抵达，到 ② 达到 / ① đến nơi ② đạt tới, đạt đến

① 나는 약속 장소에 **이르러서** 지갑을 안 가져온 것을 알았다.
② 우리는 오랜 토론 끝에 이상적이고 합리적인 결론에 **이르렀습니다**

> (유) 달하다, 다다르다
> • N1이/가 N2에 이르다
> • 목적지에 이르다, 절정에 이르다, 단계에 이르다

13 이민 명

immigration / 移民 / di trú, di dân

그는 어릴 적에 **이민**을 가서 영어를 유창하게 구사할 줄 안다.
이민을 떠나는 친구를 위해 환송회를 하기로 했어요.

> • 이민자, 이민국
> • 이민(을) 하다, 이민을 가다, 이민을 오다, 이민을 떠나다

14 이별 명

farewell / 离别，告别 / ly biệt

이 노래는 사랑하는 사람과의 **이별**을 아쉬워하면서 만든 노래이다.
정들자 **이별**이라더니 이제 마음을 좀 열었는데 헤어지게 되었네요.

> 유 작별, 결별, 헤어짐　　　　반 상봉, 만남
> • 이별(을) 하다, 이별을 전하다, 이별을 통보하다, 이별을 선언하다
> 관용구 정들자 이별이다

15 이상적 명

ideal / 理想的 / lý tưởng

우리는 **이상적**인 방법을 찾기 위해 오랫동안 논의를 했다.
그 사람은 제가 생각하는 가장 **이상적**인 남성상이에요.

> 반 현실적

16 이성² 명

reason / 理性 / lý trí

그는 아들이 사고로 죽었다는 소식을 듣고 **이성**을 잃었다.
저는 **이성**보다는 감성이 더 발달해서 감정을 숨기지 못해요.

> 반 감성
> • 이성적
> • 이성이 있다, 이성을 지니다, 이성을 잃다, 이성이 흔들리다

17 이왕 부

already / 既然 / đã vậy, đằng nào

이왕 이렇게 된 일 후회해 봤자 소용없다.
이왕 여기까지 왔는데 정상까지 가 봅시다.

> 유 기왕, 어차피

18 이익 명

profit / ① 利益 ② 利润 / ① lợi ích ② lợi nhuận

① 국가의 **이익**보다 기업의 **이익**을 앞세우는 것은 바람직하지 못하다.
② 우리 가게의 한 달 **이익**은 약 100만 원 정도밖에 안 돼요.

> 반 손실, 손해
> • 이익이 되다, 이익을 얻다, 이익을 주다, 이익을 내다, 이익을 보다,
> 　이익이 크다

19 익다 [형]
[익따]

익고, 익어서,
익으면, 익습니다

familiar / ① 熟练 ② 熟悉 / ① thành thục ② quen

① 일을 시작한 지 한 달이 지나니 일이 손에 익어서 속도가 빨라졌다.
② 귀에 익은 목소리가 들려서 쳐다보니 예전 남자 친구였어요.

> 유 익숙하다, 친숙하다　　　　　반 서투르다
> • N1이/가 N2에 익다
> • 낯이 익다, 일이 손에 익다
> 관용구 눈에 익다, 귀에 익다, 손에 익다

20 익히다² [동]
[이키다]

익히고, 익혀서,
익히면, 익힙니다

① cook ② ferment / ① 做熟 ② 腌好 / ① chín ② muối, ủ chín

① 감염병을 예방하려면 고기나 해산물은 반드시 익혀서 먹어야 한다.
② 김치를 며칠 동안 밖에 두고 익혀서 먹었어요.

> • '익다'의 사동사
> • 고기를 익히다, 과일을 익히다, 김치를 익히다

21 인간성 [명]
[인간썽]

① humanity ② character / ① 人性 ② 人品 / ① nhân tính ② phẩm chất

① 현대인들은 점점 인간성을 상실하고 있는 것 같다.
② 그 사람은 인간성이 정말 좋아서 믿을 만해요.

> 유 인성
> • 인간성이 좋다, 인간성이 나쁘다, 인간성을 상실하다, 인간성을 회복하다

22 인격 [명]
[인껵]

personality / 人格 / nhân cách

상대방의 인격을 존중해 줘야 내 인격도 존중받을 수 있다.
우리 사장님은 인격도 훌륭하시고 유능하신 분이에요.

> 유 인품, 품격
> • 인격이 좋다, 인격이 훌륭하다, 인격을 존중하다, 인격을 형성하다

23 인력 [명]
[일력]

manpower / 人力 / nhân lực

나라가 발전하기 위해서는 우수한 인력을 양성하는 데 힘을 써야 한다.
우리나라는 자원은 부족한 대신에 인력은 풍부한 편이에요.

> • 인력난
> • 인력이 있다, 인력이 부족하다, 인력을 양성하다, 인력을 동원하다

24 인상² [명]

increase / 提高，上涨 / tăng lên

전기와 가스 요금 등 공공요금 인상이 불가피하다.
계속되는 물가 인상으로 서민들은 더욱 살기가 힘들어졌어요.

> 반 인하
> • 인상(을) 하다, 인상(이) 되다, 인상(을) 시키다

25 인식 명

recognition / 认识，识别 / nhận thức

청소년들에게 역사에 대한 올바른 인식을 심어 줘야 한다.
사람들에게서 환경 보호에 대한 인식이 생기기 시작했어요.

- 인식(을) 하다, 인식(이) 되다, 인식이 생기다, 인식을 가지다

26 인연 명
[이년]

connection / 缘分 / định mệnh, nhân duyên

그는 몇 번의 실패 후 세상과의 인연을 끊고 산으로 들어갔다.
그 사람과 제가 인연이 있다면 언젠가는 마주치겠지요.

- 인연이 있다, 인연이 없다, 인연이 깊다, 인연을 맺다, 인연을 끊다

27 인재 명

talented person / 人才 / nhân tài

학교는 우수한 인재 양성을 목표로 한다.
회사에서는 창조적인 인재를 모집하고 있습니다.

- 인재를 기르다, 인재를 양성하다, 인재를 육성하다, 인재를 발굴하다

28 인정 명

acknowledgment / 承认，认定 / thừa nhận

그는 자신의 잘못에 대해서 인정을 하고 용서를 빌었다.
가수가 된 후 가족들에게 인정을 받기까지 10년이 걸렸어요.

- 반 부인
- 인정(을) 하다, 인정(이) 되다, 인정(을) 받다
- 잘못을 인정하다, 능력을 인정하다, 사실을 인정하다

29 인하 명

decrease / 降低，下降 / giảm xuống

석유 가격 인하로 자동차 판매량이 증가하였다.
무사고 운전자에게는 보험료 인하 혜택을 주고 있어요.

- 반 인상
- 인하(를) 하다, 인하(가) 되다
- 요금을 인하하다, 가격을 인하하다

30 일교차 명

daily temperature range / 日较差 / chênh lệch nhiệt độ trong ngày

요즘처럼 일교차가 클 때에는 가벼운 겉옷을 가지고 다니는 게 좋다.
10℃가 넘는 일교차 때문에 감기 환자가 많아졌어요.

- 일교차가 크다, 일교차가 심하다, 일교차가 뚜렷하다

오늘의 단어 한눈에 보기! 다 외운 단어는 ☑해 보세요.

☐ 일생 명   ☐ 일시불 명   ☐ 일쑤 명

☐ 일으키다 동   ☐ 일일이 부   ☐ 일치 명

☐ 일회용 명   ☐ 읽히다¹ 동   ☐ 읽히다² 동

☐ 임시 명   ☐ 입장 명   ☐ 입히다 동

☐ 잇따르다 동   ☐ 자극 명   ☐ 자라나다 동

☐ 자랑스럽다 형   ☐ 자막 명   ☐ 자본 명

☐ 자부심 명   ☐ 자세 명   ☐ 자신감 명

☐ 자연스럽다 형   ☐ 자연환경 명   ☐ 자원 명

☐ 자존심 명   ☐ 작동 명   ☐ 작용 명

☐ 작전 명   ☐ 잔뜩 부   ☐ 잔소리 명

✎ 외우지 못 한 단어는 다음날 한 번 더 학습합니다.

01 일생 명
[일쌩]

lifetime / 一生 / cả đời, suốt đời

어렸을 때 배우거나 경험한 것은 일생 동안 그 사람에게 영향을 미친다.
그 일은 내 일생을 바쳐서 해 볼 만한 일이라고 생각합니다.

유 인생, 한평생, 일평생, 평생

02 일시불 명
[일씨불]

lump-sum payment / 一次付清 / thanh toán một lần

나는 물건을 구매할 때 일시불로 결제하는 편이다.
고객님, 일시불로 구입하기가 부담스러우면 할부도 가능합니다.

• 일시불로 하다, 일시불로 지불하다, 일시불로 결제하다

03 일쑤 명

habitually / 总是，动不动就 / thường xuyên, thường hay

새벽 늦게까지 게임을 하면 아침에 늦잠을 자기 일쑤이다.
저는 어릴 때부터 성격이 급해서 물건을 잃어버리기 일쑤였어요.

• V-기(가) 일쑤이다

04 일으키다 동
[이르키다]

일으키고, 일으켜서,
일으키면, 일으킵니다

raise, cause / 扶起 / nâng lên

윗몸 일으키기는 상체를 일으키며 하는 운동으로 복근에 좋다.
길에 넘어진 할아버지를 일으켜 세워 드렸어요.

반 넘어뜨리다
• 전쟁을 일으키다, 변화를 일으키다, 집안을 일으키다, 사업을 일으키다, 오해를 일으키다

05 일일이 부
[일리리]

one by one / 逐个，挨个 / từng cái một

집 인테리어가 끝나고 수리가 잘 되었는지 일일이 확인했다.
이 제품은 직접 일일이 손으로 작업한 거예요.

유 하나하나, 낱낱이

06 일치 명

agreement / 一致 / nhất quán, hòa hợp

사람들의 생각은 모두 다르므로 전원이 의견 일치를 보기란 매우 어렵다.
정치인 중에서 말과 행동이 일치를 하는 사람이 별로 없어요.

반 불일치
• 일치(를) 하다, 일치(가) 되다, 일치를 보다

07 일회용 명

disposable / 一次性用品 / dùng một lần

환경 오염을 줄이려면 **일회용** 플라스틱 용기의 사용을 줄여야 한다.
저는 시력이 안 좋아서 **일회용** 렌즈를 끼고 있어요.

- 일회용품

08 읽히다¹ 동
[일키다]

읽히고, 읽혀서,
읽히면, 읽힙니다

be read / 被阅读 / được đọc

세계에서 사람들에게 가장 많이 **읽힌** 책은 성경이다.
이 책은 최근에 봤던 그림책 중에 제일 재밌게 **읽혔어요**.

- '읽다'의 피동사
- N1이/가 N2에게 읽히다

09 읽히다² 동
[일키다]

읽히고, 읽혀서,
읽히면, 읽힙니다

make read / 使读 / cho đọc, bắt đọc

엄마는 아이에게 책을 매일 한 장씩 소리 내서 **읽혔다**.
선생님은 아이들에게 책을 **읽히고** 잘 읽는지 일일이 확인하셨어요.

- '읽다'의 사동사
- N1이/가 N2에게 N3을/를 읽히다
- 선생님이 학생들에게 책을 읽히다

10 임시 명

temporary / 临时 / tạm thời

임시 공휴일이란 **임시**로 정해진 공휴일을 말한다.
이사 날짜가 맞지 않아서 이삿짐을 보관 창고에 **임시**로 맡겼어요.

- 반 정기
- 임시로 + V

11 입장 명
[입짱]

position, stance / 立场 / lập trường

정부는 이 내용에 대해 공식적인 **입장**을 밝히지 않고 있다.
그는 기자 회견을 통해 소문에 대한 **입장**을 밝혔습니다.

- 유 생각, 의견, 태도
- 입장을 밝히다, 입장을 표명하다, 입장을 고집하다

12 입히다 동
[이피다]

입히고, 입혀서,
입히면, 입힙니다

dress / 使穿，给穿 / mặc cho

어머니는 아이에게 옷을 **입히고** 신발을 신겼다.
날이 추워서 아이의 옷을 따뜻하게 **입히고** 이불을 꼭 덮어 주었어요.

- '입다'의 사동사
- N1이/가 N2에게 N3을/를 입히다

13 잇따르다 동
[읻따르다]

잇따르고, 잇따라서,
잇따르면, 잇따릅니다

① follow ② occur in succession / ① 跟着 ② 接连 / ① liên tiếp
② nối đuôi, liên hoàn (tai nạn)

① 선생님이 밖으로 나가자 학생들이 **잇따라** 쫓아 나왔다.
② 보이스 피싱 사건이 **잇따라** 일어나고 있으므로 주의가 필요합니다.

유 잇달다, 연달다, 연잇다
• 차량이 잇따르다, 사고가 잇따르다, 비난이 잇따르다

14 자극 명

stimulus, stimulation / 刺激 / kích thích, tác động

나는 이 영상을 보고 **자극**을 받아 고기를 끊고 채식을 하게 됐다.
열심히 사시는 아버지의 삶은 저에게 많은 **자극**이 되었어요.

• 자극적
• 자극(을) 하다, 자극(이) 되다, 자극을 받다, 자극을 주다

15 자라나다 동

자라나고, 자라나서,
자라나면, 자라납니다

grow / 长大 / lớn lên

아이가 한창 **자라나는** 성장기에는 잘 먹고 잘 자는 것이 중요하다.
텃밭에서 키우는 방울토마토가 잘 **자라나서** 신기해요.

유 자라다, 성장하다
• N이/가 자라나다

16 자랑스럽다 형
[자랑스럽따]

자랑스럽고, 자랑스러워서,
자랑스러우면, 자랑스럽습니다

proud / 骄傲，自豪 / tự hào

비록 메달은 따지 못했지만 최선을 다한 선수들이 **자랑스럽다**.
저는 부모님에게 부끄럽지 않은 **자랑스러운** 아들이 되고 싶어요.

동 자랑하다

17 자막 명

subtitle / 字幕 / phụ đề

나는 영화를 볼 때 더빙한 것보다 **자막**이 있는 것을 선호한다.
외국어 영상을 볼 때 **자막** 없이 보면 외국어 공부하는 데 도움이 돼요.

• 자막이 있다, 자막을 보다, 자막을 읽다

18 자본 명

capital / 资本 / tư bản

청년층이 큰 **자본**을 가지고 사업을 시작하는 것은 현실적으로 어렵다.
사업을 하려면 **자본**이 필요해서 투자자를 모으고 있어요.

유 자금, 자본금
• 자본이 있다, 자본을 마련하다, 자본이 부족하다

19 자부심 명

pride / 自信心，自豪感 / kiêu hãnh, tính tự phụ

자부심이란 자신의 가치나 능력을 믿고 당당히 여기는 마음을 말한다.
그 사람은 자기의 직업에 대해 강한 **자부심**을 가지고 있어요.

- 자부심이 강하다, 자부심이 넘치다, 자부심을 가지다, 자부심을 느
  끼다

20 자세 명

① posture ② attitude / ① 姿势，姿态 ② 姿态 / ① tư thế ② thái độ

① 요가는 **자세**를 바르게 교정하여 몸을 균형 있게 만들어 준다.
② 자녀를 대하는 부모의 **자세**가 아이의 성장에 많은 영향을 줍니다.

- 유 태도
- 자세가 바르다, 자세를 가다듬다, 자세를 취하다

21 자신감 명

confidence / 自信心 / sự tự tin

언제나 **자신감**이 넘치며 당당한 그녀의 모습을 배우고 싶다.
오늘 강의에서는 **자신감**을 키우는 방법에 대해 알아보겠습니다.

- 자신감이 있다, 자신감이 없다, 자신감이 넘치다, 자신감을 가지다,
  자신감을 잃다

22 자연스럽다 형
[자연스럽따]

자연스럽고, 자연스러워서,
자연스러우면, 자연스럽습니다

natural / 自然 / tự nhiên

그 배우의 연기가 어찌나 **자연스러운지** 영화를 보는 내내 감탄했다.
쌍꺼풀 수술을 했는데 시간이 지나니까 티도 안 나고 **자연스럽네요**.

- 반 부자연스럽다, 어색하다
- 행동이 자연스럽다, 말투가 자연스럽다, 분위기가 자연스럽다

23 자연환경 명

natural environment / 自然环境 / môi trường tự nhiên

후손에게 물려줘야 할 아름다운 **자연환경**을 보호하고 보존해야 한다.
자연환경은 훼손되면 복구하는 데 아주 오랜 시간이 걸려요.

- 자연환경을 보호하다, 자연환경을 보존하다, 자연환경을 훼손하다

24 자원 명

resource / 资源 / nguồn, tài nguyên

풍부한 **자원**이 오히려 국민을 게으르게 만든다고 한다.
자원은 쓰다 보면 언젠가는 없어지기 마련이므로 마구 쓰면 안 돼요.

- 천연자원, 지하자원, 인적 자원, 물적 자원
- 자원이 있다, 자원이 부족하다, 자원이 풍부하다, 자원을 개발하다,
  자원을 활용하다

307

25 자존심 명

self-esteem / 自尊心 / lòng tự trọng

그녀는 **자존심**을 버리고 좋아하는 남자에게 고백했다.
그는 **자존심**이 강해서 다른 사람에게 무언가 부탁하는 것을 싫어합니다.

> • 자존심이 강하다, 자존심이 세다, 자존심이 상하다, 자존심을 지키다, 자존심을 버리다

26 작동 명
[작똥]

operation / 运转，启动 / hoạt động (máy móc)

놀이기구를 타는 도중에 갑자기 놀이기구가 **작동**을 멈춰서 깜짝 놀랐다.
부모님께 냉난방기 **작동** 방법을 알려 드렸어요.

> • 작동(을) 하다, 작동(이) 되다
> • 기계를 작동하다, 전자 제품을 작동하다

27 작용 명

effect, action / 作用，功效 / tác dụng

마늘은 항균 **작용**이나 살균 **작용**과 같은 효능을 가지고 있다.
이 약은 우리 몸에서 어떤 **작용**을 하나요?

> • 작용(을) 하다, 작용(이) 되다, 작용을 받다

28 작전 명
[작쩐]

strategy / 战略 / tác chiến

그들은 전쟁에서 승리하기 위해 **작전**을 펼쳤다.
상대 팀과 실력이 비슷했는데 **작전**을 잘 세워서 이길 수 있었습니다.

> • 작전을 세우다, 작전을 짜다, 작전을 수행하다

29 잔뜩 부

fully, heavily / 满，很多 / đầy

휴가를 마치고 회사에 오니 해결해야 할 일이 **잔뜩** 쌓여 있었다.
마트에 갔는데 할인 행사를 해서 **잔뜩** 구입했어요.

> 윤 많이, 무척
> • 화가 잔뜩 나다, 겁을 잔뜩 먹다, 하늘이 잔뜩 흐리다

30 잔소리 명

nagging / ① 废话 ② 唠嗦 / lời cằn nhằn

① 나는 관심의 표현인데 아이는 **잔소리**로 생각한다.
② 어머니가 쉬지 않고 **잔소리**를 늘어놓아서 어머니한테 화를 냈어요.

> • 잔소리(를) 하다, 잔소리를 늘어놓다, 잔소리를 듣다

오늘의 단어 한눈에 보기! 다 외운 단어는 ☑해 보세요.

☐ 잠기다² 동   ☐ 잡아당기다 동   ☐ 장난 명

☐ 장사 명   ☐ 장애 명   ☐ 재능 명

☐ 재산 명   ☐ 재우다 동   ☐ 재주 명

☐ 재판 명   ☐ 재활용품 명   ☐ 저장 명

☐ 저절로 부   ☐ 저지르다 동   ☐ 적성 명

☐ 적용 명   ☐ 적자 명   ☐ 적절하다 형

☐ 전개 명   ☐ 절망 명   ☐ 절차 명

☐ 점검 명   ☐ 점잖다 형   ☐ 접근 명

☐ 접속 명   ☐ 접어들다 동   ☐ 접촉 명

☐ 접하다 동   ☐ 정기 명   ☐ 정면 명

✎ 외우지 못 한 단어는 다음날 한 번 더 학습합니다.

재능을 발휘해 보세요.

01 잠기다² 동

잠기고, 잠겨서,
잠기면, 잠깁니다

be submerged / 浸，泡 / chìm vào (nước)

갑자기 엄청난 양의 비가 내려서 순식간에 마을이 물에 잠겼다.
이곳은 밀물 때 길이 물에 잠겨서 섬이 되고 썰물 때 육지와 연결돼요.

- N1이/가 N2에 잠기다

02 잡아당기다 동

잡아당기고, 잡아당겨서,
잡아당기면, 잡아당깁니다

pull / 拉拽 / nắm kéo

머리를 묶지 않았더니 아기가 자꾸 머리를 **잡아당긴다.**
서랍에 달려 있는 손잡이를 **잡아당겼더니** 부러져 버렸어요.

- 유 끌어당기다
- 줄을 잡아당기다, 문을 잡아당기다, 손을 잡아당기다

03 장난 명

prank, mischief / 恶作剧，玩耍 / nô đùa, nói đùa

아이가 말도 안 듣고 **장난**만 쳐서 혼을 냈다.
장난으로 여자 친구를 좀 놀렸는데 삐져서 말도 안 해요.

- 장난감, 장난꾸러기
- 장난(을) 하다, 장난을 치다, 장난이 심하다

04 장사 명

business / 生意，经商 / buôn bán, kinh doanh

사람이 많이 다니는 곳에서 영업을 하면 **장사**가 더 잘된다.
장사를 하고 싶은데 자본이 부족해서 아직 시작을 못하고 있어요.

- 장사(를) 하다, 장사가 잘되다, 장사가 안되다

05 장애 명

obstacle, disability / 障碍 / trở ngại

다른 사람에게 의지하려는 마음은 독립심을 기르는 데 **장애**가 된다.
유학을 가고 싶은데 경제적인 문제가 **장애**가 돼서 포기했어요.

- 유 방해
- 장애인, 장애물
- 장애(가) 되다, 장애를 일으키다, 장애에 시달리다, 장애를 극복하다

06 재능 명

talent / 才能 / tài năng

누구에게나 자신만이 가지고 있는 특별한 **재능**이 있다.
저는 제가 가진 **재능**을 충실하게 발휘하며 살고 싶어요.

- 유 능력, 재주
- 재능이 있다, 재능이 뛰어나다, 재능을 발휘하다, 재능을 떨치다

07 재산 명

property, assets / 财产 / tài sản

나는 김밥 장사로 평생 모은 전 **재산**을 기부한 할머니에 대한 기사를 봤다.
재산을 자식에게 물려주지 않고 사회에 기부하다니 정말 대단한 것 같아요.

> 유 재물
> • 재산이 많다, 재산이 적다, 재산을 모으다, 재산을 늘리다, 재산을 물려주다

08 재우다 동

재우고, 재워서,
재우면, 재웁니다

put to sleep / 哄睡 / ru ngủ

엄마는 아기를 씻기고 **재운** 후에야 조금 쉴 수 있었다.
아이를 **재우려고** 아이를 안고 자장가를 불러 주었어요.

> • '자다'의 사동사
> • N1이/가 N2을/를 재우다
> • 엄마가 아이를 재우다

09 재주 명

skill, talent / 才干，才能 / kỹ năng, năng lực

그는 언제나 단정하고 다재다능한 **재주**까지 갖춘 훌륭한 청년이다.
그는 특히 글을 쓰는 **재주**가 뛰어나서 작가 상을 여러 번 수상했어요.

> 유 재능, 능력
> • 재주가 있다, 재주가 뛰어나다, 재주를 가지다, 재주를 보이다, 재주를 부리다
> 속담 굼벵이도 구르는 재주가 있다

10 재판 명

trial / 审判，裁判 / sự xét xử

재판이 열리는 법정에 가 보면 판사, 검사, 변호사를 볼 수 있다.
그는 첫 **재판**에서 자기의 범죄 혐의를 부인했어요.

> • 재판관, 재판장, 재판권, 재판 결과
> • 재판(을) 하다, 재판(이) 되다, 재판을 받다, 재판이 열리다

11 재활용품 명
[재화룡품]

recyclables / ① 回收物品 ②（可利用的）废品 / vật liệu tái chế

① 우리 동네에서는 요일마다 **재활용품**을 수거하는 품목이 다르다.
② 환경 보호가 중시되면서 **재활용품**으로 만든 제품이 인기를 끌고 있어요.

12 저장 명

storage / 储藏，保存 / sự lưu trữ, sự tích trữ

스마트폰에 **저장** 공간이 부족해서 필요 없는 것들을 정리했다.
노트북에 **저장**을 하지 않아서 종일 작업한 문서가 날아갔어요.

> • 저장(을) 하다, 저장(이) 되다

311

13 저절로 ^부

automatically / 自然而然地 / tự động

아무리 힘든 일도 시간이 지나면 **저절로** 해결된다는 말이 있다.
책을 반복해서 읽다 보니 **저절로** 본문을 외우게 됐어요.

> 유 절로, 자연히

14 저지르다 ^동

저지르고, 저질러서,
저지르면, 저지릅니다

commit / 惹事，闯祸 / làm ra, gây ra, phạm phải

아이가 같은 잘못을 또 **저지르지** 않도록 잘 타일렀다.
그는 범죄를 **저질러서** 재판을 받았어요.

> • 실수를 저지르다, 잘못을 저지르다, 사건을 저지르다, 범죄를 저지르다

15 적성 ^명
[적썽]

aptitude / 能力倾向 / năng khiếu, tài năng

청소년기에는 자기 **적성**에 맞는 일이 무엇인지 적극적으로 찾아봐야 한다.
지금 하는 일이 제 **적성**에 맞지 않아서 힘들어요.

> • 적성에 맞다, 적성을 살리다, 적성을 고려하다

16 적용 ^명

application / 运用，应用 / áp dụng

드론으로 배송하는 것이 언제쯤 실생활에 **적용**이 될지 기대된다.
이 자동차 보험은 가입한 당일부터 **적용**이 됩니다.

> • 적용(을) 하다, 적용(이) 되다, 적용을 받다

17 적자 ^명
[적짜]

deficit / 赤字 / thua lỗ, thâm hụt

불황으로 **적자**를 본 기업들이 올해에는 흑자로 돌아섰다.
열심히 했지만 매달 **적자**가 쌓여서 장사를 그만두었어요.

> 반 흑자
> • 적자가 나다, 적자를 보다, 적자가 생기다, 적자가 발생하다

18 적절하다 ^형
[적쩔하다]

적절하고, 적절해서,
적절하면, 적절합니다

appropriate / 适合 / phù hợp, thích đáng

의사로서 환자에게 맞는 **적절한** 치료 방법을 찾는 것은 중요한 의무이다.
이 영화는 온 가족이 함께 보기에 **적절해요.**

> 유 알맞다, 적당하다, 적합하다   반 부적절하다

312

19 전개 [명]

development / 展开 / triển khai

그 드라마의 예상 밖의 전개에 다음 내용이 기대된다.
이 소설은 이야기의 전개가 빠르고 흥미진진해서 너무 재미있어요.

- 발단-전개-위기-절정-결말
- 전개(를) 하다, 전개(가) 되다

20 절망 [명]

despair / 绝望 / tuyệt vọng

아픔과 절망을 극복하는 것은 쉽지 않지만 극복하면 결국 자산이 된다.
절망 속에서도 희망을 보고 노력하면 좋은 결과가 생길 수 있습니다.

유 낙망, 낙담, 좌절, 비관   반 희망
- 절망적, 절망감
- 절망(을) 하다, 절망이 되다, 절망을 주다, 절망을 느끼다, 절망에
  빠지다, 절망에 싸이다, 절망에 잠기다

21 절차 [명]

procedure / 手续，步骤 / thủ tục, quy trình

우리 회사는 공정한 채용 절차를 거쳐 사원을 채용하고 있다.
강화된 입국 절차를 밟다 보니 네 시간 만에 공항을 빠져나왔어요.

유 순서
- 절차를 밟다, 절차를 거치다, 절차를 따르다, 절자가 복잡하다

22 점검 [명]

inspection / 查验，检修 / điều tra, kiểm tra

겨울철을 대비하여 소방 설비 및 소방 기구의 점검을 철저히 해야 한다.
자동차도 주기적으로 정비소를 찾아가 점검을 하는 것이 좋아요.

유 검사
- 점검(을) 하다, 점검(이) 되다, 점검을 받다

23 점잖다 [형]
[점잔타]

gentle, dignified / 端庄，庄重 / đứng đắn, tử tế

그는 늘 여유롭고 점잖아 보인다.
저는 가볍고 말이 많은 사람보다 점잖고 어른스러운 사람이 좋아요

- 성격이 점잖다, 행동이 점잖다, 말이 점잖다

점잖고, 점잖아서,
점잖으면, 점잖습니다

24 접근 [명]
[접끈]

approach / 接近 / truy cập, tiếp cận

그는 사람들에게 의도적으로 접근을 하여 사기를 쳤다.
이곳은 관계자 이외에 접근이 금지된 곳입니다.

- 접근(을) 하다, 접근(이) 되다, 접근을 막다, 접근을 금지하다

25 접속 명
[접쏙]

connection / 连接 / kết nối

글을 쓸 때는 문장끼리 접속이 자연스러워야 한다.
친구와 인터넷 채팅을 하려고 메신저 사이트에 접속을 시도했어요.

- 접속(을) 하다, 접속(이) 되다
- 인터넷에 접속하다, 컴퓨터에 접속하다, 통신망에 접속하다

26 접어들다 동
[저버들다]

접어들고, 접어들어서,
접어들면, 접어듭니다

enter / （时间、年龄、时期等）临近，进入 / bước vào

가을로 접어들면서 일교차가 심해졌다.
이제 인공 지능 시대에 접어들었으니 이러한 변화에 적응해야 해요.

- 유 들어서다, 이르다
- N1이/가 N2에/(으)로 접어들다
- 아이가 사춘기에 접어들다, 버스가 고속도로로 접어들다

27 접촉 명

contact / 接触 / liên hệ, tiếp xúc

주차장에서 가벼운 접촉 사고가 났어요.
감염증에 걸린 사람과 밀접 접촉으로 검사를 받았다.

- 접촉자, 접촉률, 접촉 사고
- 접촉(을) 하다, 접촉(이) 되다, 접촉을 피하다, 접촉을 꺼리다

28 접하다 동
[저파다]

접하고, 접해서,
접하면, 접합니다

① hear, learn ② encounter / ① 接到，收到 ② 接触 / ① đón nhận (tin tức) ② gặp phải, tiếp xúc

① 유명 배우의 사망 소식을 접한 네티즌들은 안타깝다는 반응을 보였다.
② 경찰 생활을 하면서 사고를 자주 접하다 보니 안전에 신경을 쓰게 돼요.

- 소식을 접하다, 문화를 접하다, 바다를 접하다, 사람을 접하다

29 정기 명

regular / 定期 / định kỳ

40세 이상이 되면 건강한 삶을 위해 정기 검진을 받아야 한다.
매주 화요일은 정기 휴일이라서 가게를 열지 않습니다.

- 반 임시
- 정기적, 정기권, 정기 점검

30 정면 명

front / 正面 / mặt chính

가족 모두가 정면을 바라보며 기념사진을 찍었다.
좋아하는 가수의 콘서트를 무대 정면에 앉아서 관람했어요.

- 반 후면

> **오늘의 단어 한눈에 보기! 다 외운 단어는 ☑해 보세요.**

☐ 정상 명	☐ 정성 명	☐ 정의 명
☐ 정지 명	☐ 정직 명	☐ 정착 명
☐ 정책 명	☐ 제거 명	☐ 제도 명
☐ 제법 부	☐ 제시하다 동	☐ 제외하다 동
☐ 제자리 명	☐ 제작 명	☐ 제한 명
☐ 조르다 동	☐ 조명 명	☐ 조작 명
☐ 조절 명	☐ 조정 명	☐ 조화 명
☐ 존재 명	☐ 존중 명	☐ 좀처럼 부
☐ 좁히다 동	☐ 종종 부	☐ 주장 명
☐ 주저앉다 동	☐ 줄거리 명	☐ 줄곧 부

✎ 외우지 못 한 단어는 다음날 한 번 더 학습합니다.

모든 일에 정성을 다해서!

01 **정상** 명

normal / 正常 / bình thường

지하철은 현재 평소와 다름없이 정상 운행되고 있다.
내일 대체 공휴일인데도 학원에서는 정상 수업을 한다고 해요.

> (반) 비정상
> • 정상적, 정상인

02 **정성** 명

sincerity / 精诚，诚心 / sự hết lòng, tận tâm

작은 일에도 소홀히 하지 말고 정성을 다해야 한다.
남편에게 정성이 가득 담긴 선물을 하고 싶어서 직접 만들었어요.

> • 정성껏
> • 정성스럽다, 정성을 다하다, 정성을 들이다, 정성을 모으다, 정성이
>   담기다

03 **정의** 명

definition / 定义 / ý nghĩa

정의란 어떤 말이나 사물의 뜻을 명백히 밝히는 것을 말한다.
행복의 정의는 사람에 따라서 다를 거라고 생각해요.

> (유) 뜻
> • 정의(를) 하다, 정의(가) 되다, 정의를 내리다

04 **정지** 명

stop / 停止 / dừng lại

청소년에게 술을 판매한 사업자가 벌금과 영업 정지를 당했다.
케이블카가 운행 중 정지가 되는 사고가 발생했습니다.

> • 정지(를) 하다, 정지(가) 되다, 정지(를) 시키다, 정지를 당하다

05 **정직** 명

honesty / 正直 / trung thực, thẳng thắn

정직과 성실이야말로 성공하기 위한 필수 조건이라고 생각한다.
정직은 거짓이나 꾸밈이 없이 바르고 곧은 마음을 말해요.

> (유) 솔직
> • 정직히
> • 정직하다

06 **정착** 명

settlement / 定居 / sự định cư, sự bám rễ

농업은 사람들이 정착을 해서 사는 데 결정적 역할을 했다.
청년이 혼자 힘으로 농촌에 정착을 하기는 쉽지 않아요.

> • 정착지, 정착금
> • 정착(을) 하다, 정착(이) 되다

07 정책 ^명

policy / 政策 / chính sách

정부가 내놓은 부동산 정책이 실효성이 없다며 비판을 받고 있다.
고령화와 인구 감소 문제는 다양한 정책으로 적극 대응해야 해요.

- 정책을 세우다, 정책을 펴다, 정책을 펼치다, 정책을 시행하다

08 제거 ^명

removal / 除去, 消除 / sự loại bỏ, sự trừ khử

화장실 냄새 제거를 위해 방향제도 설치하고 환기도 자주 시킨다.
이 화장품은 피부의 각질 제거에 도움이 돼요.

- 제거(를) 하다, 제거(가) 되다

09 제도 ^명

system / 制度 / chế độ

국제결혼이 증가하면서 다문화 청소년을 위한 정책과 제도가 시급하다.
최근 결혼 제도를 거부하는 사람이 많아지고 있어요.

- 국가 제도, 사회 제도, 가정 제도, 복지 제도
- 제도를 개선하다, 제도를 도입하다, 제도를 시행하다

10 제법 ^부

quite / 非常, 很, 相当 / khá, tương đối

아이가 설거지를 한번 해 본다고 해서 시켰는데 제법 잘했다.
아침에 비가 많이 와서 제법 쌀쌀하더라고요.

- 유 꽤, 매우, 썩

11 제시하다 ^동

제시하고, 제시해서,
제시하면, 제시합니다

present, suggest / 提出 / đưa ra, cho thấy

부동산 전문가는 집값 안정을 위해 새로운 대안을 제시했다.
자기의 의견을 제시하기 전에 먼저 상대방의 의견을 경청해 주세요.

- 대책을 제시하다, 대안을 제시하다, 방향을 제시하다, 증거를 제시하다

12 제외하다 ^동

제외하고, 제외해서,
제외하면, 제외합니다

exclude / 除外, 排除 / loại ra, trừ ra

교수들은 논란이 된 논문을 심사 대상에서 제외하기로 했다.
수입 중 월세를 제외하고 나머지 일부를 저축하고 있어요.

- 유 빼다, 배제하다
- 반 포함하다

13 제자리 명

same place / 原位，原地 / tại chỗ, vị trí cũ

마트에서 사용한 카트를 **제자리**에 놓고 가지 않는 사람이 많다.
인생은 돌고 돌아 다시 **제자리**로 돌아가는 것 같아요.

- 제자리걸음, 제자리 뛰기
- 제자리로 가다, 제자리를 지키다, 제자리를 찾다, 제자리에 머물다

14 제작 명

production / 制作 / sản xuất

그는 요즘 음반 **제작**에 몰두하느라 방송 출연은 하지 않고 있다.
이 영화의 **제작** 기간이 무려 10년이라고 해서 엄청 놀랐어요.

- 제작(을) 하다, 제작(이) 되다
- 영화를 제작하다, 음반을 제작하다, 작품을 제작하다

15 제한 명

limitation / 限制，限定 / sự hạn chế, sự giới hạn

배움에는 나이 **제한**이 없다고 생각한다.
전염병 확산을 막기 위해 해외여행에 **제한**을 두고 있어요.

- 제한적
- 제한(을) 하다, 제한(이) 되다, 제한이 있다, 제한을 두다

16 조르다 동

조르고, 졸라서,
조르면, 조릅니다

pester, nag / 纠缠，央求 / yêu cầu

아이는 갖고 싶은 물건이 생기면 그것을 손에 넣을 때까지 계속 **졸랐다**.
엄마에게 여행을 가고 싶다고 **졸랐지만** 소용없었어요.

- N1이/가 N2에게 V-아/어 달라고 조르다
- 아이가 부모에게 과자를 사 달라고 조르다

17 조명 명

lighting / 照明，灯光 / bóng đèn, ánh sáng

밤이 되자 화려한 **조명**이 다리를 비추어서 아름다운 야경을 연출했다.
카페는 테이블이 넓고 **조명**도 밝아서 모임하기 좋아요.

- 조명이 밝다, 조명을 켜다, 조명이 꺼지다, 조명을 비추다, 조명을 받다

18 조작 명

manipulation, forgery, fake / 捏造 / việc ngụy tạo, sự làm giả

최근 프로 스포츠의 승부 **조작**이 논란이 되고 있다.
얼마 전 예능 프로그램 연출자가 투표 **조작** 혐의로 재판을 받았어요.

- 조작(을) 하다, 조작(이) 되다
- 사건을 조작하다, 의견을 조작하다, 주가를 조작하다

19 조절 명

adjustment, control / 调节 / sự điều tiết

이 에어컨은 자동 온도 조절 기능이 있어서 편리하다.

이 기기의 볼륨 조절을 어떻게 하는지 모르겠어요.

- 조절(을) 하다, 조절(이) 되다
- 온도를 조절하다, 속도를 조절하다, 체중을 조절하다, 감정을 조절
  하다

20 조정 명

adjustment, coordination / 调整 / sự điều chỉnh

회사는 올해 구조 조정을 통해 인원을 감축하겠다고 발표했다.

폭설이 내리는 바람에 길이 끊겨서 일정 조정이 필요할 것 같습니다.

- 조정(을) 하다, 조정(이) 되다
- 요금을 조정하다, 임금을 조정하다, 노선을 조정하다, 구역을 조정
  하다

21 조화 명

harmony / 协调，和谐 / hòa hợp, sự điều hoà

한국의 옛 건축물은 환경과 완벽한 조화를 이루어 아름다웠다.

음식과 와인의 조화가 훌륭해서 더욱더 맛있는 식사가 되었어요.

- 반 부조화
- 조화롭다, 조화(가) 되다, 조화를 이루다, 조화가 깨지다

22 존재 명

existence / 存在 / sự tồn tại

그녀는 뒤에 서 있는 나의 존재를 알아채지 못했다.

사람은 누구나 귀하고 가치 있는 존재예요.

- 존재감
- 존재(를) 하다, 존재가 되다

23 존중 명

respect / 尊重 / sự tôn trọng

직장에서는 상호 예의와 존중이 기본자세이다.

지금처럼 힘들 때 서로에 대한 존중과 배려가 필요하다고 생각합니다.

- 존중(을) 하다, 존중(이) 되다

24 좀처럼 부

rarely / 容易，轻易 / hiếm khi, ít khi, không dễ

내 삶이 좀처럼 나아지지 않고 제자리라고 느껴져 답답하다.

이번에 회사에서 좀처럼 만나기 어려운 좋은 기회를 얻었어요.

- 좀처럼 + 부정적인 표현(없다, 않다, 못하다 등)

319

25 좁히다 동
[조피다]

좁히고, 좁혀서,
좁히면, 좁힙니다

narrow / ① （宽度）弄窄 ② 拉近 / ① thu hẹp ② rút ngắn

① 시에서는 도로를 좁히고 보도를 넓혀 사람들이 다니기 편하게 했다.
② 가족 상담을 통해 세대 차이를 좁히고 서로에 대한 마음을 알게 됐어요.

> (반) 넓히다
> • '좁다'의 사동사
> • 거리를 좁히다, 간격을 좁히다, 차이를 좁히다

26 종종 부

often / 偶尔，不时 / thỉnh thoảng, đôi khi

남편과 집에서 종종 술 한잔하면서 대화를 많이 한다.
여행을 다녀온 지 1년이나 지났는데 아직도 그때 생각이 종종 나요.

> (유) 가끔, 이따금, 때때로

27 주장 명

assertion / 主张 / ý kiến, chủ trương

자신의 주장에 적절한 근거를 들어야 상대방이 이해하고 공감할 수 있다.
가족들이 소통하지 않고 자기의 주장만 내세우다 보니 갈등이 생겼어요.

> • 주장(을) 하다, 주장(이) 되다, 주장을 펼치다, 주장을 내세우다, 주장을 굽히지 않다

28 주저앉다 동
[주저안따]

주저앉고, 주저앉아서,
주저앉으면, 주저앉습니다

collapse, plop down / 瘫坐 / ngồi sụp xuống

마라톤 경기에서 결승선을 통과한 선수들이 바닥에 주저앉아 버렸다.
그녀는 상사에게 괴롭힘을 당한 후 계단에 주저앉아서 서럽게 울었어요.

> • N이/가 주저앉다, N1이/가 N2에 주저앉다
> • 건물이 주저앉다, 아이가 땅바닥에 주저앉다

29 줄거리

plot / 梗概 / cốt truyện, ý chính, sườn

요즘은 영화 줄거리를 소개해 주는 개인 방송이 많다.
친구에게 드라마 줄거리를 간단하게 요약해서 이야기해 줬어요.

> • 줄거리를 요약하다, 줄거리를 소개하다, 줄거리를 이해하다

30 줄곧 부

continuously / 一直 / không ngừng, suốt, liên tục

이 예능 프로그램은 선호도 조사에서 줄곧 1위를 차지하고 있다.
남자 친구와 헤어졌지만 그가 다시 내게 돌아오기를 줄곧 기다렸어요.

> (유) 내내, 계속

오늘의 단어 한눈에 보기! 다 외운 단어는 ☑ 해 보세요.

☐ 줄어들다 동	☐ 중독 명	☐ 중얼거리다 동
☐ 쥐다 동	☐ 증거 명	☐ 증명 명
☐ 지겹다 형	☐ 지금껏 부	☐ 지급 명
☐ 지능 명	☐ 지다² 동	☐ 지름길 명
☐ 지불 명	☐ 지시 명	☐ 지식 명
☐ 지원² 명	☐ 지위 명	☐ 지적 명
☐ 지출 명	☐ 지치다 동	☐ 지켜보다 동
☐ 지혜 명	☐ 진단 명	☐ 진동 명
☐ 진로 명	☐ 진리 명	☐ 진술 명
☐ 진실 명	☐ 진정하다 형	☐ 진지하다 형

✎ 외우지 못 한 단어는 다음날 한 번 더 학습합니다.

지금껏 해온 것처럼 앞으로도 힘내요!

01 줄어들다 [동]

줄어들고, 줄어들어서,
줄어들면, 줄어듭니다

decrease / 减少 / giảm thiểu, vơi đi

농촌 인구가 **줄어들다** 보니 일손 구하기가 하늘의 별 따기다.
결혼 연령이 점점 높아지면서 출산율도 **줄어들고** 있어요.

> ⑪ 줄다, 감소하다　　　　　　　⑫ 늘어나다, 늘다, 증가하다
> • 인구가 줄어들다, 수량이 줄어들다, 시간이 줄어들다, 수입이 줄어
> 들다

02 중독 [명]

addiction / ① 中毒 ② 上瘾 / ① trúng độc ② nghiện

① 내가 좋아하는 배우가 알코올 **중독**으로 병원에 입원했다.
② 게임 **중독**은 과도하게 게임에 빠져 있는 상태를 말합니다.

> • 중독(이) 되다, 중독에 빠지다
> • 게임 중독, 알코올 중독, 도박 중독, 마약 중독

03 중얼거리다 [동]

중얼거리고, 중얼거려서,
중얼거리면, 중얼거립니다

mutter / 嘟囔，喃喃自语 / lầm bầm, ấp úng

'할 수 있다'고 **중얼거리는** 것은 자기 자신에게 주문을 거는 행동이다.
저는 단어를 외울 때 쓰면서 입으로 **중얼거려요**.

> ⑪ 중얼대다, 중얼중얼하다, 종알거리다, 혼잣말하다

04 쥐다 [동]

쥐고, 쥐어서,
쥐면, 쥡니다

① clench ② grasp / ① 握，攥 ② 抓，拿 / ① nắm lại ② cầm, giữ

① 산책할 때 주먹을 **쥐었다** 폈다 하면서 걸으면 혈액 순환에 좋다.
② 두 사람은 서로 멱살을 **쥐며** 금방이라도 싸울 듯이 씩씩거렸어요.

> ⑪ 움켜쥐다
> • 주먹을 쥐다, 멱살을 쥐다, 돈을 쥐다, 권력을 쥐다
> 관용구 손에 땀을 쥐다

05 증거 [명]

evidence / 证据 / chứng cứ

모든 사건은 **증거**가 있어야 해결할 수 있다.
경찰은 그 용의자에게서 아무런 **증거**를 찾지 못했어요.

> • 증거가 있다, 증거를 대다, 증거를 찾다, 증거를 제시하다

06 증명 [명]

proof / 证明 / sự chứng minh

이력서 제출 시 성적 **증명**과 졸업 **증명**에 대한 서류도 첨부해야 한다.
이 공연을 통해 그녀의 연기력은 **증명**이 된 셈이에요.

> • 증명서, 증명사진
> • 증명(을) 하다, 증명(이) 되다, 증명을 받다

07 지겹다 형
[지겹따]
지겹고, 지겨워서,
지겨우면, 지겹습니다

boring / 烦腻，厌烦 / chán ngắt, nhạt nhẽm
방학 내내 아무것도 안 하고 집에만 있었더니 너무 **지겹다**.
혼자 살다 보니 **지겨웠던** 부모님의 잔소리가 가끔은 그리워요.

유 지긋지긋하다

08 지금껏 부
[지금껃]

until now / 至今，直到现在 / cho đến bây giờ, mãi cho đến nay
제주에서 태어나서 **지금껏** 제주를 떠나지 못하고 살고 있다.
지금껏 그래 온 것처럼 앞으로도 열심히 단어를 외우기 바랍니다.

유 이제껏, 여태껏, 여태

09 지급 명

payment / 支付，付给 / thanh toán, trả tiền, chi trả
추석을 맞아 명절 보너스 **지급**에 대해 논의 중이다.
월급의 정확한 **지급** 내역을 알고 싶어서 내역서를 확인했어요.

• 지급(을) 하다, 지급(이) 되다

10 지능 명

intelligence / 智力，智能 / trí tuệ
지능이 높은 사람은 문제 해결 능력도 뛰어나다고 한다.
아이들의 상상력과 **지능**을 높여 주려면 책을 많이 읽혀야 해요.

• 인공 지능, 지능 지수, 지능 검사
• 지능이 높다, 지능이 낮다, 지능이 발달하다, 지능을 지니다, 지능을 계발하다

11 지다² 동
지고, 져서,
지면, 집니다

① carry ② take responsibility / ① 背负 ② 担负，承担 / ① khuân, vác (hành lý) ② đảm nhận, chịu, gánh (trách nhiệm)
① 등엔 짐을 **지고** 버스를 타려는 할머니를 도와드렸다.
② 사람은 누구나 자기가 한 말에 대해서 책임을 **질** 줄 알아야 합니다.

• 배낭을 지다, 책임을 지다, 빚을 지다

12 지름길 명
[지름낄]

shortcut / 捷径 / đường tắt
양보 운전이 목적지까지 안전하고 빠르게 갈 수 있는 **지름길**이다.
회사에 늦어서 **지름길**로 갔어요.

• 지름길로 가다, 지름길을 이용하다

13 지불 명

payment / 支付，付给 / sự chi trả

카드 사용이 일반화되면서 현금으로 **지불**을 하는 경우가 드물다.
결제를 하기 전에 먼저 **지불** 방법을 선택해 주세요.

- 지불(을) 하다, 지불(이) 되다
- 요금을 지불하다, 금액을 지불하다, 대금을 지불하다, 결제액을 지불하다

14 지시 명

instruction / 指示 / chỉ thị, ra lệnh

약은 약사의 **지시**에 따라 복용해야 한다.
상사의 **지시**를 거부하기란 정말 어려운 일이에요.

- 지시(를) 하다, 지시(가) 되다, 지시를 내리다, 지시에 따르다, 지시를 받다

15 지식 명

knowledge / 知识 / kiến thức, tri thức

지식은 그 자체로도 중요하지만 그것을 얻는 과정에도 의미가 있다.
일정한 수준의 **지식**과 교양을 갖춘 사람을 지식인이라고 해요.

- 지식인
- 지식이 있다, 지식을 얻다, 지식을 쌓다, 지식을 갖추다

**16 지원² ** 명

support / 支援，援助 / viện trợ, giúp đỡ

사장은 생산성을 높일 수 있게 기술 개발에 **지원**을 아끼지 않았다.
정부가 **지원**을 해 주는 대출이므로 소득이 낮은 사람에게만 대출이 돼요.

- 지원(을) 하다, 지원이 되다, 지원이 끊기다

17 지위 명

status / 地位 / địa vị xã hội

그 회사는 우월한 **지위**를 이용하여 예술인에게 불공정한 계약을 강요했다.
지위가 높을수록 사람은 더 겸손해야 해요.

- 지위가 있다, 지위가 높다, 지위를 가지다, 지위에 오르다, 지위를 차지하다

18 지적 명

① point out ② criticize / ① 指出 ② 指责 / sự chỉ trích

① 선생님의 **지적**을 받은 학생이 발표를 시작했다. 유 지목
② 상사에게 **지적**을 받아서 마음이 너무 불편해요.

- 지적(을) 하다, 지적(이) 되다, 지적을 받다, 지적을 당하다
- 잘못을 지적하다, 문제점을 지적하다, 실수를 지적하다

19 지출 ^명

expenditure / 支出 / phi tổn, chi tiêu, chi trả

경기 불황에도 해외여행으로 인한 **지출**이 사상 최대로 높았다고 한다.
생활 속에서 고정적으로 나가는 **지출**을 줄여야 돈을 모을 수 있어요.

⑱ 수입
• 지출(을) 하다, 지출(이) 되다, 지출이 늘다, 지출을 늘리다

20 지치다 ^동

지치고, 지쳐서,
지치면, 지칩니다

① tired, exhausted ② be fed up with / ① 疲惫 ② 厌倦 / ① kiệt sức, mệt lã ② chán chường

① 나는 퇴근 후에 **지쳐서** 집에 돌아와 바로 침대에 쓰러졌다.
② 그는 반복되는 일상에 **지쳐서** 여행이라도 가기로 결심했다.

• N이/가 지치다

21 지켜보다 ^동

지켜보고, 지켜봐서,
지켜보면, 지켜봅니다

observe / 盯着，守护 / liếc nhìn, xem xét, canh giữ

국가대표 축구팀은 수만 명의 관중이 **지켜보는** 가운데 승리했다.
국회의원들의 언행은 국민들이 다 **지켜보고** 있으니 신중해야 해요.

22 지혜 ^명

wisdom / 智慧 / trí tuệ

이 책은 인생의 소중한 **지혜**를 담은 짧은 이야기들을 모은 책이다.
지식이 많은 사람보다 **지혜**가 많은 사람이 되고 싶어요.

• 지혜롭다, 지혜가 있다, 지혜를 가지다, 지혜를 모으다

23 진단 ^명

diagnosis / 诊断 / chẩn đoán

의사의 **진단**을 받아야만 처방전을 받을 수 있다.
저는 우울증 **진단**을 받고 치료에 전념하기로 했어요.

• 진단서
• 진단(을) 하다, 진단(이) 되다, 진단을 받다, 진단을 내리다

24 진동 ^명

vibration / 振动 / rung động, rung

자동차가 오래돼서 시동을 걸면 **진동**이 심하게 울린다.
실내에서는 휴대폰을 **진동**으로 해 놓으세요.

• 진동(을) 하다, 진동이 되다, 진동이 울리다

25 **진로** 명
[질로]

① path ② career / ① 去路 ② 前途 / ① lối đi, đường đi
② phương hướng, định hướng, con đường (tương lai)

① 오늘 밤 태풍이 동쪽으로 **진로**를 변경할 것으로 예상된다.
② 부모님께 **진로**를 바꾸겠다고 말씀드렸더니 반대를 하셨어요.

> • 진로를 선택하다, 진로를 결정하다, 진로를 변경하다, 진로를 고민하다

26 **진리** 명
[질리]

truth / 真理 / sự thật, chân lý

진리란 변하지 않는 것이 **진리**인데 그것마저도 변할 수 있다는 것이다.
세상 그 어떤 학문과 지식도 절대 **진리**라고 말할 수 있는 것은 없어요.

> • 진리가 있다, 진리를 찾다, 진리를 깨닫다, 진리를 추구하다

27 **진술** 명

statement / 陈述 / sự trần thuật, sự trình bày

경찰은 교통사고 최초 목격자의 **진술** 내용을 받아 적었다.
한 사람의 **진술**만 듣고 상황을 판단하면 안 돼요.

> • 진술서
> • 진술(을) 하다, 진술(이) 되다, 진술을 받다, 진술을 듣다

28 **진실** 명

truth / 真实 / sự thật, chân thật

언론은 **진실** 보도에 힘을 쏟아야 한다.
이번 사고가 왜 일어났는지 **진실**을 낱낱이 밝히겠습니다.

> 반 거짓
> • 진실하다, 진실을 말하다, 진실을 감추다, 진실을 밝히다, 진실이 드러나다

29 **진정하다** 형
진정하고, 진정해서,
진정하면, 진정합니다

genuine / 真正 / chân thành, chân thực

이 영화는 사랑을 믿지 못하는 남자가 **진정한** 사랑을 깨닫는 내용이다.
진정한 친구는 좋을 때보다 어려울 때 함께해 주는 존재라고 생각해요.

유 참되다, 진실하다

30 **진지하다** 형
진지하고, 진지해서,
진지하면, 진지합니다

serious / 真挚，诚恳 / thận trọng, đứng đắn

면접을 볼 때는 **진지한** 태도로 임하는 것이 좋다.
시합을 앞두고 팀원들은 **진지한** 분위기에서 연습을 계속했어요.

> • 태도가 진지하다, 성격이 진지하다, 분위기가 진지하다

오늘의 단어 한눈에 보기! 다 외운 단어는 ☑ 해 보세요.

☐ 진출 명   ☐ 질병 명   ☐ 질서 명

☐ 질투 명   ☐ 짐작 명   ☐ 집단 명

☐ 집어넣다 동   ☐ 짖다 동   ☐ 짙다 형

☐ 짚다 동   ☐ 쫓겨나다 동   ☐ 쫓기다 동

☐ 쫓다 동   ☐ 찌푸리다 동   ☐ 찍히다 동

☐ 찡그리다 동   ☐ 차라리 부   ☐ 차마 부

☐ 차별 명   ☐ 차원 명   ☐ 차츰 부

☐ 착각 명   ☐ 참여 명   ☐ 참조하다 동

☐ 창작 명   ☐ 창조 명   ☐ 찾아뵙다 동

☐ 책임 명   ☐ 처리 명   ☐ 처벌 명

✎ 외우지 못 한 단어는 다음날 한 번 더 학습합니다.

실력이 차츰 좋아지고 있네요.

01 진출 _명

advance / 步入，进入 / sự thâm nhập, tiến vào

그녀는 한국 최초로 피겨스케이팅 결승 진출에 성공하였다.
최근 국내 가수들의 해외 진출이 늘어나고 있습니다.

- N에/(으)로 진출(을) 하다
- 사회에 진출하다, 해외로 진출하다, 연예계로 진출하다

02 질병 _명

disease / 疾病 / bệnh tật

잘못된 식습관에서 질병이 발생하기 쉬우므로 좋은 식습관을 가져야 한다.
반려동물이 질병에 걸리지 않도록 미리 예방 주사를 맞혔어요.

- 질병에 걸리다, 질병을 앓다, 질병을 예방하다

03 질서 _명
[질써]

order / 秩序 / trật tự, thứ tự

우리의 생활 수준에 맞게 질서 의식도 향상되어야 한다.
사회를 잘 유지하기 위해서는 시민들이 질서를 잘 지켜야 합니다.

- ㉠ 무질서
- 질서가 있다, 질서를 지키다, 질서가 무너지다

04 질투 _명

jealousy / 妒忌 / lòng ghen tị

입사 동기가 나보다 먼저 승진을 하게 돼서 그에게 질투를 느꼈다.
제 여자 친구는 질투가 심하지만 질투를 부리는 모습도 귀여워요.

- 질투심
- 질투(를) 하다, 질투를 부리다, 질투가 나다, 질투가 심하다

05 짐작 _명

guess / 估计，估量 / phỏng đoán, dự đoán

시험이 이렇게 어려울 줄은 짐작조차 못 했다.
코로나19가 이렇게 사람들을 힘들게 할지 누가 짐작이나 했겠어요?

- ㉤ 예측, 추측
- 짐작(을) 하다, 짐작(이) 되다, 짐작이 가다, 짐작이 들다

06 집단 _명
[집딴]

group / 集团，团队 / nhóm, đoàn

조사에 의하면 10% 정도의 학생이 집단 따돌림을 당한 적이 있다고 한다.
집단을 위해 개인에게 무조건 희생을 강요해서는 안 됩니다.

- ㉤ 단체   ㉠ 개인
- 집단적, 집단행동
- 집단을 이루다, 집단을 구성하다

07 집어넣다 동
[지버너타]

집어넣고, 집어넣어서,
집어넣으면, 집어넣습니다

put in / 放进，放入 / đặt vào, bỏ vào, nhét vào

봄이 돼서 옷장에 겨울옷을 **집어넣고** 봄옷을 꺼내 놓았다.
아이는 저금통에 동전을 **집어넣었어요.**

유 넣다	반 끄집어내다, 꺼내다
• N1이/가 N2에 N3을/를 집어넣다	

---

08 짖다 동
[짇따]

짖고, 짖어서,
짖으면, 짖습니다

bark / 吠，叫 / sủa

집에 들어오는 나를 보고 강아지가 꼬리를 흔들며 멍멍 **짖었다.**
옆집 개 **짖는** 소리 때문에 한숨도 못 잤어요.

• 개가 짖다

---

09 짙다 형
[짇따]

짙고, 짙어서,
짙으면, 짙습니다

dark, thick / ① 深 ② 浓密 / ① đậm (màu sắc) ② rậm

① 요즘은 **짙은** 화장보다 연한 화장을 선호한다.
② 그 사람은 눈썹이 **짙어서** 인상이 강해 보여요.

유 진하다	반 옅다
• 화장이 짙다, 색깔이 짙다, 연기가 짙다, 안개가 짙다	

---

10 짚다 동
[집따]

짚고, 짚어서,
짚으면, 짚습니다

lean on / 拄 / tựa, dựa, chống (gậy, nạn)

그는 교통사고로 오른쪽 다리를 다쳐서 목발을 **짚고** 다닌다.
할머니는 연세도 많고 다리가 아파서 지팡이를 **짚어야** 겨우 일어나세요.

• 지팡이를 짚다, 땅을 짚다, 이마를 짚다

---

11 쫓겨나다 동
[쫃껴나다]

쫓겨나고, 쫓겨나서,
쫓겨나면, 쫓겨납니다

be expelled / 被撵出，被赶走 / bị đuổi, bị sa thải

월세를 내지 못해 집주인에게 **쫓겨날** 위기에 처했다.
카페에 강아지를 데리고 갔다가 강아지가 시끄럽게 짖어서 **쫓겨났어요.**

• N에서 쫓겨나다
• 집에서 쫓겨나다, 학교에서 쫓겨나다, 회사에서 쫓겨나다

---

12 쫓기다 동
[쫃끼다]

쫓기고, 쫓겨서,
쫓기면, 쫓깁니다

be chased / 被追赶，被撵 / bị truy đuổi, bị rượt bắt

그는 빌린 돈을 갚지 못해 빚쟁이에게 **쫓기는** 신세가 되었다.
이 영화는 범인과 경찰의 쫓고 **쫓기는** 장면이 볼만해요.

• '쫓다'의 피동사
• N에/에게 쫓기다
• 시간에 쫓기다, 일에 쫓기다, 경찰에게 쫓기다

13 쫓다 동
[쫃따]

쫓고, 쫓아서,
쫓으면, 쫓습니다

chase / 赶，追赶 / đuổi theo

경찰이 범인을 쫓고 있다.
이 영화는 쫓고 쫓기는 추격 장면이 아주 인상적이에요.

유 뒤쫓다
• 쫓아가다, 쫓아오다, 쫓아내다, 쫓아다니다

14 찌푸리다 동

찌푸리고, 찌푸려서,
찌푸리면, 찌푸립니다

① be cloudy ② frown / ① 阴沉沉 ② 皱眉 / ① âm u (thời tiết)
② nhăn nhó (khuôn mặt)

① 비가 오려는지 하늘이 잔뜩 찌푸려 있었다.
② 그 남자는 인상을 찌푸리고 있으면 무서워 보여요. 유 찡그리다

• 하늘이 찌푸리다, 날씨가 찌푸리다, 얼굴을 찌푸리다, 인상을 찌푸리다
관용구 눈살을 찌푸리다

15 찍히다 동
[찌키다]

찍히고 찍혀서,
찍히면, 찍힙니다

be stabbed / 被砍，被劈 / bị đâm, bị chặt, bị đóng

나무꾼의 도끼에 찍힌 나무가 쿵 하고 쓰러졌다.
아이는 딸기가 포크에 잘 찍히지 않자 손으로 집어먹었어요.

• '찍다'의 피동사
• N1이/가 N2에 찍히다
속담 믿는 도끼에 발등 찍힌다

16 찡그리다 동

찡그리고, 찡그려서,
찡그리면, 찡그립니다

grimace / 皱眉，蹙眉 / nhăn mặt, cau mày, cau có

갑자기 배에 통증이 느껴져서 나도 모르게 얼굴을 찡그렸다.
어릴 때 사진을 보면 햇빛 때문에 얼굴을 찡그린 모습이 많아요.

유 찌푸리다, 찡긋거리다
• 얼굴을 찡그리다, 눈을 찡그리다, 눈썹을 찡그리다

17 차라리 부

rather / 不如，索性 / thà rằng…còn hơn

그 친구와 같이 발표할 바에야 차라리 혼자 하는 게 낫겠다.
채소 가격이 너무 올라서 사 먹느니 차라리 키워서 먹는 게 낫겠어요.

유 오히려, 도리어
• V-느니 차라리, V-ㄹ 바에야 차라리

18 차마 부

cannot bear / 忍心 / hoàn toàn không

친한 친구의 부탁을 차마 거절할 수 없었다.
친구에게 꼭 사과하고 싶었는데 차마 말을 꺼내지 못했어요.

• 차마 + 부정적인 표현(없다, 않다, 못하다 등)

19 차별 명

discrimination / 差別 / sự phân biệt

인종은 **차별**이 아닌 차이일 뿐이니 인종 **차별**은 사라져야 한다.
한국은 성별에 따른 **차별**이 여전히 심한 것 같아요.

> 반 평등
> • 차별적, 차별성
> • 차별(을) 하다, 차별(이) 되다, 차별을 받다, 차별을 두다, 차별이 심하다

20 차원 명

level / 層次，層面 / lập trường, tiêu chuẩn, mức

이러한 문제는 국가 **차원**에서 조사하고 해결해야 한다.
이 영화는 지금까지 본 적 없는 새로운 **차원**의 영화예요.

> 유 수준
> • 차원이 높다, 차원이 다르다, 차원을 높이다

21 차츰 부

gradually / 漸漸，逐漸 / dần dần, từ từ, từng bước

바람이 **차츰** 선선해지고 밤의 길이가 낮보다 **차츰** 길어지고 있다.
직장을 바꾸고 나서 처음에는 모든 것이 서툴렀는데 **차츰** 익숙해졌어요.

> 유 점점, 점차, 차차, 조금씩, 차츰차츰

22 착각 명

[착깍]

illusion / 错觉，误认 / nhầm lẫn

인간이 수많은 **착각** 속에 살아가는 것은 이기적인 사고 때문이다.
모든 부모의 **착각**은 자기 자식이 특별하다고 생각하는 것이에요.

> • 착각(을) 하다, 착각(이) 되다, 착각이 들다, 착각에 빠지다, 착각을 일으키다

23 참여 명

participation / 参与，出席 / sự tham gia

오늘 본 공연은 관객의 호응과 **참여**를 잘 이끌어냈다는 점이 인상 깊었다.
행사에서 체험 활동이 많았지만 시간이 맞지 않아서 **참여**를 못 했어요.

> • 참여(를) 하다, 참여를 유도하다

24 참조하다 동

참조하고, 참조해서,
참조하면, 참조합니다

refer / 参照，参考 / tham khảo

시험 응시에 대한 자세한 내용은 홈페이지를 **참조하면** 된다.
도서관에서 논문에 **참조할** 만한 책들을 빌려 왔어요.

> • 참고 문헌을 참조하다, 자료를 참조하다

25 창작 명

creation / 創造, 创制 / sự sáng tạo, sáng tác

'모방은 창조의 어머니'라는 말이 있듯이 **창작**은 모방을 통해 이루어진다.
이 단체는 작가들이 지속적인 **창작** 활동을 할 수 있도록 도와주고 있어요.

- 창작(을) 하다, 창작(이) 되다
- 작품을 창작하다, 시를 창작하다, 노래를 창작하다

26 창조 명

create / 創造 / sự sang tạo, làm ra

역사는 문화의 **창조**와 계승으로 이어지는 과정이라고 할 수 있다.
세상의 만물을 **창조**한 존재는 누구일까요?

- 창조적, 가치 창조, 유행 창조
- 창조(를) 하다, 창조(가) 되다
- 인류를 창조하다, 생명을 창조하다, 천지를 창조하다

27 찾아뵙다 동

[차자뵙따]

찾아뵙고, 찾아봬서,
찾아뵈면, 찾아뵙니다

visit / 拜访, 看望 / tìm đến, đến thăm

다가오는 설 명절에는 집안 어르신을 **찾아뵙고** 인사를 드리려고 한다.
교수님, 이번 주에 **찾아뵙고** 싶은데 언제 시간이 되세요?

- 유 찾아뵈다

28 책임 명

responsibility / 责任 / trách nhiệm

부모는 보호자로서 자식을 보호하고 교육시킬 **책임**을 가지고 있다.
잘못을 하면 **책임**을 지는 게 당연한 일이지요.

- 책임감, 책임자
- 책임(을) 지다, 책임이 있다, 책임을 맡다, 책임을 지우다, 책임이 따르다

29 처리 명

handling / 处理 / xử lý, giải quyết

회사에서 신속한 업무 **처리**를 위해 새로운 시스템을 개발하고 있다.
저는 내성적이라서 혼자서 일 **처리**를 하는 게 더 편해요.

- 처리(를) 하다, 처리(가) 되다
- 업무를 처리하다, 사고를 처리하다, 쓰레기를 처리하다

30 처벌 명

punishment / 处罚, 责罚 / hình phạt

죄를 지었다면 **처벌**을 받는 것이 당연하다.
청소년 강력 범죄가 증가하는 만큼 **처벌**을 강화해야 한다고 생각해요.

- 유 벌
- 처벌(을) 하다, 처벌(이) 되다, 처벌을 받다, 처벌을 내리다

오늘의 단어 한눈에 보기! 다 외운 단어는 ☑ 해 보세요.

☐ 처하다 [동]	☐ 철 [명]	☐ 철저히 [부]
☐ 첨부 [명]	☐ 청하다 [동]	☐ 체계 [명]
☐ 체면 [명]	☐ 체온 [명]	☐ 체중 [명]
☐ 초보 [명]	☐ 초조하다 [형]	☐ 초청 [명]
☐ 최대한 [부]	☐ 최신 [명]	☐ 최종 [명]
☐ 최초 [명]	☐ 추가 [명]	☐ 추위 [명]
☐ 추진 [명]	☐ 축소하다 [동]	☐ 출신 [명]
☐ 출연 [명]	☐ 출판 [명]	☐ 충격 [명]
☐ 충고 [명]	☐ 충돌 [명]	☐ 취재 [명]
☐ 침묵 [명]	☐ 커다랗다 [형]	☐ 쾌적하다 [형]

✎ 외우지 못 한 단어는 다음날 한 번 더 학습합니다.

철저히 준비해서 목표를 이뤄요!

01 처하다 동

처하고, 처해서,
처하면, 처합니다

face / 处于，面临 / rơi vào, đối mặt với

최근에는 멸종 위기에 **처한** 동물을 보호하려는 움직임이 활발해졌다.
아이는 지금까지 겪어 보지 못한 상황에 **처해서** 어쩔 줄 몰라 했어요.

> ⓤ 당면하다, 놓이다
> • N1이/가 N2에 처하다
> • 아이가 위험에 처하다, 동물이 어려움에 처하다

02 철 명

maturity / 懂事，明理 / trưởng thành, chững chạc

어려서 철이 없을 때는 부모님을 많이 속상하게 했다.
결혼을 하고 아이를 낳더니 점점 철이 드는구나.

> ⓤ 분별
> • 철(이) 들다, 철이 없다

03 철저히 부

[철쩌히]

thoroughly / 彻底地 / triệt để

피해자들의 요구는 이 사건에 대해 **철저히** 조사하는 것이다.
만약의 상황에 대비해서 준비를 **철저히** 해 두세요.

> ⓤ 빈틈없이
> ⓗ 철저하다
> • 철저히 조사하다, 철저히 단속하다, 철저히 점검하다, 철저히 대비
> 하다

04 첨부 명

attachment / 附加，附有 / gắn, đính kèm

회사 지원 시 경력과 관련된 자료는 별도로 **첨부**를 해야 한다.
자세한 내용은 **첨부** 파일을 확인해 주세요.

> • 첨부(를) 하다, 첨부(가) 되다, 첨부를 요구하다

05 청하다 동

청하고, 청해서,
청하면, 청합니다

① request ② try to sleep / ① 请求 ② 努力入睡 / ① nhờ vả
② cố gắng ngủ

① 이번 일은 혼자 맡기에는 부담이 돼서 다른 사람에게 도움을 **청했다**.
② 오늘 이사를 했더니 너무 피곤해서 일찍 잠을 **청했어요**.

> • 도움을 청하다, 악수를 청하다, 화해를 청하다, 잠을 청하다

06 체계 명

system / 系统 / hệ thống, cơ chế

이 회사는 전달 **체계**가 복잡하여 일의 진행이 느린 편이다.
이곳은 생긴 지 얼마 안 돼서 그런지 **체계**가 잘 잡혀 있지 않아요.

> ⓤ 시스템
> • 체계적
> • 체계가 있다, 체계가 없다, 체계가 잡히다, 체계를 갖추다

07 체면 명

dignity / 体面，颜面 / sĩ diện, thể diện

우리나라는 전통적으로 체면을 중시하는 문화를 가지고 있다.

체면 세우지 말고 편하게 앉아서 마음껏 드세요.

> 유 면목
> • 체면이 없다, 체면을 차리다, 체면을 세우다, 체면을 지키다

08 체온 명

body temperature / 体温 / nhiệt độ cơ thể

기온이 영하로 떨어졌으니 체온 유지에 신경을 써야 한다.

열이 나는 것 같아서 체온을 쟀더니 다행히 정상 체온이었어요.

> • 체온계
> • 체온이 높다, 체온이 낮다, 체온을 재다, 체온이 떨어지다

09 체중 명

body weight / 体重 / cân nặng

먹기만 하고 운동은 하지 않아서 체중이 많이 늘었다.

운동선수들은 체중을 줄이기 위해 운동과 식이 요법을 같이 해요.

> 유 몸무게
> • 체중을 재다, 체중이 늘다, 체중이 줄다, 체중이 나가다, 체중을 조절하다

10 초보 명

beginner / 入门水平，初级 / người bắt đầu

이렇게 중대한 수술을 초보 의사에게 맡길 수는 없다.

저는 아직 초보라서 운전에 익숙하지 않아요.

> • 초보자, 초보 운전, 초보 단계, 초보 수준

11 초조하다 형

초조하고, 초조해서, 초조하면, 초조합니다

anxious / 焦躁，焦虑 / lo lắng, hồi hộp

그는 초조한 얼굴로 자꾸 시계만 바라보았다.

그 사람은 합격자 발표를 초조하게 기다리고 있어요.

> 유 안절부절못하다, 조마조마하다
> • 마음이 초조하다, 기분이 초조하다

12 초청 명

invitation / 邀请 / lời mời, chiêu dụ

연주회에 초청을 받은 사람들이 하나둘씩 도착하기 시작했다.

이번 강연에는 각 분야의 전문가들이 초청이 되었어요.

> 유 초대
> • 초청장, 초청객, 초청국
> • 초청(을) 하다, 초청(이) 되다, 초청을 받다, 초청을 수락하다

13 최대한 [부]

maximum / 最大限度 / tối đa, nhất có thể

그는 자기가 맡은 일을 끝내려고 최대한 노력했다.

저는 대학 때 전공을 최대한 살려서 취직하고 싶어요.

(반) 최소한
- 최대한 노력하다, 최대한 협조하다, 최대한 활용하다, 최대한 누리다

14 최신 [명]

latest / 最新 / gần đây, mới nhất

그 행사에는 최신 기술로 만든 신상품들이 전시되었다.

저는 이번에 새로 나온 최신 모델의 휴대폰을 구입했어요.

- 최신 정보, 최신 기술, 최신 유행, 최신 설비

15 최종 [명]

final / 最终 / cuối cùng

서류 심사에 합격한 지원자들이 최종 면접을 초조하게 기다리고 있다.

이번 경기에서 우승한 사람이 최종 결승에 진출할 예정입니다.

(반) 최초
- 최종 목표, 최종 결정, 최종 선택, 최종 심사, 최종 단계

16 최초 [명]

first / 最初 / đầu tiên, sớm nhất

'홍길동전'이라는 소설은 한글로 쓴 최초의 소설이다.

이곳은 우리나라에서 최초로 설립된 학교입니다.

(반) 최종

17 추가 [명]

addition / 追加 / phép cộng, thêm vào

모집 공고에 지원자가 적어서 추가 모집을 하려고 한다.

5명이 먹기엔 양이 적어서 음식을 추가로 주문했어요.

(반) 삭제
- 추가(를) 하다, 추가(가) 되다
- 추가로 공급하다, 추가로 배치하다

18 추위 [명]

cold / 寒冷 / cái lạnh, cái rét

아이들은 배고픔과 추위에 떨다가 정신을 잃고 말았다.

저는 추위를 많이 타는 편이라서 옷을 많이 껴입었어요.

(반) 더위
- 추위를 타다, 추위를 견디다, 추위를 이기다, 추위를 막다

19 추진 명

promotion, propulsion / 推進 / đẩy tới, xúc tiến

그는 요즘 새로운 사업을 추진 중이라서 정신이 없다.
반대 의견이 많지만 기존 계획대로 추진을 하려고 해요.

유 진행
- 추진력
- 추진(을) 하다, 추진(이) 되다
- 사업을 추진하다, 계획을 추진하다, 업무를 추진하다

20 축소하다 동
[축쏘하다]

축소하고, 축소해서,
축소하면, 축소합니다

reduce / 縮小 / co lại, giảm thiểu, thu nhỏ

인터넷 지도는 원하는 곳을 축소하거나 확대해서 볼 수 있다.
경기가 좋지 않아서 사업 규모를 축소해야 할 것 같아요.

반 확대하다
- 사업을 축소하다, 예산을 축소하다, 조직을 축소하다, 사건을 축소하다

21 출신 명
[출씬]

origin / 出身 / xuất thân

말할 때 억양을 들어보면 출신 지역을 알 수 있다.
체육 선생님 중에는 운동선수 출신이 많은 편이에요.

- N(신분, 직업, 학교, 지역 등) + 출신

22 출연 명

appearance / 出演 / trình diễn, biểu diễn

그 사람은 한일 합작 드라마에 주인공으로 출연을 하기로 결정했다.
그 배우는 감독을 보고 영화 출연을 결심했다고 해요.

- 출연(을) 하다, 출연(이) 되다, 출연을 결심하다
- 방송에 출연하다, 드라마에 출연하다, 라디오에 출연하다

23 출판 명

publication / 出版, 出刊 / xuất bản

그는 평생 동안 쓴 일기를 정리해서 책으로 출판을 할 계획이다.
이 책은 출판이 되자마자 사람들에게 큰 인기를 얻고 있어요.

유 출간, 발행
- 출판사, 출판업
- 출판(을) 하다, 출판(이) 되다

24 충격 명

shock / ① 冲击 ② 打击 / ① sự xung kích, sự tác động ② sốc, choáng

① 그릇이 바닥에 떨어지면서 충격을 받아 깨져 버렸다.
② 두 사람의 깜짝 결혼 발표는 주위 사람들에게 큰 충격을 주었어요.

- 충격적
- 충격을 주다, 충격을 받다, 충격이 크다, 충격이 심하다, 충격에서 벗어나다

25 충고 ^명

advice / 忠告 / khuyên bảo

그는 어떤 충고도 받아들일 준비가 안 되어 있었다.
친한 친구의 충고를 듣고 제 행동에 대해 다시 생각하게 되었어요.

> 유 조언
> • 충고(를) 하다, 충고를 듣다, 충고를 받아들이다, 충고에 따르다

26 충돌 ^명

collision / 冲突，碰撞 / xung đột, va chạm, bất đồng

부부 사이에 의견 충돌이 생길 때마다 대화로 해결하려고 노력한다.
저는 성격이 원만해서 다른 사람과 충돌을 잘 일으키지 않는 편이에요.

> 유 마찰, 분쟁
> • 충돌(을) 하다, 충돌(이) 되다, 충돌을 일으키다, 충돌을 피하다

27 취재 ^명

coverage / 采访，取材 / lấy thông tin, săn tin

나는 기사를 쓰기 위해 사고 현장에 취재를 나갔다.
그 사건의 가해자는 취재를 거부하고 문도 안 열어 줬어요.

> • 취재(를) 하다, 취재(가) 되다, 취재에 나서다, 취재에 응하다

28 침묵 ^명

silence / 沉默 / im lặng, lặng thinh

방 안에서는 아무 소리도 들리지 않고 침묵만 흐를 뿐이었다.
오랜 침묵을 깨고 드디어 그 사람이 입을 열기 시작했어요.

> • 침묵(을) 하다, 침묵이 흐르다, 침묵을 깨다, 침묵에 빠지다

29 커다랗다 ^형
[커다라타]

커다랗고, 커다래서,
커다라면, 커다랍니다

huge / 很大，巨大 / to quá

길을 가는데 갑자기 커다란 덩치의 남자가 내 앞을 가로막았다.
당신을 만난 것은 저에게 커다란 기쁨이에요.

> 유 크다   반 작다랗다
> • 커다랗다→작다랗다, 기다랗다→짤따랗다, 널따랗다→좁다랗다

30 쾌적하다 ^형
[쾌저카다]

쾌적하고, 쾌적해서,
쾌적하면, 쾌적합니다

pleasant / 舒适，适宜 / thoải mái, dễ chịu

우리 회사는 근무 환경을 쾌적하게 유지하기 위해 청소를 자주 한다.
이곳은 기후가 쾌적해서 정말 살기가 좋아요.

> 유 상쾌하다   반 불쾌하다
> • 환경이 쾌적하다, 기분이 쾌적하다, 기후가 쾌적하다

오늘의 단어 한눈에 보기! 다 외운 단어는 ☑ 해 보세요.

☐ 타고나다 [동]	☐ 타다 [동]	☐ 탄생 [명]
☐ 탈출 [명]	☐ 태우다² [동]	☐ 택하다 [동]
☐ 터지다 [동]	☐ 텅 [부]	☐ 토의 [명]
☐ 통계 [명]	☐ 통과 [명]	☐ 통증 [명]
☐ 통행 [명]	☐ 퇴직 [명]	☐ 투자 [명]
☐ 투표 [명]	☐ 틀림없다 [형]	☐ 틈 [명], [의]
☐ 파괴 [명]	☐ 판단 [명]	☐ 판매² [명]
☐ 퍼지다 [동]	☐ 편견 [명]	☐ 편의 [명]
☐ 편히 [부]	☐ 펼치다 [동]	☐ 평균 [명]
☐ 평등하다 [형]	☐ 평범하다 [형]	☐ 평상시 [명]

✎ 외우지 못 한 단어는 다음날 한 번 더 학습합니다.

01 타고나다 동

타고나고, 타고나서,
타고나면, 타고납니다

be born with / 先天，天生 / thiên bẩm, bẩm sinh, có sẵn từ khi mới sinh

그는 **타고난** 재능과 꾸준한 노력으로 성공을 이루었다.
그 사람은 천재적인 두뇌를 **타고났습니다**.

- 재능을 타고나다, 운명을 타고나다, 복을 타고나다

02 타다 동

타고, 타서,
타면, 탑니다

receive / 领，领取 / nhận (lương, thưởng)

대회에서 우승을 하여 상금과 상품을 **탔다**.
회사에서 첫 월급을 **타면** 부모님께 용돈을 드릴 거예요.

유 받다　　　　　　　반 주다
- 월급을 타다, 상금을 타다, 용돈을 타다, 복을 타고 태어나다

03 탄생 명

birth / 诞生 / sự ra đời, chào đời

이 책에는 예수의 **탄생**에 대해서 자세하게 쓰여 있다.
사고 후 그는 마치 새로 **탄생**을 한 것처럼 딴 사람이 되었어요.

유 출생　　　　　　　반 사망
- 탄생(을) 하다, 탄생(이) 되다
- 생명이 탄생하다, 인물이 탄생하다, 정권이 탄생하다, 작품이 탄생하다

04 탈출 명

escape / 脱身，逃脱 / bỏ trốn

적군에게 사로잡힌 그는 끊임없이 **탈출**을 시도했다.
동물원에서 사자 한 마리가 **탈출**을 해서 난리가 났어요.

유 도망, 탈주
- 탈출(을) 하다, 탈출을 시도하다, 탈출에 성공하다

05 태우다² 동

태우고, 태워서,
태우면, 태웁니다

burn / ① 点燃 ② 烧糊 / ① đốt cháy ② làm cháy, khét (thức ăn)

① 헤어진 여자 친구와 찍었던 사진들을 불에 모두 **태워** 버렸다.
② 냄비에 쌀을 넣고 밥을 짓다가 **태워서** 다 버렸어요.

- '타다'의 사동사
- 고기를 태우다, 쓰레기를 태우다, 애를 태우다, 마음을 태우다

06 택하다 동
[태카다]

택하고, 택해서,
택하면, 택합니다

choose / 选择 / lựa chọn

나는 힘들어도 자신에게 의미 있는 길을 **택하기**로 했다.
저는 여러 전공 중에서 경영학을 **택했어요**.

유 선택하다, 고르다
- 방법을 택하다, 날짜를 택하다, 교사를 직업으로 택하다

07 터지다 [동]

터지고, 터져서,
터지면, 터집니다

burst / ① 破裂 ② 爆炸 / nổ (bong bóng, pháo)

① 풍선이 **터지자** 깜짝 놀란 아이가 울음을 터뜨렸다.
② 새해를 맞이하는 순간에는 여기저기에서 폭죽이 **터지곤** 합니다.

- 폭탄이 터지다, 속이 터지다, 배가 터지다, 불만이 터지다, 울음이 터지다

08 텅 [부]

empty / 空空地 / trống rỗng

한참을 울고 나니 가슴이 **텅** 빈 것 같은 느낌이 들었다.
아침 일찍 출근을 했더니 사무실이 **텅** 비어 있네요.

- 텅 비다

09 토의 [명]

[토이]

discussion / 讨论，商讨 / cuộc thảo luận

이 제안에 대해서는 충분한 **토의**가 이루어졌다고 생각한다.
지금부터는 팀별로 모여서 주제에 대해 **토의**를 하겠습니다.

- 유 토론
- 토의(를) 하다, 토의(가) 되다, 토의가 진행되다

10 통계 [명]

statistics / 统计 / thống kê

최근 몇 년간 졸음운전 사고가 급증했다는 **통계**가 발표되었다.
통계에 따르면 청년 실업률이 20%에 이르렀대요.

- 통계적
- 통계를 내다, 통계가 나오다, 통계를 발표하다, 통계에 따르다

11 통과 [명]

pass / 通过 / vượt qua, thông qua

의회에서 많은 토의를 거쳐 올해 예산안 **통과**를 결정했다.
이번 주에 논문 심사가 있는데 **통과**가 안 될까 봐 걱정이에요.

- 반 탈락
- 통과(를) 하다, 통과(가) 되다, 통과(를) 시키다

12 통증 [명]

[통쯩]

pain / 疼痛 / đau nhức

허리 **통증**을 없애기 위해서는 꾸준한 관리가 필요하다.
통증이 심할 때 이 진통제를 드시면 됩니다.

- 유 아픔
- 통증이 있다, 통증이 없다, 통증이 심하다, 통증을 느끼다, 통증을 없애다

13 통행 명

passage / 通行 / thông hành

갑자기 쏟아진 폭설로 이 도로는 차량 **통행**이 통제되고 있다.
하수도 공사로 **통행**에 불편을 끼쳐 드려서 죄송합니다.

- 통행금지, 일방통행
- 통행(을) 하다, 통행이 되다, 통행을 금지하다, 통행을 개방하다

14 퇴직 명

retirement / 退休，退职 / sự nghỉ hưu

아버지는 **퇴직** 후에 퇴직금을 받아 사업을 시작하셨다.
퇴직이 얼마 남지 않아서 **퇴직** 후의 삶을 준비하고 있어요.

유 퇴사, 퇴임　　　　　반 취직
- 퇴직금, 퇴직자, 명예퇴직, 정년퇴직, 퇴직 연금
- 퇴직(을) 하다, 퇴직(이) 되다, 퇴직을 당하다, 퇴직을 강요받다

15 투자 명

investment / 投资 / đầu tư

우리 회사는 신기술 개발에 많은 **투자**를 하고 있다.
요즘 젊은 사람들은 부동산 **투자**에 관심이 많아요.

- 투자자, 투자율, 투자금
- 투자(를) 하다, 투자(가) 되다, 투자를 받다

16 투표 명

vote / 投票 / bỏ phiếu

노인 보호소 설치에 대해 주민들을 대상으로 찬반 **투표**를 실시했다.
이번 선거에 빠짐없이 모두 **투표**를 해 주시기 바랍니다.

유 선거
- 투표권, 투표일, 투표소, 투표장, 투표함
- 투표(를) 하다, 투표(가) 되다, 투표를 실시하다, 투표로 결정하다

17 틀림없다 형
[틀리멉따]

틀림없고, 틀림없어서,
틀림없으면, 틀림없습니다

certain / 无误，无疑 / không sai

최선을 다해 노력했으니 이 법안은 통과될 게 **틀림없다**.
여러 가지 상황으로 보면 그 사람이 범인임에 **틀림없어요**.

유 정확하다　　　　　반 틀리다
부 틀림없이

18 틈 명, 의

명 crack 의 time / 명 裂缝 의 暇 / 명 khe hở 의 nghỉ ngơi

명 창문 **틈**으로 차가운 바람이 조금씩 들어온다. 유 사이, 틈새
의 요즘 한창 바쁠 때라서 쉴 **틈**이 없어요. 유 시간, 여유

- 틈이 나다, 틈이 있다, 틈이 없다, 틈이 생기다, 틈이 벌어지다
- V-ㄹ 틈이 없다

19 파괴 명

destruction / 破坏 / sự phá hủy

한번 **파괴**가 된 환경은 다시 되돌리기가 매우 힘들다.
신선한 우유를 끓이면 영양이 **파괴**가 된다고 해요.

- 파괴적, 파괴력, 파괴자
- 파괴(를) 하다, 파괴(가) 되다, 파괴(를) 시키다
- 건물을 파괴하다, 자연을 파괴하다, 가정을 파괴하다

20 판단 명

judgment / 判断 / sự phán xét

사람을 볼 때 겉모습만 보고 **판단**을 해서는 안 된다.
무엇이 옳은 결정인지 잘 **판단**이 되지 않아요.

- 판단력
- 판단(을) 하다, 판단(이) 되다, 판단이 서다, 판단을 내리다

21 판매² 명

sale / 销售 / sự bán hàng

불황 속에서도 명품 **판매**가 급증하고 있다.
요즘 중고 제품 **판매**가 늘고 있어요.

- 반 구매, 구입
- 판매자, 판매처, 판매액, 판매량
- 판매(를) 하다, 판매(가) 되다, 판매가 늘다, 판매가 줄다

22 퍼지다 동

퍼지고, 퍼져서,
퍼지면, 퍼집니다

spread / 扩散，散播 / lây lan

전염병이 매우 빠른 속도로 전 세계로 **퍼지기** 시작했다.
그 사람이 고향으로 돌아왔다는 소문이 온 동네로 **퍼졌어요**.

- 유 확산되다, 전파되다
- N이/가 퍼지다, N에/(으)로 퍼지다
- 소문이 퍼지다, 향기가 퍼지다, 마을에 퍼지다, 사방으로 퍼지다

23 편견 명

prejudice / 偏见 / thiên kiến, thành kiến

편견에 사로잡히면 잘못된 판단을 할 수 있다.
저는 장애인에 대한 사람들의 **편견**을 깨뜨리고 싶어요.

- 편견이 있다, 편견을 가지다, 편견을 버리다, 편견에 빠지다, 편견에 사로잡히다, 편견에서 벗어나다

24 편의 명
[펴니]

convenience / 便利，方便 / sự tiện lợi

특정한 사람들의 **편의**를 봐 주는 것은 바람직하지 않다.
지역 주민들의 **편의**를 위해 학교 운동장을 개방해 놓았어요.

- 편의점, 편의성, 편의 시설
- 편의를 봐 주다, 편의를 생각하다, 편의를 고려하다, 편의를 도모하다

25 편히 부

comfortably / 舒服地 / một cách thoải mái, một cách dễ chịu

오늘 할 일을 모두 마친 후에 마음 편히 침대에 누웠다.
시험 준비로 고생 많았으니 주말에는 편히 쉬세요.

> 형 편하다
> • 편히 쉬다, 편히 살다, 편히 자다, 편히 모시다

26 펼치다 동

펼치고, 펼쳐서,
펼치면, 펼칩니다

① open, unfold ② realize / ① 打开，翻开 ② 展开，实现 / ① mở ra (sách) ② theo đuổi (ước mơ)

① 친구는 책을 펼쳐 놓고 공부는 안 하고 잠만 자고 있다.
② 드디어 제 꿈을 펼칠 기회가 온 것 같아요.

> • 책을 펼치다, 우산을 펼치다, 경기를 펼치다, 꿈을 펼치다, 주장을 펼치다

27 평균 명

average / 平均 / trung bình, bình quân

평균 수명이 길어졌기 때문에 미리 노후 준비를 하는 것이 좋다.
진급하려면 평균이 80점 이상 나와야 하는데 걱정이네요.

> • 평균 수명, 평균 연령, 평균 성적, 평균 기온
> • 평균이 되다, 평균이 나오다, 평균을 내다, 평균을 계산하다

28 평등하다 형

평등하고, 평등해서,
평등하면, 평등합니다

equal / 平等 / bình đẳng

사회에 존재하는 불평등한 문제를 해결하면 평등한 사회가 될 것이다.
법은 권력이나 지위에 관계없이 모든 국민에게 평등해야 돼요.

> 반 불평등하다
> • 대우가 평등하다, 기회가 평등하다, 평등하게 대하다

29 평범하다 형

평범하고, 평범해서,
평범하면, 평범합니다

ordinary / 平凡，一般 / bình thường

그 사람은 매우 평범하고 성실한 사람이다.
저는 지금처럼 평범하게 사는 게 좋아요.

> 반 유별나다, 특이하다, 특별하다, 비범하다
> • 외모가 평범하다, 행동이 평범하다

30 평상시 명

usual / 平常，平时 / thông thường, lúc bình thường

오늘 모임이 있어서 평상시와 좀 다르게 옷을 차려 입었다.
저는 평상시에 고기보다 생선을 자주 먹는 편이에요.

> 유 평소

오늘의 단어 한눈에 보기! 다 외운 단어는 ☑ 해 보세요.

☐ 평생 [명]　　　☐ 평화 [명]　　　☐ 폐지 [명]

☐ 포근하다 [형]　☐ 폭넓다 [형]　☐ 폭력 [명]

☐ 폭발 [명]　　　☐ 폭설 [명]　　　☐ 표면 [명]

☐ 표준어 [명]　　☐ 푸다 [동]　　　☐ 풀어지다 [동]

☐ 품다 [동]　　　☐ 풍기다 [동]　　☐ 풍부하다 [형]

☐ 풍속 [명]　　　☐ 필수 [명]　　　☐ 핑계 [명]

☐ 하도 [부]　　　☐ 학력 [명]　　　☐ 학문 [명]

☐ 한결 [부]　　　☐ 한계 [명]　　　☐ 한꺼번에 [부]

☐ 한눈 [명]　　　☐ 한순간 [명]　　☐ 한창 [부], [명]

☐ 할부 [명]　　　☐ 함부로 [부]　　☐ 합리적 [관], [명]

✎ 외우지 못 한 단어는 다음날 한 번 더 학습합니다.

01 평생 명

lifetime / 平生，一生 / suốt đời

그 신부님은 **평생** 가난한 사람들을 위해 헌신하셨다.
저는 **평생** 동안 추억을 많이 만들며 살아가고 싶어요.

유 일생
• 평생을 같이하다, 평생을 두다, 평생을 걸치다

02 평화 명

peace / 平和 / hòa bình

노벨 **평화**상은 인류의 **평화**에 이바지한 사람에게 수여하는 상이다.
지구촌에 분쟁보다 **평화**를 꿈꾸는 사람이 많아지기를 바라요.

• 평화적, 평화주의
• 평화롭다, 평화를 지키다, 평화를 이루다, 평화를 깨뜨리다

03 폐지 명
[폐지]

abolition / 廢止，廢除 / sự bãi bỏ, hủy

올해부터 성적 장학금은 **폐지**가 되고 복지 시설을 확충하기로 했다.
그 회사에는 지원 자격 조건에 나이 제한이 있었는데 **폐지**가 됐어요.

• 폐지(를) 하다, 폐지(가) 되다
• 제도를 폐지하다, 정책을 폐지하다, 법을 폐지하다

04 포근하다 형
포근하고, 포근해서,
포근하면, 포근합니다

warm, cozy / 柔軟，柔和，温暖 / ấm áp , ấm cúng

날이 추워지면서 침실을 **포근한** 이불로 바꾸고 **포근한** 분위기로 꾸몄다.
호텔 이불이 부드럽고 **포근해서** 호텔에서 묵는 동안 잠을 푹 잤어요.

유 푸근하다
• 날씨가 포근하다, 마음이 포근하다, 엄마 품이 포근하다

05 폭넓다 형
[퐁널따]

wide / 广泛 / rộng lớn, rộng khắp

독서는 **폭넓은** 지식과 경험을 쌓게 해 주고 사고의 폭도 넓혀 준다.
그는 성격이 원만해서 **폭넓은** 인간관계를 맺고 있어요.

폭넓고, 폭넓어서,
폭넓으면, 폭넓습니다

• 마음이 폭넓다, 활동이 폭넓다, 시야가 폭넓다

06 폭력 명
[퐁녁]

violence / 暴力 / bạo lực

폭력에는 신체적 **폭력**뿐만 아니라 정신적, 심리적 **폭력**도 포함된다.
아이가 학교 **폭력**을 당해서 학교에 가기 싫어해요.

• 폭력적, 폭력성, 성폭력, 언어폭력, 학교 폭력, 가정 폭력
• 폭력을 쓰다, 폭력을 가하다, 폭력을 휘두르다, 폭력을 당하다

07 폭발 ^명
[폭빨]

explosion / 爆发 / vụ nổ

그는 스스로 기분 조절이 안 되고 감정 **폭발**이 잦아 불안한 상태이다.
안전사고가 잇따라 발생하면서 소비자들의 불만이 **폭발** 직전이에요.

- 폭발적, 폭발력, 폭발성
- 폭발(을) 하다, 폭발(이) 되다

08 폭설 ^명
[폭썰]

heavy snow / 暴雪 / bão tuyết

폭설로 도로가 얼어붙은 곳이 많으니 사고가 나지 않도록 주의해야 한다.
올 겨울에는 한파와 **폭설**이 많다고 하니 대비책을 마련해야 해요.

- 폭설이 내리다, 폭설이 쏟아지다
- 폭설-폭우-폭풍

09 표면 ^명

surface / 表面 / bề mặt

나무의 **표면**은 거칠면서도 부드러웠다.
표면에 드러나는 것만 보고 사람을 판단해서는 안 돼요.

- 유 바깥쪽, 겉쪽, 겉면
- 표면적
- 표면으로 나타나다, 표면에 드러나다, 표면에 떠오르다

10 표준어 ^명

standard language / 标准语 / ngôn ngữ chuẩn, tiếng chuẩn

사투리는 어느 한 지방에서만 쓰는, **표준어**가 아닌 말을 일컫는다.
표준어는 한 나라에서 공용으로 사용하는 언어예요.

- 유 표준말　　　　　　　　반 사투리, 방언
- 표준어를 사용하다, 표준어를 구사하다

11 푸다 ^동
푸고, 퍼서,
푸면, 풉니다

scoop / 盛，舀 / múc ra, xúc, xới

쌀 보관함은 쌀을 담고 **푸는** 게 편리할 뿐만 아니라 벌레도 생기지 않는다.
주걱으로 밥을 **퍼서** 그릇에 담았어요.

- 밥을 푸다, 국을 푸다, 흙을 푸다, 물을 푸다

12 풀어지다 ^동
풀어지고, 풀어져서,
풀어지면, 풀어집니다

① come untied ② relax / ① 被解开 ② 消除 / ① tháo ra (dây)
② giải tỏa (căng thẳng)

① 달리기를 하기 전에 운동화 끈이 **풀어지지** 않도록 단단히 묶었다.
② 시험이 끝나고 나니 긴장이 **풀어졌는지** 너무 졸리고 피곤해요.

- 유 풀리다
- 끈이 풀어지다, 붕대가 풀어지다, 감정이 풀어지다

347

13 품다 [동]

품고, 품어서,
품으면, 품습니다

embrace, incubate / 抱 / ôm, ghì, ấp

엄마는 우는 아이를 가슴에 **품고** 달랬다.
닭이 아침에 알을 **품는** 모습이 신기했어요.

- 불만을 품다, 앙심을 품다, 애정을 품다, 호기심을 품다
- 관용구 가슴에 칼을 품다

14 풍기다 [동]

풍기고, 풍겨서,
풍기면, 풍깁니다

emit / 散发 / tỏa ra, bốc ra (mùi)

저녁마다 옆집에서 맛있는 음식 냄새가 **풍긴다**.
커피를 마시러 카페에 갔는데 맛있는 빵 냄새가 **풍겨서** 빵도 사 먹었어요.

- N이/가 풍기다, N을/를 풍기다
- 악취가 풍기다, 인간미가 풍기다, 인간미를 풍기다, 분위기를 풍기다

15 풍부하다 [형]

풍부하고, 풍부해서,
풍부하면, 풍부합니다

abundant / 丰富 / giàu có

이 나라는 자원이 **풍부해서** 그런지 사람들의 삶이 여유로워 보인다.
그녀는 감정이 **풍부해서** 눈물도 많고 공감력도 뛰어나요.

- 유 넉넉하다, 풍성하다　　　　반 부족하다
- 자원이 풍부하다, 지식이 풍부하다, 경험이 풍부하다, 내용이 풍부하다

16 풍속 [명]

customs / ① 风尚，风气 ② 风俗 / phong tục

① **풍속**은 옛날부터 그 사회에 전해 내려오는 생활 전반의 습관을 말한다.
② 시대가 바뀌면서 명절 **풍속**도 변화하고 있어요.

- 유 풍습

17 필수 [명]

[필쑤]

essential / 必须，必需 / thiết yếu

건강 검진은 건강한 미래를 위해 선택이 아닌 **필수**이다.
행복의 **필수** 조건이 뭐라고 생각하세요?

- 필수적, 필수품, 필수 조건, 필수 과목, 필수 성분

18 핑계 [명]

excuse / 借口，说辞 / biện minh

요즘엔 여유가 없다는 **핑계**로 책 한 권도 못 읽고 있다.
자기 계발이나 미래를 위한 투자에 시간이 없다는 것은 **핑계**일 뿐이죠.

- 유 변명
- 핑계가 있다, 핑계가 되다, 핑계를 대다
- 속담 핑계 없는 무덤이 없다

19 **하도** 부

so much / 很，太，非常 / quá mức, nhiều

지난밤에 하도 눈이 많이 와서 도로가 마비가 될 정도였다.
하도 답답하고 힘들어서 회사를 그만두었어요.

유 너무
• 하도 + V/A-아/어서

20 **학력** 명
[항녁]

academic background / 学历 / học lực

공무원 지원 자격에서 나이와 학력 제한이 폐지되었다.
사람들의 학력이 높아지면서 직업을 고르는 조건도 까다로워졌어요.

• 고학력, 저학력, 최종 학력, 학력 격차
• 학력이 높다, 학력이 낮다, 학력을 제한하다

21 **학문** 명
[항문]

study / 学问，学识 / học vấn

교수는 대학에서 학문을 가르치고 연구하는 사람이다.
대학은 학문을 하는 곳이지 직업인을 양성하는 곳이 아니에요.

• 학문적
• 학문에 힘쓰다, 학문을 닦다, 학문에 몰두하다

22 **한결** 부

much / 更，更加 / hơn hẳn, nâng cao

몸이 안 좋았는데 푹 자고 나니 한결 나아졌다.
아들의 전화를 받고 마음이 한결 편안해졌어요.

유 한층, 훨씬, 더욱

23 **한계** 명

limit / 界限 / giới hạn

나는 나의 한계를 극복하고 반드시 꿈을 이룰 것이다.
도전에 한계란 없으니까 할 수 있는 데까지 최선을 다할 거예요.

유 제한, 한도
• 한계에 이르다, 한계에 다다르다, 한계가 드러나다, 한계를 극복하다, 한계를 넘다

24 **한꺼번에** 부

all at once / 一下子 / vào một lần, một lượt

공연장에 팬들이 한꺼번에 몰리면서 대혼란이 발생했다.
저는 여자들이 한꺼번에 여러 일을 해내는 것이 신기해요.

유 동시에

25 한눈 명

at a glance / 一眼，一见 / liếc nhìn, nhìn lướt

이 식당은 눈에 띄는 간판 덕분에 한눈에 찾을 수 있었다.
그를 보자마자 한눈에 그가 경찰이라는 것을 알아봤어요.

• 한눈에 반하다, 한눈에 알아보다, 한눈에 들어오다
관용구 한눈을 팔다

26 한순간 명

a moment / 一瞬间 / một khoảnh khắc

사고는 한순간의 실수에서 비롯되는 경우가 많으니 주의해야 한다.
아이가 하도 여기저기 돌아다녀서 한순간도 눈을 뗄 수가 없어요.

27 한창 부, 명

(at the) peak / 부 正值 명 正旺 / 부 đỉnh điểm 명 thời huy hoàng, sung mãn

부 한창 크는 아이들은 성장을 위해 영양소를 골고루 섭취해야 한다.
명 요즘 대학교에는 축제가 한창입니다. 유 한창때

28 할부 명

installment / 分期付款 / trả góp

국가 지원금을 받아 전기 자동차를 60개월 할부로 구입했다.
냉장고를 사려고 하는데 무이자 할부는 몇 개월까지 가능한가요?

반 일시불
• 할부(를) 하다, 할부가 되다, 할부로 사다

29 함부로 부

carelessly / 随意，随便 / tùy tiện, không suy nghĩ

정부는 국민들이 낸 세금을 함부로 쓰면 안 된다.
다른 사람을 함부로 대하는 사람과는 사귀지 않는 것이 좋아요.

유 막, 마구
• 함부로 대하다, 함부로 행동하다, 함부로 다루다

30 합리적 관, 명
[함니적]

rational / 合理的 / hợp lý

관 합리적 소비를 하려면 가격 비교를 하고 구입하는 게 좋다.
명 토론이야말로 합리적이고 민주적인 의사소통 방법이라고 생각해요.

유 이성적   반 비합리적, 불합리적

오늘의 단어 한눈에 보기! 다 외운 단어는 ☑ 해 보세요.

☐ 합하다 [동]　　　☐ 항의 [명]　　　☐ 해결책 [명]

☐ 해당 [명]　　　☐ 해롭다 [형]　　　☐ 해방 [명]

☐ 해석 [명]　　　☐ 해설 [명]　　　☐ 해소 [명]

☐ 핵심 [명]　　　☐ 행하다 [동]　　　☐ 향기 [명]

☐ 향상 [명]　　　☐ 허가 [명]　　　☐ 허용 [명]

☐ 험하다 [형]　　　☐ 헤매다 [동]　　　☐ 헤아리다 [동]

☐ 헤엄치다 [동]　　　☐ 현상 [명]　　　☐ 현실 [명]

☐ 현장 [명]　　　☐ 협력 [명]　　　☐ 협조 [명]

☐ 형성 [명]　　　☐ 형식 [명]　　　☐ 형편 [명]

☐ 혜택 [명]　　　☐ 호감 [명]　　　☐ 호기심 [명]

✎ 외우지 못 한 단어는 다음날 한 번 더 학습합니다.

01 합하다 [동]
[하파다]

합하고, 합해서,
합하면, 합합니다

combine / 合，合一 / gom góp, dồn, gộp

온 국민이 힘을 합하면 어려운 경제 상황에서 벗어날 수 있을 것이다.
저는 동생과 용돈을 합해서 어머니의 선물을 샀어요.

🔵 합치다　　　　　　　　　🔴 나누다
• 힘을 합하다, 의견을 합하다, 용돈을 합하다

02 항의 [명]
[항이]

protest / 抗议 / phản kháng, quở trách, chống đối

잘못된 기사로 인해 신문사에 항의 전화가 빗발쳤다.
경기 중 심판에게 과도하게 항의를 하면 퇴장까지 당할 수 있어요.

• 항의(를) 하다, 항의를 듣다, 항의를 받다, 항의가 빗발치다

03 해결책 [명]

solution, remedy / 解决方法 / giải pháp

갈수록 심각해지는 아동 학대에 대한 근본적인 해결책이 필요하다.
문제에 대한 해결책을 찾아내려면 먼저 문제의 원인을 파악해야 해요.

• 해결책을 마련하다, 해결책을 제시하다, 해결책을 모색하다

04 해당 [명]

applicable, relevant / 相关 / ① cái tương ứng ② sự phù hợp

① 교통 민원은 해당 기관에 직접 전화하거나 이메일을 보내면 된다.
② 장학금을 신청하려는데 제가 자격 조건에 해당이 될까요?

• 해당자, 해당 조건, 해당 분야, 해당 부서, 해당 기관
• 해당하다, 해당(이) 되다

05 해롭다 [형]
[해롭따]

해롭고, 해로워서,
해로우면, 해롭습니다

harmful / 有害 / có hại

간접흡연도 흡연하는 것만큼 건강에 해롭다.
스마트폰을 오래 사용하면 눈 건강에 해로워요.

🔵 나쁘다　　　　　　　　　🔴 이롭다
• N1이/가 N2에/에게 해롭다
• 담배가 몸에 해롭다, 담배가 아이에게 해롭다

06 해방 [명]

liberation / 解放 / giải phóng

해방은 구속하거나 가두어 두었던 것을 풀어서 자유롭게 한다는 뜻이다.
이 책은 여성, 흑인, 성소수자들의 해방 운동에 대한 책이에요.

• 해방(을) 하다, 해방(이) 되다, 해방을 맞다, 해방을 꿈꾸다

07 해석 명

interpretation / 解释 / giải nghĩa, phân tích

같은 사건도 누가 어떻게 해석을 하느냐에 따라 결과가 달라진다.
그 이유는 사람은 누구나 자기중심적으로 해석을 하기 때문이에요.

- 해석(을) 하다, 해석(이) 되다

08 해설 명

explanation / 解说，讲解 / sự diễn giải

이번 시인과의 만남에서는 시인의 낭독과 해설을 직접 들을 수 있다.
이 책은 기출문제와 자세한 해설이 나와 있어서 공부하기 편해요.

- 해설가, 해설자, 해설문
- 해설(을) 하다, 해설(이) 되다, 해설을 듣다

09 해소 명

resolution / 解决，消除 / sự giải tỏa

우리 회사는 청년 실업 문제 해소 및 지역 경제 활성화에 기여하고 있다.
걷기 운동은 스트레스 해소에 가장 좋은 운동이에요.

- 해소(를) 하다, 해소(가) 되다
- 스트레스를 해소하다, 피로를 해소하다, 갈등을 해소하다

10 핵심 명
[핵씸]

core / 核心 / trọng tâm

인구 감소 문제의 핵심은 주택 문제를 어떻게 해결하느냐에 달려 있다.
연설을 끝내자 청취자가 핵심을 찌르는 질문을 해서 당황했어요.

- 핵심이 되다, 핵심을 찌르다, 핵심을 집어내다, 핵심에서 벗어나다

11 행하다 동
행하고, 행해서,
행하면, 행합니다

perform / 行使，执行 / thực hiện, thi hành

권선징악은 선을 행하면 복을 받고 악을 행하면 벌을 받는다는 뜻이다.
우리 마을은 새해가 되면 옛날부터 전해진 전통 의식을 행하고 있어요.

- 유 실행하다
- 업무를 행하다, 의식을 행하다, 권리를 행하다, 폭력을 행하다

12 향기 명

fragrance / 香气，香味 / hương thơm

시민들이 활짝 핀 국화꽃 향기를 맡으며 깊어 가는 가을을 즐기고 있다.
이곳의 커피는 향기가 풍부하고 맛이 진해서 정말 맛있어요.

- 유 향
- 반 악취
- 향기롭다, 향기가 나다, 향기가 짙다, 향기가 풍기다, 향기를 맡다

13 향상 명

improvement / 提高，进步 / nâng cao

각 지역에서는 농산물 품질 **향상**을 위해 지원을 하고 있다.
외국어 실력 **향상**을 위해서 열심히 공부하고 있어요.

- 향상(을) 하다, 향상(이) 되다, 향상을 시키다
- 실력이 향상되다, 수준이 향상되다, 품질이 향상되다

14 허가 명

permission / 许可 / giấy phép, sự đồng ý

시청 광장에서 공연을 하려면 먼저 시청의 **허가**를 받아야 한다.
우리 집에서는 아버지의 **허가**가 있어야 무슨 일이든 할 수 있어요. 유 허락

- 허가(를) 하다, 허가(가) 되다, 허가가 나다, 허가를 받다, 허가를 얻다
- 입학을 허가하다, 운영을 허가하다, 시위를 허가하다

15 허용 명

allowance / 容许，允许 / cho phép (làm gì đó)

최근 많은 나라에서는 안락사의 **허용** 여부에 대한 논의가 뜨겁다.
건강을 회복하자 병원 밖으로도 외출 **허용**이 되었어요.

- 허용(을) 하다, 허용(이) 되다
- 통행을 허용하다, 복직을 허용하다

16 험하다 형

험하고, 험해서,
험하면, 험합니다

rough / ① 险峻 ② 艰险 / ① hiểm trở (đường đi) ② nguy hiểm

① 설악산은 산길이 가파르고 **험해서** 등산하기 쉽지 않다.
② 진정한 민주 국가로 가는 길은 아직 멀고도 **험하네요**.

- 길이 험하다, 인상이 험하다, 분위기가 험하다, 일이 험하다
- 관용구 입이 험하다

17 헤매다 동

헤매고, 헤매서,
헤매면, 헤맵니다

wander / 徘徊，彷徨 / đi lòng vòng, lạc đường

길에서 **헤매고** 있는 유기견을 발견해서 보호소에 구조를 요청했다.
친구의 집을 못 찾아서 한참을 **헤매다가** 결국 친구가 데리러 왔어요.

- 길을 헤매다, 꿈속을 헤매다, 미로를 헤매다

18 헤아리다 동

헤아리고, 헤아려서,
헤아리면, 헤아립니다

count / 数，计 / đếm, dò xét

밤하늘의 수많은 별을 보며 별을 **헤아려** 보았다.
휴가까지 남은 날짜를 **헤아려** 봤는데 아직 멀었어요.

유 세다
- 개수를 헤아리다, 날짜를 헤아리다, 심정을 헤아리다

19 헤엄치다 동

헤엄치고, 헤엄쳐서,
헤엄치면, 헤엄칩니다

swim / 游泳，游动 / bơi

강에서 물고기가 **헤엄칠** 때마다 잔잔하게 물결이 흔들렸다.
저는 어렸을 때 계곡에서 **헤엄치며** 놀았어요. 유 수영하다

20 현상 명

phenomenon / 现象 / hiện tượng

폭염과 열대야 **현상**으로 전력 소비량이 증가하고 있다.
열대야는 밤이 되어도 밖의 온도가 25℃ 이상으로 지속되는 **현상**이다.

- 현상이 나타나다, 현상이 일어나다, 현상을 보이다

21 현실 명

reality / 现实 / thực tế, hiện thực

드라마 속 주인공은 이상과 **현실** 사이의 차이를 극복하려 노력하고 있다.
상상은 곧 **현실**이 된다는 말처럼 상상만 했던 일이 진짜로 일어났어요.

- 반 꿈, 이상
- 현실적, 현실감
- 현실이 되다, 현실을 바라보다, 현실을 부정하다

22 현장 명

site, scene / 现场 / hiện trường, tại địa điểm nào đó

영화에 함께 출연하는 배우들과 친해져서 촬영 **현장** 분위기가 즐거웠다.
지난 월요일 밤 이곳에서 사고 **현장**을 목격한 사람을 찾고 있습니다.

- 현장감, 사고 현장, 건설 현장, 현장 실습, 현장 경험

23 협력 명

[혐녁]

cooperation, working together / 协力，协作 / hợp lực

유엔은 이상 기후 문제 해결에 대한 국제 사회의 **협력**을 강조했다.
친구와는 경쟁보다는 **협력**을 하며 우정을 키우는 것이 중요해요.

- 유 협조
- 협력(을) 하다, 협력이 되다, 협력을 요청하다

24 협조 명

[협쪼]

cooperation, support / 协助，相助 / hợp tác

의사들이 정부의 정책에 반대하며 간호사들에게 파업 **협조**를 요청했다.
우리 회사는 여러분의 적극적인 **협조**로 더욱 성장할 수 있었습니다.

- 협조적
- 협조(를) 하다, 협조(가) 되다, 협조를 구하다, 협조를 요청하다

25 형성 명

formation / 形成 / sự hình thành

청소년들의 올바른 인격 **형성**은 가정에서 시작된다.
아무리 가족이라도 공감대가 **형성**이 되어야 서로 이해할 수 있어요.

- 형성(을) 하다, 형성(이) 되다
- 국가를 형성하다, 가치관을 형성하다, 여론을 형성하다

26 형식 명

form / 形式 / hình thức

논문은 논리적 **형식**을 갖추어 서론부터 결론까지 구성에 맞게 써야 한다.
무슨 일이든지 **형식**도 중요하지만 내용이 더 중요하다고 생각해요.

- 형식적
- 형식이 있다, 형식이 맞다, 형식을 갖추다

27 형편 명

circumstances, condition / ① 情況 ② 境況, 生活状況 / ① tình hình ② hoàn cảnh gia đình

① 세상 돌아가는 **형편**을 알아야 문제가 생겨도 해결할 수 있다. 유 상황
② 집안 **형편**이 넉넉하지 않아서 꿈을 포기할 수밖에 없었어요. 유 살림

- 형편이 좋다, 형편이 어렵다, 형편을 살피다

28 혜택 명
[혜택]

benefit / 惠泽, 恩泽 / ưu đãi

현대인들은 문명의 **혜택** 속에서 안락하고 풍요로운 삶을 누리고 있다.
이 카드로 할인 **혜택**을 받을 수 있는 방법을 알려 주시겠습니까?

- 혜택을 주다, 혜택을 받다, 혜택을 보다, 혜택을 누리다

29 호감 명

favorable impression / 好感 / hảo cảm, ấn tượng tốt

칭찬은 상대방에게 없던 **호감**도 생기게 해 준다.
제가 그 사람을 좋아한다기보다 그냥 **호감**이 있을 뿐이에요.

반 악감
- 호감이 가다, 호감을 갖다, 호감을 느끼다, 호감을 사다, 호감을 주다

30 호기심 명

curiosity / 好奇心 / sự tò mò

호기심은 새로운 걸 좋아하거나 모르는 걸 알고 싶어 하는 마음이다.
아이는 **호기심**이 많아서 질문을 많이 해요.

- 호기심이 있다, 호기심이 생기다, 호기심을 유발하다

오늘의 단어 한눈에 보기! 다 외운 단어는 ☑ 해 보세요.

□ 호흡 명 　　□ 혼내다 동 　　□ 홍보 명

□ 홍수 명 　　□ 화제 명 　　□ 화창하다 형

□ 확대 명 　　□ 확보 명 　　□ 확산 명

□ 확신 명 　　□ 확실하다 형 　　□ 확장 명

□ 환상 명 　　□ 활기 명 　　□ 활용 명

□ 회복 명 　　□ 효과적 명 　　□ 효도 명

□ 효율적 명 　　□ 후회스럽다 형 　　□ 훈련 명

□ 훔치다 동 　　□ 흉내 명 　　□ 흔들리다 동

□ 흔하다 형 　　□ 흘러나오다 동 　　□ 흥미 명

□ 흥분 명 　　□ 흩어지다 동 　　□ 힘껏 부

✎ 외우지 못 한 단어는 다음날 한 번 더 학습합니다.

01 호흡 _명

breath / 呼吸 / thở, hô hấp

심한 운동을 한 후에 숨이 차고 **호흡**이 가쁜 것은 자연스러운 현상이다.
저는 더운 여름에도 **호흡**이 편한 마스크를 사용하고 있어요.

> ⑨ 숨쉬기
> • 호흡기, 인공호흡
> • 호흡(을) 하다, 호흡이 가쁘다, 호흡을 가다듬다, 호흡이 멎다
> 관용구 호흡이 맞다, 호흡을 맞추다

02 혼내다 _동

혼내고, 혼내서,
혼내면, 혼냅니다

scold / 训斥，呵斥 / la mắng

아이들이 장난을 너무 심하게 쳐서 엄마가 아이들을 **혼냈**다.
아이들이 어렸을 때는 말을 하도 안 들어서 많이 **혼냈**어요.

> ⑨ 야단치다, 꾸중하다, 꾸짖다
> • '혼을 내다'의 줄임말

03 홍보 _명

publicity / 宣传 / quảng cáo

제품의 질도 중요하지만 많은 사람에게 제품을 알리는 **홍보**도 중요하다.
최근 유튜브나 인스타그램 등 SNS를 이용한 **홍보**가 활발합니다.

> ⑨ 광고
> • 홍보력, 홍보 팀, 홍보 용품
> • 홍보(를) 하다, 홍보(가) 되다

04 홍수 _명

flood / 洪水 / lũ lụt

이상 기후 현상이 증가하면서 폭우로 인한 **홍수**도 늘어났다.
이번 여름에 **홍수**가 나서 농작물이 침수 피해를 입었어요.

> ⑪ 가뭄
> • 홍수가 나다, 홍수를 막다

05 화제 _명

topic / 话题 / tiêu đề, tên, chủ đề

상대방과 관련된 **화제**로 이야기하면 대화를 자연스럽게 이어갈 수 있다.
동창들과 학창 시절을 **화제**로 이야기하다 보니 시간 가는 줄 몰랐어요.

> ⑨ 이야깃거리, 화젯거리
> • 화제가 되다, 화제로 삼다, 화제에 오르다, 화제를 바꾸다, 화제를 돌리다

06 화창하다 _형

화창하고, 화창해서,
화창하면, 화창합니다

sunny / 和畅，风和日丽 / nhiều nắng, ôn hòa, ấm áp

날씨가 **화창해**서 아이와 공원에 가서 산책을 했다.
오늘은 장맛비가 그치고 모처럼 **화창한** 하늘을 볼 수 있겠습니다.

> ⑨ 맑다, 청명하다

07 확대 명
[확때]

expansion / 扩大 / sự mở rộng

이 프로그램은 확대 기능이 있기 때문에 모든 화면을 크게 볼 수 있다.
이 카메라는 자동으로 초점을 확대 또는 축소해 줍니다.

> (반) 축소
> • 확대(를) 하다, 확대(가) 되다
> • 크기를 확대하다, 공급을 확대하다, 수출을 확대하다

08 확보 명
[확뽀]

securing / 确保，获取 / sự đảm bảo

신종 감염병 치료와 관련해 부작용 우려에 따른 안전성 확보가 필요하다.
사건의 충분한 증거 확보를 위해 경찰이 현장을 구석구석 조사했어요.

> (반) 미확보
> • 확보(를) 하다, 확보(가) 되다
> • 고객을 확보하다, 예산을 확보하다, 공간을 확보하다

09 확산 명
[확싼]

spread / 扩散 / khuếch tán

대중문화는 대중 매체의 확산으로 인해 발전했다.
전염병 확산을 막기 위해서는 손을 잘 씻는 것이 중요해요.

> • 확산(을) 하다, 확산(이) 되다
> • 전염병이 확산되다, 피해가 확산되다, 분위기가 확산되다

10 확신 명
[확씬]

conviction / 确信，坚信 / tin vào

자신의 꿈에 믿음과 확신을 가지면 자연스럽게 꿈을 이루게 될 것이다.
이 일을 하면 행복해질 수 있을 거라는 확신이 들었어요.

> (반) 불신
> • 확신(을) 하다, 확신이 서다, 확신이 들다, 확신을 가지다, 확신이
>   없다

11 확실하다 형
[확씰하다]

확실하고, 확실해서,
확실하면, 확실합니다

certain / 确实，准确 / chắc chắn

아무리 잘못했어도 확실한 증거가 없으면 처벌이 불가능하다.
매일 한 시간씩 이 기구를 사용하면 확실한 운동 효과를 볼 수 있어요.

> (유) 명확하다, 분명하다, 틀림없다, 명백하다
> (반) 불확실하다, 불명확하다, 불분명하다

12 확장 명
[확짱]

expansion / 扩张，扩充 / sự bành trướng

이 지역은 도로 확장 공사를 통해 교통이 더욱 편리해질 전망이다.
우리 회사에서는 사업 확장을 위해 홍보에 투자를 많이 했어요.

> (반) 축소
> • 확장(을) 하다, 확장(이) 되다
> • 규모를 확장하다, 가게를 확장하다

13 환상 명

illusion / 幻想 / hoang tưởng

연예인들의 잘생기고 화려한 모습만 보고 환상을 가지는 청소년이 많다.
자신감 없는 그를 보며 그에 대한 환상이 깨졌어요.

- 환상적
- 환상이 있다, 환상을 가지다, 환상에 빠지다, 환상이 깨지다

14 활기 명

vitality / 朝气，活力 / sinh khí, sức sống

응원을 온 사람들의 얼굴이 활기를 띠었다.
명절이라서 장을 보러 온 사람들로 시장 안은 활기가 넘쳤어요.

- 유 활력
- 활기가 넘치다, 활기를 띠다, 활기(에) 차다, 활기를 찾다

15 활용 명

utilization / 活用 / sự hoạt dụng, sự tận dụng

회사는 효율적인 홍보를 위해 직원들의 개인 SNS 활용을 허용했다.
이 건물의 내부는 공간 활용이 잘 되어 있어요.

- 재활용, 활용도
- 활용(을) 하다, 활용(이) 되다
- 시간을 활용하다, 공간을 활용하다, 자원을 활용하다, 정보를 활용
  하다

16 회복 명

recovery / 恢复 / sự hồi phục

피로 회복에 좋은 음식을 섭취해도 몸이 잘 회복이 되지 않는다.
할머니께서는 다행히 수술을 잘 마치고 회복 중이십니다.

- 회복(을) 하다, 회복(이) 되다
- 건강을 회복하다, 경제를 회복하다, 명예를 회복하다

17 효과적 명

effective / 有效的 / hiệu quả

학교에서는 폭력 예방을 위한 효과적인 방법을 찾고 있다.
외국어 단어를 효과적으로 외우는 법을 알려 주세요.

18 효도 명

filial piety / 孝，孝道 / sự hiếu thảo

효도란 부모를 정성껏 잘 섬기는 일을 의미한다.
부모가 먼저 효도를 실천해야 자녀가 따라 효도해요.

- 유 효
- 효자, 효녀, 효심
- 효도(를) 하다, 효도를 받다

19 효율적 명
[효율쩍]

efficient / 有效的 / có hiệu quả, có năng suất
일하는 방식을 **효율적**으로 바꾸는 것은 생산성을 높이는 데 도움이 된다.
오랜 시간 일하는 것보다는 **효율적**으로 일하는 습관을 가지십시오.

---

20 후회스럽다 형
[후회스럽따]

후회스럽고, 후회스러워서,
후회스러우면, 후회스럽습니다

regretful / 后悔 / hối hận
부모님이 살아 계실 때 효도를 하지 못한 것이 **후회스럽다**.
지난날이 **후회스러운** 만큼 앞으로는 더 잘 살려고 해요.

> 동 후회하다
> • 과거가 후회스럽다. 삶이 후회스럽다. 행동이 후회스럽다

---

21 훈련 명
[훌련]

training / 训练 / đào tạo, huấn luyện
프로 야구 선수단이 동계 **훈련** 일정을 마쳤다.
후회하지 않도록 이번 **훈련**에 최선을 다하겠습니다.

> • 훈련(을) 하다. 훈련(이) 되다. 훈련을 받다. 훈련을 실시하다

---

22 훔치다 동

훔치고, 훔쳐서,
훔치면, 훔칩니다

steal / 偷，盗 / ăn cắp, đánh cắp, trộm
주차된 차 안의 금품을 **훔친** 10대들이 경찰에 붙잡혔다.
아이가 슈퍼마켓에서 물건을 **훔치다** 주인에게 들켰어요.

> 유 도둑질하다, 절도하다
> • 물건을 훔치다. 돈을 훔치다. 정보를 훔치다

---

23 흉내 명

imitation / 模仿，仿效 / sự bắt chước
성공하려면 다른 사람이 **흉내**를 낼 수 없는 나만의 무기를 만들어야 한다.
조카가 개그맨 **흉내**를 잘 내서 너무 웃었어요.

> 유 시늉
> • 흉내를 내다

---

24 흔들리다 동

흔들리고, 흔들려서,
흔들리면, 흔들립니다

① shake ② sway / ① 晃 ② 被震动 / ① chao đảo ② rung lắc
① 바람이 불면서 나무와 풀들이 함께 **흔들리는** 풍경이 참 아름다웠다.
② 지진이 나자 건물이 옆으로 **흔들리기** 시작했어요.

> • '흔들다'의 피동사
> • 나무가 흔들리다. 건물이 흔들리다. 마음이 흔들리다. 결심이 흔들리다

25 흔하다 형

흔하고, 흔해서,
흔하면, 흔합니다

common / 常见，寻常 / thường thấy, dễ thấy

사람 사이의 오해와 갈등은 일상적으로 일어나는 **흔한** 일이다.
아이들끼리 다투는 일은 **흔하니까** 걱정하지 않으셔도 돼요.

유 많다　　　　　　　　　　반 적다, 드물다
부 흔히
• 이름이 흔하다, 물건이 흔하다

26 흘러나오다 동

흘러나오고, 흘러나와서,
흘러나오면, 흘러나옵니다

flow out / 流出来 / tràn ra, phát ra

음식 배달이 왔는데 포장을 잘못했는지 국이 조금 **흘러나와** 있었다.
옆집에서 **흘러나오는** 피아노 소리가 참 듣기 좋았어요.

• 불빛이 흘러나오다, 소리가 흘러나오다, 코피가 흘러나오다

27 흥미 명

interest / 兴趣，兴致 / sự hứng thú

무엇을 하든지 **흥미**를 느낀다면 더 재미있게 즐기면서 할 수 있다.
동아리 활동을 통해 외국어에 **흥미**를 붙이게 되었어요.

• 흥미롭다, 흥미진진하다, 흥미가 나다, 흥미를 가지다, 흥미를 붙이다, 흥미를 느끼다

28 흥분 명

excitement / 兴奋 / sự phấn khích

오늘 내가 본 공연은 가슴이 뛰고 **흥분**이 될 정도로 감동적이었다.
우리 모두 문제를 해결하려면 우선 **흥분**을 가라앉혀야 해요.

• 흥분(을) 하다, 흥분(이) 되다, 흥분에 빠지다, 흥분을 가라앉히다

29 흩어지다 동

[흐터지다]

흩어지고, 흩어져서,
흩어지면, 흩어집니다

scatter / 分散，散开 / bị vương vãi, rải rác

바람에 나뭇잎이 떨어져 바닥에 **흩어져** 있는 모습이 쓸쓸해 보였다.
학생들은 교문에서 나오자마자 뿔뿔이 **흩어졌어요**.

• 가족이 흩어지다, 사람들이 흩어지다

30 힘껏 부

[힘껃]

with all one's strength / 用力，使劲 / hết sức, tận lực

투수는 마지막 힘을 다해 공을 **힘껏** 던졌다.
문을 **힘껏** 밀었지만 열 수 없었어요.

• 힘껏 당기다, 힘껏 던지다, 힘껏 때리다, 힘껏 차다

찾아보기

MP3 다운로드 경로 안내

www.sdedu.co.kr 접속 > 학습자료실 클릭 > MP3 클릭 > '쏙쏙 한국어 어휘왕' 검색

찾아보기

찾아보기

찾아보기

368

찾아보기

좋은 책을 만드는 길, 독자님과 함께하겠습니다.

쏙쏙 한국어 어휘왕 TOPIK II 중급 단어 사전

초 판 발 행	2024년 08월 30일 (인쇄 2024년 07월 09일)
발 행 인	박영일
책 임 편 집	이해욱
저 자	김미정, 변영희
편 집 진 행	구설희
표지디자인	조혜령
편집디자인	홍영란 · 곽은슬
발 행 처	(주)시대고시기획
출 판 등 록	제10-1521호
주 소	서울시 마포구 큰우물로 75 [도화동 538 성지 B/D] 9F
전 화	1600-3600
팩 스	02-701-8823
홈 페 이 지	www.sdedu.co.kr

I S B N	979-11-383-7199-5 (14710)
	979-11-383-7198-8 (세트)
정 가	18,000원